普通高等教育经管类专业"十三五"规划教材

金融营销学

刘 澄 张 峰 主 编
鲍新中 傅巧灵 王未卿 副主编

清华大学出版社
北 京

内 容 简 介

本书以金融营销理念为主线,通过理论、调研、战略、管理和实务 5 个篇章,详细讲述了金融营销的相关定义,金融企业的经营战略、管理方法等内容,使读者对金融营销学的基本理论、基本技能有较全面和清晰的理解。此外,本书还介绍了金融营销服务的基本技能,帮助读者提高运用理论知识解决实际问题的能力。

本书提供配套教学资源(扫描前言中的二维码获取),可作为高等院校金融、工商管理等专业的教材,也可作为金融企业金融营销从业人员的培训教材。

图书在版编目(CIP)数据

金融营销学 / 刘澄,张峰主编. —北京:清华大学出版社,2021.1
普通高等教育经管类专业"十三五"规划教材
ISBN 978-7-302-53269-9

Ⅰ. ①金… Ⅱ. ①刘… ②张… Ⅲ. ①金融市场-市场营销学-高等学校-教材 Ⅳ. ①F830.9
中国版本图书馆 CIP 数据核字(2019)第 138261 号

责任编辑: 崔 伟 马遥遥
封面设计: 周晓亮
版式设计: 孔祥峰
责任校对: 牛艳敏
责任印制: 沈 露

出版发行: 清华大学出版社
  网   址: http://www.tup.com.cn,http://www.wqbook.com
  地   址: 北京清华大学学研大厦 A 座   **邮   编:** 100084
  社 总 机: 010-62770175   **邮   购:** 010-62786544
  投稿与读者服务: 010-62776969,c-service@tup.tsinghua.edu.cn
  质 量 反 馈: 010-62772015,zhiliang@tup.tsinghua.edu.cn
印 装 者: 三河市少明印务有限公司
经   销: 全国新华书店
开   本: 185mm×260mm   **印   张:** 17.75   **字   数:** 454 千字
版   次: 2021 年 1 月第 1 版   **印   次:** 2021 年 1 月第 1 次印刷
定   价: 55.00 元

产品编号:083789-01

前 言

在当今经济全球化的背景下，金融行业也面临着市场化和国际化的机遇与挑战。由于金融企业提供的服务几乎是相同或相似的，业务同质化倾向严重，因此企业间的竞争日趋激烈。在激烈的市场竞争中，有些金融企业成为赢家，有些金融企业却沉寂了，究其原因，在竞争中脱颖而出、赢得竞争优势的金融企业，它们的共通之处是实施了有效的金融营销，金融营销是打开金融市场必不可少的钥匙。

基于当今的金融市场环境，高等院校金融专业开设金融营销课程是大势所趋，这有助于培养更多懂金融营销理念、了解金融业务、具备市场竞争力的金融专业人才。

金融营销学是金融学与营销学的交叉学科，是高等院校金融学、工商管理学、保险学、投资学等相关专业的必修课，是一门实践性非常强的课程。本书在编写过程中，为便于组织教学，坚持理论与实践相结合的原则，在借鉴国内外大量参考资料和总结金融营销实践的基础上，结合教学实践反复修订，在内容编排、语言风格等方面形成了深入、实用、全面、新颖、简洁的特点。本书具体内容如下。

理论篇

第一章　金融营销概论。本章介绍了金融营销的概念、特点、职能、作用、金融营销观念等内容。

调研篇

第二章　金融营销调研。本章介绍了金融营销调研的方法、程序等内容。

战略篇

第三章　金融营销战略。本章介绍了金融营销战略分析、金融营销战略规划等知识。

第四章　金融产品战略。本章介绍了金融产品开发、金融产品组合、金融产品推广、金融产品管理、金融产品品牌等战略。

第五章　金融产品定价战略。本章介绍了金融产品定价原理、定价方法、定价战略和产品价格调整等内容。

第六章　金融营销渠道战略。本章介绍了金融营销渠道设计、战略、管理等内容。

第七章　金融促销战略。本章介绍了人员促销、广告促销、营业推广、公共关系等促销手段和战略规划。

管理篇

第八章　金融营销管理。本章介绍了金融营销流程管理、组织管理、质量管理、人员管理、客户关系管理、风险管理等内容。

实务篇

第九章　金融营销服务技能。本章介绍了金融营销服务技能、客户开发技能、客户维护技能等内容。

本书所阐述的金融营销理论、金融营销战略、金融营销管理和金融营销实务主要围绕银行营销实践展开，但应用范围适用于证券、信托、基金、保险等金融领域的营销实践。

本书结合作者多年教学实践经验，在讲义的基础上多次修订，历经 15 年编写而成。希望通过对金融营销知识全面、系统、深入的介绍，为普及金融营销知识，提升金融营销理念，改善金融服务质量尽微薄之力。

本书提供了丰富的教学资源，读者可通过扫描右侧二维码获取。

本书由刘澄、张峰担任主编，鲍新中、傅巧灵、王未卿担任副主编。全书由刘澄、鲍新中定稿。由于编者水平所限，文中错误和遗漏之处在所难免，恳请读者批评指正。

教学资源

刘　澄
2020 年 10 月于北京

目　录

第一篇

理论篇

第一章　金融营销概论

第一节　金融营销的内涵

一、金融营销的定义

金融营销是市场营销的分支，是金融领域的专业营销。金融营销学是金融学和营销学的有机结合，是在经济学、管理学、行为科学及金融学、营销学等学科基础上建立起来的一门应用型管理学科。

相对于其他行业，金融行业引入市场营销理论较晚。市场营销形成于 20 世纪初的美国，当营销刚刚出现时，相对保守的银行业曾质疑它的作用。银行把市场营销观念纳入经营管理活动开始于 20 世纪 50 年代末期，1958 年，全美银行协会会议上最早提出了银行营销的概念，但那时的银行营销只是简单地局限于"广告与公共关系"。随着金融竞争的日趋激烈和公众对金融产品需求的日益复杂，越来越多的金融家开始意识到金融营销的重要性，金融营销逐渐成长为市场营销的重要分支。

由此，产生了金融营销的定义：金融营销是指金融企业以金融市场为导向，以客户为中心，运用营销手段，向客户提供金融产品和服务，以满足客户需要，实现金融企业利益目标的经营活动。

定义强调金融营销是一个双赢的过程，是金融企业以市场为中心、以客户为导向开展营销活动，既能达到满足客户需要的目的，又能使金融企业获得利益。它通过研究确定客户的金融需求，规划新的服务或改善原有服务，来满足不同客户的需求，整个过程贯穿于金融业务的始终，包括金融营销的调研、设计、计划、组织、控制、信息反馈等活动。

定义把握了金融营销的服务营销属性。金融营销不是一般的产品营销，而是金融产品和服务营销，属于服务营销范畴，与有形产品的营销相比更复杂，需要控制更多的因素和变量，传统的产品营销观念已经不适用于服务营销。金融企业作为一种特殊的服务性企业，金融营销涉及产品设计、营销战略、营销管理、营销实施等多个方面，应单独作为一门学科予以阐述和研究。

知识链接 1-1

金融市场供需分类

知识链接 1-2

个人金融需求分类

二、金融营销的主体、客体和载体

(一) 金融营销的主体

金融营销的主体是各类金融企业，也称作金融中介，它通过提供金融产品和金融服务来满足金融市场各类客户的需求。金融企业包括银行和各类非银行金融企业(如保险公司、投资公司、信托公司、基金公司等)，具有类型多样、功能各异的特点。

金融企业作为金融服务的提供者，不仅要在资金筹集活动中针对不同投资者的需要开发个性化的金融产品和服务，又要在资金运用活动中针对不同的客户开发提供不同的金融产品和服务，在满足资金需求者要求的同时，保证资金的使用效率和质量。

(二) 金融营销的客体

金融营销的客体是金融产品和服务，主要内容是通过提供适当的金融产品和服务来满足客户的需求。

开发金融产品和服务的关键在于确保金融产品或服务的质量，能适应多样化的客户需求。同时，金融产品或服务的定价必须合理，让金融企业和客户都能接受。

1. 金融产品

金融产品是资金融通过程的载体，是金融业务的载体。金融产品具有产品的普遍特性，是金融市场的买卖对象，供求双方通过市场竞争的原则形成金融产品的交易价格，如利息、收益率等，来实现资金融通的目的。

与一般的产品相比，金融产品具有自己的特性。金融产品的具体阐述见本书第四章第一节相关内容。

2. 金融服务

金融服务是指金融企业运用货币交易手段融通有价物品，向金融活动参与者和客户提供的共同受益、获得满足的活动。金融服务具体包括中介服务、保险服务、信托服务、信用服务、投资策划服务、支付服务、储蓄服务、现金管理服务、投资银行业或承销服务等。

知识链接 1-3

金融服务的分类

(三) 金融营销的载体

金融营销的载体指的是金融市场。金融市场是指进行金融产品/服务交易的场所。金融企业借助于金融市场提供的交易场所和交易秩序，通过向客户提供产品和服务来满足客户的金融需求。对于金融企业来说，金融市场既包括国内金融市场，又包含国际金融市场。

金融企业要研究金融市场供求规模和结构的变化规律，以便更好地适应金融市场的变化，更好地满足客户的需求。

知识链接 1-4

金融营销常见业态

三、金融营销对象

金融营销对象是指金融营销的受体，即金融产品和服务的具体指向者，包括目标市场的现实与潜在消费者、需求者、购买者，他们统称为金融企业客户。

(一) 金融企业客户的定义

从广义上讲，凡是与金融企业建立一定经济关系的独立主体，接受金融服务、购买金融产品、与金融企业发生金融业务的自然人、法人及其他组织都是金融企业客户。

金融营销的任务就是找寻客户，识别目标客户，确认客户需求，通过有效的营销服务，留住客户，不断提升客户的满意度和忠诚度。

(二) 金融企业客户的类型

1. 按交易主体划分

按照交易主体的不同，金融客户可分为个人客户、公司客户。

2. 按客户作用划分

按照客户在与金融企业发生业务联系过程中的作用不同，可进行如下划分。

按角色分工划分：发起者、影响者、决策者、交易者、把关者、使用者、获益者。

按意见领袖类型划分：创新传播者、意见征询者、市场专家。

3. 按团体客户性质划分

按照团体客户与金融企业发生业务联系过程中的性质和功能不同，可进行如下划分。

按性质划分：公司客户、机关客户、家庭客户。

按功能划分：实际客户团体(具有法人地位与能力、实际决定和操作金融业务活动的团体单位，其特点是决策活动涉及很多人，有严格的制度、标准要求和精确的技术规格，业务额大，注重理性)、团体客户执行人、参考群体。

4. 按客户的理性程度划分

按照客户在交易活动中的理性程度不同，客户可分为理性客户，表现为对金融企业及其产品与服务的信誉、质量、品牌的追求；非理性客户，表现为较强的不平衡心态和其他情感取向。

5. 按照客户对企业的忠诚度划分

按照对企业的忠诚度不同，客户可分为无忠诚度客户、低忠诚度/摇摆忠诚型客户、中忠诚度/集中忠诚型客户、高度忠诚/专一忠诚型客户。

其中，忠诚型客户又可划分为：机构忠诚型客户、产品忠诚型客户、品牌忠诚型客户、人员忠诚型客户等。

6. 按客户性格划分

按照性格的差异，客户可分为：要求型客户，特点是想要什么当时就要得到；影响型客户，特点是乐意与人交往，健谈，希望别人接受他们的意见；稳定型客户，特点是对事情的原委或做法感兴趣，较保守，不希望变化，注重稳定感；恭顺型客户，关键特点是完美主义者，喜欢精确、条理、准确无误；对事物的特性感兴趣，认真，喜欢按章行事。

(三) 金融企业客户的特征

1. 客户需求的多元性

由于金融企业客户的类型多样，因此他们需要的服务、产品等都存在较大差异，需求结构也呈多元化，且不断变化和提升。金融企业应分析客户需求，致力于满足客户需求，为他们提供个性化的服务。

2. 客户需求的周期性

金融企业客户需求随着生命周期的变化而相应调整，如年轻人与老年人对投资风险的要求不同等。金融企业要针对客户的生命周期规律，提供对应的产品和服务。

(四) 金融企业客户管理

金融企业客户管理是通过识别、分析、研究客户，掌握客户对金融企业及其产品/服务的需求心理和消费行为的特点、规律，认识客户对于金融企业发展的重要性，从金融企业、客户、社会及三者之间的相互作用等方面，采取有效措施，吸引新客户，留住老客户，提高客户满意度，建立客户忠诚和长期信赖关系，不断扩大、巩固高价值客户群的管理过程。

1. 客户分类管理

通过客户细分，可以把众多的异质客户分成各种各样的同质客户，明确客户关系的含义，了解各类客户的特点，按照客户类型分别加以管理。

客户分类管理的重点是根据客户为金融企业创造的价值进行分类，如高价值客户，即为金融机构带来较大价值的客户，金融企业应利用更有价值的新产品和更具特色的服务提高这类客户的现时价值，提高高价值客户的忠诚度和保留度，以留住更多优质客户和吸引新客户；而低价值客户，即给金融企业带来的价值较低，甚至没有价值，对于这类客户主要是通过服务渠道的电子化、智能化方式为他们尽可能提供服务，同时降低服务成本。

2. 客户信息管理

利用现代化信息技术，收集、掌握、积累、分析、理解、利用客户信息，建立金融企业客户信息库和可以与客户共享的信息或知识系统，以及以信息网络为基础的客户驱动的信息结构，针对客户需要提供产品或服务，吸引客户。

知识链接 1-5

创建客户
信息库的方式

3. 客户组合管理

客户组合管理是通过分析、研究客户群构成结构而进行的优化管理工作。包括客户类型组合、客户角色组合和客户需求组合等。

客户组合的管理程序为选定目标客户，分析目标客户，详细了解其需求、偏好及其面对市场压力出现的各种变化，以调整产品、服务及营销战略；确认相关客户，即分析、确认潜在客户，掌握企业与其可以有效互动所需的信息；设计合理的金融企业、营销员工与客户的互动，即通过分析金融企业与客户所有的可能接触点和接触方式，寻找可以通过各种媒体创造更大额外价值的相互作用，相互沟通的方式和程序。

4. 客户关系管理

客户关系管理的实质是以市场及其变化为导向，以客户和满足客户的需求为中心，建立、保持、发展金融企业与客户的长期互信互利关系，明确客户是企业的最大资产，比竞争对手更了解客户需求和满足客户需求，向其提供更有价值、更使其满意的服务。

知识链接 1-6

客户关系管理的
实施方法

通过客户关系管理，使金融企业获得客户的成本更低；即便企业客户数量不增加，也同样能保持稳定的业务量，客户的创利能力更高。并且可以提高客户的忠诚度和保留度。

5. 重点客户管理

重点客户管理，是把重点客户放在企业的中心位置，从客户的角度出发管理企业。管理过程中要注重质量，保持与客户关系的活力，把客户满意转化为企业利润。把重点客户管理作为一种投资管理，是企业与客户关系的核心，是一种竞争战略，是实现企业战略的重要手段。重点客户一般包括老客户和忠诚客户。

四、金融营销系统

金融营销活动从研究客户需求开始，以满足客户需求为终结，形成一个循环往复的系统。金融营销系统包括金融营销环境分析、金融营销战略计划、金融营销战略组合、金融营销组织与控制四个部分。

(一) 金融营销环境分析

金融营销环境分析的重点是分析客户、竞争者、合作者和金融企业自身四个方面。客户是营销活动的中心，是金融企业开展营销的根本出发点，主要包括现实的客户和潜在的客户。竞争者主要是其他金融企业，它们的营销活动直接影响到金融企业的生存和发展，所以它们的信息是金融企业必须重点掌握的。金融企业的合作者包括金融服务商、媒体及中间商、金融主管部门等与银行经营活动有联系的机构和组织，它们的活动会对金融企业的营销产生一定的影响。金融企业对自身的优势和劣势应当要有充分的了解，以便制订符合自身特点的营销计划，达到营销目的。

(二) 金融营销战略计划

金融营销战略计划是指金融企业在自身特点和外部环境分析的基础上，明确营销目标，确定营销模式，选择合适的营销战略，制订营销计划，对资源进行合理配置，安排营销工作进度，分配部门和营销人员的职责。

(三) 金融营销战略组合

确定了营销战略后，金融企业就需要采用具体的营销战略组合来实现营销目标。这些战略组合包括：产品战略、定价战略、渠道战略、促销战略等。

(四) 金融组织与控制

在企业的金融营销系统中，通过组织结构的建构和明确的部门分工，使金融营销工作处于程序化和制度化之中，并建立控制系统，当营销计划出现偏差时，对计划做出反应，评估计划执行情况，随时调整营销计划。

五、金融营销的特征

金融企业与一般的工商企业一样，为销售商品或服务会实施市场营销，但是由于金融服务本身的特殊性，使金融营销具有以下一些特点。

(一) 金融营销是资本营销

一般企业营销的商品，营销活动的成功必然伴随着商品所有权从生产者手中转移到客户手中。而金融营销具有资本营销的性质，即以销售使用权，但不放弃所有权为前提。

(二) 金融营销是增值营销

金融营销是增值营销，这是由金融资本流动的特点决定的。金融资本是以货币形态进入流通领域，又以货币形态带着"增值额"回流。

(三) 金融营销是两极营销

普通企业的营销对象(客户)一般是单一的买方，客户是企业的营销重点，企业则是供应商的客户，企业不需要对供应商加以营销；而金融营销的对象是双重的，某一客户既可以作为资金和信用服务的买方，同时又可能成为资金的卖方。这种营销对象的双重性必然要求金融服务营销采取两级营销模式，进行市场协同。

(四) 金融营销强调整体营销

整体营销即整合营销，是以客户为核心，重组企业行为和市场行为，综合协调使用各种营销资源，向客户传递一致的信息，树立统一的传播形象。

由于金融产品及服务的特殊性，金融营销比一般企业的市场营销更注重金融企业自身的整体营销。客户对金融产品的认识是从了解金融企业开始的，只有客户对金融企业产生认同和信任，才能接受其提供的金融服务。金融企业通过自身形象(气派的营业大楼、先进的服务设施、优异的服务质量、良好的信誉等)的塑造，让客户对企业产生认同和信任，从而接受企业所提供的服务。

(五) 金融营销是服务营销

金融企业是通过向客户提供金融服务来获取服务费用和利润的，属于服务营销的范畴。金融服务是以金融商品为依托的服务，具有同质性，各家金融企业的服务往往没有太大的差别，导致金融营销难度明显大于一般的产品营销。因此，在营销过程中，服务质量成为金融企业关注的重点，金融企业之间的品牌、服务成为营销竞争的关键因素。

(六) 金融营销重视内部营销

有形产品的营销主要是企业对客户的外部营销。金融营销的服务营销属性使客户依赖对服务人员态度及行为的感知来评价整个服务组织，相应的，员工成为营销活动的主体，员工的状况直接决定着客户的满足程度。对金融企业来说，成功的内部营销是成功的外部营销的前提。金融企业在做好企业与客户的外部营销的同时，必须把一线员工作为内部"客户"，做好一线员工的内部营销，如员工培训、及时沟通，以及物质和精神的激励等。

(七) 金融营销突出关系营销

关系营销是金融企业通过各种方式和方法，与客户保持长期的、信任的、互利的关系，在这些关系的基础上再进行金融营销，以达成企业的营销目标。

由于金融产品的同质性，决定了金融企业在营销中必须把协调、优化与客户的关系作为中心环节加以对待。金融营销重视关系营销，不仅强调赢得客户，更强调长期拥有客户，从着眼于短期利益转向重视长期利益，从以产品性能为核心转向以产品或服务给客户带来的利益为核心，从不重视客户服务转向高度重视。所有这一切活动的核心都是处理好与客户的关系，把服务、质量和营销有机地结合起来，通过与客户建立长期稳定的关系实现营销目标。

（八）金融营销重视互动营销

服务行业中，产品技术质量的差异性不大，获胜竞争优势的关键在于企业员工与客户互动的过程。互动营销就是买卖双方直接的互动行为，在互动中金融企业应注意提升服务质量，重视客户真实、瞬间的感受。互动营销中客户不仅仅是被动地接受服务，而是作为一种决定服务质量的资源，直接参与服务生产系统。

（九）金融营销强调服务质量控制

金融企业的服务质量是服务营销的核心，因此金融企业对服务质量的控制至关重要。金融企业应加强服务过程控制，通过制定服务标准、设计服务流程等措施确保组织的服务有序运转。

（十）金融营销是品牌营销

知识链接 1-8

客户在选择金融产品时，往往受品牌的暗示，有倾向地选择熟知的品牌产品。因此，金融企业应注重品牌营销，借助品牌良好的声誉更便于销售金融产品。

由于金融服务的上述特点，决定了金融营销模式比有形产品营销更复杂，需要控制更多的因素和变量。

金融营销与一般
营销的比较

六、金融营销的环境

金融营销环境，是指与金融营销活动有关联的所有外部因素、内部因素和相关因素的集合，如图 1-1 所示。

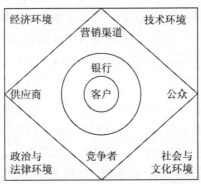

图 1-1　金融营销环境

（一）金融营销环境类型

金融营销环境分为外部环境和内部环境。

1. 金融营销的外部环境

金融营销的外部环境，是指影响金融企业生存和发展的各种外部条件，主要由宏观环境和微观环境组成。宏观环境是给金融企业造成市场机会和环境威胁的主要因素，如国家政策的实施、法律、法规的发布等。微观环境影响金融企业服务于客户的能力，如企业策略的调整、竞争对手的影响等。宏观环境影响着微观环境，微观环境中所有因素都受到宏观环境的制约。

2. 金融营销的内部环境

金融营销内部环境，是指金融企业的各种物质和非物质的条件。物质条件包括人员、资金、设备等，非物质条件主要包括客户资源、信息资源、规章制度、组织机构、人力资源、经营机制、企业文化、市场占有额、竞争力以及在同业竞争中所处的位置。

(二) 金融企业应对金融营销环境的方法

金融营销环境包含政治、经济、社会、文化等多种因素，随着时间的更替和社会经济的发展而不断变化。因此，金融企业无法控制和影响金融营销环境，只能主动地适应，需要依据复杂多变的市场，进行有针对性的金融营销决策。

金融营销环境的变化决定和改变着金融营销的观念及战略，对金融营销有着重要的影响。金融企业为了实现营销目标，要认真分析研究金融市场营销环境，采取有效手段谋求外部环境与金融企业内部条件的动态平衡。金融营销的手段包括金融营销理念、观念、战略和方式等，它是金融企业具体实施营销的根本途径和方法。金融营销手段的选择对金融营销的成败具有至关重要的作用。

七、金融营销的过程

金融营销的过程，是指金融营销活动从开始到结束的全过程，是金融企业发现、分析、选择和利用市场营销机会，以实现企业任务和预期目标的过程。金融营销的过程，如图 1-2 所示。

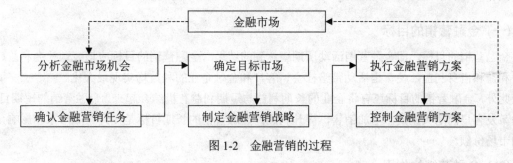

图 1-2 金融营销的过程

(一) 分析金融市场机会

分析金融市场机会，即寻找金融企业生存发展的市场机会或营销机会。金融企业在进行市场分析时，主要包括外部环境分析和内部环境分析。

(二) 确认金融营销任务

金融营销任务，主要是指金融企业设定金融产品的整体销售目标与销售方向。金融营销的目标必须是可实现的、可衡量的，与金融企业的战略性目标具有一致性和关联性。制定金融营销的目标时应兼顾长期和短期的发展，金融营销人员应根据目标确定销售方向，突出工作重点，合理地运用企业的人力、物力和财力，并能够依据形势的变化做出相应调整。

(三) 确定目标市场

对金融市场进行细分，选出金融企业最有机会成功的细分市场，作为"目标市场"。金融市场机会分析和目标金融市场的确定是金融企业产品成败的关键，如果分析出现错误，金融企业的所有投入都会遭受损失。因此，金融企业必须通过严密的内外部分析筛选出合适的市场。

(四) 制定金融营销战略

在确认目标市场后，金融企业为了实现营销目标，就需要制定符合目标市场及自身情况的金融营销战略，针对不同的细分目标市场，设计不同的营销组合。

(五) 执行金融营销方案

金融营销方案，是指有助于金融企业实现战略目标的营销决策。每一类金融产品或品牌都需要一个详细的营销方案。金融企业确定营销战略后，金融营销人员需要明确实际执行的步骤、方法及战术。金融营销方案必须是明确、清楚的，这样销售人员执行起来才有章可循，有利于其他部门的密切配合，也便于划分责任。

(六) 控制金融营销方案

金融营销方案在执行后，金融企业还需对营销计划的过程及结果进行监控，以保障营销计划的顺利实施，并根据实际状况修正和调整营销战略。金融营销方案控制的过程包括：设定具体的金融市场营销目标、衡量企业在金融市场中的业绩、分析预期业绩和实际业绩之间存在差异的原因、弥补目标与业绩之间的差距、调整营销目标和营销战略。

八、金融营销的目标与作用

(一) 金融营销的目标

金融营销的目标，即金融营销活动所期望达到的结果。金融营销的目标应该兼顾社会利益、客户利益和自身利益，使营销活动带给社会、客户和金融企业的利益均实现最大化。

此外，金融营销的目标还有将企业的长期利益与短期利益有机结合起来。金融营销的短期目标是激发客户的购买欲望，增加销售，提升利润；金融营销的长期目标是提升企业形象和影响，增加市场份额。

(二) 金融营销的作用

1. 把握市场机会

有效的金融营销能促使金融企业及时了解市场和客户的信息，抓住市场机会，有针对性地提供个性化的产品和服务，满足客户对金融服务的多样化需求，增加金融产品的销量，拓展市场份额，增加盈利，提升公司的竞争力。

2. 树立企业形象

金融企业通过营销活动，可以增强客户对企业的认知，建立稳定的客户关系，提升服务质量，提高客户的满意度和忠诚度。此外，营销活动能够扩大公司的知名度和美誉度，有助于塑造企业的良好形象。

3. 提升营销管理效率

通过建立合理的营销管理制度，金融企业能够实施有效的营销管理工作，提升营销效率，提高服务质量，增强员工对企业的归属感和认同感，确保公司的经营活动有序运行。

第二节 金融营销发展历程

一、金融营销实践的发展

(一) 国外金融营销的发展

金融营销最早兴起于美国,从 20 世纪 50 年代中后期开始,美国金融企业陆续借鉴工商企业的做法,在竞争比较激烈的业务中采用广告和促销手段,许多金融企业开始大量引进营销手段,这标志着金融营销实践的诞生。

按照金融营销实践的发展历程,可划分为如下几个阶段。

1. 金融营销萌芽阶段

1958 年,全美银行协会会议上,首次提出了银行产品营销的理念,以花旗银行为首的一些商业银行开始借鉴工商企业的营销做法,通过"广告和促销"等形式来发展业务,吸引客户,以应对越来越紧张的吸储竞争。这种营销形式很快被普遍推广,金融产品营销的观念由此不断发展。

20 世纪 60 年代,商业银行开始注意到客户忠诚度对保持自身竞争优势的重要性,许多商业银行在吸引客户的基础上纷纷采取系列活动,提升服务质量来取悦客户。例如,通过建筑物的重新设计和内部装修,使金融企业显得更加平易近人;通过改变办事风格,使银行服务更加具体化、生动化;通过对职员进行培训,推行微笑服务,营造温馨、友好的氛围等。这些措施很快得到了客户的认可,整个银行界内形成了"友好服务"的热潮。

这一阶段,银行业的服务质量得到了全面提升,但银行之间的金融产品和服务的差异性不大,还没有充分认识到营销在整个金融企业运营中的重要作用。

2. 金融营销发展阶段

20 世纪 70—80 年代,整个西方的金融业加快了金融创新的步伐,商业银行持续进行金融产品和服务的创新,金融业进入了产品创新阶段。金融创新推动了金融营销的飞速发展,营销思维不再局限于为客户提供全方位的服务,而是开始从创新的角度考虑为客户提供新的、更有价值的产品和服务,以满足客户不断增长的金融需求。

在这一阶段,西方金融营销开始从简单地采用营销方法转变为广泛地运用营销思维。伴随着金融工具、金融市场及金融服务项目等多方面的创新,金融企业一方面通过组合优化金融产品以分散风险,保持差别竞争的优势,另一方面更加强调市场细分和企业定位,以满足客户的多元化深层次金融服务需求。

3. 金融营销成熟阶段

20 世纪 90 年代以来,金融企业在促销广告、营造友好气氛、服务项目创新、定位与细分等方面都已相当成熟,开始进入一个"营销分析、计划、控制"的全面营销管理时期。管理者普遍意识到,要想保持自身经营业务的优势地位,整体、健全的营销计划和控制流程是必不可少的。

因此,在此阶段金融营销渗透到金融企业活动的全过程,企业不断加强对营销环境的调研和分析,进行整体营销分析、规划和控制,将合适的产品以符合客户心理的方式传递给他们,以保证金融企业和客户始终处于双赢状态。

4. 微营销和网络营销阶段

随着经济的不断发展,以及大众生活条件及教育水平的提高,越来越多的人希望拥有与众不同的生活方式。客户的个性化需求与日俱增，金融企业也认识到顾客的这一特点，展开满足顾客个性化需求的服务，"面向个人营销""一对一营销"等这些"微营销"方式相应出现。

随着计算机技术、通信技术和网络技术的不断发展，大数据技术的日益成熟和广泛应用，为适应技术和消费行为的变化，很多金融企业加快了业务向网络端的转移，网络金融服务快速发展，金融营销进入了网络营销时代。

(二) 中国金融营销的发展

中国金融营销服务的起步较晚，发展历程基本同中国金融体制的改革进程同步，总结起来大致可以分为如下四个阶段。

1. 无营销阶段(1979 年以前)

计划经济阶段，金融业务的办理机构仅限于中国人民银行，其他银行和金融企业则主要是办理非银行业务。在这种高度集中的金融体制中，金融企业几乎不存在营销运作，一切经营行为均以国家和政策需要为中心，金融企业只需考虑自身的产品，很少考虑客户的需求和想法，更没有金融营销这一概念可言。

2. 营销萌芽阶段(1979—1993 年)

改革开放后，我国金融体系和管理体制发生了突破性改革，相继成立了中国农业银行、中国银行、中国建设银行、中国工商银行四大国有银行。1984 年以后，交通银行、中信银行、招商银行等新型商业银行相继成立，国内银行业经历了国有专业银行向国有商业银行的转化，开始向市场化、企业化转变，中国银行业出现了竞争，银行开始有意识地运用营销去参与市场竞争，重视服务并进行促销活动。但这一时期的金融营销仅停留在单一的存款业务的推销上，并没有形成全面的市场营销体系。

3. 促销竞争阶段(1994—2000 年)

1992 年，中国共产党第十四次全国代表大会提出了建立社会主义市场经济体制的目标，使国内的银行业经历了翻天覆地的变化。四大国有银行开始向商业银行转轨，对盈利性目标的追逐成为银行建立营销机制的内在动力，金融企业的多元化、银行业务的综合化、客户需求的多样化、银行竞争的激烈化给银行市场营销的发展带来了外部压力。银行经营战略转向以客户为中心，开始注重金融产品和服务的创新，开发满足客户需求的产品，尽可能为客户提供全面的金融服务，以提高自身的竞争能力。

4. 全面营销阶段(2001 年至今)

随着中国成功加入 WTO，外资银行开始涌入国内市场，它们以强大的经济实力、先进的经营水平、杰出的营销能力给中资银行造成了巨大的压力。与此同时，国内股份制银行不断发展壮大，银行间竞争进一步加剧，客户对金融服务的需求也出现了多样化趋势，单一的银行产品和服务已很难满足客户的差异化需求。于是，中国的银行业开始不断加强在产品、服务等方面的创新，学习外资银行的先进经验，逐步与国际市场接轨。

目前，中国的金融机构正处于从粗放经营向精细化管理转型的关键时期，都在深化以客户为中心的理念上做文章，更加关注客户需求，强调与客户的互动关联和多赢，纷纷提出重塑业务流程、打造核心竞争力的发展理念。

二、金融营销观念的发展

(一) 以自我为中心的营销

早期的营销都为自我导向型营销，人们普遍认为要想获得金融产品只能求助于金融企业。因此，增强金融企业的安全和机密成为金融营销的重点内容。在金融业务单一、金融企业稀少、竞争不多的年代，自我导向型营销观念占据市场主导地位。

不过，随着金融企业的不断增加，它们之间的竞争也日趋激烈，这种营销模式已不能适应市场的需求。

(二) 以推销为主的营销

在 20 世纪五六十年代，以推销为主的销售模式渐渐深入金融领域。以推销为主要内容的营销，是指通过金融产品的宣传和推介，促进销售、增加客户购买的营销观念。在这种观念的指导下，营销者的主要任务是注重产品安全，同时注重产品的推销。

在这种观念下推出的微笑服务和建筑物结构改进措施，具有高仿效性，很难为金融企业带来真正的长期效益。

(三) 客户导向的营销观

20 世纪 70 年代以后，客户导向成为指导我国金融营销行业的重要观念。随着营销实践的发展，客户导向的营销观在不断发展和完善。

1. 适应需求——市场营销观念

市场营销观念认为，实现企业营销目标的关键在于正确掌握目标市场的需求，企业必须经营市场所需的产品，包括注重客户需求、坚持整体营销、谋求长远利益，通过满足市场需求来获取企业长期利润。

2. 引导需求——大市场营销观念

大市场营销观念，是指企业为了成功进入特定市场并从事业务经营，协调经济、政治和公共关系等，以此获得各方面的支持和配合的活动过程。企业在市场营销中，首先是运用政治权力和公共关系，设法取得政府官员和立法部门等方面的配合和支持；其次是启发和引导特定市场的需求，在该市场中树立良好的企业形象，从而打开市场。最后，运用传统的营销组合去满足该市场的需求，以巩固自身的市场地位。

3. 客户满意——客户让渡价值观

随着企业竞争的日趋激烈，20 世纪 80 年代末至 90 年代初，提出了客户满意(customer satisfaction，CS)的概念。客户满意战略的兴起，使得企业经营走向完全意义上的客户导向。客户让渡价值是指客户总价值与客户总成本之间的差额。客户在选购产品时，会从价值与成本两个方面进行比较分析，从中选择价值最高、成本最低的产品。金融企业为了在竞争中战胜对手，吸引客户，就必须向顾客提供具有更多"顾客让渡价值"的产品，这才能使自己的产品为客户所注意，进而购买。

(四) 市场与社会导向营销观

1. 社会营销观念

社会营销观念，是指金融机构在进行营销管理活动的过程中，要兼顾客户的需求和社会的利益，营销观念从以客户为中心逐步转化为以社会为中心。

2. 关系营销观念

关系营销观念，是指金融机构在营销活动中，应与最终客户、供应商、分销商、内部员工、政府部门、同盟者、竞争者等建立和发展良好、稳定的关系，将他们作为自己的营销对象，全方位地开展营销活动。

3. 整合营销观念

整合营销观念认为，金融机构要取得良好的经营业绩，在行业中保持长久的优势地位，必须经过充分的市场调查和研究，整合企业的所有资源，培养企业的核心竞争力，并且根据自身的优势，不断拓展市场。

三、金融营销理论的发展

金融营销理论以客户需求为中心，由服务营销理论、关系营销理论和网络营销理论组成。金融营销的设计即这三个理论的整合运用。金融业在引进市场营销理论的同时，根据金融行业的特点进行了理论创新。

(一) STP 营销战略理论

STP(market segmentation)理论是由三部构成的，即市场细分(segmentation)、目标市场选择(targeting)，以及市场定位(positioning)。该理论最早是由美国营销学家温德尔·史密斯(Wendell Smith)于 1956 年提出的，此后，美国营销学家菲利浦·科特勒(Philip Kotler)进一步发展和完善。

STP 理论的核心就是市场定位理论，即选择某一确定的消费群体作为目标客户群。该理论认为市场是一个消费需求的综合体，不管是谁都不可能实现所有客户的所有需求，企业应该根据不同的因素把整个市场分为若干个由相似需求组成的消费子市场，达成市场细分。企业应根据自身目标、能力等实际情况从若干个消费子市场中选取适合自身最大盈利，具有一定规模和良好发展前景的细分市场作为企业的目标市场，将产品定位在目标市场消费群体的偏好需求上，并积极通过一系列营销活动将这一定位信息传达给目标消费群体，让他们关注企业的品牌、产品，并感知到这就是他们所需要的。

(二) 营销组合理论

营销组合理论最早是由尼尔·博顿(Neil Borden)提出的。杰瑞·麦卡锡(Jerry Mc Carthy)使其更加条理化和清晰化，他在 1960 年出版的《营销学》一书中，率先提出了 4P 营销组合，即产品(product)、价格 (price)、渠道 (place)、促销 (promotion)。1981 年，布姆斯(Booms)和比特纳(Bitner)在原来 4P 的基础上增加了三个"服务性的 P"，包含参与(participants)，即作为服务提供者的员工和参与到服务过程中的客户；物质环境(physical evidence)，是服务组织的环境及所有用于服务生产过程及与客户沟通过程的有形物质，也称作有形展示；过程(process)，也就是构成服务生产的程序、机制、活动流程和与客户之间的相互作用与接触沟通。从而形成了服务营销的 7P 组合。

此后，为应对不同的市场环境，又形成了 9P、12P 等营销组合理论。

营销组合理论的出现，使营销战略由原来单纯只考虑影响因素，上升为实施产品战略、价格战略、渠道战略和促销战略组战略，从而更好地适应了日益复杂的营销环境。

(三) 整合营销理论

随着客户个性化需求的不断增加，原有的以企业为导向的服务已不能满足人们日益增长的需求。1990 年，美国学者罗伯特·劳特朋(Robert Lauterborn)提出了 4C 整合，营销传播，该理论以客户需求的角度出发研究市场营销理论。4C 理论包括客户需求(consumer's need)，即不要再卖能制造的产品，而要卖客户想要买的产品；客户愿意付出的成本(cost)，了解客户为了满足需求所愿意支付的成本；购买商品的便利性(convenience)，思考如何使客户方便地购得商品；沟通(communication)，以沟通取代促销。4C 理论将营销的中心由企业转向客户，体现了一切从客户需要出发的宗旨。

4C 理论对金融业营销的体系构建起到了指引作用。4C 理论要求金融企业及其营销人员做到：关注客户需求，而不仅仅营销金融产品；关注客户心理，并分析其愿意为金融产品承担的成本，而不能仅关注金融产品的成本摊销；需要充分关注客户的金融服务体验，而不是渠道建设的成本及自身操作的便利性；需要不断与客户沟通，满足其需求，产生口碑效应，而不仅仅是盲目地依赖没有针对性的广告。

(四) 服务营销理论

服务营销理论于 20 世纪 60 年代兴起于西方，1966 年，约翰·拉斯摩(John Rathmall)教授首次将无形服务与有形产品进行区分，提出要以非传统的方法研究服务的市场营销问题。

银行服务营销属于服务营销领域的一个分支。美国服务市场营销学专家里斯琴·格罗路斯(Christian Gronroos)被认为是服务营销理论之父，他总结了服务产品的特征，并与银行实际情况相结合，认为银行产品有无形性、不可分割性、客户参与性等基本特征。银行业引入服务营销这一概念始于花旗银行副总裁列尼·休斯坦克(Liyne Hounsoutank)，他于 1977 年将服务营销理念引入银行业，首次提出把服务营销真正和银行经营相融合，随后花旗率先对服务在银行营销中的应用进行了实践并大获成功，大大推动了银行服务营销实践及服务营销理论的学术研究。

服务营销的理论与实践发展的过程中，西方商业银行开始借用企业市场营销理论研究银行服务营销活动。概括来看，西方商业银行的服务营销战略，主要以客户满意为向导明确市场定位，注重产品创新和差别化营销，积极发展网络营销和电子化营销，重视员工激励，以及运用各种促销组合和关系营销。

(五) 内部营销理论

内部营销，是组织把员工看作内部客户。该理论的内在逻辑是：如果要让客户满意，前提是让自己的员工满意，只有满意的员工才能产生满意的客户。内部营销有两层内涵：一是管理者把员工看作自己的客户，企业的决策层和领导层必须善于与下属沟通，通过引导来帮助下属做好工作，满足员工的需求，培养员工的营销能动性及营销意识，促使员工为客户提供更好的服务；二是企业各部门视彼此为自己的客户，加强部门之间的横向沟通、信息共享与协作。

内部营销是一种管理战略，其核心是发展员工的客户意识，把员工看作内部客户，通过员工培训和绩效激励来吸引和保有优秀的员工；通过创造内部员工满意度来实现外部客户的满意，培养客户导向、服务意识和全面服务质量观。实践证明，内部营销是和员工的态度与行为方式、客户满意、客户忠诚度、企业利润的长期增长等紧密联系在一起的。员工满意带来的客户满意与客户忠诚，以及客户利润率之间具有正相关关系。

内部营销共分三个阶段，即员工满意和员工激励阶段、客户导向阶段、变革管理和战略执行阶段。在员工满意和员工激励阶段，企业把员工当作客户，工作即产品。内部营销是通过设计工作产品来吸引、发展、激励和保持高素质的员工。在客户导向阶段，企业可以通过类似营销的手段在企业内部激励员工，使员工能拥有市场导向、销售意识和客户意识。变革管理和战略执行阶段，内部营销可以采用类似营销的方法来克服组织内成员对激励、变革、执行功能性战略，以及联盟的抵制。

这一理论对金融企业来说尤为重要。作为服务业的金融企业，其成长和获利能力主要是由于忠诚的客户带来的，而忠诚的客户又是由对金融服务感到满意的客户转化而来，而客户满意则是由于客户认为所获得价值的大小决定的，价值的大小是靠富有效率地对金融企业忠诚的员工来创造，员工对公司是否忠诚取决于其对公司是否满意，满意与否要看公司内部是否给予员工高质量的内部服务。所有员工能够热情投入服务过程，则服务效率就会大大提高，从而降低客户为获取服务所花费的成本，从而大大提高客户满意度。因此，金融业营销必须解决"内部营销"问题，只有先在内部市场开展积极的营销，企业才能更好地在外部市场服务客户。

(六) 关系营销理论

关系营销(relationship marketing)，是指获得、建立和维持与企业客户紧密长期的关系，而进行的识别、建立、维护和巩固企业与客户及其他利益相关方关系的活动。该理论最早是在 20 世纪 80 年代由北欧的诺丁学派提出的，当时称为"交互营销"或"交互关系"。20 世纪 90 年代，伴随着市场营销理念的发展，关系营销理念逐渐流行起来。

关系营销主要包含 6I 理论和 4R 理论。6I 理论，即建立独特关系的意愿 (intention)、与客户的交流 (interaction)、与客户的整合 (integration)、关于客户的信息 (information)、对客户的投资 (investments)、由客户提供的个性化特征 (individuality)。4R 理论，即关联(relevancy)、反应(response)、关系(relationship)、回报(reward)的营销新理论。该营销理论以建立客户忠诚度为目标，体现了关系营销的思想，金融企业应以客户导向为核心，加强同客户的沟通，做好客户关系的维护和管理，满足客户需求，与客户建立起基于共同利益的新型客户关系，实现客户价值最大化。

知识链接 1-9

三大组合营销
战略比较

知识链接 1-10

关系营销的
层次及关系

关系营销就是把营销活动看成组织与客户、供应商、分销商、竞争者、政府机构及其他公众发生互动作用的过程，其核心是建立和发展与这些公众的良好关系。关系营销理念是服务营销必须具备的理念和思维方式，是顺利实施服务营销的基础。关系营销的中心目标是客户忠诚而不是客户保留。通过实施关系营销，培养客户忠诚，不仅可以给生意带来更大的确定性、给公司带来更大的增长，还能节约成本和增加收入，带来更大的盈利率。

关系营销理论对金融营销具有很强的指导意义。服务业的特性决定了金融企业在经营过程中明确的"关系"特征，金融企业只有在多重关系的互动中才能实现健康、稳定地发展。关系营销在金融服务营销领域体现为四要素。

(1) 与客户建立关联。在竞争性市场中，客户忠诚度是变化的，他们会转移到其他金融企业。要提高客户的忠诚度，赢得长期而稳定的市场，重要的营销战略是通过某些有效的方式在业务、需求等方面与客户建立关联，形成一种互助、互求、互需的关系，把客户与企业联系在一起，这样就大大减少了客户流失的可能性。

(2) 提高市场反应速度。在今天的相互影响的金融市场中，对金融企业来说最现实的问题不在于如何控制、制订和实施计划，而在于如何站在客户的角度及时地了解客户的渴望和需求，并及时答复和迅速做出反应，满足客户的需求。目前金融企业倾向于说给客户听，而不是听客户说，当代先进企业已从过去推测性商业模式转移成高度回应需求的商业模式。面对迅速变化的市场，要满足客户的需求、建立关联关系，金融企业必须建立快速反应机制，提高反应速度，最大限度地稳定客户群、减少客户转移的概率。

(3) 关系营销越来越重要。在金融企业与客户的关系发生了本质性变化的市场环境中，抢市场的关键已转变为与客户建立长期而稳固的关系，从交易变成责任，从客户变成关系，从管理营销组合变成管理和客户的互动关系。现代市场营销的一个重要思想和发展趋势是从交易营销转向关系营销，不仅强调赢得客户，而且强调长期地去拥有客户；从着眼于短期利益转向重视长期利益；从以产品性能为核心转向以产品或服务给客户带来的利益为核心；从不重视客户服务转向高度承诺。所有这一切其核心是处理好与客户的关系，把服务、质量和营销有机地结合起来，通过与客户建立长期稳定的关系实现长期拥有客户的目标。

(4) 回报是营销的源泉。对金融企业来说，金融服务营销的真正价值在于其有为金融企业带来短期或长期的收入和利润能力。一方面追求回报是营销发展的动力；另一方面，回报是维持市场关系的必要条件。因此，营销目标必须注重产出，注重企业在营销活动中的回报。一切营销活动都必须以为客户及股东创造价值为目的。

(七) 客户满意理论

客户满意理论，是指组织的全部经营活动要从客户的需要出发，以提供满足客户需要的产品或服务为组织的责任和义务。在这一理论中，客户满意才能实现客户的忠诚，从而增强组织的竞争能力。客户是金融企业的盈利之本，金融企业之间的竞争，最终是优质客户的竞争。

客户满意战略，包括客户对组织的理念满意(mind satisfaction，MS)、行为满意(behavior satisfaction，BS)和视觉满意(visual satisfaction，VS)三个系统。

为了在吸引新客户的同时稳定老客户，金融企业必须进行持续营销，即产品或服务的提供者采取有效的推销战略，与现有客户或潜在客户维持良好的关系，在掌握客户信息并不断更新的情况下，对客户现时的偏好和未来的需求进行深入分析和挖掘，在成本可控的基础上满足客户的要求，并在产品的选择、发送等方面提出合适的参考建议。这种方法实质上是要充分挖掘客户对产品生产者或服务提供者的各种产品和服务的消费潜力。为了实现这种销售方式，必须能收集到有关客户的各种信息，然后利用先进的信息技术和分析技能对所有的信息进行分析，这样，可以确保推销产品或服务时能投客户所好，使客户达到心理上的满足，在客户满意的基础上进行有针对性的推介活动。

随着 IT 技术在银行业的广泛应用，银行业信息化程度的重要性日益彰显，以 IT 技术为核心竞争力的研究正在全球范围内迅速展开，网络银行、电子商务、电子票据、管理信息系统、客户关系管理等均成为当前商业银行营销研究的热点和趋势。

思考练习题

1. 阐述金融营销的特点？
2. 简述金融营销实践的发展历程。
3. 简述金融营销的职能。
4. 如何认知金融营销的服务营销属性。
5. 比较金融营销同产品营销的区别。
6. 金融客户需要什么样的服务？
7. 如何做好金融客户管理？

第二篇
调 研 篇

第二章　金融营销调研

学习目标

● 了解金融营销调研的分类、内容和程序
● 掌握主要的金融营销调研方法
● 熟练运用座谈会、焦点小组访谈、深度访谈等调研方法

第一节　金融营销调研概述

一、金融营销调研的内涵

(一) 金融营销调研的定义

金融营销调研(probing)，是指运用科学的方法，系统地设计、收集、分析和提供金融营销信息，掌握和理解金融企业所面临的营销环境，为金融企业的营销决策提供依据。

金融营销调查，包括营销调查和营销研究(分析)两个环节。

(二) 金融营销调研的作用

(1) 了解金融营销环境，包括经济政策走向、经济规模和结构、消费者情况、科技动向，以及竞争环境等。

(2) 发现金融市场需求，包括市场需求容量、消费结构及发展趋势、消费者购买动机和购买行为的调研等。

(3) 分析选择目标市场，包括分析目标市场的规模、结构及需求特征等。

(4) 提供经营决策指导，结合市场调研结果，对市场发展趋势进行预测，为企业的经营决策提供指导。

(5) 评估营销计划成果。定期对营销效果进行评估，掌握企业的营销状况，对营销计划及时进行修订。

(三) 金融营销调研的分类

1. 按金融营销调研层面分类

按照层面进行划分，金融营销调研包括：

(1) 宏观层面调研，具体包括人口、经济、政治、法律、文化、自然、科技等方面的调研。

(2) 中观层面调研，具体包括行业特征、行业结构、行业竞争、竞争对手等方面的调研。

(3) 微观层面调研，具体包括各类客户群的需求特征、结构、需求量、购买行为等方面的调研。

2. 按金融营销调研对象分类

按照对象进行划分，金融营销调研分为营销环境调研、市场需求调研、客户调研、营销组合调研等。

二、金融营销调研的原则

(1) 准确性，是指通过调研获取的数据应真实可靠，不能片面、以偏概全，更不能主观臆造。

(2) 全面性，是指应全面收集金融营销所需的数据。

(3) 时效性，是指应及时捕捉和抓住市场上有用的情报、信息，及时分析和反馈，为金融企业营销决策提供支持。

(4) 科学性，是指制订科学的调研规划，对调查方式、调查对象、问卷等调研活动进行统筹安排，科学汇总和分析数据，以便真实反映市场动态。

(5) 经济性，是指调研要讲求经济效益，力争用较低的费用取得最好的效果。

第二节　金融营销调研内容

一、金融营销环境调研

金融企业营销活动是在一定的外界条件下进行的，既受环境影响，也与环境相互作用。金融企业为了实现其营销目标，必须认真分析和研究金融市场的营销环境，并努力谋求外部环境与金融企业内部条件的动态平衡。

营销环境是金融企业生存的空间，营销环境分析是金融营销的基础和前提。

金融营销环境分析是运用现代科学的方法和手段，系统地收集、记录、分析和研究与其经营活动关系密切的营销环境和市场的各种信息、资料、事实、意见，以及动机等活动的过程，即对营销环境的调查研究。

通过对营销环境的调研，可以全方位了解金融企业所面临的机遇和挑战，以及在竞争中的优劣势，为制定营销战略提供依据。一旦经济金融环境发生变化，金融企业就要前瞻洞察环境的变化，适时进行组织结构与发展战略的调整，以适应新挑战。

二、金融市场需求调研

金融市场需求调研是对金融企业现实和潜在的目标市场进行调查，以掌握金融市场及客户的需求变化趋势。金融市场需求调研具体包括如下内容。

1. 影响金融需求的因素调研

对影响金融需求的因素进行调研，具体内容包括：经济发展水平、人口及其构成、社会因素、地区结构、金融服务层次、金融产品价格的变化、银行利息率高低等。

2. 金融市场需求总量及其构成调研

对金融市场需求总量及其构成进行调研，具体内容包括：现有市场的需求与供给量，市场潜在需求量，不同细分市场的需求情况；本金融企业的产品市场占有率及其市场优势；本金融企业的产品和服务如何进行更合理的营销组合，以满足不同的需要；其他金融企业的优劣势及竞争动态；本金融企业的市场机会等。

3. 竞争战略调研

企业在采用竞争战略前，需要进行详细的调研，主要包括：掌握竞争对手的竞争战略和手段，以及各个竞争者之间的竞争态势；采取何种防御性战略，以稳定或保证本金融企业的老客户或既有市场，并削弱竞争对手的力量；采取何种进攻战略，突破市场薄弱环节，开拓市场新领域。

4. 权力调研

权力调研，主要是对政府权力、社会权力、其他金融企业领导与决策权力进行调研。这些权力对金融企业的市场营销活动具有重要影响，需认真进行调查研究。

三、金融客户调研

客户是金融企业生存与发展的基础，满足客户需求是金融营销的本质。客户需求具有广泛性和复杂性，金融企业要能够有效地提供市场所需的产品/服务，就要研究金融市场的客户，分析他们的心理与购买行为，从而清楚掌握客户的购买规律和市场需求信息。

客户调研是对金融市场的购买者和消费者进行调研，具体内容包括客户实力、客户信用及变化趋势，客户需求特征、偏好、购买习惯、动机和决策机制等内容。这些规律和信息是金融企业开发金融产品、改进金融服务、发展客户关系、制定营销战略、决定营销渠道与促销宣传的基本依据。

客户调研对象分为个人客户(消费者)调研和公司客户调研。

(一) 个人客户调研

1. 影响个人客户购买行为调研

金融企业应该调研个人客户购买金融产品过程中受到哪些行为因素的影响，如产品特征、消费者特征、客观环境特征都会对客户的需要、欲望及购买行为产生影响。概括起来，决定客户购买行为的有四个因素：文化因素、社会因素、个人因素、心理因素。

(1) 文化因素。文化是人类社会历史实践过程中所创造的物质财富和精神财富的总和，也是人类不断创造的共同的具有特色的生活方式和环境适应方式，如价值观、信仰、道德、习俗、哲学、语言文字、生活方式等。社会文化是构成金融客户理念偏好、道德标准、风俗习惯的基础，这些态度和观念在较大程度上影响着客户的购买决策。

(2) 社会因素。个人的社会生活离不开一定的社会群体和组织，其态度和行为既受所属群体成员的直接影响，也受相关群体的间接作用。个人在社会关系中的角色扮演和地位的变化也会导致金融消费的变化，主要表现在金融投资方式、储蓄行为的转变等。

家庭作为最基本的消费单位和投资单位，客户的购买行为容易受到家庭的影响，这不仅因为家庭本身维系的血缘关系值得信赖，还因为不同家庭成员在生活习惯和经济关系上具有较高的一致性。

(3) 个人因素。影响客户金融产品消费行为的因素主要有生命周期因素、职业因素和生活方式因素三种。生命周期因素对金融产品消费的影响主要体现在处于不同生命周期的人对金融产品种类的需求不同，如有稳定收入来源且有一定闲置资金的中青年人会偏好存在一定风险的投资类产品，而老年人可能更关注各种储蓄产品。职业因素的影响主要体现在客户往往因职业的差异而具有不同的参与金融交易的愿望及对金融产品和风险的认知，如从事高风险性职业的客户可能对保险产品的需求比低风险职业者的需求高。生活方式因素对个人客户的金融产品消费行为影响较大，这是因为个人的生活方式间接反映了客户对金融产品的了解、态度、利益追求和偏好。

(4) 心理因素。金融客户消费心理是指作为金融客户的个体或组织，为满足需要而选择、获取、使用、对待金融产品和服务的体验和想法。影响客户消费的心理包括行为动机、知觉、态度及信仰等。

上述的文化、社会和个人因素皆可认为最终是通过心理因素起作用的。由于客户不同的心理对金融产品的需求有很大差异，因此金融企业必须根据客户的不同心理进行市场调查研究，从而获得可靠的数据，用来确定自己的目标金融市场。

2. 金融个人客户参与决策的角色分析

(1) 发起者，即首先提出或有意购买这一产品或服务的人。

(2) 影响者，即其看法或建议对最终决策具有一定影响的人。

(3) 决策者，即对是否购买、如何买、为何买、在何处买等购买决策做出重要或最后决定的人。

(4) 购买者，即最终购买者。

(5) 使用者，即实际消费或使用该产品的人。

3. 金融个人客户购买行为模式分析

金融产品的开发和营销，需要建立在一定环境下客户的金融服务需求基础之上，这种需求是由某种环境刺激产生的，而后产生购买动机，最终导致购买行为的发生。

金融企业研究客户行为的目的是为了更好地开展营销活动，掌握环境因素及企业的营销活动给客户造成的影响，了解客户受到刺激后的最终反应，也就是客户做出的关于产品、品牌、购买时间和数量的购买过程，如图 2-1 所示。

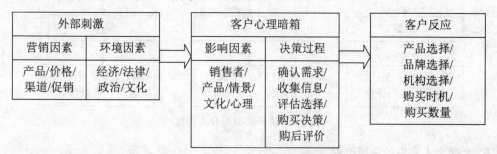

图 2-1　金融个人客户购买行为模式

客户从受到刺激到做出反应，其间经历了购买动机形成并最终做出购买决策的过程，这个过程是客户自觉的心理过程，它们与客户的个体特征密切相关，企业是难以准确把握的，因此被称为客户心理暗箱。

4. 金融个人客户决策类型

购买决策随着客户购买介入程度的增加而逐渐复杂，如图 2-2 所示。购买介入程度最低的是名义型决策，由于信息量较少，只有非常有限的购买评价产生。当客户由有效型决策向拓展型决策转变时，信息的收集量随之增加，对备选方案的评价也更加广泛和复杂，购后评价更加深入。

(1) 名义型决策。名义型决策也叫习惯型决策，即并未涉及决策的决策。某个需求被认知后，经内部信息搜索，浮现出一个偏爱品牌，随之购买。产品被使用后，只有在背离预期效果的情况下，购后评价才会产生。名义型决策发生在购买介入极低的情况下，它包括对品牌的忠诚性购买和习惯性购买。

(2) 拓展型决策。拓展型决策发生在购买介入很高的情况下，拓展型决策涉及广泛的内、外部信息收集，并伴随着对多种备选品牌复杂的比较和评价。客户在购买产品后，很容易对购买的正确性产生怀疑，从而引发购后评价。

(3) 有限型决策。它是介于名义型决策和拓展型决策之间的一种决策类型。有限型决策过程中，信息的收集主要来自内部，外部的信息收集比较有限，备选产品也不多，而且应用简单的选择规则对相对少的几个层面进行评价。除非产品在使用中出问题，否则甚少对产品进行购后评价。

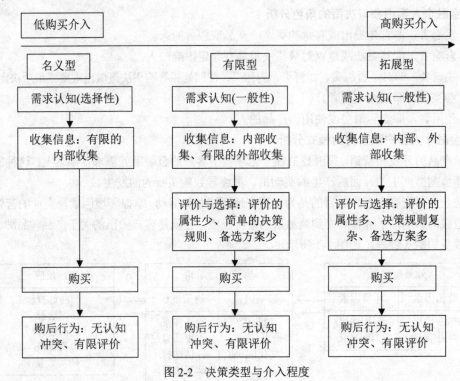

图 2-2　决策类型与介入程度

5. 金融个人客户的决策过程

一般来说，客户的购买决策过程如图 2-3 所示。

图 2-3　客户购买决策过程

(1) 确认需求。客户需要可以由两种途径产生：一是人体内在机能感受而引发。当客户意识到理想状态和现实之间有一定的差距，产生了采取行动减少差距的需求；二是由特定的外界环境刺激而引发。在一定的外在刺激影响下，个体心理的紧张和不平衡，形成了参与金融交易的强烈愿望。需求有时暂时存在，但受外部因素的激烈刺激，潜在的需求被唤醒、被激发，从而形成欲望。通常唤起金融客户需求的因素有：财务状况和预期收入的变化、国家调整金融政策、新的金融投资方案、对未来生活的规划或产品和品牌表现等。

(2) 收集信息。确认需求后，开始收集客户信息。客户的信息来源渠道有四个：个人来源、商业来源、公共来源、经验来源。

(3) 评价选择。金融客户收集的大量信息有些可能是重复甚至是互相矛盾的，因此必须对信息进行分析、评估与选择，这是购买决策过程的决定性环节。金融客户的判断与选择过程是一个理智的分析过程，金融产品的属性、对金融产品属性的重视程度差异、品牌形象、效用函数与理想产品和评价程序等几方面，通常是金融客户评价选择的主要内容和基本过程。

(4) 购买决策。客户对某种金融产品或机构具有感情上的偏好，产生了参与金融交易的意图，要通过调研了解具体的购买活动，如具体交易时间、交易地点、方式等。但是否参与某种金融交易，在购买意图与购买决策之间往往具有很大的不确定性，客户可能会受到很多因素的影响而放弃原来的评价和选择，如可能会受亲属、朋友的态度影响，被竞争企业说服，受偶然因素的干扰等。

(5) 购后评价。购后评价是指客户购买产品后自我感觉与反思对比的过程。客户在一家金融企业购买了某种金融产品后，会根据这家企业以前的宣传与现在的服务态度、服务质量、产品种类等方面进行对比，并与他人的评价及其他金融企业的服务质量进行对比，以判断自己购买这家金融企业的产品是否值得、是否受益。如果客户感觉良好，则说明企业的服务是成功的；反之，则是失败的，客户以后不会再来，还可能进行反面宣传，使原已有购买计划的客户改变购买意图。因此，客户对交易结果是否满意的评价往往是影响其今后继续参与有关金融交易的重要因素。

(二) 公司客户调研

1. 公司客户购买行为特征

(1) 购买者的数量较少，但交易规模和数量较大。

(2) 影响购买决策的人较多，决策过程比较复杂。

(3) 购买决策比较理性。公司做出购买决策，一般都有明确的目的，经过多种方案比较和权衡利弊之后做出的选择。

(4) 供求双方的关系密切。公司与金融企业建立和谐稳定的合作关系，能够便利、稳定地获得金融产品是经营过程不可缺少的重要条件之一。

(5) 衍生需求。企业基于对金融产品的需求，还会衍生出相关的金融服务。

(6) 需求波动。公司对金融产品的需求波动较大。

2. 影响公司客户购买行为的主要因素

(1) 环境因素。不同的经济金融环境造成了公司的企业文化和购买习惯的差异。

(2) 组织因素。不同公司的组织机构都有自身的经营目标、宗旨、政策、决策程序、制度、组织结构和系统等，都在不同程度上影响乃至决定着公司的购买行为。

(3) 人际关系。决策过程通常由多个不同身份但又相互联系的组织机构的成员参加，决定了决策过程的流畅性。

(4) 个人因素。在组织购买的决策过程中，每个参与者都会把个人的动机、偏好和风格表现出来。

3. 公司客户购买决策参与者

(1) 倡议者，指提出和要求购买的人。

(2) 使用者，在许多场合，使用者往往还担当倡议者的角色。

(3) 影响者，指能够影响购买决策的人。他们的评价、建议、设想等将对决策产生影响，包括专业技术人员、专家和权威人士。

(4) 购买者，指有权选择供应商并正式规定购买条件的人。

(5) 决定者，指组织机构中有权决定购买产品和选择供应商的人。

(6) 控制者，指有权或能够控制信息流入购买中心有关人员处的人，如总经理秘书。

各种公司都以不同形式存在于购买中心，购买中心的人员构成及其对每一次购买活动所产生的作用大小取决于购买的产品种类、成本大小、购买的相对重要性和复杂性、购买所带来的竞争意义和战略意义，以及购买中心成员对风险的态度等。

4. 公司客户购买过程

公司购买过程分为三大类，即新任务、直接再购买和修正再购买。

(1) 认知需求。公司通过调研，掌握金融需求的类型、规模、层次。

(2) 确定需求。公司根据企业的经营状况、经营条件及未来经济状况的预测和经营目标的要求，确定所需金融产品和服务的品种、数量、交易条件等。

(3) 选择供应商。公司经过考察确定金融合作机构。选择合作金融企业的标准一般包括：金融企业资金力量、供应条件、金融产品供应的稳定性和可靠性、信誉和服务能力、对忠诚客户的优惠措施、硬件设施的优劣、与购买有关的便利性、价格与安全性等。

(4) 确定合作关系。一般要签订合作协议、授信协议、主办业务协议等，明确合作关系和合作范围的义务和责任。

(5) 事后评价。公司定期总结与金融企业合作事项，考察金融企业表现，以验证金融企业的履约程度、服务质量及其给公司带来的实际收益，验证所购产品的期望值的实现程度，从而决定是否继续或适当调整或取消同现有金融企业的供求关系。

四、金融营销组合调研

营销组合调研是对营销组合所涉及的相关方面进行调研，以便为制定营销组合方案提供决策依据。其中，对金融工具和金融产品的调研，是调研金融工具的变化情况，金融产品的生命周期研究，金融创新研究。对金融市场价格的调研是对金融产品价格变化、发展趋势、盈利空间大小的预测等。

(一) 产品状况调研

对产品状况进行调研，内容涉及金融产品和服务方面，具体包括：金融产品的种类、数量、覆盖市场范围、产品的生命周期；购买对象、规模、结构；产品的设计、开发，产品创新及客户对产品偏好趋势；同业竞争者的金融产品和服务比较；改进营销服务的途径和方法；金融企业形象等内容，为金融企业设计有针对性的金融产品提供决策依据。

(二) 产品价格调研

产品价格调研的主要内容包括：金融产品和服务的价格定位战略与方法是否合理；价格与金融产品供求关系，定价战略是否有针对性，价格调整是否有效；金融产品和服务的比价关系，金融产品和服务的差价，包括不同细分市场的差价、季节差价、数量差价等内容。

(三) 营销渠道调研

营销渠道的调研，是指调研金融产品的现有分销渠道的规模、结构、管理等内容，为渠道设计、选择及优化提供依据。

(四) 促销调研

促销调研，是指调研金融产品促销的方式，研究何种方式更适合作为金融企业自身产品的推销手段，为促销决策提供依据。

五、金融营销预测

金融营销预测，是指运用科学的预测方法和技术，对金融市场的未来变化、营销活动的影响和效果做出判断，以获得市场信息，捕捉市场机会，降低决策风险。

(一) 金融营销预测的作用

金融营销预测的作用主要表现在如下几个方面。

(1) 金融营销预测为金融企业战略性决策提供依据。金融企业通过预测可以对客户需求和客户行为等变化趋势做出正确的分析和判断，确定企业的目标市场。通过预测能够把握市场的总体动态和各种营销环境因素的变化趋势，从而为企业战略性决策提供可靠的依据。

(2) 金融营销预测是企业制定营销战略的前提条件。正确营销战略的制定取决于相关市场情况的准确预测。

(3) 营销预测有利于提高企业的竞争能力。通过及时、准确的预测，金融企业能够掌握市场发展规律，提高市场适应能力。在当前激烈的市场竞争中，企业与竞争对手的优劣势是在不断变化的。因此，金融企业更要发挥预测能力，扬长避短，挖掘潜力，增强竞争能力。

(二) 金融营销预测类型

1. 总体预测和具体预测

总体预测涉及面广，它是粗线条、综合性地对总体或总量进行预测，目的是了解该市场总体供求情况，为金融企业确定经营方向、制定营销战略规划提供依据。

具体预测涉及面窄，是较细致的、专业性地对个体或分项进行的预测，如金融企业对产品销量的预测，或对产品市场生命周期的预测等，其目的是为企业制定相应的营销战略提供依据。

2. 长期预测、中期预测、短期预测和近期预测

长期预测(5 年以上的预测)、中期预测(1～5 年的预测)、短期预测(1 季度至 1 年的预测)和近期预测(1 周至 1 季度的预测)。

实际上，期限并无统一的标准，不同的企业对时间界限的划分是不尽一致的。

3. 定性预测和定量预测

定性预测又称质的分析，是以人们的直觉或经验做出主观判断，粗略地预见事物的发展趋势，或估计出一个概数。

定量预测是根据调查得到的数据资料，运用数学方法对未来市场营销变化做出量的估计。

在营销预测实际工作中，往往需要将定性预测和定量预测两种方法结合运用，才能得到科学、准确的预测数据。

(三) 金融营销预测内容

1. 市场需求潜量预测

市场需求潜量是指在一定时期和特定区域内，全体买方对某项商品的最大可能购买量。通过对市场需求潜量的预测，金融企业就可能掌握市场的发展动态，以便合理地组织自己的经营活动。

2. 金融企业销售预测

通过销售预测，了解客户需求的新动向，研究开拓市场，它是金融企业制定和实施价格战略，选择分销渠道和促进战略的重要依据。

3. 市场占有率预测

市场占有率的预测是指预测本企业所经营的商品销售量在整个市场商品销售总量中所占的比例。从市场占有率增加或减少的预测中，可以判断市场需求、市场竞争和企业经营发展状况，采用相应的市场竞争战略，保证企业经营的方向。

4. 企业所需资源的预测

通过对所需资源的预测，金融企业可以根据自身的发展规划和能力，确定所需的预算，合理规划发展空间。

(四) 金融营销预测的程序

1. 确定预测目标

金融预测目标，是指根据金融企业的发展战略，预测不同发展阶段要实现的具体指标。

2. 分析整理资料

根据预测目标进行市场调查，对市场调查所收集的资料进行归纳分类、分析整理，为预测做好资料准备。

3. 选择预测方法

根据预测目标和资料情况，选择可行的预测方法。通常，企业以定性和定量的方法同时进行预测，或以多种预测方法互相比较印证其预测结果，这样可使预测的准确度提高。

4. 建立预测模型

进行定量预测时，往往要建立预测模型。然后根据预测模型，运用数学的方法进行计算，根据结果做出相应的预测。

5. 编写预测报告

对预测结果进行检验、评价之后，应编写预测报告。一般要求预测结果简单明了，并要求对预测过程、预测指标、资料来源等做出简明的解释和论证。报告应及时传递给决策者，以便决策之用。

第三节　金融营销调研程序

一、金融营销调研准备

首先，应明确金融调查目标。明确在金融调研中要解决哪些问题，通过调研要取得哪些资料，以及如何利用这些资料等问题。

其次，明确金融调查对象。明确金融调查对象主要是为了解决向谁调查和由谁来具体提供资料的问题。

最后，明确调研项目。调研项目是指调研单位所要调查的主要内容，确定调研项目就是要明确向被调查者了解哪些问题。

二、金融营销调研方案设计

(一) 调研方案类型

探索性调研：用于探索要研究的问题的一般性质、各种可能的决策方案，以及必须考虑的相关变量。

描述性调研：通过详细的调查和分析，对金融营销活动的某个方面进行客观的描述，倾向于使用调查得到的数据，有利于进行预测。

因果关系调研：通过调研找出关联现象或变量之间的因果关系。

(二) 调研方案内容

调研方案主要包含如下内容：

概要、背景、研究目的、调研设计、现场工作、资料收集、资料分析、报告撰写、费用和时间、附录、调研方法。

(三) 调查问卷设计

1. 问卷设计的程序

(1) 准备工作，包括准备以前的材料，确定调查的目的、调查和分析的方法。

(2) 问卷设计，包括开发问卷问题、问题的筛选和确定、问题顺序安排、问卷的版式和格式。

(3) 问卷确定，包括问卷实验测试、问卷的调整和修改、问题的最后确定。

2. 调查问题设计

(1) 调研问题设计原则。要保证问卷的每个问题都是有用的，设计问题时必须明确：①这个询问是否确实需要？②这个询问是否能达到收集信息的目的？③被访者能不能准确回答这个询问？④被访者愿不愿意如实回答这个询问？问题所提供的信息如果对分析和解决营销问题没有帮助，则应该从问卷中删除。

(2) 问题类型。调查问题分为结构化问题和非结构化问题。结构化问题是给出一组选项，让被访者选择。一般又可分为多项选择题、是非题、量表题等多种形式。结构化问题的回答十分明确，可减少访问误差，方便数据处理。但是，选项的不穷尽、选项的次序、缺少被访者自己的认识等问题又会产生其他误差。非结构化问题也叫开放式问题，它对被访者没有限制，可以自由回答问题。优点是能收集到许多预想不到的信息，比较适合探索性调研。缺点是在记录、理解、编码等信息处理过程中，容易出现较大误差。金融企业应根据不同的调研目的选择适合的问题格式、回答格式等。

(3) 问题设计方法。问题设计方法包括：是否法、多项选择、顺位法、对比法、自由回答法、词语联想法、回忆法、文句完成法、故事构建法、卡通测试法。

(4) 问卷问题顺序。问卷问句的顺序要先一般，再细节。第一个问题要有趣而且简单，如果一开始就把被访者难住，他就可能拒绝回答后面的问题。

3. 问卷设计注意的事项

(1) 问卷的排版宗旨就是要使问卷方便答题、记录。尤其是让被访者自己填写的问卷，更要充分考虑到各种可能。

(2) 最好能把问卷分成若干部分，并分别标上编号。跳转题要借助箭头或图形标出。

(3) 对访问员的提示、对被访者的提示都要用特殊字体醒目地印出来。

(4) 字体的大小、空间的多少、选项的排列等都要一一考虑周全。

(5) 问卷排好版以后，先打印 10 份左右进行预访问。预访问的目的是检查所有的设计考虑是否合理、周全，并把预访问过程中发现的所有疑问在对应的问句旁边记下。

(6) 预访问的对象必须是符合正式访问设计要求的合格被访对象。

(7) 完成了预访问后，设计者对问卷进行必要修正，形成正式问卷。

(8) 用词尽量简洁、具体、明确，避免有歧义的语言，尽量少用专业术语，最重要的是要确认被访者和调研人员对该询问的理解是一致的。

(9) 要考虑询问的信息，被访者是否知道、是否记得住、是否表达得出来。一个提问最好只包含一项内容，不要用不明确的词语。

(10) 避免诱导性提问、偏激的词语等。

(11) 充分考虑回答者的意愿。问卷中的一些问题可能会涉及个人的隐私，如年龄、财产、收入、婚姻状况等，这些信息作为重要的背景资料往往不可缺少，要考虑适当修改询问方式，以取得访问者的配合。

三、金融营销调研实施

此阶段的主要任务是根据调研方案，组织调查人员深入实际工作中收集资料。具体方法包括：制定调研手册；确定和培训调研人员；组织调研人员进行现场调研，按照调研方案确定调查方法和调查方式，现场调研获取所需的资料；监督调研实施；处理突发事件。

四、金融营销调研数据处理

回收问卷后，进行调研数据的处理，具体包括如下内容。

数据整理：找到核心的价值性的数据和信息，剔除不需要的部分；对问卷进行编码、清理筛选出有效的问卷；统计出每一个问题答案的绝对数字，算出其相对值。

数据处理：定性分析和定量分析是两种基本的分析方法。具体方法可采用回归性分析、交叉分析、聚类分析等。

数据分析：基础分析，提供单项问题的说明或解释；高级分析，寻找众多问题之间潜在的、深层的、逻辑性问题。

五、金融营销调研报告编制

依据营销调研数据和分析结论，开始编制金融营销调研报告。调研报告由以下部分组成。

开始部分：封面、授权书、目录、概要。

正文部分：引言、调查目的、调研过程、结论与建议、限制与忠告。

附录部分：问卷、图表、资料、清单。

金融营销调研报告主要供金融企业制定营销战略、开发新产品和服务、制定营销服务制度时使用。

第四节　金融营销调研方法

一、金融调研方法类型

按调研对象划分，调查方法分为全面调研、重点调研、抽样调研。

(1) 全面调研，又叫普查，是对调研对象总体所包含的全部单位进行调研。

(2) 重点调研，是以有代表性的单位或客户作为调研对象，进而推断出一般结论。

(3) 抽样调研，是从调查对象全体中选择若干个具有代表性的个体组成样本，对样本进行调查，然后根据调查结果可推断总体特征的方法。

知识链接 2-1

抽样调研类型

二、按调研对象所采用的具体方法

(一) 文案调研

文案调研分为二手资料整理分析、文献收集整理和分析。

1. 二手资料整理分析法

收集来自同行或相关行业在博览会、交易会、展销订货会或学术交流会议上的资料。该方法适合项目的前期准备工作，收集购买者的特征，以及政府的相关行业政策。

优点：收集到的资料范围广，可以通过各种渠道收集到各种类型的资料。与其他调查方法相比，更省时省力。

缺点：难以考察资料的真实性及调查样本的代表性。

2. 文献收集整理和分析

收集国家统计局和各级地方统计部门定期发布的统计公报、定期出版的各类统计年鉴；搜集各种经济信息部门、各行业协会和联合会提供的定期或不定期信息公报；收集国内外有关报纸、杂志、电视等大众传播媒介；收集各种国际组织、外国商会等提供的定期或不定期统计公告或交流信息；收集国内外各种博览会、交易会、展销订货会等营销性会议，以及专业性、学术性会议上所发放的文件和资料；收集工商企业内部资料，如销售记录、进货单、各种统计报表、财务报告等；收集各级政府公布的有关市场的政策法规，以及执法部门有关经济案例；收集研究机构、高等学府发表的学术论文和调查报告。

优点：适用范围广，现存的文献种类很多。省时并节省费用。

缺点：只能被动地搜集现有资料，不能主动地去提出问题并解决在市场决策中遇到的问题。

(二) 实地调研

实地调研分为访问法、观察法、实验法。

1. 访问法

调查人员通过各种方式向被调查者发问或征求意见来收集市场信息的一种方法。该方法包括深度访谈、GI(good idea)座谈会、问卷调查(分为电话访问、邮寄调查、留置问卷调查、入户访问、街头拦访等调查形式)。访谈所提问题应界定为确属必要、被访问者有能力回答所提问题，访问的时间不能过长，询问的语气、措辞、态度、气氛必须合适。

1) 问卷调查

问卷调查按问卷递送方式的不同分为以下类型。

(1) 面谈咨询法。

优点：可以层层深入地向被调查者提出问题，而且回答率较高。

缺点：调查成本较高，调查结果准确与否受调查人员技术熟练程度的影响。

(2) 电话询问法。该方法样本数量多，调查内容简单明了，易于让人接受。

优点：可以在短时间内调查多数样本，成本很低。

缺点：不易获得对方的合作，不能咨询较为复杂的内容。

(3) 邮寄/传真问卷法。适用于社会共性问题的调查。

优点：调查成本低，抽样时可以完全依据随机抽样法抽取样本，因此抽样误差低。

缺点：收回率偏低，影响调查的代表性；因无调查人员在场，被调查者有可能误解问卷的意义。

(4) 留置问卷法。

优点：时间充裕，避免被调查者考虑问题不全面等缺点，又可克服邮寄问卷回收率低的不足。

缺点：调查的地域、范围受到一定限制，调查费用相对较高。

(5) 入户访问。此方法适用于时间、经费、人力充足，需要样本在较大程度上代表总体的调查项目。

优点：直接与被访者接触，可以观察其回答问题的态度。严格的抽样方法，使样本的代表性更强，能够得到较高的有效回答率。对于不符合填答要求的答案，可以在访问时予以纠正。可由访问人员控制跳答题或开放式问题的追问。

缺点：人力、时间及费用消耗较大。可能出现访问员错误理解的情况。对访问员的要求较高。需要严格管理访问人员。

(6) 拦截式访问。适用于时间短，能够清晰地定义被访者的年龄、性别、职业等各方面特征的调查项目。

优点：访问时间短，可以在访问进行时对问卷真实性及质量进行控制，节省抽样环节和费用。

缺点：由于在固定场所，容易流失掉未在该场所的群体。不能耽误被访者太长时间。可能发生被访者中途拒答的情况。

(7) 在线访问。利用网络在线调查、免费的网上文字评语等方式，在线调研收集客户的信息。

优点：便利且具有比传统邮寄调查更高的反馈率；对客户和公司都能带来成本上的优势；借助软件便于快速分析数据。

缺点：可能产生不准确的回复(自动回复，系统通常自动寻找关键字而发送自动的回复)，从而忽略客户顾虑中的细微差别；除非绝大部分客户使用网上渠道提供反馈意见，否则收集的信息不完整。

(8) 集中小组调查。经过仔细选择，邀请一定数量(6～15 个)的客户，在专业调研主持人的帮助下了解与客户的满意度、价值相关的内容。

优点：根据提供的讨论指南和时间表对客户的偏好和顾虑有全面深入的了解；便于与客户建立良好的关系。

缺点：由于调研主持人的偏见而得到有曲解的结果；为了鼓励被调研者的参与，每次小组座谈会的参与人数有限制；如果扩大抽样的人数所投入的成本就很高。

(9) 神秘客户。公司派专业人士到市场第一线了解各种类型销售网点环境、服务态度、商品的铺货情况，评估客户的满意度和所得到的价值。

优点：可以对营销渠道的各个方面进行控制。

缺点：真实性与调查人员的心理状态有很大关系；在调查的当时无法做记录，可能产生细节的遗漏。

(10) 日记式/记账式调查。适用于对客户的行为规律进行调查。

优点：因为与对方建立长期关系，问卷回收率较高。能够比较翔实、细致地反映情况；可以减少由于调查双方交流产生的误差。

缺点：只能得到简单的资料，无法深入了解情况。

2) GI 座谈会

该方法适用于收集有关事物本质、特征方面的资料，对数量没有太多要求。

知识链接 2-2

优点：研究者在座谈进行时观看到当时的情况，可以将整个过程录制下来事后分析。温馨愉快的环境使参加者能畅所欲言，经验丰富的主持人启发参加者深入探讨问题。

缺点：参加者不具有代表性。在发言时容易受其他人的影响，所说的话不一定代表每个参加者自己的意见。

焦点小组访谈法

3) 深度访谈法

深度访谈法是一种无结构的、直接的、一对一的访问。该方法的特点是访谈环境比较随意，对访问员的要求较高。深度访谈主要用于获取对问题的理解和深层了解的探索性研究，了解个人是如何做出决定的，了解产品被如何使用，了解客户生活中的情绪和个人倾向。深度访谈的对象一般是很重要的人士，如向相关部门的官员咨询行业政策，向竞争对手的各级经销商搜集资料，访问与经销商品或提供服务紧密相关的群体，如医生、教师等，以揭示对某一问题的较深层次的动机、信念、态度和感情。该方法对访谈人员的素质要求较高，应具备专业知识和访谈技巧。

优点：可以获得比较全面的资料，适合了解一些复杂的问题。

缺点：由于采用无结构访问，是否成功取决于访问人员的技巧和经验。调查对象通常是一些特殊人群，较难联系。

深度访谈法适合以阶梯性方式前进，根据所拿的问题清单，由点到面，由浅到深，由普遍到个例等获得被访问者循序渐进式的回答；隐蔽性探寻，访谈会探索某些秘密或潜在的态度、动机等，所以如何使被访问者愉快、无敌意地谈出个人的看法是隐蔽性探寻的价值所在。在访谈前，调查人员可尝试制作深度访谈工具表，如表 2-1 所示。

拓展阅读 2-1

某银行营销服务
座谈会提纲

表 2-1　深度访谈工具表

访谈对象_____	预约时间_____	预约地点_____	访谈技术_____
访谈问题清单 问题 1 问题 2 问题 3 问题 4		访谈答案记录	
访谈效果评估			

2. 观察法

观察法是指调查人员在调研现场，直接或通过仪器观察、记录被调查者行为和表情，以获取信息的一种调研方法。这种方法可以使被调查者无压力，表现得自然，调查效果较理想。观察法包括：

(1) 参与性观察/非参与性观察。参与性观察是派人到现场对调查对象进行观察；非参与性观察是调查人员不是亲自观察购买者的行为，而是观察行为发生后的痕迹。

(2) 隐蔽观察/非隐蔽观察。隐蔽观察是指被观察对象不知道正在被观察；非隐蔽观察是建立一个实验室，观察销售代表在电话推销中的表现和人们的反应。

(3) 有结构观察与无结构观察。有结构观察是调研者事先确定将要观察和记录的范围，其余的各类行为将被忽略，如只要求观察客户购买产品是如何查看外包装及说明；无结构观察是对观察者的观察范围不限定，所有的行为都在观察之列。

(4) 人工观察与机械观察。人工观察是指观察者是调研者雇用的人员或调研者本人。机械观察是采用专用设备记录观察对象，如利用自动交通计数器统计车流量，用旋转门转动的次数统计进场观看比赛的人数，用仪器代替人工记录家庭收看电视的习惯。

3. 实验法

实验法是指通过实际的、小规模的营销活动来调查关于某一产品或某项营销措施执行效果等市场信息的方法。实验对象主要包括产品质量、品种、商标、外观、价格、促销方式及销售渠道等。实验法分为实验前后对比、实验单位与非实验单位对比、实验单位与非实验单位前后对比等方法。该方法常用于新产品的试销和展销。

(三) 特殊调研

特殊调研包括：固定样本、零售店销量、客户调查组等持续性实地调查；投影法、推测试验法、语义区别法等购买动机调查；计算机辅助电话访问调查。下面介绍典型的特殊调研方法。

1. 投影法

投影法是一种无结构的非直接的询问形式，可以鼓励被调查者将他们对所关心问题的潜在动机、信仰、态度或感情投射出来。在投影法中，并不要求被调查者描述自己的行为，而是要他们解释其他人的行为。在解释他人的行为时，被调查者就间接地将他们自己的动机、信仰、态度或感情投影到了有关的情景之中。剧情越模糊，被调查者就更多地投影他们的感情、需要、动机、态度和价值观。投影法分为联想技法、完成技法、结构技法、表现技法。

1) 联想技法

在词语联想中，给出一连串的词语，每给出一个词语，都让被调查者回答其最初联想到的词语(反应语)。调研者感兴趣的那些词语(试验词语或刺激词语)是散布在那一串展示的词语中的，在给出的一连串词语中，也有一些中性的或充数的词语，用于掩盖研究的目的。对回答或反应的分析可计算几个量：①每个反应词语出现的频数；②在给出反应词语之前耽搁的时间长度；③在合理的时间段内，对某一词语完全无反应的被调查者的数目，根本无反应的被调查者就被判断为是情感卷入造成的反应阻塞。联想通常分为赞成的、不赞成的和中性的三类，一个被调查者的反应模式及反应的细节，可用来决定其对所研究问题的潜在态度或情感。

2) 完成技法

在完成技法中，给出不完全的一种刺激情景，要求被调查者来完成。方法主要分为句子完成法和故事完成法。

(1) 句子完成法。句子完成法与词语联想法类似，给被调查者一些不完全的句子，要求他们完成。一般来说，要求他们使用最初想到的那个单词或词组。与词语联想法相比，对被调查者提供的刺激是更直接的。从文章完成法可能得到的有关被调查者感情方面的信息也更多。

拓展阅读 2-2

故事完成法实验

(2) 故事完成法。让被调查者先阅读故事的一个部分，将其注意力引到某一特定的话题，但是不要提示故事的结尾。被调查者要用自己的话来做出结论。

3) 结构技法

结构技法要求被调查者以故事对话或绘图的形式构造一种反应。该方法主要包含图画回答法和卡通试验法。

(1) 图画回答法。图画回答法的起源为主题统觉法，是指从被调查者对图片的感觉概念中抽取出来的特征。做法是显示一系列的图画，有一般的也有不寻常的事件，在其中的一些画面上，人物或对象描绘得很清楚，但在另外一些画中却很模糊。要求被调查者看图讲故事，他们对图画的解释可以显露自身的个性特征。例如，可以将被调查者的特征描绘为是冲动的、有创造性的、没有想象力的等。

(2) 卡通试验法。在卡通试验中，将卡通人物显示在一个与问题有关的具体环境内。要求被调查者指出一个卡通人物会怎样回答另一个人物的问话或评论。从被调查者的答案中就可以指示出他(她)对该环境或情况的感情、信念和态度。

4) 表现技法

表现技法，是给被调查者提供一种文字的或形象化的情景，请他(她)将其他人的感情和态度与该情景联系起来。该方法主要包括角色表演和第三者技法。

(1) 角色表演。让被调查者表演某种角色或假定按其他某人的行为来动作。调研者的假定是，被调查者将会把他们自己的感情投入角色。通过分析被调查者的表演，就可以了解他们的感情和态度。例如，在百货商店客户光顾情况调查中，要求被调查者扮演负责处理客户抱怨和意见的经理的角色。被调查者如何处理客户的意见表现了他们对购物的感情和态度。

(2) 第三者技法。在第三者技法中，给被调查者提供一种文字的或形象化的情景，让被调查者将第三者的信仰和态度与该情景联系起来，而不是直接地联系自己个人的信仰和态度。第三者可能是自己的朋友、邻居、同事等也可以某知名人士。当被调查者描述第三者的反应时，他个人的信仰和态度也就暴露出来了。让被调查者评价第三者立场的做法减低了他们的压力，因此更能得出较真实合理的回答。

2. CATI 计算机调查

计算机辅助电话访问调查(computer assisted telephone interview，CATI)，是将近年高速发展的通信技术及计算机信息处理技术应用于传统的电话访问所得到的产物，问世以来得到越来越广泛的应用

计算机辅助电话访问使用一份按计算机设计方法设计的问卷，使用电话向被调查者进行访问。计算机问卷可以利用大型机、微型机或个人计算机来设计生成，调查员坐在座席上，头戴小型耳机式电话。计算机代替了问卷、答案纸和铅笔。通过计算机拨打所要的号码，电话接通之后，调查员就读出计算机屏幕上显示出的问答题并直接将被调查者的回答(用号码表示)用键盘记入计算机的记忆库之中。

计算机会系统地指引整个业务流程。问卷可以直接在计算机中设计、调试，抽样过程可以大大简化，配额也完全由计算机系统自动控制，问卷执行时所有的问卷内部的流程和逻辑都由计算机内部控制，并且计算机会检查答案的适当性和一致性。

数据的收集过程是自然的、平稳的，而且访问时间大大缩减，数据质量得到了加强，数据的录入等过程也不再需要，编码也可以统一地自动实现。由于回答是直接输入计算机的，关于数据收集和结果的阶段性和最新的报告几乎可以立刻得到。

CATI 可以提供更高效、更全面透明的监控方式，所有的话务监控、通话录音、监听、监看都在一个独立的计算机上执行，大大降低了对访问过程产生干扰的可能性。

思考练习题

1. 阐述金融营销调研的定义。
2. 阐述金融营销调研的分类。
3. 阐述金融营销调研的原则。
4. 简述金融营销调研的程序，并作简单解释。
5. 阐述几种主要的调研方法，并叙述其优缺点。
6. 问卷设计的注意事项是什么？
7. 问卷设计：设计客户购买行为调查问卷。
8. 问卷设计：设计手机银行满意度调查问卷。

第三篇

战略篇

第三章　金融营销战略

学习目标

- 了解金融营销战略体系
- 熟悉金融战略规划内容
- 重点掌握金融营销组合战略

第一节　金融营销战略分析

一、金融营销战略概述

(一) 金融营销战略的概念

金融营销战略，是指金融企业在复杂多变的市场环境中，为了实现特定的营销目标以求得生存发展而制定的全局性、决定性、长期性的规划和决策。它具有复杂性、风险性、竞争性、稳健性和动态性的特征。

金融企业在对市场进行细分的基础上，确定适合自身特点和实际情况的目标市场和定位，选择不同的营销战略模式，设计出具有科学性、合理性、经济性、有效性的最佳营销组合。

(二) 金融营销战略的作用

营销战略是整个营销活动的灵魂和核心。

1. 营销战略的指导作用

营销战略是金融企业开展营销活动的总体目标和规划，具有很强的预见性，同时也是企业的行动纲领和计划，对于金融企业营销活动的有序开展具有指导作用。

2. 营销战略的沟通作用

金融企业通过营销战略，让企业内部相关部门和人员了解企业营销的进度，统一企业内部营销资源，规定了企业各部门的营销任务，有助于企业内部达成共识，加强凝聚力，共同按照营销规划推进营销工作。

3. 营销战略的协调作用

营销战略协调了金融企业各部门的资源，保证营销规划的顺利实施。

(三) 金融营销战略体系

金融营销战略体系，如图 3-1 所示。

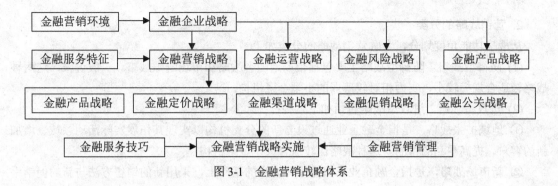

图 3-1　金融营销战略体系

(四) 金融营销战略设计流程

1. 战略分析

通过对金融企业内外部环境进行分析,从中发现自身的优点和不足,找出所面临的威胁和机遇,为制定战略提供依据。

2. 战略设计

依据战略分析,确定金融企业的战略定位和战略目标,制定金融企业应采取的具体营销战略方案,包括定位战略、定价战略、产品战略、渠道战略、促销战略等。

3. 战略实施

对营销战略的目标和方案进行分解,形成具有可操作性的战略计划,包括战略规划期内各年度的经营管理与发展计划。

4. 战略控制

战略控制与战略实施是同时进行的,目的是使战略实施的进程和结果基本符合战略方案预期的进程和结果。为了使金融企业发展战略能够适应内外环境的变化,须定期对战略实施状况进行跟踪、评估,及时发现战略偏差,适时进行营销战略调整。

(五) 金融营销战略的类型

1. 营销战略的层级

金融营销战略是一个战略体系,不仅包括金融企业整体层面的营销战略,还包括事业部层面、职能层面、运作层面三个次级层次的营销战略。

(1) 企业整体层面的营销战略,规划了金融企业营销的总目标、战略定位和具体行动。

(2) 事业部营销战略,是在金融企业整体营销战略的指导下,各个事业部或分支行制定的部门营销战略。

(3) 职能层营销战略,是为贯彻、实施和支持总部营销战略与事业部营销战略而在总部特定的职能管理领域制定的具体实施战略。

(4) 运作层营销战略,是为保障金融企业营销管理的正常运行而提供的操作性、基础性支持战略。

金融企业四个层次的营销战略是相互联系、相互配合的,每一层次的营销战略都构成下一层级的营销战略环境,同时下一层级的营销战略又为上一层级战略目标的实现提供保障和支持,共同实现金融企业总体营销战略目标。

拓展阅读 3-1

商业银行
营销战略汇总

2. 营销战略的分类

从战略功能角度划分，金融营销战略的分类如下。

(1) 防御型战略。防御型战略主要包括市场追随者战略和市场缝隙战略。一般说来，这两种战略较适合规模较小、实力相对较薄弱的小型金融机构。

(2) 进攻型战略。进攻型战略包括如下几种：

① 地域扩张战略，是指金融企业通过设立新的分支机构以实现其拓展实际活动领域、增加新的客户、提高盈利的目的。这种战略比较适合大型金融机构。

② 新市场战略，是指金融企业在保持原有客户的基础上，采用新的销售方法与新的促销手段来吸引新客户，或者开拓新的市场来替代原有的市场，从而进一步增强金融企业的竞争力。

③ 市场渗透者战略，是指金融企业在现有市场份额的基础上加强营销工作，集中经营市场上已有的某些业务并不断深入的战略，通过加强广告宣传进一步完善企业在客户心目中的形象，以刺激客户增加金融产品的购买及使用次数，从而提高金融企业的服务效率。

④ 市场领导者战略，是指在金融企业的某一产品或服务在市场中拥有最大份额的。通常在价格、新品、促销强度上起领导作用。该战略适合大型金融企业采用。

⑤ 市场竞争者战略，是指金融企业凭借自身优势，抓住竞争对手的弱点，以己之长攻彼之短。这种战略适合较有实力的大型商业银行。

(六) 金融营销计划

1. 金融营销计划的定义

金融营销计划，是指金融企业在金融营销调研的基础上，根据企业的战略规划，制定企业及各业务部门的营销目标，以及实现这一目标所应采取的战略、措施和步骤的明确规定和详细说明。

金融营销计划的目的是给所有金融企业的利害关系者一个明确的目标感和方向感，并作为协调金融企业内部各个部门的一个重要工具，使各部门之间以协调的方式共同努力实现企业的总体目标。

2. 金融营销计划的类型

(1) 金融营销计划按时间长短，分为长期计划、中期计划和短期计划。长期计划的期限一般为5年以上，主要是确定未来发展方向和奋斗目标的纲领性计划；中期计划的期限为1~5年；短期计划的期限通常为1年，如年度计划。

(2) 金融营销计划按范围划分，可分为总体营销计划和专项营销计划。总体营销计划是企业营销活动的全面、综合性计划；专项营销计划是针对某一产品或特殊问题而制订的计划，如品牌计划、渠道计划、促销计划、定价计划等。

(3) 金融营销计划按计划程度，可分为战略性计划、战略计划和作业计划。战略性计划是对企业在未来市场占有的地位及采取的措施所做的规划；战略计划是对营销活动某一方面所做的策划；作业计划是各项营销活动的具体执行性计划，如一项促销活动，需要对活动的目的、时间、地点、活动方式、费用预算等做策划。

(4) 金融营销计划按规划层次，可分为产品营销规划、营销部门规划、企业总体营销规划。

3. 金融营销计划的作用

(1) 金融营销计划详细说明了预期的经济效益，有关部门和企业高层管理者可就此预计未来的发展状况,既可以减少经营的盲目性,又可以使企业有一个明确的发展目标,便于企业采取相应的措施,力争达到预期目标。

(2) 有利于企业判断所要承担的成本费用,精细打算、节约开支。

(3) 营销计划描述了将要采取的任务和行动,便于明确各有关人员的职责,使他们有目标、有步骤地去完成自己的任务。

(4) 有助于监测各种营销活动的行动和效果,使企业能够更加有效地控制营销活动,协调部门的关系。

4. 金融营销计划的内容

(1) 金融营销计划概要,它是对主要营销目标和措施的简短摘要,目的是使高层主管迅速了解该计划的主要内容,抓住计划的要点。

(2) 金融营销状况分析,主要用于分析市场状况、产品状况、竞争状况、渠道状况、宏观环境状况等相关背景资料。

(3) 机会与问题分析,是对计划期内企业营销所面临的主要机会和风险进行分析;对企业营销资源的优势和劣势进行系统分析;在机会与风险、优劣势分析基础上,确定在该计划中所必须注意的主要问题。

(4) 金融营销目标,是金融企业营销计划的核心内容,是在市场分析基础上对营销目标做出决策。营销目标包括财务目标、营销目标等,可以是定性的,也可以是定量的,或是两者的结合。

金融营销目标分为长期目标、中期目标及短期目标。长期目标通常指 5 年以上的目标,中期目标是指 3～5 年的目标,短期目标是指 1～2 年的目标。金融营销目标的选定,不但要兼顾长期和短期目标,而且还要与实际相符,目标越明确、越可衡量,则越有利于营销战略组合方案的制定与评估。

(5) 金融营销战略,包括目标市场选择和市场定位、营销组合战略等。

(6) 行动方案,是对营销战略的实施制定详细的行动方案,一般包含将做什么、何时做、由谁负责做、费用是多少等内容。

(7) 预算,是指金融企业要依据营销目标测算营销收入、规划营销费用、确定预期利润。预算批准后,就是各项营销活动的依据。

(8) 控制,是指金融企业应对营销计划执行情况进行检查,以确保计划按计划执行。凡未完成计划的部门,应分析原因,提出改进措施,以争取实现预期目标,使企业营销计划的目标任务能够落实。

知识链接 3-1

金融营销计划模式

(七) 金融营销计划执行与控制

营销执行是将营销计划转化为行动和任务的过程,以保证任务的完成,实现营销目标。

1. 执行保障

(1) 制度保障,具体包括基础性管理制度(如绩效考核制度、部门协作制度)、职能性管理制度(如营销推广管理制度、区域管理制度、渠道管理制度、销售业务管理制度等)。

(2) 流程保障,是指为提升执行效率,应围绕营销计划进行业务流程的重组和优化。

(3) 权限保障,是指为保障营销计划的有效执行,营销计划在实施时,要赋予各职能部门相应的权限,合理设定总部和分部之间、各项业务活动的权限。

(4) 资源保障。为确保营销计划的执行,必须配备相应的资源,特别是对关键项目的资源应提供应有的保障。

2. 目标管理

(1) 为了使营销计划执行成效得以控制，透过对营销目标的分解，确立子目标，便于把握营销计划执行的重点，评估营销计划执行的效果。

(2) 为确保目标管理的实现，应对目标结果、目标过程进行绩效管理，使得实施进度符合预定的目标。

3. 过程管理

(1) 通过编制销售报表、制定销售工作程序、召开销售会议、加强销售培训等手段，确保营销按计划执行。

(2) 确定营销的重点目标，界定关键营销业务流程，抓住这些关键业务流程，以确保营销计划目标的实现。

(3) 对销售人员的工作方式和效率进行评估，了解销售工作中存在的问题，为销售人员提供销售指导，提高营销计划的针对性。

4. 管理制度

营销计划要层层分解，以便贯彻和落实；过程管理，要责任到人，责任人越明确，越有助于营销目标与计划的达成；营销目标要具体分解到每个月、每一天，对每一天的目标与计划完成情况进行管控。

5. 动态调整

营销计划制订后，要根据市场的变化、不同区域市场竞争环境、消费趋势、客户类型等因素，主动对营销计划进行调整，使计划更具适应性和针对性。金融企业应设置专门的职能部门对营销计划的执行状况进行评估和综合平衡。

6. 营销计划控制

营销计划实施过程中会发生许多意外情况，营销部门必须监督和控制各项营销活动。营销控制类型包括：年度计划控制、盈利能力控制、效率控制，以及战略控制，具体内容如表 3-1 所示。

表 3-1　营销控制类型

控制类型	主要负责人	控制目的	方法
年度计划控制	高层管理层/中层管理层	检查计划目标是否实现	销售分析、市场份额分析、财务分析、费用—销售额比率
盈利能力控制	财务中心	检查公司赚钱和亏损的地方	盈利情况：产品、地区、客户群
效率控制	职能管理层/财务中心	评价和提高经费开支效率及效果	效率：销售人员、广告、促销
战略控制	高层管理者/财务中心	检查在市场、产品和渠道方面是否有最佳机会	营销审计、营销效益评价、公司道德与社会责任评价

营销计划的制订、执行和控制过程是一个完整的体系，当营销计划在执行过程中出现了偏差，就要采取修正行动，修改或重新制订营销计划，经审议后重新开始执行。

二、金融营销战略分析

金融营销战略分析，是通过回顾现有战略得失，分析战略内外因素，思虑改变战略时机，总结关键因素，为未来营销战略设计提供决策依据。

(一) 金融营销外部环境分析

1. 金融营销宏观环境

宏观环境，是指给金融企业都带来影响的各种因素和力量的总和，一般由人口、经济、自然、科技、政治和文化六大因素组成，具体包括国家或地区法律、财政、金融、人口、产业、能源、物价等，以及人口、自然环境、经济和社会发展水平、社会文化环境、科学技术水平等对金融企业的影响。

在宏观环境中，起最大作用的是政治、经济、社会和技术四个因素。这四部分的分析通常称为 PEST 分析。

(1) 政治环境(political)分析，主要是对金融企业运营所处的政策、法律、监管政策等环境要素对金融营销的影响进行分析。金融企业作为经营货币信用的特殊企业，有其特殊性，营销环境行业管制和法规较严，准入门槛很高，日常的经营活动除了受《中华人民共和国公司法》等民法约束外，还受《中华人民共和国商业银行法》《中华人民共和国证券法》《中华人民共和国保险法》等相关专业法规的约束，必须严格在规定的业务范围内经营。在政策风险方面，国家宏观调控及监管政策变化会对政策关联紧密的业务品种带来影响，准确判断宏观经济和监管政策的走向，金融企业要制定好前瞻性、预见性的预案，调整业务发展战略，规避监管合规风险的同时又要合理把握机遇，在外部环境变化当中实现业务稳健发展，避免出现业务停滞和大起大落的现象。

(2) 经济环境(economical)分析，是对金融企业营销活动造成市场机会和环境威胁的主要宏观经济变量进行分析，如社会发展指标、消费规模与结构、人口规模与结构、经济形势、经济总量、经济结构、经济政策、城市化程度、利率水平等。

(3) 社会环境(social)分析，是对一个国家、民族的特征、价值观、生活方式、风俗习惯、宗教信仰、伦理道德、教育水平、语言文字等信息进行分析，以便为市场细分、客户细分等提供决策支持。金融企业生存在特定的社会环境下，与广大客户有着共同的文化背景和历史渊源，建立了多年的业务联系，更有亲和力，具有较强的企业文化优势，客户忠诚度较高。金融企业应对社会环境分析后，进一步细分市场，对不同层次的客户设计不同的营销战略。

(4) 技术环境(technical)分析，是对金融企业经营发展直接相关的技术因素进行分析。由于近年来信息技术对传统业务产生了前所未有的冲击，对金融企业的经营模式、运营效率、组织机构、管理体制、产品研发等产生全方位的影响，对于开展服务营销的金融企业来说，科技带来的是效率的提升、成本的下降、服务空间的拓展、服务手段的丰富，为企业带来更多的竞争优势、更多的客户和市场空间。随着科技日新月异的发展，金融营销将更注重科技的运用，新兴技术不断被用于金融活动中，金融营销将迎来更广阔的发展空间。

2. 金融营销微观环境

金融微观环境，是指与金融营销活动直接发生关系的具体环境，是决定金融企业生存和发展的基本环境，包括市场、客户、供应商、竞争者和社会公众等。金融企业通过研究微观环境，了解具体的消费习性和消费能力，以便提供个性化的金融服务。

(1) 市场环境。金融市场环境，主要是指金融市场发展程度、规模、结构对金融企业提高资产的流动性和内在质量的基础性作用，对金融营销提出的更高要求。

(2) 客户环境。客户环境主要分析客户结构、客户需求规模与结构、收益、信誉度、客户消费习惯，客户对企业的贡献度，以及客户意愿等因素，从而有针对性地制定相应的市场细分战略和产品战略。客户环境对市场营销的影响表现在三个方面：一是客户的需求，即金融企业要满足客户的不同需求，实施差异营销战略；二是客户的效益或收益，即客户的经济实力的雄厚与否关系到金融企业的生存基础；三是客户的信誉度，即讲究信誉、遵纪守法的优质客户群会有利于金融企业各项业务的顺利开展，能够有效降低经营风险。客户既是金融企业的服务对象，也是金融企业的目标市场，金融营销有别于其他工商企业的特殊之处是双向营销，客户对金融企业而言，既是资金的主要供应者，又是资金的需求者，金融企业必须在每一个来源市场和使用市场实施营销战略。

(3) 供应商。金融企业拥有独特的供应商，主要是资金的供应方，即各类存款者，同时也包括金融服务供应商、金融服务外包商、金融服务设施供应商。供应商分析是指金融企业通过对资金提供者的分析，了解供应商的特点，从而依托高信用优势获得资金，通过有效的征信系统和完善的风险防范措施，向客户提供融资服务，获得新利润增长点，构建更紧密的产业链系统。

(4) 竞争者。竞争者主要是指与金融企业提供相似服务的金融机构。对竞争者的分析，主要是针对其营销活动，包括竞争对手的营销组合战略分析，表现在对定价、产品、促销和渠道等战略的分析。金融企业在从事营销活动的过程中必然会面临竞争者的压力和挑战，应对一定时期内竞争者的数量、竞争者的市场份额、竞争者战略和竞争者营销活动等进行分析。

(5) 社会公众。这里的社会公众主要指对金融企业实现经营目标有影响的团体，主要有新闻媒介、政府、地方利益社团组织、保护客户组织以及企业内部员工。通过分析，了解社会公众的喜好，从而与之保持良好的关系，能够起到宣传公司产品及服务，以及发展客户的作用。

(二) 金融营销内部环境分析

内部环境分析的主要对象是金融营销人员、金融营销产品、金融营销渠道、金融营销战略等。具体分析的内容如下。

(1) 金融企业现状及竞争位置分析。分析金融企业历史沿革、股东结构、经营理念、经营业绩等。

(2) 核心竞争力分析。通过对金融企业经营活动和竞争优势的分析，从中识别出核心竞争力，并加以大力强化和提升。

(3) 金融营销战略分析。金融营销战略分析是指通过市场调研，及时发现并调整现行营销战略的不足，从而最大化金融企业的销售利润率。

(4) 金融营销产品分析。金融营销产品分析是指通过市场调研，发现并掌握现阶段金融市场上的同类产品的类型、产品线布局、销量、生命周期、定价、表现形式、增值附加品的构成，从而发现自身金融产品的不足和竞争优势。

(5) 金融企业的目标市场分析。分析金融企业的目标市场及采取的竞争战略。

(6) 金融营销渠道分析。通过市场调研来判断现阶段的销售渠道是否满足需求，是否需要增加销售渠道，是否需要调整销售渠道，从而实现金融产品销售量的提升。

(7) 金融企业的组织形式分析。了解金融企业的现有组织架构、各部门之间的关系，以及未来的改革方向。

(8) 金融企业的经济实力分析。分析金融企业的规模、人力资源、财务状况、营销能力、经营绩效等内容。

(9) 金融企业的企业文化分析。分析金融企业的文化特征及对企业营销及经营的影响。

(10) 金融企业资源要素分析。通过调研了解营销可以动用的资源。

(11) 金融营销人员分析。金融营销人员分析是指从学历构成、年龄、从业时间、以往销售业绩等方面对金融企业所拥有的营销人员进行客观评价，以便发现营销人员的不足与劣势。

(三) 金融营销行为分析

1. 金融购买者行为分析

从年龄、收入、财富、交易量等角度分析金融企业客户的结构，了解客户购买行为的特征，如购买信息来源、购买决策机制、购买影响因素，购买产品的时间、渠道和类型等信息，从中发现客户购买行为的规律，为金融企业开展营销决策提供依据。

2. 金融竞争者行为分析

竞争者行为分析，是识别现有的竞争者，了解竞争实力，评估竞争者竞争优势和劣势，掌握竞争驱动力，确定相应的竞争对策。

1) 竞争者分析

竞争者是指与金融企业生产相同产品或提供类似服务的企业或个人。竞争者分析的目的是了解每个竞争者可能采取的战略目标，以及对其他竞争者的战略行为所做出的反应。在分析竞争者时，可以从下面几方面着手。

(1) 识别竞争者类型。可根据竞争者的类型进行分析。如根据消费需求的角度不同，竞争者可分为愿望竞争者、平行竞争者、产品形式竞争者和品牌竞争者。愿望竞争者是指提供不同金融产品以满足不同需求的竞争者，如商业银行的愿望竞争者是证券公司、信托公司等。如何促使客户将资金存入银行而不是用于购买证券或委托投资，这是从吸收存款的角度来理解的一种竞争关系。平行竞争者是指提供能够满足同一需求的不同产品的竞争者。如商业银行和政策性银行、农村合作金融企业之间，即存在着一种平行竞争的关系。产品形式竞争者是指提供同种产品或服务，但品种不同的竞争者。如商业银行之间都提供商业性贷款，但期限结构、利率结构不同，属于不同的品种。品牌竞争者指产品相同，品种、规格、型号也相同，但品牌不同的竞争者，如信用卡，无论是牡丹卡、长城卡、金穗卡还是龙卡，其规格和使用要求都要符合人民银行关于银行卡的有关规定，但品牌不同。所以，拥有这些同类产品的银行之间互为品牌竞争者。

(2) 竞争者的战略。金融企业最直接的竞争者是那些有着相同的客户群体，即目标市场并推行相同战略的其他企业。在同一战略群体内，企业在规模和市场占有率等方面不同，但它们由于执行类似的战略，因此处于相同的竞争地位，对环境变化的反应也会相对一致。

(3) 竞争者的目标。对竞争者目标的了解可以判别竞争者的动力及其未来，以及它对战略变化的反应。金融企业一般以利润最大化为最终目标，但在具体经营管理上，往往在追求利润最大化、市场占有率、存贷款规模增长等目标时各有偏重，导致经营决策和竞争战略有所差异。

(4) 竞争者的优势和劣势。竞争者的优势和劣势决定了竞争者执行和实现战略的能力，以及对其他竞争对手反击的能力。

(5) 竞争者的反应模式。绝大多数的竞争者有以下四种反应模式：冷漠型竞争者、选择型竞争者、强硬型竞争者、随机型竞争者。企业对竞争者的反应模式进行分析，可以推测出竞争者要采取的战略、目标及优劣势。

2) 竞争力量分析

金融企业在进行竞争力分析时，可参考波特五力分析模型，即影响金融企业竞争状态的五种竞争力主要为现有同业间的竞争者、潜在竞争者的威胁、替代产品的威胁、客户的谈判能力、供应方的谈判能力，如图 3-2 所示。

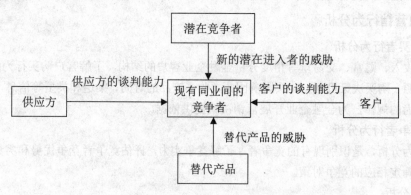

图 3-2　金融企业的五种竞争力

(1) 现有同业间的竞争。分析金融企业所处行业的竞争结构和自身在同业竞争中的位置。分析竞争对手的驱动因素，了解竞争对手的行动计划。

(2) 潜在竞争者的威胁。确定潜在竞争者，了解这些潜在竞争对手的行动规划。随着金融自由化趋势的加快，进入金融行业的企业越来越多，带来更多的业务模式和产品服务。例如，传统银行的竞争者包括外资银行、民营银行、普惠金融和互联网金融等，其中互联网金融是信息时代银行面临的最具颠覆性的力量，它改变了客户的消费习惯，使传统银行面临巨大的挑战。

(3) 替代品的威胁。一直以来，中国金融体系以间接金融为主，银行在企业融资和居民储蓄等方面发挥主渠道作用。随着金融自由化和技术的进步，金融结构调整速度加快，直接金融比重提高，各类非银行金融企业发展迅速，将对银行的主导地位提出挑战。

(4) 客户的谈判能力。在金融市场日益成熟的环境下，多渠道的新型交易及融资方式日新月异，产品可替代性加大、价格和产品透明度提高，随着金融意识的增强、资本市场的发展及金融渠道可选择性的扩大，作为资金提供者的客户实力不断增强，谈判力量日益提升，对金融企业服务的质量、范围、信息、收益率的要求也越来越高，对金融服务质量的期望值也越来越高。在选择机构时，除了对金融企业的网点形象、金融产品、收费价格等进行对比外，还非常关注服务水平，非常在意自己在接受服务时的体验。因此，金融机构除了加强硬件建设外，还要特别注意服务能力建设，提高精细化服务水平，以差异化、超预期的服务体验在中高端客户群体中培育和塑造良好的品牌形象，全面提高客户满意度。

(5) 供应方的谈判能力。供应方是指金融企业各类资源、设施、能源及劳动力等的提供者。为金融企业提供产品及服务的供应商数量较多，且可选择空间较大，供应方的议价能力较弱。但对于金融机构而言，员工也属于组织的供应方之一。建设一流企业，需要一流人才，现在金融企业之间人才争夺十分激烈，具有专业技能的人才有较强的议价能力，给予其有市场竞争力的待遇。

(四) 金融营销环境分析与战略选择

金融企业可借助 SWOT 分析方法来梳理所面对的环境，设计相应的营销战略组合。

1. 金融企业环境分析

SWOT 通过分析金融企业的自身因素和实力，掌握自身的优势(strengths)和劣势(weaknesses)，通过分析外部环境，捕捉机会(opportunities)，同时采取相应的措施对待威胁(threats)。

(1) 优势分析。金融企业的优势分析可以从市场优势、竞争地位、规模实力、服务优势、管理效率、组织机构等指标展开。

(2) 劣势分析。金融企业的劣势分析可从自身的业务、产品、服务、客户、营销体制、架构、机制所存在的问题展开。

(3) 机遇分析。金融企业的机遇分析可从经济金融环境变迁、金融监管政策、金融需求结构、技术发展趋势等方面展开。

(4) 威胁分析。金融企业的威胁包括现实的威胁和潜在的威胁，可从潜在对手竞争动态、经济金融政策所带来的冲击、技术变革、金融开放等视角进行分析。

2. 金融营销竞争战略选择

通过对金融企业进行 SWOT 分析，可以掌握金融企业在营销竞争环境中的优劣势，以及机会和威胁，并针对各种因素制定不同的营销战略，得出战略组合，如图 3-3 所示。

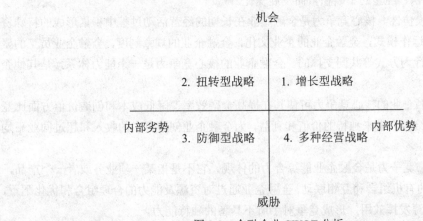

图 3-3 金融企业 SWOT 分析

(1) 增长型战略。当企业拥有很好的内部优势及众多的外部机会时，应采取增长型战略。此种战略是市场挑战者通常采用的战略，属于进攻型战略，可以通过增加市场份额、增加销量等方式实现。

(2) 扭转型战略。当企业有巨大的外部机会，却受到内部劣势的限制，应采取扭转型战略，充分利用环境机会，设法扭转劣势，另辟蹊径，通过开发新产品或新市场来实现。

(3) 防御型战略。当企业内部存在劣势，外部有巨大威胁时，应采用防御型战略。通常只有市场领导者才有资格考虑防御战略。市场领导者不仅要对强硬的挑战性竞争行为予以坚决制止，还不能坐等挑战而放弃创新，要不断推出新产品或新服务来"以攻为守"。

拓展阅读 3-2

某银行的 SWOT 分析

(4) 多种经营战略。当企业有内部优势,但外部环境存在威胁时,应采取多种经营战略,利用自身优势,在多样化经营上寻找发展的机会。

三、金融核心竞争力

(一) 金融核心竞争力概述

1. 金融核心竞争力的定义

金融核心竞争力,是指金融企业在经营过程中形成的不易被竞争对手效仿的、能带来超额利润的、可以为组织赢得独特的竞争优势的能力,是金融企业内部多种核心能力的集合,是其持续竞争优势的源泉。金融企业成功与否最终是由其核心竞争力决定的。

2. 金融核心竞争力的特征

(1) 扩展性。核心竞争力是核心性的能力,具有旺盛和持久的生命力,可以覆盖金融企业多种产品和领域,可以支持金融企业扩展到其他经营领域,为企业不断创造出新的利润增长点,较大幅度地实现金融竞争优势的规模经济和范围经济。

(2) 持久性和动态性。核心竞争力不是一朝一夕就能形成的,而是在长期经营中逐步建立的经营理念、经营方式和发展要求的外在表现;核心竞争力不是一成不变的,随着市场环境的变化、科学技术的发展和知识、经验的不断积累而发展变化。

(3) 异质性和难模仿性。核心竞争力是金融企业在长期的经营活动过程中积累形成的特殊资源,是由金融企业的运作模式,金融企业的企业文化,金融企业的规章制度,金融企业员工的素质、能力、价值观、行为方式等共同支撑的。金融企业的核心竞争力是一个能力体系,是其他企业难以模仿和复制的。

(4) 价值性。金融企业的核心竞争力可使其在提高金融效率、降低成本和创造价值方面比竞争对手做得更好,能给客户带来独特的价值和利益,为金融企业创造更多的收入和超过同业平均利润水平的超值利润。

(5) 系统性。核心竞争力是金融企业能综合力的体现,它不是指某一项业务或者一个产品,而是多种产品、能力的有机组合和互相联动。金融企业通过对资源及能力的合理组合和优化配置,使其所拥有的独特资源发挥效用,形成竞争对手所不具备的独特能力。

(6) 能动性。核心竞争力中人是最主要的因素,金融企业员工的思想观念、工作激情、业务素质和团队精神是决定其核心竞争力能否发挥最大作用的关键。

(7) 前瞻性。金融企业核心竞争力描绘了金融企业未来的竞争前景,是综合反映金融企业未来竞争能力的源泉,代表着金融企业在管理、创新、盈利和业务等方面的有效程度,密切关联着金融创新、金融资源、金融可持续发展等现代金融理念,预示着金融企业将来能够获得长期的竞争优势和超额利润。

3. 金融核心竞争力的要素

金融核心竞争力是由资源、能力、环境三种竞争要素构成。其中,资源是核心竞争力的基础,能力是核心竞争力的核心,环境是核心竞争力的依托。

(1) 金融资源要素包括物质资源(资产负债规模、金融基础设施)、人力资源和无形资源(品牌、商誉、文化、信息资源、创新力、管理水平),为金融企业的经营活动奠定了基础,为金融企业间的竞争提供了保障,影响和制约着金融企业竞争力的形成和提高。

(2) 金融能力要素包括风险管理能力、盈利能力、发展能力等，这些能力要素关系到金融企业长期的、持续的生存和发展，能够活化资源，将企业竞争力的潜在可能性转化为现实性。

(3) 金融环境要素是指存在于金融企业外部的，影响金融企业竞争力形成的各种因素的总和，是其经营管理的外部制约条件，包括宏观经济政策、市场环境、政治环境、社会文化环境等。金融企业环境要素规定了金融资源的可分配范围和方式，外部环境的变化使得金融企业的业务经营行为和金融企业经营的效率发生改变，最终导致竞争力的变化。通过对环境要素的分析，可以预测金融企业未来的发展变化趋势，为企业竞争力寻找到正确的方法和思路。

组成金融竞争力的资源要素、能力要素和环境要素之间存在着相互作用与相互影响，共同促进金融企业竞争力的提升。

4. 金融核心竞争力的功能

金融核心竞争力具备三个基本功能：核心竞争力提供了进入多样化市场的潜能；核心竞争力应当对金融营销做出贡献；核心竞争力应当是竞争对手难以模仿的能力。

金融企业要以核心竞争力为基础，开拓潜在市场、开发新产品、提供新服务，来满足和创造客户需要，进而形成新的竞争力。

拓展阅读 3-3

花旗集团核心竞争力

(二) 金融企业核心竞争力的确认

1. 梳理金融企业现有活动和功能

金融企业核心竞争力是其在经营活动过程中逐步形成和固化的竞争优势，这些竞争优势存在于企业的价值活动中，这些价值活动相互作用构成了金融价值链。

按照价值链分析法原理，金融企业价值活动分为两大类：基本活动和辅助活动。基本活动是由金融企业的经营系统、营业网点和经营前台组成的业务运作系统的价值活动；辅助活动是由金融企业基础设施、技术开发、人力资源管理及各种金融范围的职能活动组成的价值活动，一般由金融企业的决策控制层和管理层的价值活动组成。

金融企业核心竞争力是通过金融价值链活动外化为金融企业的持续竞争优势与超额利润的，从而创造出独特的核心竞争力。通过梳理价值链，可以了解金融企业的经营活动及价值创造，掌握哪些活动是增值活动，能给金融企业带来比其竞争对手更出色的能力。

2. 核心竞争力的研究

金融企业参与的活动中，真正创造价值的就是价值链上的战略环节，即形成金融核心竞争力的环节，金融企业正是通过优化这些战略环节而外化为金融企业持续竞争优势与超额利润的。因此，须对金融价值链的各个环节(业务流程)实行有效管理和优化，保持价值链上某些特定的战略环节上的优势，以便形成和巩固金融企业在行业内的竞争优势，获得真正的核心竞争力。

金融机构在确定了哪些活动和功能领先后，通过调查研究，弄清领先的原因和动力，以便作为研究的标杆，改进金融企业的经营活动，从而提升企业整体的竞争力。

依据以下原则确认核心竞争力：是否具有明显竞争差异；不容易被模仿；具有独占性价值，为客户所认同；谁拥有核心能力，是个人还是企业；分析这种竞争力的持久性、可转移性、可仿造性等。

知识链接 3-2

银行核心竞争力确认

(三) 金融企业核心竞争力的管理与培育

竞争力的培养是一个动态演变过程，通过自我学习和不断变更求得其发展。金融企业应聚焦金融技术、组织结构和人力资源等方面的培育，持续提升竞争力。

金融企业要密切关注自己所掌握的资源状态，关注和培育在价值链战略环节上的价值活动，最大限度地延长金融企业与客户的价值链条，缩短内部管理链条，以客户不断变化的需求和日趋激烈的市场竞争为背景，以流程管理为主线，在为客户创造价值的同时，为企业创造利润。

1. 优化内部价值链

金融企业根据所处的竞争环境和竞争对手的状况，针对内部价值链上影响核心竞争力的关键环节不断改进，降低内部价值链上每个环节的成本，提高整个价值链环节的效率，在保持自身优势的同时，学习竞争对手，改善自己的劣势，增强竞争优势。优化内部价值链的具体措施可从几方面入手。

(1) 金融技术。金融技术是金融核心竞争力的基础，金融企业应树立"金融技术立行"的战略观念，加强技术与金融产品和金融管理的融合，强化对产品研发、运营管理的支撑力度。金融企业应充分发挥信息技术的优势，加强信息共享的内部价值链建设，大力发展网络金融、科技金融等新的业态。

(2) 组织机构。深化组织机构变革，完善公司治理结构和组织结构，根据自身核心优势进行业务重组与业务流程再造。确立以市场为导向、以客户需求为核心的经营理念，优化组织机构，加强业务关联度，建立扁平化的矩阵式结构，完善金融营销体制，通过有效的客户关系管理强化与重要客户的关系；建立全面风险管理体制，建立有效的内部控制机制，完善内部管理和控制制度，提高风险控制能力。构建执行力体系和学习型组织，提升组织的执行力和学习力。

(3) 业务多元化。打破传统的以存贷利差作为利润的主要来源，积极发展中间业务，逐步推进混业经营，建立金融"超市"，实现一条龙服务。

(4) 人力资源。认同企业文化的员工所拥有的核心专长与技能是竞争对手在短时间内难以模仿的，要以构建人才培养和激励体系为核心打造企业的核心人力资源，建立高素质员工队伍。

2. 优化外部价值链

金融企业不仅需要优化整合内部价值链，还需要对整个行业价值链进行分析，精心组织和优化整合。优化客户价值链是优化外部价值链的重中之重。协调一致和高效的外部价值链优化整合可从以下几方面着手。

(1) 上游价值链。构建更多的客户链，强化供应商(资金供应者)关系管理，密切客户联系，夯实关系营销，提高金融企业利润。

(2) 下游价值链。增强金融企业间的联系，密切金融企业间的业务往来；推进授信改革，争取和稳定优良客户，保留和提升普通客户，降低对问题客户的授信成本。加强信息化建设，以计算机和通信技术为基础，及时准确地汇集客户信息，为决策层提供信息，降低信贷风险。

金融企业在为客户提供优质服务的过程中，通过优化核心业务中的组织结构、管理制度、业务流与信息流，降低金融企业组织成本和经营成本，控制经营风险，提高企业的效率和效益，让金融价值链表现出强大的、持久的、创新的、专注的核心竞争力，力争实现资源能力上的低成本优势和高质量优势，整合能力上的低障碍优势与高效率优势，创造盈余能力上的低风险优势与高收益优势。

3. 构建独特价值链

金融企业的外部价值链活动和内部价值链活动一起构成了金融价值链。价值链中各个价值活动的作用及价值活动之间相互联系方式的不同，构成了金融价值链的独特性，创造出在业务运作和经营管理上的特色，核心竞争力正是来源于这一独特性。构建价值链独特性的要素如下。

(1) 控制关键性资源，提高核心竞争力的难模仿性，提高竞争对手的模仿成本和进入壁垒。

(2) 以企业和员工的共同愿景为灵魂，为客户持续提供满意的服务，为员工创造施展才华、发展个性的平台，为社会创造价值和财富。

(3) 以企业文化培育作为切入点，构建核心竞争力赖以发挥作用的主体和人格基础。

(4) 以高质量的客户服务为基础，提升客户满意度和忠诚度，构建金融企业同客户良性互动成长的机制。

(5) 以金融企业间的"互补性价值活动"与"替代性价值活动"为构架，密切金融同业联系，提升金融企业资源动员能力，构建金融核心竞争力的内在结构体系。

(6) 集中于资源与能力的关键领域，以核心竞争力为基础开展相关性、多元化经营，延伸核心竞争力范围，在多个领域构成核心竞争力。

此外，金融企业要加强对金融价值链活动的分析、研究和监控，调查竞争对手在价值链上的流程和决策，掌握竞争对手的能力，分析竞争态势，明晰市场形势和自身资源，根据所具备的核心技术、核心能力、核心产品、核心员工等资源，准确界定价值活动，整合价值链资源，突出自身的优势地位，以有别于竞争对手的价值活动方式不断地为客户创造价值，成为市场的引导者。

第二节　金融营销战略规划

一、金融市场细分

(一) 金融市场细分概述

受资源条件和金融企业经营原则的限制，金融企业不可能服务于金融市场中的所有客户。因此，在提供服务前，必须进行金融市场细分。

1. 金融市场细分含义

金融市场细分(market segmentation)，是指金融企业在营销环境分析后，按照客户需要、爱好，对金融产品的购买动机、购买行为、购买能力等方面的差异性和相似性，运用系统方法将整个金融市场划分为若干具有类似需求的子市场。

2. 金融市场细分作用

(1) 发现市场机会。市场机会是指市场上客观存在的未被满足或未被充分满足的消费需求，通过市场细分，根据竞争者的市场占有情况来分析市场未被充分满足的程度；根据市场上的现状和已经上市的产品，在比较中寻求新机会，开拓新市场，夺取优势地位。

(2) 制定营销组合战略的基础。不同的细分市场对金融产品的需求存在差异性，金融企业只有针对特定的细分市场，才能更好地提供符合客户需求的金融产品。

(3) 取得竞争优势。通过市场细分，金融企业才有可能发现能充分发挥其资源优势的细分市场，制定差别营销方案，在该细分市场中取得竞争优势，达到扬长避短的目的。

3. 金融市场细分条件

依据客户需求的差异性，按照不同的标准细化市场客户。

依据客户需求的相似性，按照一定标准进行归类成特定的细分市场。

4. 金融市场细分原则

(1) 可量化。依据可以量化的标准进行市场细分。

(2) 可入性。细分市场必须能够进入，并提供服务。

(3) 差异性。细分市场间应有足够的差异和辨识性，可设计不同的营销组合。

(4) 经济性。细分市场的容量足够大，能为企业带来足够的经济效益。

5. 金融市场细分流程

金融市场细分的流程，如图3-4所示。

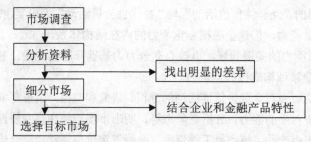

图3-4　金融市场细分流程

6. 金融市场细分标准

(1) 地理细分标准。把整个市场划分为不同的地理区域单位，如地区、县城、乡镇或街道，金融企业根据各地区之间的需要和偏好的不同，及自身的实力决定在其中一个或一些地理区域中开展业务。例如，设置新的营业机构或营业网点，即是按照地理变量来划分的。

(2) 人口统计细分标准。根据人口的特征，如年龄、性别、收入、职业和地位对服务对象进行划分，同组归纳，或者说同组同质化。例如，根据职业上的差别，金融企业可以把律师、会计师、医生或其他白领阶层选择作为特定的服务对象，而针对购房者提供各种住房信用抵押贷款服务，则是以收入作为根据进行的市场细分。

(3) 营业额细分标准。有效的营销活动是找出贡献度高的客户的共同特征，并有针对性地对他们采取促销活动，以便能够更多地吸引这种类型的客户。

(4) 行业细分标准。选择服务范围领域内的某一个或一些特定的行业作为服务对象。一般情况下，应该选择稳定增长、有一定或较高发展潜力的行业作为细分市场。

金融企业进行市场细分时，要综合几种细分标准来确定。

(二) 客户细分

通过有效的客户细分，金融企业能够更好地把握客户特征和需求，提供个性化服务，从而赢得市场优势。客户细分一般按客户背景、客户规模、客户盈利、客户需求、客户信用、客户贡献等标准进行分类。

由于企业客户和个人客户在客户属性上存在较大差异，需要分别进行细分研究。

1. 个人客户细分标准

个人客户按人口因素、经济因素、心理因素、行为因素、地理因素等进行市场细分，如表 3-2 所示。

表 3-2　个人客户市场细分标准

细分标准	特点	因素	细分变数
人口因素	相对稳定	年龄	15 岁以下，15～18 岁，19～21 岁，22～35 岁，36～50 岁，51～65 岁，65 岁以上
		性别	男性，女性
		家庭规模	1～2 人，3～4 人，5～6 人，7 人以上
		职业	工人，农民，军人，学生，机关干部，职员，科技人员，教师，艺术人员，个体经营者，家庭妇女，失业者，领养老金者
		教育	文盲，小学毕业，中学毕业，高中毕业，技术学校毕业，职业学校毕业，专业学校毕业，大学本科毕业，硕士，博士
		民族	汉族、回族、满族、维吾尔族、蒙古族、壮族等
		家庭生命周期	单身青年，婚后无子女，独生子女或多子女的家庭，子女成家的家庭，孤寡老人
经济因素	相对动态	收入	不同国家和地区各设定数个级段，如人均月收入 300 元以下，300～800 元，801～1500 元，1501～2000 元，2001～5000 元，5000 元以上
心理因素	相对动态	性格	强制性与非强制性，个性外向与个性内向，独立与依赖，乐观与悲观，保守与激进
行为因素	复杂多变	购买动机	经济，便利，声望，新颖，服务，安全
		认知程度	对金融产品的认知程度，有不同利益追求
		购买频率	高，中，低
		购买准备	无知，知道，发生兴趣，产生欲望，正准备购买
		使用情况	非用户，潜在用户，首次使用者，常用户，前用户
		产品使用量	大，中，小
		忠诚程度	无，中等，强烈
		价格、广告、服务等销售因素敏感度	强，中，弱
地理因素	相对静态	地区	东北，华北，华中，华南，华东，西北
		大城市及省会	上海，北京，天津，广州，武汉，南京等
		规模	客户人数在 5000 人以下，5000～20 000 人，20 000 人以上
		密度	市区，郊区，农村
		国家	日本，美国，新加坡，澳大利亚等

2. 企业客户市场细分标准

与个人客户相比，企业客户规模大，需求多样，对产品/服务要求高，很多时候需要定制服务。因此，需要金融企业予以特别重视。企业客户市场细分通常按企业客户规模、企业客户性质、企业客户产业类别、企业客户经营范围、企业客户等级等指标进行细分。

在现代金融市场竞争环境，主要采用客户个性特征细分方法来划分企业客户。客户个性特征细分方法以客户价值为核心，协助金融企业发现具有重要价值的客户，并集中金融企业资源使这些客户获得持续的满意来保持他们的忠诚度。

(1) 过去往来数据——客户忠诚度。具体数据包括：客户往来年数；客户与企业签订时间最长的合同；销售渠道；客户使用金融企业的产品数，使用的组合产品；客户的还款付息情况；单一客户经理服务最久的年数，平均服务年；与企业多少客户经理往来；客户投诉史；由此客户推荐的客户数。

(2) 现在财务数据——客户利润贡献度。具体数据包括：客户的利润贡献，各类产品利润贡献；某客户的利息、非利息贡献；客户历史财务的发展变化，包括利润表项目、资产负债表项目、现金流量表项目、各种财务比率；客户的存款与贷款。

(3) 未来购买意愿。具体数据包括：经营规模；与其他金融企业合作情况；对客户调查的情况，包括对金融企业的态度，喜欢与金融企业沟通的方式，如何获得企业服务的信息；产品渠道的使用情况。

(4) 其他信息。具体数据包括：基本信息，包括经营年限、联系方式、行业、员工数、企业性质；信贷信息，包括信贷历史和评级、付款违约、透支次数和补回、可抵押资产、还款和担保金的其他来源、信贷限制的种类和原因。

(三) 客户市场细分的类型

1. 按盈利能力细分

金融企业依据"客户金字塔"模型，根据客户为企业贡献的经济收益、忠诚度、消费量及企业为客户所需提供的服务水平等要素，将客户划分为白金层客户、黄金层客户、钢铁层客户、铅层客户四个层次，如图3-5所示。企业应分析他们不同的需要，合理地分配有限的资源，为其提供不同的产品和服务。

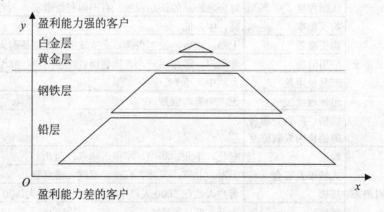

图 3-5　按盈利能力细分客户

白金层客户，指最能使金融企业赢利的客户，通常指那些购买量大、对价格的敏感度低、愿意试用新产品和新服务、对企业忠诚感强的客户。拥有大量的白金客户是每个金融企业的梦想。

黄金层客户，为金融企业创造的利润相对白金层客户要少一些，他们往往希望取得更优惠的价格，通常与几家金融公司打交道，将风险降至最低。

钢铁层客户，能够使金融公司得到一定利润，但他们的消费量、忠诚度、为企业创造的利润数额都不值得企业为他们提供特殊的服务。

铅层客户，无法使企业赢利，金融企业对他们的付出大于收益，铅层客户中还有不少是"问题客户"，为他们服务，往往得不偿失。

2. 按客户忠诚度细分

根据客户忠诚度水平，将客户细分为潜在客户、客户、常客、支持者、忠诚客户。

根据客户忠诚度的行为特征，将客户细分为感情型忠诚客户、惯性型忠诚客户、分析比较型忠诚客户、生活方式改变型下滑客户、分析比较型下滑客户和不满意型下滑客户。

3. 按客户资产细分

根据客户的总资产余额，细分为高端优质客户、中端增长型客户、潜在目标客户及普通客户。

(1) 高端优质客户，是指金融资产达到 200 万元以上的客户，他们具有较强的经济实力，投资品种丰富，理财需求旺盛，对金融企业的贡献度很高。

(2) 中端增长型客户，是指拥有金融资产 20 万～200 万元的客户，他们对金融企业有一定的贡献度，但往往更偏重于相对稳健的投资理财品种，因而收益度有限，但提升空间较大。

(3) 潜在目标客户，是指资产达到 5 万～20 万元的客户，这些客户更多的是从金融企业获取一般的金融服务，办理的业务品种也比较偏重于传统的存款、贷款及结算类业务，但具有较大的发展潜力，将会是金融企业未来收益贡献的主力。

(4) 普通客户，是指资产余额在 5 万元以下的客户，这类客户一般办理的多为简单的存取款业务，虽然不带有风险性，但对金融企业也难以产生收益，且占用企业有限的资源，故这类客户基本都通过厅堂分流的方式引导其到自助设备或者电子渠道进行业务办理。

4. 按客户年龄结构细分

根据客户的不同年龄段所具有的投资理财观念差异，可细分为未成年客户、青年客户、中年客户和老年客户。

(1) 未成年客户，是指年龄在 18 周岁以下，没有完全民事行为能力的客户。对于这类客户，一般都是家长代为管理账户，主要集中在定期储蓄、基金定投等具有积累性的业务上。

(2) 青年客户，是指年龄在 18～30 周岁之间的客户。这类客户往往刚刚独立步入社会，事业正处于起步期，对新事物、新产品比较敏感，是当前各家金融企业积极挖掘的潜力客户。

(3) 中年客户，是指年龄在 31～50 周岁之间的客户。这类客户多处于事业的蓬勃发展和稳定成熟期，创造和掌握着绝大部分的社会财富，是中高端客户的最主要组成人群，因而成为各大金融企业主要争夺的对象。

(4) 老年客户，是指年龄在 60 周岁以上的客户。这类客户相对思想比较保守，更信赖传统的交易方式和稳健的业务种类，储蓄资源较为丰富，但往往也会带来柜面的排队等候压力。

5. 按客户信用细分

(1) 信用优良的客户，这类客户的信用等级很高，一般实力雄厚、规模较大、盈利水平较高，是金融企业的优质客户。

(2) 信用一般的客户，这类客户的信用等级不很高，盈利水平一般。

(3) 信用较差的客户，这类客户的信用等级较低，金融企业与这类客户交易时，应严格限制规模在信用限额之内，而且可能要求一些额外的担保。

(4) 信用差的客户。这类客户的信用等级很低，金融企业可以减少甚至可以放弃为其服务，应尽量避免与之进行交易，即使是交易，也应以现金结算方式为主，不应采用信用方式。

6. 按客户规模细分

依客户的规模大小可以把客户分为小、中、大三类客户。

(1) 小客户。小客户占金融企业客户的多数，对于这类客户应珍惜，将其列为关注的客户，努力与之建立良好的关系。

(2) 中等客户。中等客户一般已度过了初建的艰难时期，有些中等客户发展良好，很可能日后会成为金融企业的大客户。金融企业应加强和这些客户的联系，同时注意客户的变化。

(3) 大客户。大客户的重要性是不言而喻的，金融企业要加强客户关系管理，提供良好的客户服务，同时做好客户信用分析，保证企业对客户的现状了如指掌。

7. 按与客户的关系细分

(1) 新客户。由于金融企业在接触一个新客户时，没有资料积累，所能获得的客户信息也很有限。因此，在大力开拓新客户的同时，也要注意客户风险。

(2) 老客户。金融企业与老客户较为熟悉，掌握的信息也较多。因此，企业既要努力建立良好的客户关系，又要密切关注客户的财务及信用方面的变化。

8. 按客户贡献细分

按客户对金融企业的贡献不同，客户可细分为重点客户、普通客户、限制客户、潜力客户。

(1) 重点客户。该类客户将金融企业作为其大部分(全部)金融产品和服务的供应者，对高附加值金融产品和服务购买力强，每年带给金融企业超过平均水平的利润和收入。对于重点客户，金融企业能够影响其采购决策。

(2) 普通客户。该类客户是金融机构某类产品和服务的优秀购买者，把金融机构作为部分金融产品和服务的供应者，每年给金融机构带来不低于平均水平的利润和收入。此类客户收入稳定增长，业务发展正常。

(3) 限制客户。该类客户对金融产品和服务的购买力逐年下降，对金融机构的利润和收入的贡献在平均水平之下。此类客户的收入逐年下降，业务不断萎缩。

(4) 潜力客户。该类客户对金融企业提供的产品和服务有强烈的购买欲望和购买力，预计将给金融企业带来丰厚的利润和收入。此类客户的业务发展前景良好。

9. 按与本企业的关系细分

按与金融机构的关系不同，客户可细分为忠诚客户、游离客户、非合作客户。

(1) 忠诚客户。该类客户始终不渝地购买金融机构的产品和服务，与金融机构关系融洽。针对这种客户，应推出多种优惠，实行重点服务，配备高级客户经理。

(2) 游离客户。该类客户同时购买两个或两个以上金融机构的产品和服务，并保持较为融洽的合作关系。对于这类客户，金融机构应加大公关宣传，推出优惠措施，配备客户经理。

(3) 非合作客户。该类客户的购买力急剧下降，并趋近于零，甚至拖欠金融企业的产品或服务费用，关系也不断恶化。对于这类客户，金融企业应将其列入限制名单，清收债务。

拓展阅读 3-4

荷兰银行的客户
分类标准

10. 其他细分

按金融产业链进行细分，可分上游客户、下游客户或供应商、代理商、服务商或存款人、贷款人。

知识链接 3-3

按是否已经购买产品进行细分，可分为现实客户、潜在客户。

按客户生命周期进行细分，可分为成长期客户、成熟期客户、衰退期客户。

按购买银行产品频率进行细分，可分为高密度客户、中密度客户、低密度客户。

根据家庭生命周期对金融市场需求的细分

(四) 金融市场细分战略

1. 集中战略

集中战略，是指金融企业在选定细分市场后，集中全部资源于选定的细分市场展开营销活动。该战略适应于中小金融企业。

2. 差异性战略

差异性战略，是指金融企业进行市场细分后，选择多个不同的细分市场作为目标市场，并根据细分市场的特征，设计不同的营销组合。该战略适用于大中型金融企业。

金融企业差异化战略分为市场差异化、产品差异化、形象差异化三个层面。市场差异化，主要是通过为金融企业选择适宜的目标市场来实现。产品差异化，主要是通过金融创新来实现，实现途径包括技术功能差异、质量差异化、高附加值差异化、发展趋势差异、核心竞争力差异等。形象差异化，是通过品牌战略的实施来实现，金融企业要从品牌知名度管理到品牌美誉度管理，再到品牌忠诚度管理，形成品牌忠诚度，建立自己的忠诚客户群。

拓展阅读 3-5

瑞银集团的差异化战略

差异化战略的具体实施要考虑到客户的需求，竞争对手及所选择的差异化能否保持并充分体现自身的比较优势。金融企业不可能将客户需求的所有方面作为差异化的基础，过度差异化只会导致企业资源分散，反而削弱自身竞争力。

二、金融目标市场选择

(一) 目标市场的概念

目标市场，是指金融企业为满足现实或潜在的客户需求，在市场细分基础上，确定将要进入并重点开展营销活动的若干细分市场，即金融企业营销活动中所要满足的市场。

金融企业受细分市场的需求潜力、发展前景、获利性差异、客户需求差异、资源等因素的制约，不可能无差异地进入所有的市场，必须在对各细分市场进行分析评价之后，选出对金融企业最为有利的细分市场作为其目标市场，并预测其在该市场中的盈利能力。在此基础上，统筹资源的分配，有步骤地开展营销活动，以达到最终的目标或成效。

(二) 选择目标市场的原则

金融企业在选择目标市场时，应遵循如下原则。

(1) 一致性。目标市场应该与金融企业的经营目标和公众形象保持一致，至少应该是相容的。

(2) 可测量性。细分市场的购买力和规模大小可以被测量出来。

(3) 可盈利性。细分市场的规模足够大，有充足的客源和较大的盈利空间，足以让金融企业向该市场提供一系列营销活动并获得利润。

(4) 可操作性。金融企业在所选择的目标市场必须有竞争优势，有足够的实力去满足其所选择的目标市场的需求。

(5) 易反应性。细分市场能够对金融企业的一系列营销举措做出及时、迅速的反应，使企业能从客户那里得到反馈信息，对未来的营销活动乃至整个战略管理过程进行相应调整。

(三) 目标市场选择的条件

金融企业在选定符合基本条件的细分市场后，必须对各细分市场的需求潜力、发展前景、盈利水平、市场占有率等情况进行分析、研究、预测，再综合考虑市场容量、金融企业实力、金融产品和服务的特点，以及竞争对手的状况等因素，选出理想的目标市场。一般情况下，理想的目标市场应具备以下条件。

(1) 市场潜力。金融企业所选定的目标市场上必须有未被满足的现实的或潜在的客户需求，必须有足够大的市场容量，才能确定为目标市场，才有进入的价值。

(2) 客户需求。当确定了目标市场后，要明确该市场上的客户是否对金融企业的产品或服务有实际的需求，需求是否具有长期性和发展性。

(3) 金融企业实力。金融企业必须有足够的实力和资源去满足其所选择的目标市场的需求。在资源约束情况下，金融企业只能选择既能发挥其有限的资源优势，又能获取最大收益的细分市场作为目标市场。

(4) 竞争对手状况。金融企业在所选择的目标市场中必须有竞争优势，最好选择竞争对手很少(或没有)，竞争不十分激烈，并且有足够的力量击败竞争对手，取得竞争优势的目标市场。

(5) 金融产品和服务特点。综合考虑产品的同质性、产品生命周期的阶段性、市场的类同性、服务的便利性。由于金融产品同质性较高，依据产品进入目标市场比较困难，对相似性大和相似性低的产品应分别选择不同的战略模式。

(四) 目标市场选择战略

1. 无差异目标市场营销战略

无差异性目标市场战略，是指金融企业基于市场上的客户对某种产品和服务的需求偏好无差异或差异不大的认知，着眼于市场需求的共性，忽略差异性，以一种产品、一种市场营销组合战略来满足所有客户的需求。

优点：由于产品和服务单一，可以简化销售过程，降低营销费用，所以无差异性目标市场战略又被称为低成本目标市场战略。

缺点：产品、服务及营销战略的针对性不强，不易发挥竞争优势，不能充分满足市场需求，适应性较差，难以满足多样性的市场需求。

金融企业在实施无差异目标市场战略时，应做到以下几点：一是保证产品和服务控制相当大的市场占有额，以便从人员、技术、信息、市场营销方面取得节约成本的好处；二是设计易于提供的业务项目；三是建立应用范围广泛的自动出纳机、销售点终端系统等，它们的使用量越大，每次使用的成本就越低。

2. 差异性目标市场营销战略

差异性目标市场营销战略，是指金融企业选择若干细分市场作为目标市场，针对每个细分市场的需求偏好，分别设计推出不同的产品和服务，采用不同的营销组合战略，以适应不同细分市场的需求。由于这一战略以差别需求和差别产品与服务为出发点，所以又被称为产品多样化的目标市场战略。

优点：产品和服务及营销战略针对性强，金融企业可以更好地满足各种不同类型的客户需求；有利于分散风险，提高市场占有率，增强市场竞争力。

缺点：由于产品和服务及营销手段的多样化，会造成成本和费用的提高，经营过程复杂化，同时会受到资源的约束。

拓展阅读 3-6

汇丰银行差异化
营销战略

金融企业在实施差异性目标市场营销战略时，要对产品多样化而引起的成本增加与由金融产品和服务的开发而增加的收益进行比较。

3. 集中性目标市场营销战略

集中性目标市场战略，又称对准焦点目标市场战略，是指金融企业从众多细分市场中选择一个或少数几个作为目标市场，集中资源在特定市场展开营销活动，以取得竞争优势。

优点：金融企业可以集中全部力量为一个或少数几个目标市场服务，在发挥其相对资源优势的情况下，通过产品和服务及营销手段的专业化降低成本，提高市场占有率，取得市场竞争优势。

缺点：金融企业的目标市场狭窄，风险较为集中。

金融企业在实施集中性目标市场营销战略时，应对准特定客户群体，或者对准一定地域的市场，也可对准某一收入阶层的客户或某一年龄段的客户。

(五) 目标市场选择顺序

按市场吸引力和企业竞争力进行划分，目标市场选择顺序依次为优先市场、重点市场、一般市场，如图 3-6 所示。

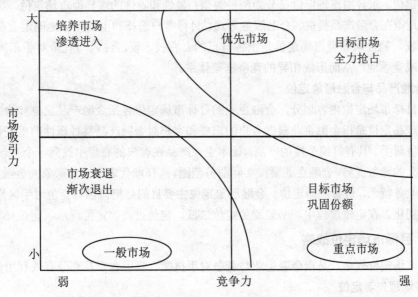

图 3-6　目标市场选择顺序

三、金融目标市场定位

(一) 目标市场定位概述

目标市场定位，是指金融企业在确定了目标市场之后，根据竞争者的产品和服务在市场上的地位和口碑，以及客户对于该种产品的重视与偏好程度，结合企业经营的实力，所处的市场环境、自身特色，以及历史形成的条件等自身条件，确定企业在目标市场上具体的行业地位，从而制定适当的营销方案。金融企业一旦选择了目标市场就要进行市场定位。

金融企业的目标市场定位，实质是确定金融企业与目标客户关系的定位，要使客户明显感觉和认识到这种差别，将本企业与其他企业严格区分开来，有助于金融企业形成竞争优势，更好地满足客户的特定需求，塑造企业形象。

(二) 目标市场定位的步骤

(1) 市场分析。市场分析主要包括市场需求分析、市场规模分析、市场趋势分析、市场占有率分析等，在分析过程中根据各种标准细分市场，为企业选择目标市场找出依据。

(2) 金融企业内部分析。金融企业内部分析包括自身条件分析、综合资源分析、经营机制分析、人员素质分析等。内部分析是金融企业对其市场定位现实可能性的把握。

(3) 竞争分析。竞争分析包括分析竞争环境分析、竞争对手的市场定位、竞争对手的实力和手段等，并把企业目前的定位状况与竞争对手进行比较。

(4) 定位选择。在上述综合分析的基础上，选择容易被客户接受的产品，确定最佳定位。

(三) 目标市场定位类型

1. 跟随型与求异型市场定位

按金融企业总体竞争框架的异同来划分，金融企业的目标市场定位分为跟随型市场定位和求异型市场定位。求异型市场定位又分为两种类型：显性和隐性的求异型市场定位。显性求异型市场定位，是指在金融产品提供、金融服务方式、目标客户选择和主要竞争地确定上都显示出与众不同的特征。隐性求异型市场定位是指将自己的专有技术资源注入与竞争对手相同或相似的产品、客户或竞争地，从而形成相异的竞争框架体系。

2. 金融产品与金融形象定位

按照目标市场定位内容划分，金融企业的目标市场定位包括金融产品定位和金融形象定位。

金融产品定位是指金融企业根据客户的需要和客户对金融产品某种属性的重视程度，设计出区别于竞争对手、具有鲜明个性的产品，让本企业产品在客户的心目中找到一个"恰当"的位置。为保持长久的竞争优势，金融企业要按实际业务范围，选择能代表本企业形象的金融产品和服务，以便形成业务特色，进行产品定位。金融形象定位主要目的是把自己与竞争对手区别开来，形成有效的差别化。在定位过程中，必须避免定位过低、定位过高、定位混乱、定位怀疑等错误。

(四) 目标市场定位战略

目标市场定位战略，是指金融企业与竞争对手抗衡、吸引客户及充分有效利用资源的方针。

1. 市场领先者定位

市场领先者是指实力雄厚、规模较大、在市场上居于支配地位的金融企业，它们往往在价格变动、新产品开发及其促销强度上左右着市场，能够独立依据市场状况和自身状况自主定位。市场领先者地位并不是法定的垄断地位，金融企业要在市场保持领先者地位，必须从三个方面予以努力。

(1) 扩大总市场规模。金融企业在时刻注意市场变化的情况下，可以采用市场渗透战略和新市场战略。市场渗透战略是金融企业在现有市场上挖掘和发现潜在客户，使其变成金融企业的实际客户。新市场战略是金融企业在现有占领的市场以外开拓新的市场，吸引新的客户。新市场战略的实施主要是通过金融产品的创新和变更，不断推出新的产品和服务项目。

(2) 面对竞争对手的挑战采取行动，保护现有市场份额。扩大金融产品和服务的种类以填补产品空缺；对与竞争对手产品相似的金融产品和服务实行低价格以阻止竞争对手产品系列的扩张；免费或低成本培训与金融产品的使用有关的个人或公司，如免费培训信用卡特约客户；增加广告等营销费用的支出；加快技术创新速度，使用新型技术设备；增设分支机构网点或扩大服务范围；控制金融企业内部重要职员的调动以防企业秘密的泄露等。

(3) 扩大市场份额，设法提高市场占有率。金融企业在扩大市场份额时，应考虑三个因素，即引起反垄断行动的可行性；为提高市场占有率所付出的成本；在争取市场份额时，所采用的营销组合战略是否正确。

2. 市场挑战者定位

市场挑战者，是指在市场份额和实力规模上仅次于市场领导者、居于第二、第三竞争地位的金融企业，以各种方式抢占市场领先者的位置，提高其市场份额，增加盈利。实施市场挑战者战略的金融企业，以取代市场领导者、夺取更多的市场份额作为定位目标，其做法大致包括如下几种。

(1) 确立竞争对象，采取不同的战略。要攻击市场领导者，金融企业就必须认真研究领导者的弱点，选择其尚未满足或不满意的客户需求领域作为攻击的目标；要攻击与自己实力相当者，就要选择一两家经营不善、实力稍弱的金融企业作为进攻对象，设法抢占它们的市场；攻击弱小者，应采取强大的进攻战略，以夺取市场。

(2) 选择挑战者战略。市场挑战者选择任何一种战略，都应基于能给其带来持久的竞争优势。成本优势和差异优势是金融企业竞争优势的两大支柱。成本优势战略的指导思想是金融企业以金融产品和服务的成本最低为目标，金融企业的一切经营活动都围绕着这一目标进行。差异化战略的指导思想是金融企业在客户对金融产品或企业本身广泛重视的众多特性中挑出一个或数个为许多客户重视的特性，将其置于这个位置上，在本企业内独树一帜、以别出心裁的思路推出客户喜欢的金融产品或服务，取得竞争优势来获得溢价的回报。

3. 市场追随者定位

市场追随者是指居于相对次要竞争地位的金融企业，选择跟随市场领导者的战略，在"共处"的状态下求得更多的收益。市场追随者营销战略奉行与竞争对手相似的定位，以模仿领先者或挑战者的行为为主，并尽可能形成自己的特色，尽可能保持低成本和提供优质的金融服务，以阻挡挑战者的攻击。同时，应力求避免直接扰乱领先者的市场，防止领先者的报复。市场追随者可选择如下两种战略。

(1) 全面模仿战略，即全面模仿市场领先者的行为，如领先者推出一种新型财务咨询服务，在市场上初获成功，追随者也应及时向其细分市场的客户提供类似的财务咨询服务，以巩固现有客户关系，防止他们的转移。对领先者的模仿应及时，模仿的结果尽可能与领先者接近。

(2) 部分模仿战略，即在有显著利润吸引力的业务领域全面追随与模仿市场领先者，而在其他一般领域保持自身的特色和优势，在内部资源的配置和经营活动上保持自己的风格。

4. 市场补缺者定位

市场补缺者，是指那些资产规模不大、竞争实力弱、提供金融产品和服务品种不多，集中于一个或数个细分市场经营的金融企业。这些金融企业基于自身条件，避免与大金融企业正面冲突，抓住市场上的缝隙——大金融企业忽略或放弃的市场范围，提供专门化的服务，并以高质量取胜。

补缺者必须在市场、客户、产品和服务等方面实施专业化，如业务专门化(专门经营一两种主要业务)、客户规模专门化(专门为某一规模的客户服务)、特定客户专门化(只为一类或几类主要客户服务)、服务项目专门化、产品特色专门化和地理区域专门化。

(五) 金融形象定位

1. 形象定位的步骤

(1) 确定可供选择的定位主题。定位主题可以是与竞争对手进行直接比较，也可以是针对金融企业的特色服务，针对特殊客户的需求，针对金融企业的价值理念等。

(2) 依据四个标准对可选方案进行筛选：是否对客户有意义；在金融企业的竞争能力及其所能取得的客户支持的条件限制下是否可行；与竞争对手相比，是否比其优越并难以被竞争对手赶上或超越，是否与众不同；是否有助于实现长期业绩目标。

(3) 选择最符合标准、最能激发金融企业内部的热情与忠诚的位置。

(4) 设计达到所定位置所需活动的规划，比较规划的成本与可能的利益。

2. 形象定位战略

(1) 特色定位。金融企业发掘新的具有鲜明特色的市场位置，定位于自己的特色，如规模、历史等，以特色取胜，赢得市场。

(2) 利益定位。将金融企业定位于某一特定利益上的领先者。

(3) 客户需求定位。将金融企业定位于满足客户特定需求的最佳者。

(4) 竞争者定位。将金融企业定位成在某一方面要比明的或暗的竞争者更好。该定位又可分为主导型定位，在即市场中占据主导地位的金融企业，被公认为市场领袖的金融企业，采取以我为主的定位战略；挑战型定位，金融企业采用与在市场上占据支配地位的竞争对手正面直接竞争的定位方式，又称迎强定位，通过挑战主要竞争对手来寻求发展机遇；跟随型定位，金融企业采用与其竞争对手相同或相似的竞争战略，即在金融产品或服务提供、目标客户选择及主要竞争地确定上，显示出强烈的与竞争对手相同或相似的定位，中小金融企业一般采取跟随型市场定位。

(5) 质量或价格定位。将金融企业定位于能提供最好的客户价值。

(六) 金融产品定位

(1) 先入为主战略。当金融企业找到一个全新的目标市场后，立即趁热打铁，抢先确定自己产品的领导地位，日后即使同类产品相继问世，也只能步其后尘。此战略适用于全新产品的市场开发。

(2) 拾遗补缺定位。金融企业分析市场中现有产品定位情况，找出尚未被占有，又为许多客户重视的空缺位置，通过创造性思维的运用，及时开发新产品，占领消费市场的定位方法。

(3) 差异法定位。该金融企业使自己的金融产品避开强有力的竞争对手，具备与众不同的特征，能满足客户差异性的需求。

（4）创新概念战略。在竞争对手的产品中，发现其产品概念的弱点，创造一种全新的概念，通过不断的宣传使新观念深入人心，促使客户抛弃老观念，从而把竞争对手的产品挤出去。

（5）使用方法定位。根据产品的利益及客户需要解决的问题，对金融产品的属性进行定位。

（6）产品分类定位法。金融企业的产品要在同类产品竞争中脱颖而出，就要对产品进行适当的分类，以突出产品特色。

（7）关系定位法。金融产品并无明显的差异，金融企业可利用形象或有效的广告，可以成功地为产品进行定位。

（8）重新定位。金融企业应对不受客户欢迎、市场反应较差的产品和服务进行重新定位，以重新赢得竞争优势。

四、金融营销战略确定

(一) 差异化竞争战略

差异化竞争战略，主要是使金融企业的产品和服务明显区别于竞争对手，提高客户价值，提升金融企业获利能力。差异化战略的核心是金融企业必须通过创新金融产品、服务和采用各种技术来区别其他竞争对手。

1. 提高服务质量战略

提高服务质量是创造客户价值的最安全途径。要保持质量优势必须遵守质量优势原则：优异质量是可获利的；优异质量只有在达到或超过客户需要时才能取得；优异质量是满足对金融企业各方面要求的全面质量管理制度的结果。

2. 快速反应战略

提高反应时间是提高客户价值的重要途径。取得快速反应优势的方法主要有：生产客户想要购买的产品；提高服务效率和迅速对客户要求做出反应。

3. 产品设计领先战略

产品设计领先战略主要包含如下几种方式：产品设计上采用不同于其他机构的方法，如对某类活期账户提供某种优惠贷款；采用新技术，使得金融产品区别于竞争对手，如通过电子网络汇款，为客户提供即时到账的汇款服务等区别于采用信汇和票汇业务的银行。

(二) 成本领先战略

金融企业成本领先战略的核心是金融企业通过降低整体经营成本、领先于竞争对手，使得在面向客户提供服务的时候，或者能够给客户更低的价格，或者以相同的价格取得更高的利润。占有较大市场份额的金融企业，可以从技术、人员、信息及营销等诸多方面实现规模经济，从而享有低成本优势，以优惠的价格来巩固和发展自身的市场地位。成本领先战略要求金融企业控制某一产品的市场份额，使金融企业在人事、信息、营销技术方面节省开支。

但是应用成本领先战略，可能面临一些问题。例如，技术的进步会使之前的投资失去价值，如新的电子支付系统的出现，使那些想用建立分支行来控制当地银行业的做法失去应有的功效。而金融企业过分注意成本控制，反而会使它不能开发出必要的、能吸引客户的金融产品或妨碍它的营销活动，以致不能实现最大利润。此外，成本领先战略容易被竞争者仿效，使得整个行业在部分产品或服务方面陷入价格战，最后导致成本领先战略的失败。

(三) 集中竞争战略

集中竞争战略,是指金融企业将其优势和服务目标集中在某个细分市场上,以谋求竞争优势。集中竞争战略有两种形式:在成本集中战略的指导下寻求目标市场上的成本优势,使之与竞争对手产生成本差异化;在差异集中战略指导下寻求目标市场上的差异化优势,使得与竞争对手提供的产品或服务有所差异。

这两种形式都必须以金融企业的目标市场,或者金融企业内部其他细分市场的差异化为基础。集中战略要求细分市场内有差异化的需求。

(四) 战略联盟

战略联盟,是指由两个或两个以上有着对等经营实力的企业(或特定事业和职能部门),为达到共同拥有市场、共同使用资源等战略目标,通过各种契约而结成的优势相长、风险共担、要素双向或多向流动的松散型网络组织。一般来说,战略联盟多为自发的、非强制的,联盟各方仍旧保持着原有企业的经营独立性。

战略联盟产生的原因主要为:提高企业的竞争力的需要,即借助与联盟内企业的合作,相互传递技术,加快研究与开发的进程,获取本企业缺乏的信息和知识,并带来不同企业文化的协同创造效应。分担风险并获得规模和范围的需要,即通过建立战略联盟,从技术自给转向技术合作,扩大信息传递的密度与速度,以避免单个企业在研究开发中的盲目性和因孤军作战引起的全社会范围内的重复劳动和资源浪费,从而降低风险。建立战略联盟是实现规模经营并产生范围经济效果的重要途径。防止过度竞争的需要,即企业间通过建立战略联盟,加强合作,可以理顺市场、共同维护竞争秩序,避免恶性竞争。

战略联盟的分类:根据联盟成员之间的依赖程度,战略联盟一般分为股权式战略联盟和契约式战略联盟。根据战略联盟在价值链上环节的不同位置,可将战略联盟分为联合研制型、资源补缺型和市场营销型。

拓展阅读 3-7

花旗与旅行者的
"分与合"

金融市场的格局不断变化,国有金融企业、民营金融企业、外资金融企业之间的关系不仅表现在业务竞争上,更体现在深层次的交流、合作和共同发展层面,开展业务交流、培训,引进战略投资者的股权式战略联盟,组成资源补缺型的战略联盟和市场营销型战略联盟,都是联盟的有益探索。

(五) 金融国际化营销战略

金融国际化营销战略,即金融企业进行跨国界的经营、服务活动,到海外设立代表处或分支机构,大力开展国外业务,从而实现全球化的金融国际营销战略。

1. 国际金融市场营销过程

(1) 经营决策。金融企业根据自身条件及国际金融市场环境,决定是否进入国际金融市场,开展国际金融业务。

(2) 目标市场选择。在市场细分的基础上,选择适合金融企业开展国际业务的细分市场,作为自己的目标市场。

(3) 营销决策与管理。营销决策包括进入外国金融市场的产品、价格、渠道、促销等决策;营销管理包括国际金融市场营销组织、调研、计划与控制。

2. 国际金融市场营销环境分析

影响国际金融市场营销的环境因素，具体包括：①政治环境。一国政府的政治态度、政局和社会稳定状态，有关政策、法规。其中，最直接的是对外国银行进入本国的种种限制，主要有进入限制、业务限制、机构形式限制、政府的歧视待遇、对等原则等。②国际银行业的监管。③经济环境。全球经济发展前景、东道国及本国的经济发展状况，特别是国民经济的发展阶段、人口及其构成、收入状况等。④文化环境。包括人口的受教育程度、人口职业分布、人口宗教信仰状况、人口种族及语言分布情况、价值观等。

在国际市场调研的基础上，对所获取的环境资料进行分析、评估，选出适合自身发展的国家和地区，开展国际金融业务。

3. 金融国际化的目标市场选择

金融企业进军国际金融市场，可选择以下目标市场：经济发达国家及国际金融中心；业务量大的国家或地区；重要的贸易国家和地区，如主要集中在美国、欧洲和东南亚地区等地；华人聚居地。

4. 进入国际金融市场的方式

(1) 代表处。它是金融企业国外业务的发展机构，主要在其所设立的国家和地区，为国内机构招揽、发展业务，其主要任务是搜集有关信息的资料，加强东道国与母国的联系。

(2) 代理处。它是一种介于代表处和分公司之间的组织形式。它主要从事批发型的网际金融活动，可以发放贷款、资助国际交易，但不得吸收当地居民存款。

(3) 分公司。它是母国公司在国外的营业机构，是母公司的有机部分，既受本国法律约束，又受东道国法律管制。一般可以经营东道国法律允许的当地金融业务。

(4) 附属公司。它是母公司在国外的间接营业机构，在东道国注册，只受东道国法律约束。

(5) 公司附属机构。它是根据东道国法律在该国成立的独立组织，它与母国公司相对独立，但持有该机构股权。

(6) 通过合资与当地金融机构建立附属企业或入股国外金融企业。

(7) 采取收购、兼并当地金融企业的方式。

5. 国际金融市场营销战略

(1) 客户战略。根据所在国情况，分析客户结构，建立客户档案，确定开发重点和策略。

(2) 产品战略。根据东道国经营环境，确定提供金融产品和服务的类型、开发推广的重点和策略。

(3) 业务战略。根据东道国有关法规和金融政策、竞争机构情况、客户情况等确定业务竞争战略。

五、金融营销组合战略

金融营销组合，是指金融企业依据营销战略，根据企业内外部环境的特点，为满足目标市场客户的需要，把影响市场营销的各项要素包括产品、地点、定价、促销、人员、过程、有形展示等进行最佳配合，以实现整体营销战略的目标。

(一) 金融营销组合要素

根据市场营销理论和服务营销理论，金融营销要素由产品、渠道、价格、促销、人员、过程、有形展示 7 个要素构成(见表 3-3)。

表 3-3　金融营销要素

要素	内　容
产品	领域、质量、水准、品牌名称、服务项目、保证、售后服务
渠道	所在地、可及性、分销渠道、分销领域
价格	水准、折扣、佣金、付款条件、客户的认知价值、质量定价、差异化
促销	广告、人员促销、销售促进、公关
人员	培训、选用、奉献、激励、面貌、交际、态度、行为、参与程度、客户接触度
过程	政策、手续、机械设备、客户参与度、客户取向、活动流程
有形展示	环境、装潢、色彩、陈设、噪声水准、装备实物、办公设备等

金融营销组合中，各要素的具体作用如下。

1. **产品要素**

金融企业要为目标市场客户提供合适的产品及相关服务。金融产品具有无形性、多样性、关联性和易模仿性等多种特征，所以产品要素的核心是以客户需求为导向，深化服务层次，提高服务质量，重视金融产品创新，不断开发创新金融产品以满足客户的需求。

2. **渠道要素**

金融产品及服务需要借助一定的渠道和地点销售给客户。渠道要素主要涉及通过何种方式、何种途径向客户提供产品或服务。金融企业通常在不同的发展阶段及金融产品生命周期的不同阶段选择不一样的销售渠道和方式，根据金融服务的特征，结合服务需求规模、成本等因素，进行渠道规划，选择适宜的销售渠道，完善渠道布局，开拓新渠道，加强渠道管理。

3. **价格要素**

制定合理的价格是价格战略的基本原则，金融产品的价格主要受市场的供求关系影响，同时考虑成本、费用、风险、客户关系、政策等因素。金融产品的价格一般随着产品生命周期的变化而变化，金融企业要根据影响金融产品价格高低的主要因素，如产品成本、市场需求和竞争状况来相应地采用定价方法，灵活运用各种定价战略，使产品定价具有更强的科学性和艺术性。

4. **促销要素**

促销就是研究如何将金融产品推向目标市场，把有关产品、地点和价格的信息通过一定途径和手段通知给目标客户，并通过一定手段激发客户的购买欲望，促使客户购买产品。金融企业要善于运用广告、人员促销、营业推广和公共关系等各种促销手段。

5. **人员要素**

人员要素是指参与服务提供并因此而影响购买者感受的全体人员，包括员工、客户及处于服务环境中的其他客户。金融营销属于服务营销，人是金融营销中的重要因素。金融企业要通过对营销人员的管理，完善客户经理制，通过对招聘、考核、薪酬、聘用、培训等方面的管理，提升服务能力，改善服务质量，以便与客户建立长期稳定的关系。

6. **过程要素**

过程即服务的传递过程。服务营销质量取决于客户的感知质量，而提供专业金融服务的高素质营销人员能够有效提升客户的服务质量。金融服务属于高接触度服务，必须对服务的流程进行规范和优化，通过实施有效的过程控制，对营销活动全过程进行组织、协调与控制，提升客户的服务满意度。

7. 有形展示要素

金融服务的无形性特点令客户很难判断其质量和效果，要想让客户对无形的产品产生有形的评价，就应将服务的有形部分作为服务营销的重要工具予以重视，借助一系列的有形证据向客户传递相关信息。与服务过程有关的每一个有形展示，如服务环境、服务设施、服务人员都会影响客户感受，优质的有形展示及管理能使客户对企业产生好感。金融企业在营销过程中，要充分利用网点营销阵地，通过设施陈列、信息展示等有形展示，为客户创造良好的体验。

(二) 金融营销组合步骤

1. 客户分析

对客户进行分析，主要包括客户所属行业的行业分析，客户的业务概况分析，客户组织结构，财务状况分析，客户的金融需求分析，客户与金融企业的关系分析等。分析的目的是要把握客户的金融需求与风险，寻求营销组合的机会，分析的结果作为制订组合营销计划的直接依据。

2. 制订营销计划

营销计划的内容包括营销目标和行动计划。其中，营销目标是首要任务。

(1) 根据客户分析的结果，准确测量客户需求。

(2) 根据客户发展战略和竞争地位，确定业务量占有率。

(3) 设定各业务的具体营销目标。

(4) 制订行动计划，向客户提供包含营销组合要素的营销服务规划。

3. 执行计划和定期报告

要依据营销组合计划，向客户提供营销服务。对营销组合计划的执行情况进行定期监督，报告内容包括营销组合执行的进度、各营销要素规划的落实情况和执行中遇到的问题。

4. 反馈及修改计划

营销组合计划在执行过程中会出现客户结构发生变化或客户需求发生变化的现象，这时需要对营销组合计划进行修改。客户需求发生变化时，一方面组合营销计划将被修改，另一方面当现有的产品及产品组合不能满足客户的需求时，需要将信息反馈给产品部门，并协调内部资源开发新的产品以满足客户的需求。

以上四个环节紧密衔接，缺一不可。客户分析是制订营销计划的基础，营销目标和计划要具备相当的可操作性，最好是落实到具体的产品及产品组合。计划执行过程中发现的限制和障碍需要及时进行反馈和报告，以便对计划进行修改。同时，反馈的信息可能会启动一个新产品的开发流程。

思考练习题

一、简答题

1. 阐述金融营销战略类型。

2. 阐述金融市场细分战略。

3. 阐述金融目标市场定位战略。

4. 结合中国银行营销战略的实践，比较全国性银行和区域性银行在市场定位上的差异。

5. 简述金融目标市场选择战略。

6. 选择一家金融企业，分析其市场细分战略、细分的标准及其市场定位的战略。

7. 论述金融企业的核心竞争力。

8. 结合经济金融环境的变化，为金融企业设计营销战略。

9. 阐述金融营销组合要素。

10. 结合市场环境的变化，分析金融企业战略转型的方向和途径。

二、案例分析题

1. 美国商业银行市场营销模式体现为：采用一揽子的服务方式，注重通过系列化业务服务满足客户需求；注重市场细分，提供有针对性的服务；通过培养"关系经理"的服务方式，进行定向营销；加强公共关系，保持良好的信誉。日本商业银行的市场营销模式体现为：加强销售和开拓市场，提高银行的服务能力；通过重组业务结构，发挥银行的内部潜力；改革管理系统，提高银行的内部管理能力。

问题：请根据以上材料，结合营销战略理论，比较美国与日本商业银行营销战略的差异。

2. 随着金融环境的不断变化，中国银行业的竞争日趋激烈，请以波特五力模型对中国商业银行的竞争力进行分析。

第四章 金融产品战略

学习目标

● 掌握金融产品的开发流程、开发方法、开发战略

● 了解金融产品组合战略、推广战略

● 了解金融产品生命周期战略、品牌战略

第一节 金融产品战略概述

一、金融产品的概念

(一) 金融产品的定义

金融产品，即金融企业为用户提供的服务，属于服务产品的范畴。金融产品具有狭义和广义两种不同的定义。

狭义的金融产品，是指由金融企业创造、可供资金需求者与供给者在金融市场上进行交易的各种金融工具，是反映资金双方债权债务关系的所有权关系的合约与文件。它是有形的金融产品，如货币、各种票据、有价证券等。

广义的金融产品，只要是由金融企业提供，并能满足人们的某种欲望与需求的各种金融工具与服务，都被列入广义金融产品的范畴。其包括金融企业向市场提供并可由客户取得、利用或消费的一切服务，它既包括狭义的金融工具，也包括各种无形的服务，如存款、贷款、转账结算、财务管理等。

(二) 金融产品的层次

金融产品一般由核心产品、实际产品、期望产品、附加产品、潜在产品组成。

1. 核心产品

核心产品，也称利益产品，是指客户从产品中可得到的基本利益或效用，它是金融产品的使用价值所在，也是金融产品中最基本、最主要的组成部分。

客户之所以购买产品是为了满足其特定的需求，这是购买的实质，金融产品的核心是要使客户的这种基本需求得到满足。客户开立支票账户便是为了结算方便，支票的核心在于"转账便利"。如果核心产品不能满足客户的需求，那么实际产品与附加产品再丰富也不会吸引客户。例如，作为信用卡就必须具备转账结算、存取现金、支付便利这三大功能，如果银行开发的信用卡不具备上述功能，就会失去其赖以存在的基础。

金融客户的核心利益是各种各样的，甚至一种产品能够包括金融客户的多种需求，这些核心利益包括安全、便利、利息、分红、保险、保值、透支等。不同金融服务产品有着不同的核心利益，金融企业在产品的开发与设计时必须充分考虑客户的基本需求与利益。同时，营销人员在推

销金融产品时，要认真向客户介绍产品的实质与基本功能，使客户获得所需的利益与服务。

2. 实际产品

实际产品，也称形式产品或有形产品，是指金融产品的具体形式，通过展现核心产品的外部特征，以满足不同客户的需求。

实际产品的主要形式是权益凭证或交易契约，还包括金融中介信誉、品牌、特色等。例如，存款单、票据、贷款合同、契约、债券、股权证、保险单等。契约中详细规定产品标的、价格、担保，以及交易双方的权利、义务和责任追究等，是客户实现自身利益的法律依据。

随着人们消费水平、文化层次的不断提高，人们对金融产品外在形式的要求也越来越高，并且这种需求会不断发生变化。而与一般产品不同，金融产品大多数是无形产品，无法通过外形、颜色、包装来展示，而主要通过质量和方式来表现。因此，金融企业在营销时必须注重和设计出不同产品的表现形式，使客户有更多的选择余地，以增强产品对客户的吸引力。

3. 期望产品

期望产品，是指客户在购买某项金融产品提供的能够满足客户核心利益的服务时，期望该金融产品所具备的一些属性和条件，如查询有关信息、获得方便、提供咨询或建议等。相同情况下，如果一个金融企业在提供金融服务时能提供比其他竞争者更多的能够满足客户期望的服务，无疑会增加自身的吸引力。期望产品决定了客户期望得到服务的最低层次。

4. 附加产品

附加产品，也称扩展产品、延伸产品，是指金融企业在满足客户的基本需求之外，为客户提供更多的服务与额外利益，以使该产品有别于其他相似产品，吸引更多客户。它是金融产品的延伸与扩展部分，包括销售人员的帮助、交付和支付方式、售后服务等。

客户使用产品固然是为了获得基本利益与效用，但是金融产品还应该给客户以更大的满足，为了使本企业的产品有别于其他企业的同类产品，吸引更多的客户，金融企业必须在附加产品上多下功夫。

5. 潜在产品

潜在产品，是指金融服务产品中尚未开发的，可能成为未来最终产品的处于潜在状态的产品。它由已经或可以被客户利用的所有潜在增加的特征和利益组成，是金融产品的演进趋势。

金融企业在开展金融业务的过程中，应该不断关注经济发展和客户需求的变化，不断开发金融潜在产品，在市场竞争中获得先机。

上述的金融产品中，核心产品、实际产品与附加产品属于基本层次。附加产品是用来增加产品的吸引力和竞争力的，其在广泛被采用、被客户习惯后，就演变成为期望产品的一部分；潜在产品经过企业开发后，在未来就可能演变成附加产品，形成竞争优势。以上层次构成了金融产品的整体概念，具体结构如图 4-1 所示。

从图 4-1 中可以看出，金融企业的产品战略必须以客户的需求为中心，这也正好体现了金融营销的战略思想。客户在金融产品购买与消费过程中最关心的不是基本的核心产品，而是"围绕核心产品的整个满意度的组合"，即整体产品。金融企业应对核心产品加以延伸，通过增加产品的支持性与便利性来获得竞争优势和差异优势，当附加产品演变成为期望产品后，就必须尽快寻找潜在产品，将其开发为附加产品。

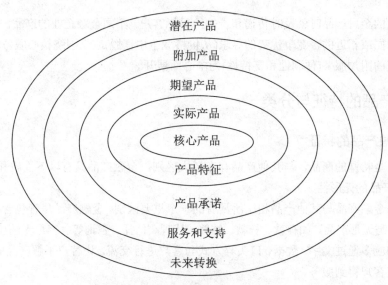

图 4-1　金融产品层次

金融产品层次的划分，为金融企业开展差异化营销提供了理论依据。下面以银行业务为例，简述产品概念应用于金融产品的方式，如表 4-1 所示。

表 4-1　产品概念应用于金融产品

核心产品	实际产品	期望产品	附加产品	潜在产品	实例
现金提取	现金提款卡或取款单，自动取款机，分支机构提取现金	自动取款机处于工作状态，分支机构按规定时间开放	借助自动取款机和分支机构的附加服务	更广泛的通路，更多的分支点，电子现金	中国工商银行现金提取卡
资产安全	可以是多种产品，从储蓄到投资	保持安全和防止盗窃，防止通货膨胀的影响。在规定时间有权使用资金	附加服务，层状利率，通知存款	个别单独设定利率，基于个人储蓄行为的罚金	浦发行通知存款
资金划转	提供让资金在账户和支付票据之间转移循环的能力	安全精密的系统，防止交易出错	用于应付系统出错的保险和担保，能够检查近期交易	为客户提供更灵活的操作方式，可连接自己或他人的账户	上海浦东理财金卡
延期付款	当前提供货币，基于未来的赚钱能力	利率级别和偿还款项事先达成一致，违约罚金	提前偿还的优惠率或罚金	灵活的偿还款项，联系个人情况，一次支付或按期支付	深圳发展银行双周供贷款
财务咨询	为满足当前和将来需要，获得关于产品和服务的咨询	未来可信和可靠途径的公正咨询	财务健康状况检查，保持开发与更新，周刊评论和向客户邮寄杂志/产品信息	预见客户的需要，并在他们要求前提供	招商银行金葵花理财

由于客户在理解金融产品或服务所提供的具体内容时存在一定困难，因此金融企业应该在开

发出有差异化的金融产品时就及时传递和告知给目标客户。不同金融企业的产品，其所能提供的核心服务是相同或相近的，竞争优势的寻求(从价格竞争中摆脱)应当围绕核心服务增加差异化，以创造新价值的附加服务(便利性和支持性)为中心而展开。

二、金融产品的特征与分类

(一) 金融产品的特征

金融产品是特殊的商品，与其他产品存在较大区别。金融产品具有以下性质和特征。

1. 金融产品的无形性

无形性是金融产品与其他产品相比所具有的一个重要区别。金融产品尽管包含货币等有形产品，但更多的是无形产品，如存款、贷款、结算、代理、信托、咨询等。客户无法感知这些产品，因此金融机构应多通过文字、数据、口头等方式与客户进行交流，让客户了解产品的性质、职能、作用等，并使客户得到服务。

平常我们所能看到的信用卡、存折等物品实际上并不是完整意义上的金融产品，只是无形服务的载体，是金融机构为了获得收益，为客户提供服务所借用的形式与手段而已。

2. 金融产品的不可分性

金融产品的提供与消费是同时发生的。金融企业向客户提供金融产品的同时，客户也接受了金融服务。正是由于这个特性的存在，使得金融产品与金融服务具有不可分性。金融企业应通过改善服务质量来提升客户对金融产品的满意度。

3. 金融产品的同质性(非差异性/易模仿性)

金融企业经营的都是类似的金融产品和服务，很难通过专利的形式来保护，独占性非常有限，具有很高的同质性和可复制性，产品进入市场的壁垒较低，金融企业之间相互模仿的现象比较突出，导致金融产品与服务的趋同，同业间竞争激烈。这就要求金融企业要加强产品与服务创新，以保持竞争优势。

4. 金融产品的可变性

一般的产品，只要是由同一生产厂商提供，它们的质量往往是一致的，符合某个统一的标准，不会因为出售地点不同而出现太大差异。金融产品则不同，它的质量会因地、因人而异。不同的金融企业乃至同一企业的不同分支机构，所提供的金融产品或服务也不尽相同。

5. 金融产品的多样性和广泛性

金融产品和服务类别的多样性，是指金融企业提供的产品由一系列配套资源组成，能为客户提供综合服务，满足客户的不同需求。例如，为客户提供存款、汇款、结算、支取、结汇、售汇，以及其他国际国内业务，资本或非资本项目的清算等。

金融产品应用的广泛性，是指金融企业产品渗透到社会生产、生活的各个领域，出现在生产的各个环节。

6. 金融产品的增值性

金融产品使用价值区别于一般的有形产品，主要在于在满足客户的过程中，能给客户带来增值性及其他便利。

金融营销的增值性突出地表现在贷款、投资业务及中间业务之中，如客户存款获得利息，使其存入金融企业的资金增值；贷款用于生产或经营，在排除市场风险的前提下，通过资金的循环而使得资金增值，给客户带来盈利。金融企业所提供的各种中间服务，都在不同程度上给客户带来便利。因此，金融企业在向客户销售产品时，重点要向客户展示利益(增资性)，以说服其购买。

7. 金融产品的盈利性与风险性

任何一种金融产品都存在两面性，它可能为金融机构或客户带来盈利，也可能会造成损失。因此，盈利性和风险性是金融产品最典型的特征。金融产品和服务的管理，实质上是一种风险管理。

(二) 金融产品的分类

金融产品的种类众多，可以根据不同的标准进行分类。

(1) 按照有无实体划分，金融产品可分为有形产品与无形产品。

(2) 按照类型划分，金融产品分为银行产品、保险产品、非银行投资类产品(信托产品、私募产品等)、顾问类产品等。

(3) 按照业务性质划分，金融产品分为资产业务产品(各类贷款、票据贴现、银行承兑汇票等)、负债业务产品(各类存款、储蓄业务)和中间业务产品(各类结算类产品、代理类产品、咨询类产品、银行卡产品、服务类产品、衍生类产品等)。

(4) 按服务形式划分，金融产品分为金融工具类(金融债券、银行票据、贷款系列产品、流通存单、信用卡等)和金融服务类(结算服务、代理服务、咨询服务、担保服务、投资银行服务、网络远端服务等)。

(5) 按照与利率关系划分，金融产品分为利率产品(短期利率产品，包括各种票据、大额可转让存单、国库券、证券回购协议；长期利率产品，包括股票、债券、各种基金。)和衍生产品(期货合同、期权合同等)。

(6) 按照服务对象划分，金融产品分为个人金融产品(面向个人金融需求的各类储蓄、贷款、咨询服务、结算服务和理财类产品等)和公司金融产品(满足公司经营的各类投融资需求的金融产品)。

三、金融产品战略设计

(一) 金融产品战略概述

金融产品战略，是指金融企业按照营销战略，根据市场的需要，向市场提供的各类金融产品/服务规划。金融产品战略在金融企业经营中占有十分重要的地位，它是金融营销的基础与支柱。定价战略、渠道战略与促销战略围绕产品战略形成一个整体。

在金融营销过程中，金融产品战略主要是金融产品创新战略。创新是金融产品的活力源泉，不仅能满足不同层次客户的需要，而且有特色的产品能与竞争对手的产品区别开来，使客户建立起对本企业产品的忠诚。

1. 影响金融产品战略的因素

(1) 客户。客户的需求是金融产品开发的基本驱动力。一切金融企业都应以满足客户需求来开发金融产品和服务。

(2) 竞争对手。开发金融产品，要时刻关注竞争对手的产品现状和开发动态，制定适宜本企业的开发战略。

(3) 技术。金融产品开发受技术因素约束。技术进步为金融产品的开发创造了前提条件。

(4) 政府和立法的相关规定。金融产品开发要符合政府监管机构和立法的要求，只有通过政府监管部门的审查，金融产品才能上市。

2. 金融产品战略的目标

金融企业的营销活动是从金融产品的构思、设计与推广开始的。金融产品战略是金融机构市场营销活动的基础，是金融机构在激烈竞争中求得生存和发展的首要条件。金融产品和服务战略设计有如下四个目标。

(1) 以市场渗透为目标，为现有客户提供更多的产品和服务，提高产品的利用率。

(2) 以市场开发为目标，对新客户提供更多的现有产品和服务，一方面吸引新客户，另一方面削减或中止提供费用大的产品和服务。

(3) 以新产品的开发为目的，为现有的或潜在的客户开发新产品，提供新服务。

(4) 以产品和服务的多样化为目标，为吸引新客户开发新产品和服务。

(二) 金融产品创新方法

1. 模仿创新法

模仿创新法，是金融企业以原有某种产品为模式，结合本企业及目标市场的实际情况和条件，进行必要的调整、修改、补充，从而开发出新的金融产品的方法。模仿创新具有模仿跟随性、研究开发的针对性和资源投入的中间聚积性三个特点。

由于金融产品没有版权的限制，导致模仿创新法在金融业被广泛采用。

2. 交叉组合创新法

交叉组合创新法，是对两个或两个以上的现有产品或服务加以重新组合，或稍加改进，将几种服务连在一起，创作出一种新产品，提供给具有特殊需要的细分市场客户的方法。这种方法不仅有利于占领特殊细分市场，而且可以吸引新客户。

3. 自主创新法

自主创新法，是根据市场上新显现的需求，依靠金融企业自身的能力开发出能满足这种需求的新产品的方法。随着经济和科技的发展，新的需求不断涌现，需要更多的、新的金融产品，自主创新法将越来越重要。

(三) 金融产品战略选择

1. 产品扩张战略

产品扩张战略，是指金融企业以畅销的金融产品为核心，加大产品营销力度，扩大市场覆盖面的战略。

2. 产品差异战略

产品差异战略，是指金融企业对其产品与主流金融企业的产品，在定位、性能、覆盖方位等方面实施差异化管理，以求在特定区域和客户群体赢得竞争优势。

3. 产品集中战略

产品集中战略，是指金融企业集中人力、物力、财力和时间，重点销售某种畅销金融产品，以求在短期内快速达到扩大营销的目标。

4. 产品追随者战略

产品追随者战略，是指金融企业追随产品销售热点，推出与主流金融企业类似的产品。

5. 卫星产品战略

卫星产品战略，是指金融企业围绕目标市场的客户群需求特征，以畅销的主打产品为核心不断延伸，进行系列化、组合化，形成热销的产品群。

6. 以优质产品或服务取胜战略

金融企业凭借高质量的金融产品和优质的服务占领和开拓金融市场的战略。金融企业凭借优质的产品和服务来吸引客户、占领市场，从而形成金融企业的忠实客户群。

7. 以新取胜战略

金融企业通过持续开发使客户认可和接受的产品和服务，以持续满足客户需求的战略。金融企业的生命力在于创新，通过采用新技术、新模式、新材料等，提高产品和服务的竞争力，树立良好的市场形象，提高信誉和地位，是金融企业发展的主要战略。

8. 以廉取胜战略

鉴于大多数的客户都有购买低价产品或服务的意愿，金融企业为了使自己的产品或服务迅速占领市场，将价格定得低一些，必要时可以低于成本，而把利益让给客户的战略。这种战略能够招徕更多的客户，战胜竞争对手，占领市场。当产品和服务的销路畅通后，结合产品质量和服务水平的提高，逐步地将价格提高到预期的水平。

以廉取胜战略适用于市场规模较大，同业竞争激烈的业务。要求金融企业用最快的速度进行市场渗透，所以也称为密集型渗透战略。该战略着眼于提高客户覆盖率，提高业务笔数，单笔金额小，但客户群扩大速度极快，利于抢占市场。

9. 以快取胜战略

以快取胜战略的核心，是指金融企业要敏锐地感知金融市场及客户的需求变化征兆，快速地推出金融产品和服务。

10. 系列产品战略

金融企业开发系列产品，一方面是为了满足客户的需求，另一方面，通过增加产品线、扩展产品自给的广度和深度，达到规模经济和分散风险的目的。

系列产品战略通过以下方式实现：一是与存取方便相联系的配套产品；二是与代收代付相联系的配套产品；三是与消费活动相联系的配套产品；四是与投资活动相联系的配套产品；五是与电脑设施相联系的配套产品。

11. 分散进入战略

分散进入战略，是指金融企业同时推出不同的金融产品，进入不同的目标市场，以拓宽销路。

12. 正面拼搏战略

正面拼搏战略，是指金融企业不惜耗费大量人力、物力、财力，与竞争对手正面争夺市场机会和销售份额。

13. 新旧搭配的产品战略

新旧搭配的产品战略是指金融企业在传统业务的基础上，搭配创新业务进行营销。传统产品在客户中的认可度较高，搭配新业务更易于客户接受，迅速占领市场。例如，企业贷款搭配投融资顾问产品，企业结算账户管理搭配常年财务顾问的产品组合战略。还可以把理财产品与投资、并购、股权等投资产品进行组合创新。

14. 产品组合战略

根据不同的目标客户群，采取不同的产品组合战略。例如，大型客户的一揽子综合金融服务中可以搭配各种投资产品，包括完整的覆盖不同风险和收益的理财信托、为企业并购提供咨询和融资服务、房地产和矿产等专业的行业金融服务、股权直接投资金融服务、结构化的资产证券化业务。

15. 分项产品战略

除整体的产品战略外，金融企业还可根据产品特点制定分项产品战略，具体方法如下。

基础类业务产品战略：基础类产品采取密集型渗透战略，以提高客户覆盖率指标为核心，提高基础类产品客户群。

资产交易业务产品战略：资产交易业务主要实行业务创新战略，是培养业务增长点、调整收入结构的主要方向。以理财融资、代推介信托及信贷资产转让等产品为成熟的业务线，加强理财产品与投资、并购、股权等投资产品的组合创新，重点通过委托债权挂牌投资、理财委托贷款、财产收益权、集合信托、贷款转让等模式，完善业务模式，实现多产品联动。

票据业务产品战略：票据业务产品战略主要采取成长期产品战略，积极开拓债务融资工具市场，对目标客户进行发掘。

重组并购、股权融资业务战略：重组并购、股权融资业务，市场处于引入期，要综合运用各项产品，采用产品组合营销战略，切实提升并购融资安排能力，推进并购"融资+顾问"综合服务模式。

16. 高档产品和低档产品战略

高档产品策略，是指在一条产品线内，适当增加高档高价产品项目，以此来提高金融机构现有产品的声望。

低档产品策略，是指在高档产品线中增加廉价产品项目，目的是利用高档名牌产品的声望和地位，吸引无力购买高档产品的客户，慕名来购买高档产品线中的低档产品。

拓展阅读 4-1

美国银行的
产品战略

第二节　金融产品开发战略

一、金融产品开发概述

由于市场竞争的压力，金融企业都力求通过金融创新占领市场，产品创新是金融创新的重要内容，也是一项重要的产品战略，是金融营销的重点。

金融产品要素包括价格、收益、风险、流动性、可买卖性、数量大小、期限长短等，任何金融产品的开发，均是金融产品自身各种特征要素的重新组合与配套的结果。

(一) 金融新产品类型

根据新奇程度不同，金融新产品分为发明型、改进型、组合型、模仿型四种类型。不同的新产品有不同的特点，如表 4-2 所示。

表 4-2　金融新产品的类型比较

新产品的类型	开发的难度	对资金与技术的要求	开发周期
发明型	最大	需要大量的资金与先进的技术	最长
改进型	较小	较低	较短
组合型	较小	较低	较短
模仿型	最小	人力、物力、资金等成本都比较低	最短

(1) 发明型新产品。金融企业依据客户需求、结合金融科技成果，研发出的能给客户带来崭新需求的全新产品或产品线。狭义的金融产品开发主要指全新金融产品的开发。

(2) 改进型新产品。运用新技术开发，使原有产品的性能有飞跃性提高的换代产品，如银行在传统业务基础上，开发功能更为完善新颖的投资理财服务。对原有产品的性能(如成本、定价、风险等要素)进行重新整合创新，或重新定位，赋予老产品以新特点。改进型新产品的市场影响力通常并不逊于完全新产品，而且具有很大的发展潜力，且目标市场明确，成本较低，简便易行，被商业银行广泛采用。

(3) 组合型新产品。对两个或两个以上的现有产品或服务加以重新组合，或稍加改进将几种服务连在一起成为一种新产品，从而完善和延伸金融产品的功能，以满足客户的新需求。金融创新热潮，实际也是将传统的金融产品如结算、存款、利率等进行重新组合的结果。

(4) 模仿型新产品。金融企业模仿市场已有的产品，进行局部改进后所推出的新产品。

(二) 金融产品开发途径

金融产品的开发途径，主要包含如下几种。

(1) 扩大服务范围形成新的产品。通过拓展产品的服务范围来增加交叉销售的机会，这是比较简单的产品创新方法。

(2) 通过重新组合和重新包装进行产品创新。一家金融企业提供的金融产品甚多，即使设计出符合客户需要的金融产品，客户也未必清楚，而通过对现有服务的重新组合，或者由几项稍加改进的服务组成新产品，使之成为具有某些新功能的改进产品，并向具有特殊需求的细分市场推销，就容易被客户接受。这样既可以占领细分市场，又可以满足客户的需求。例如，可转让定期存单就是由定期存款加进了金融债券的流动性组合而组成的新产品。

(3) 运用新技术开发新产品。金融企业利用新技术开发全新产品和革新产品。例如，招商银行的一卡通就是利用了信息技术的进步得以实现的。

(4) 通过改进和挖潜等开发新产品。金融企业对现有产品的不足进行改进和修正，或对现有的产品进行新功能的挖掘和创造，形成革新产品和改进产品。例如，民生银行的商贷通，就是针对小微金融的特点，对现有贷款产品进行改进后推出的新产品。

(5) 通过微创新开发新产品。金融企业对市场上流行的产品，在不改变基本性能的前提下，结合客户和市场的差异，对产品名称、服务、定位、性能等要素进行简单修改，形成新的产品。

(6) 对现有金融产品按要素进行组成，形成新产品。对现有产品，结合客户、市场需求，按照产品门类、产品线、品牌等进行整合。

二、金融产品开发程序

金融产品的开发程序，具体如图 4-2 所示。

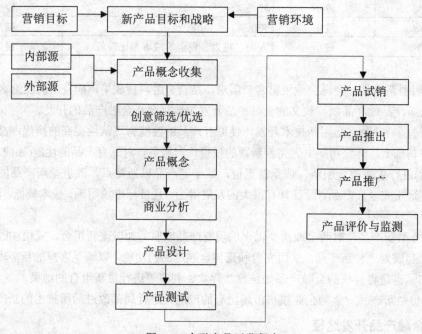

图 4-2　金融产品开发程序

通过图 4-2，可以将金融产品的开发程序大致分为产品概念、产品设计、产品测试、产品推出、产品评价与监测五个阶段。

(一) 金融产品概念

1. 概念形成

金融产品概念来源于产品目标、战略定位及对市场机会的发现和把握。新产品目标和战略取决于创新金融企业的营销目标。

(1) 新产品开发战略，根据产品及销售对象可分为：获得市场份额战略，是将现有的产品更多地出售给金融企业当前的客户；市场扩展战略，是在获得市场份额的基础上，将已有的产品推销给新的客户；线性扩展战略，是开发新产品并且推销给已有的客户；新业务战略，是全新的战略，即开发新产品，推销给新客户，这种战略风险最大，失败率也最高。

(2) 金融企业在进行产品创新时，创意除了内部来源外，还要广泛挖掘来源于外界的灵感：对金融市场上各种金融产品的发展趋势进行分析，发现新趋势；汇总销售人员搜集到的市场信息并跟踪现有产品的销售情况，发现销售机会；研究对新产品开发、销售有直接影响的法规政策和经济现象；汇总客户对金融服务的新需求，从中发现机会；跟踪竞争对手的经营战略与新产品，如销售的产品、产品性能、服务方式，进行比较，找出区别，发现机会；听取高级管理人员、销售经理对产品开发的思路建议；新技术对产品设计与使用及客户需求的影响极大，应及时利用新技术开发新产品。

2. 创意筛选

创意筛选是对已提出的创新金融产品进行选择,该过程将最有价值的创意从所有的创意中选择出来。创意筛选的目的是尽可能快地找到好想法,放弃不适合的构思。

创意筛选判断标准:与企业战略目标相匹配;符合金融市场产品发展趋势;新产品具有市场规模;技术先进性、开发可行性、开发需要的资源条件及配套服务要求;新产品上市促销、营销能力;新产品活力及社会效益评价。

(二) 金融产品设计

1. 产品初始设计与调查

对金融产品创意进行初始设计,描述新产品的主要性能。然后使用初始产品对目标客户与行业进行调查,了解行业规模与结构,了解客户对产品特点的认知与需求重点、购买意向,总结产品需要改进的部分。

2. 产品营销分析

从市场需求出发,分析初始产品的调查结果,确定目标市场,然后初步制定产品价格,预计新产品销售量及利润水平。

3. 产品商业分析

产品商业分析,是对新产品的商业价值进行全面评估,包括对新产品进行全面的市场调查,制定基本的市场战略,估计预期的市场需求,编制新产品的开发预算等,具体分析的内容包括市场调查分析、财务分析、现金流分析、投资回报分析等。

产品商业分析的目的,在于帮助高层决策者了解新产品的开发思路和营销方案,帮助其决定是否开发新产品。

4. 产品详细设计

产品详细设计,是指金融企业依据产品定位、需求汇集和创意汇总,结合市场反馈对产品进行全面的设计与开发。金融产品详细设计阶段的重点是产品功能和技术的创新。

在产品设计阶段,金融企业应同步制订营销计划,规划产品的品牌及营销战略,用宣传刊物、合同书、推销材料向预期客户解释产品及特点。

(三) 金融产品测试

金融产品测试,就是判断产品设计的性能与销量是否已符合预期的要求。

1. 功能测试

金融产品或服务的功能测试,主要是测试市场和客户的反应,包括是否理解产品功能、是否反应良好、产品是否满足需要等,帮助新产品开发人员淘汰客户不太感兴趣的新产品。

测试包括客户调研测试和市场测试。客户调研方式包括调查、个别面谈或电话访问,以此调整营销组合。市场测试是将新产品或服务投放到市场上,由客户判断其优缺点,也可采用调查问卷方式收集客户评价。

2. 营销测试

新产品设计完成后,正式推向市场前还要进行产品试销,此环节称为营销测试。营销测试主要检验新产品的可销售性,检验市场对新产品的反应,帮助管理层测试营销方案。高投资、风险大的产品更需要试销。

营销测试环节的主要工作有：确定试销的时机；明确投放地区与扩散地区，试销所选地区的条件应与所售产品的市场条件类似；确定目标市场及产品的最终定位；检验制订营销计划。

(四) 金融产品推出

当产品设计完毕且通过产品测试、试销修正后，金融企业就开始大规模地促销新产品，将它推向市场。此环节的工作包括：制订营销计划和促销方案；培训营销人员，熟悉产品的性能和特点；对客户进行新产品宣传推广。

(五) 金融产品评价与监测

产品商业化后进入市场，就要及时跟踪市场对产品的反应，评价新产品是否达到设计要求和销售目标，或者是否需要做出相应的调整。

三、金融产品开发方法

(一) 生命阶段分析法

生命阶段分析法，是指对每个人一生中可能出现的重大事情进行计划。人的一生中有各个不同的阶段，比如上大学、结婚等人生大事都会激发特殊的需求和欲望。金融企业可依据客户成长周期的不同需求规律，设计相应的金融产品，以满足客户的不同需求(见图4-3)。

知识链接 4-1

不同生命周期模型下的理财规划方案

拓展阅读 4-2

招商银行"伙伴一生"金融计划

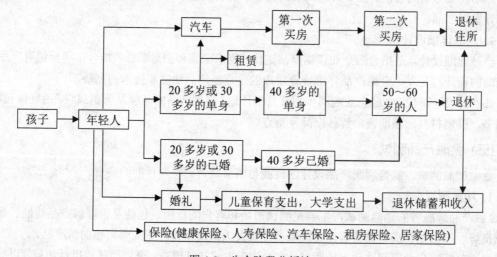

图 4-3　生命阶段分析法

(二) 生活方式分析法

分析客户的生活方式，如地区、生活态度、收入水平等，并结合信用属性进行客户需求组合分类，金融企业据此设计金融产品，如图4-4所示。

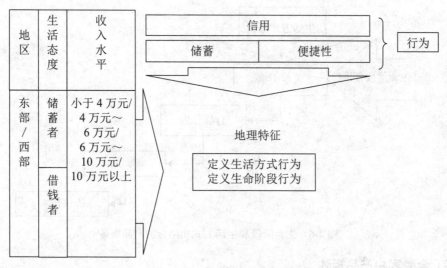

图 4-4　生活方式分析法

　　金融企业可依据客户的生活方式、风险承受能力和投资偏好的差异，结合人生大事的金融需求，为客户推荐不同的金融产品，设计相应的金融组合服务方案，如图 4-5 所示。

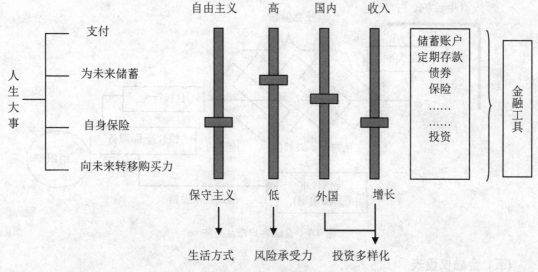

图 4-5　结合人生大事设计服务方案

(三) 生命阶段结合生活方式分析法

　　金融企业可以综合以上两种分析方式，即结合生命阶段和生活方式两种分析方法，确定客户具体的金融需求，据此设计相应的金融方案，如图 4-6 所示。

知识链接 4-2

生命生活方式
运用案例

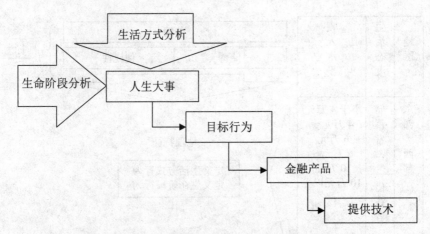

图 4-6 生命阶段和生活方式相结合的产品服务

(四) 金融客户产品矩阵

金融客户产品矩阵，是以矩阵的方式分别列出客户生命中不同阶段的大事，以及生活方式的不同行为偏好。通过对两者的组合，归纳出客户不同阶段的金融需求，金融企业依据金融产品和服务的组合，设计出对应的金融服务方案，如图 4-7 所示。

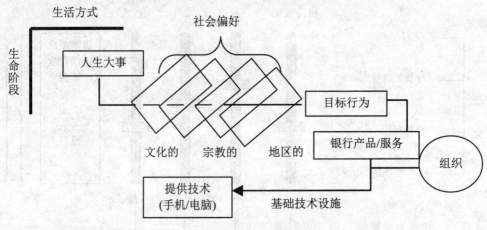

图 4-7 金融客户产品矩阵

(五) 金融仪盘表

采用金融仪表盘的方式，动态显示人生不同阶段金融收支状况。金融企业结合生活方式的差异，为客户规划不同阶段的金融需求，设计相应的金融服务方案，如图 4-8 所示。

(六) 金融客户的价值主张

客户是金融企业价值的共同创造者，金融产品/服务只有满足了客户的需求或愿望，金融企业才能创造价值。因此，金融企业要从金融客户的价值主张角度出发，以满足客户需求，提升客户价值为基本点，延伸设计金融产品和服务。

知识链接 4-3

金融服务营销的
价值主张提炼

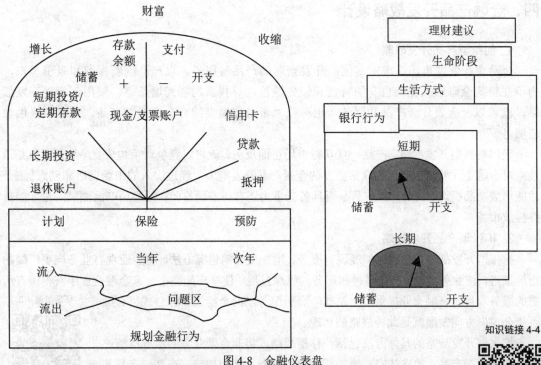

图 4-8 金融仪表盘

金融企业要挖掘金融服务营销的价值创造逻辑,分析其在金融服务活动中的体现,分析和比较不同金融企业的价值主张优势,提炼价值主张内涵。在此基础上,整合服务流程,以便设计个性化产品和服务,如图 4-9 所示。

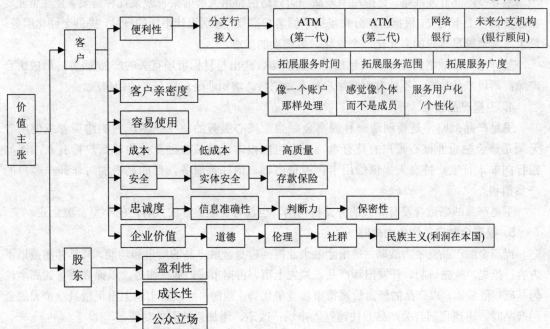

图 4-9 金融客户价值主张

四、金融产品开发战略设计

1. 创新型产品开发战略

金融企业依据市场需求的变化，开发全新的产品与服务，以产品创新保留和吸引客户，力争在特定金融领域保持自身的特色和领先地位，寻找新的利润增长点。采用创新型开发战略，既可以全面设计新产品和服务，也可以"量身定做"综合金融规划产品，为客户提供增值服务。

采用创新型开发战略，产品一旦获得市场正面反应，就将对竞争对手构成竞争优势。但是该战略对金融企业要求较高，应具备独立的金融产品开发能力，经过深入的市场调研和创意优选，才能形成产品概念。此外，新产品是否具备竞争力还有待市场检验，须经历产品测试阶段才能最终投放市场。

2. 扩张型产品开发战略

扩张型开发战略，是通过扩展现有服务、增加交叉销售等方法，将企业现有业务向更广阔的市场推进，使业务类型、产品品种和服务向纵深发展，使客户能够在一家金融企业中获得所有所需的服务项目。金融企业提供"一站式"金融服务，向全能式、综合式"金融百货公司"方向发展就是此种战略的体现。

拓展阅读 4-3

中信银行推出的
留学服务

扩张型开发战略的具体方法包括：移植战略，将非金融业务的服务移植过来并改造为新产品；改造战略，增加新的服务功能；延伸战略，在某一产品基础上延伸出与其主要性能类似的其他产品；扩充战略，以提高交叉销售为核心目标开发的新产品。

3. 差异型产品开发战略

差异型产品开发战略，是指每个产品一般只适应特定人群的某种或某几种需要。金融企业要在经营特色上下功夫，根据各细分市场的不同客户需要，分别设计不同的产品，提供个性化服务，最大限度地满足客户的多元化、个性化、多层次的需求。

差异型开发战略的具体方法包括：分解战略，选出与目标市场有关的产品/服务，形成组合产品；附属产品战略，不针对主要账户持有者销售，增加非账户持有者的销售额。

4. 卫星产品战略

卫星产品战略，是指创造一种脱离金融企业核心服务的独立产品，它的购买者或使用者无须是该金融企业核心账户的持有者，或者可能根本就是该金融企业的非账户持有人，诸如银行向非本行账户持有人提供信用卡、投资咨询、信托等服务，目的是增加对非开户客户的产品销售。

卫星产品战略适合没有庞大的分支机构网，也没有资金雄厚的大客户的小型金融企业。

5. 提高金融产品竞争力战略

提高金融产品竞争力战略，是指金融企业提高自身金融产品的质量和功能。其具体涵盖以下内容：抢先，抢先研制、开发出新产品，领先上市，占据市场；周到服务，以提高服务的周全性为基础；低成本，以产品的低定价赢得市场竞争优势；跟随，当发现市场上出现极具竞争力的金融产品时，迅速仿制有关产品并快速打入市场；改造，增加新的服务功能。

第三节　金融产品组合战略

一、金融产品组合概述

(一) 金融产品组合定义

1. 金融产品组合定义

金融产品组合，是指金融企业所经营的各种不同金融产品/服务之间的组合或搭配。广义的产品组合包含对服务的组合。

2. 产品线定义

产品线，是指互相关联或相似的一组产品或产品线。产品线划分的依据是产品功能相似、消费具有连带性、供给相同的客户群、有相同的分销渠道，或属于同一价格范围。

知识链接 4-5

银行产品线

3. 产品项目定义

产品项目，是指产品线的具体组成部分，通常是在企业产品目录上列出的每一个产品。同一产品线的产品项目的区别在于规格、型号不同。

(二) 金融产品组合要素

产品组合要素包括宽度、深度、长度和关联度四个要素。宽度是指金融企业提供的金融产品线的数量，即产品大类的数量和服务种类。深度是指金融企业所提供的某一类金融产品所具有的具体品种数量。长度是指金融企业能够提供的所有产品品目的总数。关联度是指各个金融产品线在产品的功能、类别、服务方式、服务对象和营销方面的相关性、接近性和差异性。

产品组合要素对于营销决策具有重要的意义，一个金融企业的产品组合的宽度越广、深度越大、长度越长、关联密度越高，对企业的发展就越有利。增加金融产品组合的宽度，有利于分散风险，扩大经营范围，提高利润；增加金融产品线的深度，可以吸引不同品位、不同要求的客户，有利于金融企业进一步细分市场，增加细分的目标市场的销售额和利润，使金融企业利用规模经济效应，降低成本；金融产品线的适度、适时延伸，有利于增强金融企业自身在金融行业中的市场竞争能力；金融产品的关联度越高，越有利于金融产品的推销及交叉销售。

(三) 产品组合的种类

1. 单一产品

单一产品，是指针对个人的零售业务产品，如不同存款期限的储蓄存款产品。这类产品的数量非常多。

2. 多品种产品组合

多品种产品组合，是指同类产品之间的搭配组合，如结构性储蓄存款，用数个单一功能的储蓄存款产品来分配客户资金，达到满足一定流动性的前提下，使存款利息收入最大。

知识链接 4-6

个人理财规划

3. 多业务产品组合

多业务产品组合，是指同类业务之间的搭配产品。例如，在个人理财规划中，用不同金融产品，如结构性储蓄与贷款交叉、与投资债券交叉，设计出适用于个人情况的搭配结构,达到财产收益和安全的较佳均衡。

4. 综合融资方案产品

综合融资方案产品,专指为大型项目(甚至有多家金融企业团队参与)设计复杂的融资方案,或从专业技术角度提出咨询意见。例如,银团贷款、股份制改造和股票发行上市、财务管理或税务筹划方案等。

二、金融产品组合战略设计

(一) 金融产品组合战略概述

金融产品组合战略,是指金融企业以满足客户需求为出发点,根据市场需要和经营实力,对金融产品组合的广度、深度和关联程度加以合理选择,综合性地为客户提供金融服务方案的战略。

金融企业应根据监管政策、竞争环境变化、市场前景和市场发展方向、客户状况、经营规模、竞争力等诸多条件,决定适宜的产品组合战略。如果金融企业实力较强,经营目标在于占有更多的市场份额和增加产品销售,则应增加提供产品品目的数量,即增加产品组合的宽度与深度,多开发新的金融产品。反之,则应选较窄的金融产品组合,将营销的重点放在某一种或几种金融产品上。

(二) 金融产品组合战略种类

金融产品组合战略包括以下种类。

1. 全线全面型战略

全线全面型组合战略,即金融企业尽量向自己业务范围内的所有客户提供所需的全部产品,不断扩大产品组合广度和加深产品组合深度的战略。

近年来,我国的金融机构不断扩大产品组合的广度和深度,向客户提供全方位的金融业务,包括使用支票,提供融资,办理保险、信托、租赁、咨询、房地产及证券买卖,信用卡、信用证、货币市场共同基金等,几乎客户所需的金融服务都能够提供。

2. 产品专业型战略

产品专业型战略,即金融企业只生产经营同一种类的不同品种的产品,来满足市场需求的战略。例如,中保人寿保险公司专门经营寿险业务,围绕人寿保险提供很多险种来满足需要。

3. 特殊产品专业型战略

特殊产品专业型战略,即金融企业根据自身特长发展有竞争能力的产品,或根据客户的特殊需要提供产品的战略。以某些投资银行为例,如专门为那些新兴的、发展速度较快、被其他传统商业银行认为风险太大而不愿为之服务的行业或中小企业服务,即是此类战略的典型例子。

4. 产品线填补战略

产品线填补战略,即企业以原有产品线为基础,增加新的产品线和产品项目的战略。这一战略主要利用企业原有技术、资源或市场来进一步扩大业务范围,增加盈利。例如,保险公司在基本险种的保障责任上,附加一些险种,扩充保险责任范围。例如,海洋运输货物保险在基本险"水渍险"的基础上,可以选择附加 11 种一般附加险、6 种特别附加险和 2 种特殊附加险,从而达到扩大承保风险的目的。

5. 产品线延伸战略

产品线延伸战略，是指企业加长其产品线，超过现有的产品和服务范围，它属于产品系列的延伸。企业可从上、从下或从上下两个方向延伸产品系列。以银行信用卡为例，银行早期发行的是普通的低端产品，后逐渐将产品向上端延伸，发行面对高收入阶层的高端产品，如钻石卡、白金卡、金卡等，从而向上加长了产品系列。

6. 产品系列扩展战略

产品系列扩展战略，是将已有品牌名称扩展到已有产品种类的新形式、新尺寸和新风格中去。金融企业通常将产品系列扩展当成一种低成本、低风险的方法，用来推销新产品，以满足客户多样化的要求。

产品系列扩展存在风险。若产品系列过度扩展，有可能使产品失去特色和品位。

7. 产品线剔除战略

知识链接 4-7

产品线剔除战略，即企业根据市场环境的变化，适当剔除某些获利较小且无发展前途的产品，保留并集中资源于获利较大、市场占有率较高的产品的战略。例如，保险公司现对自行车盗窃险等经营亏损、保险客户需求不强的险种予以剔除。

银行产业链
产品组合

三、金融产品整合

金融产品的丰富扩大了客户的选择余地，但也增大了销售的难度，提高了销售的成本。为了避免金融企业产品低端化、分散化，应随着金融企业内外部环境的变化，持续对自己的产品组合进行整合，即分析、评价、调整、优化，不断调整产品规划，动态进行业务产品线建设，或淘汰某些产品项目或开发新的产品项目，促进业务的协调发展，从而使产品组合保持最优化。

(一) 金融产品评价

分析评价产品组合的方法有很多，本书介绍主流的波士顿矩阵法。这一方法对于金融企业掌握产品组合的情况，认识了解各种产品的市场占有状况、盈利能力、发展潜力等有一定的帮助。

1. 分析评价的指标

波士顿矩阵法，是一种了解企业产品所处市场地位的矩阵图分析法。其主要衡量指标，是相对市场占有率、销售增长率和销售额。计算各种品牌产品的相对市场占有率、销售增长率和销售额占销售总额的比重

2. 分析评价的方法

根据所绘制的矩阵图，可以把企业的全部产品所处的市场地位分为四种类型，并根据具体情况对这些产品采取不同的调整战略。

(1) 明星产品。销售增长率和相对市场占有率都较高的产品。明星产品最有发展前途，很有可能成为未来的金牛产品，企业可以加大在这些产品上的投入，以维持相对市场占有率，继续扩张市场。当明星产品的销售增长到一定限度，其销售增长速度趋于下降时，便转化为金牛产品。

(2) 金牛产品。市场占有率相当高但销售增长率已经很小的产品。这类产品一般是企业稳定获利的产品，其成本低、获利大。由于销售增长率低会阻止竞争者的加入，企业可以不必投入资金以保持市场领导地位，从而使产品能获得较高的利润，因此金牛产品是企业发展其他产品和新

产品的重要资金支持者，企业可以用金牛产品的收入来支持明星和问题产品。尽管金牛产品是厚利产品，企业也应尽力改进这些产品的质量，降低服务成本，增加盈利。

(3) 问题产品。问题产品也称风险产品，是销售增长率高但相对市场占有率低的产品。对这类产品，企业应分析其发展前景，若销售量能够继续放大，就应投入较多的人力、物力给予扶持，使之能扩大市场占有率，尽快成为企业的名牌获利产品；若发展前景不佳，则尽早使之退出市场。

(4) 瘦狗产品。瘦狗产品是销售增长率及相对市场占有率均较低的产品。瘦狗产品一般是已经进入衰退期的产品，这类产品既看不出发展的前景，又不能为企业带来较大的利润，耗费精力继续生产经营往往得不偿失，因此应尽量避免经营，是企业战略调整和整顿的对象。

依据上述分析，可较清楚地判断企业目前的产品组合是否合理。明星产品与金牛产品多且销售量大的产品组合较为合理，反之则为不合理的产品组合。金融企业应针对各类产品所处情况制定不同的战略。要保持金牛产品的市场占有率，以便赚取更多的现金；对不可能上升为明星产品的问题产品及无法转移成金牛产品的瘦狗产品，应及时放弃，以便把有限的资源转移到更有利可图的产品中去。

(二) 金融产品整合原则

金融产品整合应立足于现有产品，进行重新组合与再设计。本着巩固品牌在客户心目中地位的宗旨，按着简化、效率的原则合并相似度高的产品/产品线。

(1) 效益优先。把公司的营销力量配置到高效益的产品上。

(2) 集中力量。放弃全面发展，集中发展少数有效益的产品。

(3) 找准焦点。把脉客户需求变化趋势，真心为客户需求服务

(4) 去繁从简。产品整合不是把一堆产品强行捆绑销售给客户，更不是产品越多，销售额越高。整合应从简化开始，多做减法。一般客户辨识度高的产品，都是简单的产品。

(5) 重强避弱。强化优势产品销售，淘汰滞销产品，构建企业主导产品，成为行业领先者。

(6) 时间原则。第一时间发现产品缺陷，抢先对手将新产品推出市场。产品应有预见性，强调市场调查和预研。

(7) 客户导向。保留客户需求旺盛的产品。

(8) 连贯性。产品能全面满足客户需求，与公司理念一致，确立产品彼此的内在逻辑。

(9) 独特性。保留印象深、能打动客户购买欲的产品。

(10) 敏捷性。保留具备适应不同地域与阶层的能力和可扩充能力的产品。

(11) 传播性。保留易于传播、有清晰品牌特征和产品定位的产品。

(三) 产品整合途径

产品整合应按产业链金融思想，进行产品品类的重新分类设计。

(1) 整合可先从各自独立子公司的产品开始。合并同类产品，删除过时、重复、低效产品。规划新的产品线。

(2) 按照与主导产品的关联性原则，重点规划 3~4 条产品线。每类产品线的产品以不超过 10 个为宜。

(3) 跨业务领域的整合。利用原有的网点、资金、技术、客户、信息等资源，将金融企业传统业务与新兴业务、资本市场业务整合(见表 4-3)，延长产品

知识链接 4-8

投资银行业务产品
线整合诊断

线，为客户提供交叉销售，以提高现有营销资源的利用率。

表 4-3　银行产品整合途径

产品和服务		具体业务
银行传统业务产品和服务		存贷款、结算、汇兑、代理收付、保管等
资本市场业务产品和服务		证券承销、证券经纪、证券自营、项目融资、财务顾问、资产证券化、基金托管、保险销售、资产管理及金融衍生工具
整合业务产品和服务	派生型业务	证券贷款、同业存款、证券资金结算清算、新股验资、基金买卖、基金托管、保险销售、证券业务代收代付
	延伸型业务	项目融资、财务顾问、金融信息咨询
	交叉型业务	银证转账、银证通、企业改制与上市顾问、重组并购顾问、理财顾问
	综合型业务	金融超市、客户经理制、网上金融百货店
	创新型业务	存款工具证券化、债转股、资产证券化、证券投资、银行股份制改造与上市金融衍生产品

第四节　金融产品推广战略

一、金融产品推广战略概述

金融产品推广，就是通过促销手段找出客户对新产品接纳的规律，建立产品知名度乃至美誉度，有针对性地进行推广。

(一) 金融新产品推广流程

(1) 知晓。客户对该创新产品有所觉察，但缺少关于它的信息。

(2) 兴趣。客户受到激发，开始寻找该新产品的信息。

(3) 评价。客户考虑试用该新产品是否明智。

(4) 试用。客户小规模地试用该新产品，对产品价值有一个客观的评价。

(5) 采用。客户决定全面和经常地使用该新产品。

(二) 金融产品推广受众

(1) 最早采用者。革新型，喜欢冒险。市场信息灵通，经济收入较高，对新产品敏感，喜欢标新立异。

(2) 早期采用者。意见领导者，喜欢鉴赏评论，以领先采用新产品自豪，年轻，对传播推广新产品影响力很大。

(3) 中期采用者。表现慎重，接触外界事物较多，愿意较早跟上潮流。

(4) 晚期采用者。一般性格内向，对外联系较少，要等多数人证实了新产品效用后才购买。

(5) 最晚采用者。表现迟钝、反抗、保守，对新产品总持观望和怀疑态度。

二、金融产品推广方式

(一) 企业扩张战略

金融企业在确立了自己在市场中的位置，明确自身主要业务，提供了传统的或主要的产品和服务之后，应根据客户需求的不断变化，开发出相应的新产品。在满足客户享受全套服务的同时，使企业的经营服务手段不断增多，并将自己的产品和服务向纵横方向发展，使得客户能够在一家企业获得所有的金融服务项目。

扩张战略的结果是使企业成为全能型金融企业，从而达到推广产品的目标。

(二) 新产品推广战略

新产品的推广要紧紧抓住早期的潜在买主，通过各种促销手段，使其成为现实的买主，以充分利用他们对新产品的传播、推广作用，在取得初步成效后，迅速推广新产品。具体战略主要包含以下两种。

1. 渐进推广战略

金融企业将新产品首先推入其原先占领的主要市场，然后逐步扩张，稳步将新产品推广到新市场。

优点：比较稳妥，能够使产品产量的增加与市场的扩大协调起来，推广过程中即使出现一些问题，也能及时处理，不至于造成重大损失。

缺点：新产品推广速度较慢，收益增长率较低；潜在竞争的威胁较大。

2. 急进推广战略

金融企业在新产品试销效果非常理想的情况下，将新产品全速推进到金融企业预期将要占领的市场上。以快取胜是金融企业常用的竞争战略，如果推出速度慢，就会贻误战机，丧失市场。

优点：见效快，收益增长率较高；能有效地防止竞争威胁。

缺点：为保证迅速推广，新产品所花费的促销费用会比较大，风险也较大。

(三) 生命周期推广战略

1. 金融产品生命周期概述

产品生命周期理论，是制定金融产品在各个阶段营销战略的基础。金融产品从投放市场到退出市场的过程，也有其产品生命周期，一般会经历导入阶段、成长阶段、成熟阶段和衰退阶段 (见表 4-4)。

表 4-4　金融产品生命周期不同阶段的特点

所处阶段	产品稳定性	购买者数量	销售额	利润	竞争者
导入期	不稳定	少	低	亏损或微利	少或无
成长期	基本稳定	不断增加	快速增加	不断增加	增加
成熟期	不断完善	多、大众化	较稳定	稳定获利	大量
衰退期	滞后、市场上出现大量新的代替品	下降	减少	减少或出现亏损	减少

(1) 产品导入期。导入阶段是金融服务产品投入市场的初期阶段。在这一阶段，客户对新产品有一个了解、认识并接受的过程，新产品需要经过市场检验，总市场销售量增长缓慢，企业需要花费时间和财力对新产品进行宣传，反馈市场意见，不断改进新产品。这一阶段的特点集中表

现在销售额增长缓慢、竞争者少、利润少，甚至亏损等方面，能否度过这一阶段直接影响到新产品的发展。

(2) 产品成长期。成长阶段是金融产品经过宣传促销，销售量快速增长的阶段。在这一阶段，产品基本定型，产品销售量日益增加，研发费用减少，产品成本下降；客户对产品已相当熟悉，有限竞争与销售加速相伴随，促销费用逐步下降，企业由亏损转为盈利，利润逐步增长。由于利润的诱惑，竞争者纷纷进入市场，竞争逐步加剧。

(3) 产品成熟期。成熟阶段是指金融服务产品在市场上的销售已经达到饱和状态，业务量增长缓慢且相对稳定的阶段。成熟期的时间一般较长，这一阶段市场状态达到饱和，潜在客户减少，替代产品开始出现，产品销售额低速增加，产品成本增加；市场上出现业务能力过剩的情况，竞争日益激烈，产品利润趋于稳定或下降；客户为追求利益最大化更加重视产品的服务质量和金融企业的信誉。

(4) 产品衰退期。衰退阶段是指金融服务产品已经不适应金融市场发展的需求，产品滞销，竞争力衰退导致总销量大幅下降的阶段。这一阶段，替代品大量进入市场，客户对产品的需求和兴趣减弱，忠实度下降。业务量急剧下降，企业利润快速萎缩甚至出现亏损，原有竞争者纷纷转移经营力量，竞争相对趋于缓和。

2. 金融产品生命周期战略

金融企业应依据产品所处生命周期的不同阶段，针对性地采取不同的营销战略(见表 4-5)。

表 4-5 金融产品生命周期不同阶段的营销战略

产品阶段	营销目标	产品战略	定价战略	分销战略	促销战略	时间战略
导入期	让客户了解产品	提供客户所需产品	成本加成定价	有选择地试销	提高产品的知名度	尽量缩短
成长期	扩大市场份额	提高产品的品质	适当调整以提高竞争力	建立广泛的分销渠道	充分利用广告扩大影响	适当延长
成熟期	维持市场份额，实现利润最大化	多样化与系列化	竞争性定价	拓展销售渠道	综合运用各种促销方式	尽量延长
衰退期	减少费用，尽量获利	转移、收缩与淘汰	降价或采用折扣定价	适当收缩	特价促销活动	及时淘汰过期产品

(1) 金融产品导入期战略。为了减少亏损、占领市场、提高效益，这一阶段一般要尽可能缩短，以便在短期内迅速进入和占领市场，打开局面，及早进入成长期。

根据金融产品导入期的营销目标，可采用不同的营销战略，如图 4-10 所示。

图 4-10 导入期营销战略

双高战略：该战略也称为高价快速推销战略，即采用高价高促销费用的战略来推销金融产品。该战略适合市场潜在需求量较大、金融产品新颖有特色、客户求新心理强烈的情况。

可选择性渗透战略：该战略也称为高价低费用战略，即采用高定价与较低促销费用的战略来推销金融产品。该战略适合市场规模较小，竞争威胁小，客户可选择的产品品种较少的情况。

密集型渗透战略：该战略也称为低价快速推销战略，即采用低定价与高促销费用的手段，以实现金融产品快速进入市场的目的。该战略适合金融产品市场规模较大，市场对产品不太了解，同业间看到较大潜在预期收益，竞争非常激烈。

双低战略：金融产品以低价格、低促销投入市场。该战略适合金融产品市场规模较大，价格弹性较大，促销弹性小的情况。

(2) 金融产品成长期战略。此阶段是金融产品的黄金阶段，营销战略应突出"快"字，营销重点应该放在保持并扩大现有市场份额、加速销售额上涨方面，适当延长该阶段的时间。

在金融产品成长期，金融企业应采取的营销战略如下。

快速渗透战略：采用快速渗透战略，增加人力、物力和财力投入，迅速增加销量。

品牌战略：广告促销方式从介绍产品转为创立品牌，树立金融产品形象。

细分市场战略：不断改进和完善产品，改善服务质量，使之更加适应市场需求，积极开拓新的市场。

促销战略：对于高价金融产品，可适当降价促销，争取更多的客户，增强金融业务的市场竞争力。

(3) 金融产品成熟期战略。此阶段产品销量已达到顶峰，销售增长缓慢，要想扩大销售量，就要持续对原金融产品改进，使之增加新的功能和服务。成熟期的经营战略要突出一个"变"字。

在金融产品成熟期，金融企业可采用如下营销战略。

防守型战略：通过实行优惠价格、优质服务等，尽可能长期地保持现有市场。实力不是很雄厚或产品优势不大的企业可采用此战略。

撤退型战略：提前淘汰旧产品，以集中力量开发新产品。无力竞争的产品可采用此战略。

进攻型战略：市场改良，金融企业主动实施市场多元化战略，寻找新的细分市场，发现产品新用途或改变促销方式，发掘并开拓潜力市场，扩大产品的销售量；产品改良，通过对产品的明显改良，以保持老用户，吸引新客户，从而延长成熟期，甚至打破销售的停滞局面，使销售曲线又重新扬起；营销组合改良，综合运用价格、分销、促销等多种营销因素，来刺激客户购买，如降低价格、开辟多种销售渠道、增加销售网点、加强销售服务、采用新的广告宣传方式、开展有奖销售活动等，以增加市场占有率。企业实力雄厚，产品仍有相当竞争力，可采此战略。

(4) 金融产品衰退期战略。金融产品进入衰退期，由于产品已经过时且有新的替代产品，金融企业要尽快更换产品。

在金融产品衰退期，相应的营销战略要突出一个"换"字，具体如图 4-11 所示。

维持战略：保持原有产品细分市场，继续沿用过去的营销组合战略，通过降低成本、改进产品设计、增加新功能、开发新市场、争取新客户等措施，争取将销售量维持在一定水平，延长产品的生命期。

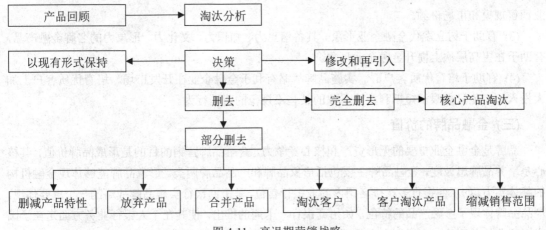

图 4-11　衰退期营销战略

收缩战略：缩短战线，把企业的资源集中使用在最有利的细分市场、最有效的销售渠道和最易销售的品种上；集中经营，大幅度降低促销水平，降低产品的销售费用，增加目前的利润，期望从忠于该产品的客户中获得利润。

淘汰战略：当产品衰退比较严重，已无利可图时，金融企业应当果断决策，及早淘汰旧产品，放弃经营，退出当前市场。

转移战略：将金融企业的资源转移至新产品的开发。

第五节　金融产品品牌战略

一、金融品牌概述

(一) 金融品牌的定义

金融品牌，是指金融企业在营销活动中，所开发的、被客户熟悉和接受、与其他同类商品在标志上有显著区别的金融产品或服务的名称及其标识符号，由文字、符号、标记、图案或设计等要素构成。

一个完整的金融品牌由品牌名称、品牌阐释语、品牌的内涵(产品、功能、特征)、品牌的外延(视觉识别体系)、品牌的效用对象(认知人群及认知程度)等组成。

金融品牌有两方面的内涵：一是金融产品品牌；二是金融企业品牌。

(二) 金融品牌的作用

随着金融营销的日趋激烈，品牌在营销中的作用持续上升，已成为金融企业重要的无形资产。金融品牌的具体作用如下。

(1) 提升客户对金融产品的认知。完善的金融品牌是金融产品服务质量、金融企业形象两方面内容的完美融合，是一个金融企业所提供的服务区别于其他金融企业的重要标志。良好的金融品牌能激发客户的购买欲望。

(2) 有助于扩大销售。金融品牌有助于提升企业美誉度，影响客户的购买决策，提升金融企业销售规模和市场份额。

(3) 有助于树立现代金融企业形象。具备信息力、知识力、文化力、形象力的名牌金融产品，有助于在更高层次上提升金融企业形象。

(4) 有助于培育优质客户群。实施品牌战略有利于金融企业在开发市场、培育优质客户上加大投入，避免只着眼于短期利益而采取的某些不规范的营销行为。

(三) 金融品牌的价值

品牌是金融企业重要的无形资产和核心竞争力，金融品牌营销的目的是形成品牌价值，其核心是培养品牌忠诚度。金融品牌主要包括形象品牌和产品品牌两类。形象品牌能够体现金融机构的整体实力，如工商银行多次排名国内商业银行首位，是工商银行实施品牌战略的一个重要体现。产品品牌体现了金融产品的特色，如招商银行一卡通的推出，使其在个人银行业务方面走在了国内银行业的前列，一卡通拥有十几项业务功能，得到了客户的高度认可。

金融品牌经营效应分析，如表 4-6 所示。

表 4-6　金融品牌经营效应分析

效应类型	效应分析
对客户的效应	• 快速识别产品 • 确保优质服务 • 满足客户个性化需求和心理偏好
对金融机构的效应	• 赢得客户的信赖和认同 • 适应金融竞争 • 塑造企业独特优势 • 提高企业竞争力 • 实现企业可持续发展

二、金融品牌规划

(一) 金融品牌设计

1. 品牌定位

(1) 功能定位，即金融品牌所代表的金融产品能给客户带来实际使用上的利益，包括核心服务、便利服务及辅助服务。在不同的目标市场或在相同目标市场中树立不同的品牌形象，实现金融品牌差异化。

(2) 感情定位，即消费该金融品牌所带来的情感方面的满足，如银行推出享受贵族服务、高收费的金卡，就是为了使客户有个人的满足感。

2. 品牌形象

拓展阅读 4-4

品牌形象是客户对品牌的感觉，它反映了客户记忆中关于该品牌的联想。例如，美国运通因带给持卡人愉快的用卡体验和优质的支付服务，赢得"尊贵、方便、客户服务、安全、不断创新"的品牌形象。金融企业要根据实际情况选择适合自己的品牌形象。

花旗银行品牌战略

3. 品牌价值

品牌要考虑情感、标志和实用性方面给客户带来的利益。金融品牌非常关注客户的需求和带给客户的价值。金融机构应注意分析客户需求，确定品牌核心价值。通过多种途径，如建立客户关系管理系统、运用精确营销理念、第三方机构调查等分析和挖掘客户与金融企业之间的数据，了解最有价值客户的特征(主要是行为特征、心理特征、思维模式、心态等)。确定精确的目标客户群特征和目标客户的价值主张，对品牌体系和品牌下的产品进行调整，去掉与目标客户价值主张不相符的部分品牌。通过营销沟通方式，将品牌与目标客户价值一致的方面传递出去，形成品牌的核心价值。

4. 品牌要素设计

品牌要素包括品牌名称、域名、标识、形象代表、广告语、广告曲、包装和标志符号等。品牌要素设计时，既要重视品牌名称的设计，也要注意不同品牌要素之间的互补。

品牌名称设计。名称是金融品牌的核心，对品牌战略的实施有着重要影响。成功的品牌名称应是简洁醒目、发音响亮，易读易记、暗示属性、独特新颖且超越文化地理边界的，利于跨国发展，如 Citi(花旗)、HSBC(汇丰)的品牌就体现了简短易记，发音响亮的特点。

标志符号要富于个性、主题鲜明，如大通的"蓝色八角形"标识，定义是为客户寻找金融服务的大门，花旗集团新标识中的红色弧形被定义为梦想和现实之间的桥梁。

口号突出专长或特点且容易记忆，如汇丰集团的口号"全球金融，地方智慧"突出了全球化和本地化结合的专长优势。法国巴黎银行用 "为变化的世界而存在的银行"这一口号来表现追求创新、与时俱进的风格。

国内银行主要的个人服务品牌比较，如表 4-7 所示。

表 4-7　国内银行主要的个人服务品牌比较

银行	个人服务品牌	品牌理念
中国工商银行	理财金账户	自信、自然、自有
中国农业银行	金钥匙	开启新生活
中国银行	中银理财	尊贵服务
中国建设银行	乐当家	从容驾驭财富
交通银行	交银理财	让您生活更美好
招商银行	金葵花理财	贵宾服务，尊荣尽享，超凡体验
中国光大银行	阳光理财	财智创富，阳光人生

(二) 金融品牌管理

品牌是金融企业的重要无形资产，金融企业应高度重视品牌建设，开发和利用好品牌价值，树立企业形象，提高金融企业盈利水平。

1. 品牌文化

要创造自己的品牌，必须有成功的企业文化。金融企业是经营货币信用业务的企业。良好的金融企业文化，可以提高金融企业的知名度，强化客户对金融企业产生信赖感和偏爱的心理效应，巩固和发展金融企业的声誉和地位。

2. 品牌经营

金融企业品牌主要有两个层次：金融企业名称本身的形象品牌和服务产品品牌。形象品牌每家一个，但产品品牌随着金融创新不断增加。建立品牌体系的主要目的是理清品牌之间的角色关系，形成品牌合力，避免品牌冲突。

塑造品牌特色。金融品牌更依赖于客户的忠诚，金融服务属于理性消费，客户注重企业形象、可信度。金融企业应通过企业形象、金融产品特征、优质服务等形式，努力创造自己的特色，以使自己的产品与竞争对手的产品区分开来，提高客户品牌的转换成本，使客户建立起对品牌的偏好与忠诚。

履行品牌承诺，使品牌能真正满足客户需求。品牌是对客户的一种承诺，树立太高的品牌期望值，产品、服务过程或渠道却无法保证承诺兑现，将会极大破坏客户与品牌的关系。金融企业应注意营销计划中品牌承诺的尺度。

3. 品牌管理

金融企业应在品牌审计和品牌追踪研究的基础上，建立品牌管理系统，明确品牌管理、品牌延伸与品牌行为规则，协调各产品品牌、客户品牌之间的关系，随时了解客户对品牌的态度和认知，把握品牌管理的方向，适时调整品牌管理重点。

拓展阅读 4-5

招商银行品牌管理

在建立系列产品品牌的过程中，要针对具体品牌进行具体分析，考虑推广时机和战略，尽量避免将金融企业各种产品品牌按照同等规模、同样方式，不加选择地推广到市场。及时对品牌进行检验、修正和维护，品牌检验是通过寻找市场中与品牌相关的语言及元素，收集资料，了解产品及其与客户的关系，调查客户是如何认知品牌的，什么因素会破坏品牌形象，还存在什么问题需要改进。

保持品牌一致性和品牌创新的平衡。一般情况下，含义上一致的信息比无关联的信息更容易记忆。强势金融品牌在营销方案中都保持了对品牌资产有利的关键因素，使得价格、广告战略和口号等方面的变化都没有影响品牌一致性。品牌一致性与变化营销战术不冲突，只要营销方案中的某些关键因素被长期保留和应用，两者之间就能达到平衡并为品牌战略服务。

拓展阅读 4-6

运通公司的
品牌一致性

建立有效的"品牌反进入壁垒"。当某一品牌以某一项或几项关键特性(如优质、高品位等)进行市场定位时，后来者的"进入成本"会大大提高。金融品牌反进入壁垒可以利用客户对金融企业及其服务的品牌附加关系，强化其忠诚度，提高客户满意程度，增大竞争者的进入成本。

金融服务是同质的，但金融服务的提供者是个性化的金融员工，客户在消费过程中，他们有了一些经历和感受，并把这些经历和感受与金融企业、企业服务联系起来，即品牌附加关系，享有亲切、耐心服务的愉悦和遭受粗暴、冷漠对待的不快都成为金融企业及其产品、服务的品牌附加关系，这不仅影响客户自身的"回顾率"，还会影响他人光顾金融机构。

4. 品牌推广

(1) 坚持品牌要素统一、沟通传播方式统一、主题风格持续统一。

(2) 设计有效的品牌传播组合方案。在选定目标客户群的基础上，综合采用广告、赞助、参展、评比等多种营销沟通方式，一致有效地在目标客户头脑中建立品牌意识和积极的品牌形象。

(3) 全面推行细节管理。品牌是一个整合的概念。品牌是客户认知中有关产品经验的总和：从产品性能、品质、包装、价格到销售环节，从网点设置、宣传广告到服务态度、员工行为，从企业声望、媒体舆论、大众口碑到广告特质、设计风格，这些微小的细节都会影响客户对品牌的理解，从而影响其购买决策行为。

5. 危机公关

建立品牌危机处理机制，降低声誉风险。品牌是一项十分重要的无形资产，一经损坏修复代价很高。要采取有效措施，从服务、技术、法律、舆论等多方面维护企业品牌声誉。同时，针对可能会影响企业品牌的突发事件，做出应急预案，开展有针对性的公关活动，并妥善处理好与媒体的关系，以防患于未然。

拓展阅读 4-7

运通公司的品牌
危机公关

三、金融品牌战略

(一) 金融品牌定位战略

金融品牌定位战略，是指金融企业在基本市场定位战略下，围绕自己的经营目标、特色和竞争优势，实施差异化品牌定位。

品牌定位的目的在于帮助客户了解竞争企业之间的真正差异，这样客户就能明确挑选他们最适宜的、能为他们提供最大满足的金融机构。具体的金融品牌定位战略包括以下几种。

1. 创新型定位

金融企业追求市场领导者地位，将创新作为品牌定位的重要战略，以此树立追求卓越创新和行业领先者的品牌形象。

2. 逆向型定位

定位时运用反其道而行之的思维方法，发现市场缝隙，开拓新的业务领域。例如，美国花旗银行在中国香港地区的市场定位一向是以服务高档客户和大客户为主导，建立以强调高素质及贴身服务为主的形象。但 2002 年以来，花旗银行调整定位，拓展中小企业客户业务，取得了较好的效果。

3. 借势型定位

借势型定位也称作比衬定位，就是以客户所熟知的品牌作为比照的对象，反衬出自己企业品牌的地位的做法。

借势定位所选择的比照对象主要是有较好市场业绩和良好声誉的知名度高的品牌。将自己的品牌依附在这些大品牌的陪衬地位，突出自己品牌局部的相对优势和个性区别。即借助"第一"的势，提升自己的市场地位与形象，让客户便于识别，乐于接受。

4. 伞形覆盖定位

利用一个强势品牌覆盖所有的业务领域，开发出若干个针对特定客户群的业务，在良好的品牌管理水平支持下全面发展。

5. 求异型定位

由于实力和客户资源的差异，制定差异化的竞争战略。我国新兴的股份制银行最适合这种战略，如民生银行的市场定位就相当清晰，服务于民营企业、中小企业、高科技企业，先后研究开发了高科技担保和贴现贷款、应收账款抵押贷款、标准厂房抵押贷款等产品，为中小民营高科技企业提供了全方位的信贷服务，在中小企业客户群中树立起了自己的金字招牌。

6. 演进型定位

在现有金融环境下，通过对产品和服务的持续微小变革使其向前演进一步，于细微之处显示优势，吸引客户的眼球，从而赢得竞争优势。

(二) 金融品牌开发战略

金融品牌开发战略，就是金融企业以品牌为核心，进行产品/服务/业务组合，完善品牌管理，丰富和提升品牌价值。利用品牌开发战略要充分突出本企业产品的特点，有效地避免因金融产品易模仿而带来的危害，充分利用成功品牌的美誉度，推广新产品。

拓展阅读 4-8

光大银行的
"银行·家" 战略

金融产品具有趋同性、易模仿性等特征，因此各金融企业可采用品牌开发战略，通过发展自己的强势品牌、知名品牌提高自己的市场知名度。

1. 多重品牌战略

金融企业在决定采用有品牌战略后，仍需对具体的品牌战略进行研究。金融营销中可以采用的品牌战略有以下几种。

(1) 多品牌战略，即每个或每类产品使用单独的品牌。金融企业以多种品牌来争夺不同属性的客户市场，或者以建立侧翼品牌的方式来保护主打品牌。该战略有利于突出产品特色，为建立不同的产品特色和迎合不同的购买动机提供了一条途径。

(2) 亲族品牌战略，即所有产品使用同一品牌。该战略可以使金融产品在推出时得到原有成功品牌的荫蔽，共享原有品牌的价值和效益，但由于不同产品定位不同，集中于同一品牌势必造成品牌间的冲突，不利于物流金融产品的营销。

(3) 双重品牌战略，即金融企业名称与产品品牌并用，在各种产品品牌前冠以企业名称，将两者紧密配合，共同推出。随着技术的进步，金融产品更新换代的速度也将变快，金融企业可尽量多采用双重品牌战略，使自身形象和不断推出的金融产品相得益彰。

2. 产品线扩展战略

产品线扩展战略，是指利用一种成功的品牌名称，在同一种品牌名称下的既定产品种类中增加新项目，如牡丹卡有金卡、银卡、灵通卡、国际卡等。

3. 品牌扩展战略

品牌扩展战略，是将已有品牌扩展到新的产品种类中。这种方式的优势是，一个有口皆碑的品牌往往能帮助企业更加顺利地涉足新的产品种类，并能引起客户对新产品的立即确认和更快接受；品牌扩展节约了为使客户熟悉一种新品牌所需的高额广告费用。但如果品牌扩展产品失败，可能还会破坏客户对其他同一品牌产品的印象；即使一个品牌设计得非常好，非常令人满意，它也有可能并不适合某种新产品；一种品牌如果过分使用便会失去在客户心目中的具体定位。当企业要使用品牌名称时，必须清楚已有品牌与新产品的联系程度。

4. 新品牌战略

新品牌战略是在新产品种类中建立新品牌。有时候金融企业现有品牌没有一个合适的，则企业可建立一个新的品牌名称，或者认为它的既有品牌的影响力正在逐渐丧失，因此需要一种新的品牌。企业通过收购也会获取新产品种类中的新品牌。

值得注意的是，正如建立多种品牌一样，太多的新品牌也会导致企业资源过度分散，不利于品牌的经营。

5. 品牌再定位战略

金融品牌经过一段时间的使用后，要对品牌的使用对象进行重新定位，以提升品牌的适应性。

6. 品牌差异化战略

每个金融企业可以在标准化服务的基础上，针对特定的客户群体推行独特的服务和相应的品牌。

7. 品牌多样化战略

金融企业在推出产品时，针对不同地区、不同行业、不同客户群，可以推出相应的品牌。

8. 品牌组合战略

品牌组合战略的基本准则是每一个品牌都要有清晰的目标市场和准确的市场定位，如高端品牌提升品牌线价值，低端品牌吸引客户，侧翼品牌用于保护其他更有价值的品牌，现金牛品牌培育潜在利润。如果删减品牌数量可以增加产品线利润，这个品牌组合就过大；如果增加品牌数量可以增加产品线利润，品牌组合就不够大。品牌组合设计要使市场份额最大化并使市场重叠最小化。

使用品牌组合战略，要注意品牌要素之间的互补。互补是指某些品牌要素能弥补其他品牌要素的不足，如易记的标识等能加强品牌认知，而口号等要素可以帮助产生品牌联想。

统一公司品牌战略。公司品牌非常重要，公司品牌比产品品牌更能唤醒客户产生产品(服务)与其带来的利益(如客户关系、价值)之间的联想。

品牌系列化。通过品牌系列化，扩大品牌影响力，增加整个品牌体系价值。如花旗集团公司品牌下，依据业务不同划分为个人业务品牌、公司及私人银行品牌。

9. 品牌延伸战略

金融企业在品牌推出一段时间后，结合客户和市场的变化，对品牌的适用范围和定位进行延伸，以扩大品牌的覆盖面。品牌定位一旦确定后，品牌可以适度向上或向下延伸，但延伸要有一个度，过度延伸，就可能会损害品牌形象。

10. 名牌战略

名牌战略，即尽力从各个方面塑造金融企业的整体形象、注重营销创新、培育名牌金融产品、树立整体营销意识，培养一批高素质的营销人员。

(三) 品牌传播战略

1. 推行企业识别系统战略

随着形象导向时代的到来，导入 CIS 战略成为金融品牌塑形的利器。

导入 CIS 战略，能够使金融企业从行业中脱颖而出，实施差别化竞争战略。具体来说，就是从外观视觉上建设企业，从行为规范上约束企业，继而形成理念上的凝结。

中国各家商业银行都设计了行名、行徽，而且将企业的经营理念定位，注重企业形象的推展培训，对新成立的机构网点的内外装修、灯箱设计、员工的名片格式等都做了一致的要求，意在通过有形化的服务设施和工具，突出差别化的竞争战略，从而展示出银行鲜明的整体形象。

2. 导入和实施 CS 战略

CS 理论设计出较高的客户服务标准，按照这一标准而制定的市场营销战略，必将改变金融服务形式化的弊端， 更注重服务的内涵。

3. 推行整合营销传播

整合营销传播是一个业务战略过程，它是指制订、优化、执行并评价协调的、可测度的、有说服力的品牌传播计划，这些活动的受众包括客户、潜在客户、内部和外部受众及其他目标。传播就是品牌在市场上的行为和语言，是和目标客户有效沟通。要抓住品牌整合营销传播的要害，即简练、集中、重复，并符号化。品牌传播计划大致包含如下内容。

(1) 推出形象人(形象代表、形象大使)。金融企业形象人的选择应十分慎重，做到形象大使和企业本身完美地结合。一是选择金融机构本身的高级管理人员作为形象人，选择标准为外形稳健庄重、内涵丰富、专业精通、谈吐幽默、忠诚于企业，作为形象人和发言人定期在重要场合向全社会发布消息，同时尽量参加一些有影响的社会活动，特别是社会公益活动。二是选择社会名流或稳重大方的明星人物作为企业形象人。三是选择品牌感性形象代言人。品牌感性形象代言人是指由企业自行设计出来的，具有独特个性、形象并被赋予生命的品牌图形标志、吉祥物等。

(2) 借势而上，把金融品牌创建融入社会潮流。金融企业整体营销宣传要千方百计地参与社会活动，和社会热点同步，善于借势。通过公益活动造势提高知名度和博得人们的好感。这样费用投入较小，却往往会取得出乎预料的效果。

(3) 推行知识营销。开办社区金融学校，在传播金融知识的同时，通过傻瓜型的营销，把市场的潜在需求转化为现实有效的需求。

(4) 重视客户的心理需求，有针对地设计广告语诉求。品牌的所有主张或服务承诺是通过广告语来承载、体现的。广告语按其性质可分为理念、科技、服务、品质、功能五大类，有穿透力、有深度、有内涵的广告语，其传播的力量是无穷的，而且往往成为目标客户的某种生活信条，比如日本储蓄银行"为了孩子将来的幸福"、牡丹信用卡"一卡在手，走遍神州"、平安保险"风雨人生，平安相伴"等。高起点的广告语就是品牌的精神，它所主张和诉求的价值理念与目标客户的价值理念是高度和谐与对称的。

4. 综合运用多种营销传播手段

(1) 品牌建立初期或品牌创新过程中较多使用电视等媒介广告。媒介广告可以增加品牌知名度。强势金融品牌通常在品牌建立初期或品牌创新过程中投入大量广告，如刚进行过并购、重构品牌体系，变更公司品牌标识，重振旧品牌，新产品推出等。

(2) 通过公益活动增加品牌价值。公益营销可增加品牌曝光度，产生友爱、关注社会的良好品牌形象，有利于树立品牌信誉和创造品牌归属感。许多强势金融品牌都实行了公益营销计划，如汇丰将捐赠金额75%用于环境保护和教育社团支持，法国巴黎银行基金会已成为该银行价值观的直接表现，支持文化传统的继承和发扬、医学研究、教育、帮助残障人士及有需要群体的活动等。

5. 传播方式动态调整

适时调整传播沟通方式。在品牌认知度达到一定程度后，重点选择能增加客户体验和客户忠诚度的其他传播沟通方式，考虑人员促销、网络营销、直接销售、促销、赞助、公共关系等方式与广告的综合运用。

思考练习题

一、简答题

1. 简述金融新产品开发的战略。

2. 简述产品开发程序。

3. 阐述金融产品的组合战略和推广战略。

4. 以某家银行产品为例,分析金融产品层次。

5. 以招商银行一卡通为例,分析招商银行的品牌战略。

6. 以某家银行为例,诊断其品牌战略。

7. 以某家银行为例,剖析品牌规划的经验。

8. 如何设计银行品牌传播战略。

9. 分析手机银行在不同生命周期的营销战略。

10. 设计一款满足大学生综合金融需求的金融产品。

二、案例分析题

保险进入套餐时代,保险公司大打产品组合牌,如泰康人寿推出"爱家之约"家庭组合套餐。太平洋人寿推出保险套餐"福满堂",平安人寿推出"三鸿组合",即鸿利储蓄保障计划、鸿祥养老保障计划、鸿盛综合保障计划。

问题:请从以上保险产品的发展趋势中,总结保险公司产品组合营销的基本做法。

第五章 金融产品定价战略

学习目标
- 了解金融产品定价内涵、原理、形式
- 掌握金融产品定价方法和战略
- 了解金融产品价格调整战略

第一节 金融产品定价概述

一、金融产品定价基础知识

(一) 金融产品定价的概念

金融产品定价，是指金融企业在某个时刻将金融产品对于客户的价值及时地用货币表现出来。金融产品的定价将直接关系到产品的销售成败与金融企业的利润高低。

(二) 金融产品定价的目标

金融产品定价的目标，是指通过对自己所经营的金融产品和业务制定相应水平的价格，并凭借价格所产生的效用而达到的预期目标。根据经营条件的不同，金融企业的产品定价目标可分为以下几种。

1. 生存目标

生存目标，是指企业在自身产品和服务处于市场条件不利的情况下，采取的舍弃期望利润，确保生存而采取的定价策略。

2. 利润最大化目标

利润最大化目标，即在一定时期内获得尽可能多的赢利总额，这是金融企业营销活动中追求的首要目标，也是维持企业生存和发展的前提条件。利润最大化目标包括长期利润最大化和短期利润最大化，金融企业应兼顾企业长期利润与短期利润的协调平衡。

由于金融产品具有同质性、易于仿效性、价格统一性等特点，金融企业追求的利润最大化可能并不是通过制定最高售价来实现的，而是通过制定合理的价格及合理定位的优质服务所推动产生的较大的产品需求量和一定的销售规模来实现的。

3. 市场份额最大化目标

金融企业以提高产品在市场上的份额为经营目标，可通过产品降价、改善服务、提升产品附加值等途径实现。另外，还可以根据金融企业不同时期的经营特点，确定具体的产品定价目标。

(1) 以获取投资报酬率作为定价目标。金融企业的预期效益水平占其投资额的比例为金融企业的投资报酬率。以此为产品定价的目标，需要基于所期望的投资回报而定价。选择该定价目标，金融企业一般必须具备一定的优越条件，如产品或服务拥有专利权或其服务在竞争中处于主导地位等。

(2) 以稳定产品价格作为定价目标。为了避免不必要的价格竞争，增加市场的安定性，处于市场领导地位的金融企业往往通过各种方式，将其价格稳定在一定的水平上。其优点在于当市场需求发生巨变时，产品价格不至于发生大的波动，从而有利于处于领导地位的金融企业稳定地占领市场，长期为市场提供该产品或服务。

(3) 以应付和防止竞争作为定价目标。这是指提供同类产品或服务的竞争性金融企业，在产品定价之前，与同业所提供的产品和服务的质量和价格进行比较分析，从有利于竞争的目标角度出发制定价格，若企业提供的产品与其他同类产品类似，则该产品的价格应不高于同类产品的价格。若企业提供的产品优于其他同类产品，企业在定价方面则拥有一定的自主优势。

二、影响金融产品定价的因素

(一) 成本因素

成本是制定金融产品价格的基础，金融企业的成本核算十分重要。只有完善成本核算体系，才能确定产品的最低价格，确定自身的竞争优势或劣势，有效地降低成本，从而增强核心竞争力。当然，成本越低，金融产品定价的幅度也就越宽，金融企业对金融产品定价的自主性就越强。金融企业的成本主要包括如下几方面。

1. 资金成本

资金成本是金融企业为筹集和使用资金而付出的代价，包括支付的利息和费用。资金成本在成本中占很大的比例。

2. 手续费及佣金支出

手续费及佣金支出是金融企业使用其他金融企业的服务所付出的成本。例如，保险公司利用银行的零售柜台销售保险产品，保险公司则会向银行缴纳保险代理手续费。

3. 人工成本

人工成本包括工资及其他其他费用。工资是以货币形式支付给员工的劳动报酬；其他费用包括社会保险费、劳动保护费、福利费、计划生育费用等。

4. 管理成本

管理成本是金融企业为组织和管理生产经营活动而发生的各项费用。

5. 固定成本

固定成本是指不受业务量增减变动影响而保持不变的成本。金融企业的固定成本是为提供服务所花费的基本耗费，在短期内变化不大，但从长期来看却会发生变动。例如，土地、建筑物的购置等。固定成本还包括直接成本与日常管理费。直接成本是金融企业提供服务的基本资源，如呆账和坏账准备金、折旧、办公经费、网点租赁费、电脑、自助柜员机等电子设备运转费和科研费、员工工资性支出等，这些在短期内一般变化不大，但从长期来看也会发生变动。比如，银行因业务发展需要，对分支机构进行扩张，对营业网点进行拆并或装修，机具设备的更新、职员的增减等。日常管理费则是为了支持与管理银行经营活动所发生的成本，如产品宣传广告费、机具维护费等。

6. 变动成本

变动成本是随着金融产品及服务供应量的变动而变化的成本，如客户存款利息支出、其他有偿性负债利息支出等。

每一项金融服务、每一种金融产品其实都包括了一定的固定成本与变动成本。一般来说，金融产品的价格应该能够补偿其固定成本与变动成本，并有一定合理的利润幅度，若出于为抢占市场等特殊原因考虑而低于成本价，也应该由其他产品的利润来弥补。

(二) 市场需求因素

金融产品受供求规律的制约，即会受市场需求的增大(减少)而价格上升(下降)。市场中不同客户对价格的敏感程度是不同的，如价格敏感者会对银行利率的调整做出投资规划的调整。金融企业需要了解客户的需求价格弹性，即了解价格变动所带来的客户需求量的变动，以避免小幅度的提价而失去大量的客户，或降价却对产品销售没有影响这两种情况的发生。

1. 影响客户价格敏感度的因素

影响价格敏感度的因素主要包括产品替代品的多少、产品的重要程度、产品的独特性、产品本身的用途、产品的转换成本和品牌，以及一些情境因素。

(1) 替代品的多少。替代品是指同样能够满足客户某种需要的产品，包括不同类产品、不同品牌的产品和同一品牌的不同价位的产品。替代品越多，客户的价格敏感度越高，反之越低。

(2) 产品的重要程度。产品对客户越重要，客户的价格敏感度越低。

(3) 产品的独特性。越独特的产品，客户对其价格敏感度越低；反之价格敏感度越高。新产品的独特性为产品带来溢价，金融企业在推出新产品时，往往制定一个很高的价格，当类似产品出现时，再进一步降价。产品的独特性会让产品与竞争产品的价格难以比较，客户的价格敏感度也会降低。

(4) 产品本身的用途多少。用途广是指产品能满足客户的多种需求。有些需求是必需的，有些却是可有可无的。客户对用途越广的产品价格敏感度越高；反之价格敏感度越低。

(5) 产品的转换成本。转换成本是指客户从一个产品或服务的提供者转向另一个提供者时所产生的一次性成本。这种成本不仅仅是经济方面的，还包括时间、精力和情感方面的，是构成企业竞争壁垒的重要因素。客户对转换成本高的产品价格敏感度低，反之价格敏感度高。当转换成本低时，客户可以更随心地选用新产品。转换成本门槛的高低将对客户的敏感度产生最直接的影响。

(6) 品牌。品牌定位将直接影响客户对产品价格的预期和感知。客户往往认为，高档知名品牌应当收取高价，使用高档品牌是身份和地位的象征，同时高档品牌会有更高的产品和服务质量。此时，品牌成了客户购买的首要因素，而客户对品牌的依赖和忠诚也会降低客户的价格敏感度。

(7) 价格变动幅度。客户对价格的感受更多取决于变化的相对值而非绝对值。另外，价格在上下限内变动不会被客户注意，而超出这个范围客户会很敏感。在价格上限内分次提高价格比一次性提高价格更容易被客户接受，相反如果一次性将价格降到下限以下，比连续几次小幅度地减价效果更好。

(8) 参考价格。参考价格能为客户提供一个参照以从心理上影响客户的感知价格公平。参考价格通常作为客户评价产品价格合理性的内部标准，也是企业常用的一种价格战略。上次购买价格、过去购买价格、客户个人感知的公平价格、钟爱品牌的价格、相似产品的平均价格、预期价格都能影响参考价格的形成。另外，购物环境、购物地点、宣传力度、公司形象，以及品牌价值也会对参考价格产生影响。对参考价格的运用是比较普遍的，如通过提高某种产品或服务的价格而提高整个产品线的参考价格，从而让客户对该产品线中其余产品的价格感到实惠。

(9) 数字的影响。不同的数字对客户的心理影响是不同的，如以小数位定价与整数定价相比，虽小数位定价的实际价格与整数相差无几，但感觉上却有很大的差别，即 99 元要比 100 元便宜许多。同时，对于价格变动的不同形式客户也会有不同的反应，如对两组下降数额相同的价格而言，从 99 降至 85 与从 103 降至 89 相比，后者会让客户感觉到更多的实惠，因为客户对价格的比较首先是从第一个数字开始的，只有当第一个数字相同时才会依次比较后面的数字。

2. 需求弹性

反映客户需求变动对价格变化的灵敏程度的量化指标是客户需求的价格弹性，它从数量上反映了价格变动所引起的需求量的变化程度。

当 $1 < E_d < \infty$ 时，说明客户对产品的价格变化比较敏感，需求量变动幅度大于价格变动幅度，金融企业降价会因需求量增加而使总收入增加。

当 $0 < E_d < 1$ 时，说明客户对产品的价格变动反映不强烈，需求量变动幅度小于价格变动幅度，金融企业对产品提价能够增加收入。产品缺乏弹性的一般情况：①没有替代品或替代品很少；②客户对价格不敏感；③产品的价格很低，客户认为没有关注的必要。

金融企业应针对客户价格敏感性的差异，推出不同定价的产品。对于对价格变化比较敏感的客户，要推出一些价格低廉、风险较小的产品；而对于对金融产品价格变动不敏感、更看重服务质量和效果的客户，可以推出一些高质高价的产品来满足他们的需求。

(三) 竞争状况因素

金融企业需要对金融产品的市场竞争地位进行判断。若产品相似，处于平均竞争水平，没有竞争优势，可采取追随定价的战略，被动地接受市场价格，制定与竞争者相近的价格；若产品处于竞争劣势，进取型的金融企业可以低于市价一定幅度定价，同时努力降低成本，而保守的金融企业则接受市场定价，设法改善产品的品质和服务质量；若产品在收益、风险控制及便捷性等方面有优势，可制定较高的价格。

金融定价需要考虑竞争对手的价格战略，关注竞争对手产品的价格变化趋势，针对竞争对手在不同时间的定价情况，相机调整自身金融产品的定价。

(四) 宏观经济

宏观经济影响金融产品定价，是指在市场环境不利的情况下，金融企业对可能出现流动性困境的担忧将迫使其采用舍弃利润、确保生存的定价。例如，通货膨胀将迫使存款利率上涨以继续吸收存款；贷款利率也会随物价的上涨而上调以实现投资收益。

(五) 政策法规

由于金融业会对一国金融、经济甚至政治产生较大的影响，因此会受到各国政府较为严格的管制。金融产品在定价时，必须符合国家价格政策和有关法律的规定。政策法规包含两方面：一是政策法规会给予企业一定的定价自主权；二是政策法规会对企业产品的定价进行限制。

金融企业应关注的经济政策有：货币政策、财政政策、信贷政策、债务政策、税收政策、利率与汇率政策、产业政策、收入分配政策等。

(六) 经济指标

金融企业在定价时，应时刻关注经济指标对金融产品价格的影响。经济指标分为如下三类。

(1) 先行性指标(如利率水平、货币供给、客户预期、主要生产资料价格、企业投资规模等)，这些指标的变化将先于产品价格的变化。

(2) 同步性指标(如个人收入、企业工资支出、GDP、社会商品销售额等)，这些指标的变化与产品价格的变化基本趋于同步。

(3) 滞后性指标(如失业率、库存量、单位产出工资水平、服务行业的消费价格、银行未收回贷款规模、优惠利率水平、分期付款占个人收入的比重等)，这些指标的变化一般滞后于产品价格的变化。

(七) 其他因素

1. 产品的关联度

金融产品具有较强的关联度，客户一旦接受了某一金融产品，往往更容易接受与之相关联的系列金融产品。在制定价格战略时应充分考虑这一因素，以获取更大的整体效益。

2. 产品的生命周期

为了吸引客户，促进销售，在新产品刚刚上市时，金融企业通常会通过降低价格的方式快速占领市场；当产品步入快速成长期时，客户已对产品非常熟悉且具有一定的依赖性，这时价格往往会随之提高；当产品进入成熟期后，同质化产品的竞争又会使得产品的价格有所回落，以巩固市场占有份额，同时进一步扩大销量。

3. 实施差异化定价

金融企业为了更好地服务客户，会基于规模、效益、风险性、信誉等因素的考虑采取弹性价格，以满足不同客户的个性化需求。

三、金融产品定价的基本方法

(一) 金融产品定价的特征

1. 金融产品价格的多样性

金融产品的价格因金融产品的不同而有着不同的名目。一般情况下，金融产品价格都是由金融企业向客户收取的。但也有例外，如股票价格，其交易价格由买卖双方来决定，证券公司对股票的价格是没有任何影响的，证券公司为客户提供股票代理买卖服务，收取一定的服务费用。

金融产品的价格可简单地分为由金融企业收取的和非金融企业收取的两大类。本书对金融产品价格的阐述只涉及由金融企业收取的价格。

2. 金融产品定价的特殊性

金融产品定价十分复杂，在确立定价目标之后，必须考虑一系列因素，才能制定出符合自身目标并被市场接受的合理价格。一般来说，金融企业定价要考虑如下主要因素。

(1) 成本。成本是金融企业能够为其产品设定的底价。每一项金融服务、每一种金融产品都包括了固定成本与变动成本。一般来讲，金融产品的价格应该能够补偿其固定成本与变动成本，并有一定的盈利空间，除非出于特殊原因考虑，比如新产品推出时想吸引更多客户而压低价格，甚至低于成本价。

(2) 客户。客户最终决定着金融产品的定价是否正确。金融企业的经营活动要以客户为中心，金融产品的定价更要注重客户因素。

金融产品和服务的价格受多重因素影响，且很多因素并不是金融企业自身能够影响和控制的。以利率为例，利率是金融企业定价的基础变量。无论是对传统业务产品进行定价，还是对金融衍生创新产品进行定价，利率都是其中重要的影响因素。但是，利率的决定受诸多因素影响，宏观经济政策和金融市场对其变化影响较大，且变化非常迅速，不是单一的金融企业可以自主决定的。因此，作为金融企业，产品定价有其市场的一般规律，但是外部因素对金融产品定价的影响力要更强。

(二) 金融产品定价的原则

1. 目标组合优选原则

以目标组合优选原则定价，是指金融产品的定价综合了企业的定位和不同时期的任务，以及相应的定价目标，来确定最终的定价。

2. 成本效益优化原则

以成本效益优化原则定价，是指金融企业在定价前要综合考虑多种因素，平衡效益与成本的合理关系。

(三) 金融产品定价的构成

金融定价分为隐性定价和显性定价。隐性定价是指金融企业提供的免费服务，客户不会为此类服务直接支付费用，不包含在定价构成中。显性定价是指金融企业提供的付费产品和服务，客户需要为此类产品和服务支付费用。金融企业对产品和服务进行定价，一般是指显性定价构成。隐性定价所发生的费用一般由金融企业运营费用支付。当然，隐性定价费用最终会通过各种途径由客户承担。金融产品定价的构成具体如下。

1. 利率

利息是金融企业产品价格的重要形式和收益的主要来源。利率取决于社会平均利润率、借贷资本的供求关系、物价水平、放款人与借款人对通胀的预期、 国际利率水平及相关政策法规。

2. 费用

(1) 手续费，它是金融企业通过为客户办理支付结算、基金托管、咨询顾问及担保等服务而收取的费用。

(2) 银行传统业务收费，包括汇费、兑换费、结算费、保管费、担保费、咨询费等。这些收费取决于客户关系、收入稳定、无风险。这些收费又可分为相对稳定型、潜在竞争型。

(3) 创新业务收费，该收费以表外业务为主，表现为日益增多的金融衍生产品。该收费分为险惠并存型、技术依赖型、新旧结合型、快速发展型等。

随着金融企业创新业务比重的不断提升，收费已成为金融企业收入的主要来源之一。

3. 利润

利润的高低决定了金融产品和服务的定价水平。高利润率直接导致金融企业执行高定价政策。

4. 税收

税率的高低决定了金融产品和服务的定价水平。高税率导致金融企业必然奉行高定价政策。

(四) 金融产品定价的程序

金融产品定价的程序，具体如图 5-1 所示。

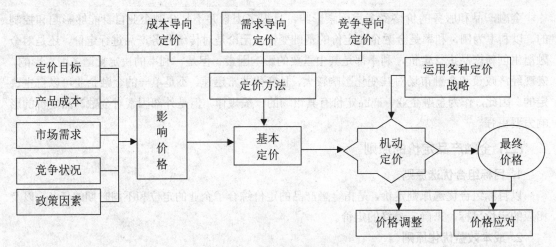

图 5-1 金融产品定价程序

总结来看，金融产品定价的程序主要包括如下几个步骤。

(1) 选择定价目标。

(2) 分析影响价格的因素。

(3) 选择定价方法，即选择一种定价方法以制定出具体的价格或价格范围。

(4) 考虑定价战略。

(5) 选定最终价格。

(6) 价格的调整。企业要考虑主动地对价格进行调整及被动地应对竞争对手的价格调整。

第二节 金融产品定价战略设计

一、企业导向定价战略

(一) 成本导向定价法

成本导向定价法是以金融产品的成本为基础，在成本之上考虑一定的目标利润，从而确定金融产品价格的方法。

1. 成本加成法

成本加成法是以金融产品成本为主要依据，同时考虑补偿业务的风险和一定利润。此种方法关注的是成本的回收和利润的获取。由于该定价方法比较简单和方便，因此被金融企业广泛地使用。该方法适用于具有卖方特征的贷款市场，如中小企业贷款。

成本加成法的具体原理，是金融企业在完全成本(直接成本加间接成本)的基础上，加一定比例的利润确定价格。其计算公式为

$$贷款利率=直接资金成本+间接资金性成本+风险成本+成本加成$$

2. 盈亏平衡定价法

盈亏平衡定价法也叫保本定价法、均衡分析定价法或收支平衡定价法，是金融企业根据盈亏

平衡点确定金融产品的最低价格的方法。

金融企业在业务量既定的条件下，金融产品的价格必须达到一定的水平才能做到盈亏平衡、收支相抵。既定业务量称为盈亏平衡点，就是金融企业盈利为零时的价格水平，如果价格低于这一界限，就会亏损；如果价格高于这一界限，就会盈利。

盈亏平衡定价法要求先找出使金融企业达到盈亏平衡点时的业务量，然后进行保本分析和定价(见图5-2)。

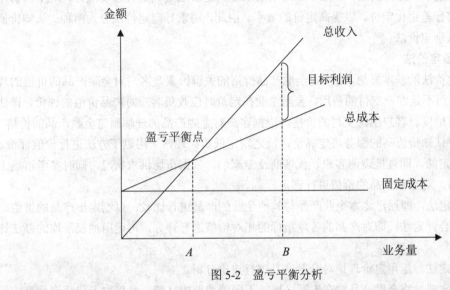

图 5-2 盈亏平衡分析

由图5-2可知，业务量为A时，达到盈亏平衡点，若要获得目标利润，业务量应增加到B。这种定价法能否获得成功，关键是看市场份额能否增加。如果该业务的整个市场在扩大，假设企业占有比例不变，那么该企业只能从竞争者手中抢夺市场，竞争的结果可能是降低服务的价格，从而改变总收入线，以前的盈亏均衡分析结果也将随之改变。所以，采用此定价方法，要仔细研究市场份额和竞争者的情况。

金融企业若希望在盈亏平衡的基础上实现利润，可以将目标利润计入价格中，可得下式为

$$价格=变动成本+(固定成本+目标利润)/业务量$$

这种将目标收益加成到成本上的定价方法，称作目标利润法。

金融企业在定价时，若考虑风险补偿因素，可得出的公式为

$$价格=变动成本+(固定成本+目标利润+风险补偿)/业务量$$

两种定价方法关注的角度是不同的。成本加成法关注的是在既定价格下完成预计业务量而回收的成本及获得的加成。目标利润法关注的是按照既定的价格完成预计的业务量而达到的目标利润；盈亏平衡定价法侧重于对成本费用补偿的考虑，对金融产品组合深度和广度较大的金融机构尤为重要。在金融企业经营多种产品的情况下，不可能保证所有金融产品同时处于盈利状态，一些产品盈利，另一些金融产品微利甚至亏损的现象时有发生，此时，金融企业可采取保本经营的战略，把重点转向其他盈利高的金融产品，在整体上实现金融产品组合的优化。

(二) 需求导向定价法

需求导向定价方法又称客户导向定价法，是以客户对金融产品的理解与认识程度、客户的需求而非成本作为定价的基础。

引起客户需求变化的因素很多，如需求价格弹性、客户价格、心理和收入水平等。这些因素在很大程度上影响着客户对价格的反应。运用需求导向定价法必须紧跟市场动向，市场需求量大，定价就高，需求量小，定价就低。金融企业运用需求导向定价法必须进行市场细分，对不同价格敏感性的客户实行差别化定价，以提高定价的效率。由此，需求导向定价法分为两种：认知价值定价法、需求区别定价法。

1. 认知价值定价法

认知价值定价法的基本思想，是决定金融产品价格的关键因素是客户对金融产品的价值的理解和感知程度，而不是客户支付的费用。金融企业在定价时应收集客户对产品价值的评价，评估服务的质量、可信度、客户愿意支付的价格，根据客户对金融产品的理解确定金融产品的价格。一般来说，客户认知价值高的服务可定高价，反之则定低价。通常采用以下方法进行价值评价。

(1) 直接评定法，即直接邀请客户、代理商及专家们，依据市场供求状况，同时参考市场上同类产品的价格，对金融产品的价值进行评定。

(2) 相对评定法，即通过将本企业产品与其他企业的产品进行比较，以测定出产品的价值。

(3) 加权综合评定法，即对产品的各项指标的相对价值进行评分，再运用加权平均的办法计算总的价值。

(4) 客观评定法，运用定价理论对金融产品进行定价分析。

(5) 试销评定法，将金融产品放在不同区域、不同消费群中试销，并采取上门征询意见、问卷调查、开座谈会等方法，全面争求客户意见，然后判断哪种试销价格更为可行。

在运用该方法时，应注意，客户的价值判断会随着外界环境的不同而变化，金融机构可以运用各种非价格因素，如做广告、提高产品性能等来影响客户的价值判断。在运用这种方法时要考虑客户的心理及对金融产品价格的需求弹性，对弹性大的产品价格可以适当降低，对缺乏弹性的产品可以考虑提高价格。

客户对产品的最高价值的认知不同，会形成不同的价格限度，即客户为了不失去购买机会而宁愿支付的价格。金融企业在定价时须采取有效的营销战略突出产品特征，加深客户对产品价值的理解，从而提高其愿意支付的价格限度。

2. 需求区别定价法

需求区别定价法是建立在市场细分基础上的定价法，以市场需求强度和客户的感受或接受程度为主要依据的定价方法。一般规律是，需求较强，价格定得高些；需求较弱，价格定得低一些。采用此定价方法，金融企业要在了解金融产品的需求价格弹性后，综合考虑客户的特性、对产品的感受价值、客户需求的复杂程度、带给企业的综合效益、企业本身的经营优势，采取市场细分战略，依据客户需求导向的差异，如客户类别、产品、地点、时间等的不同，定出多种不同的价格，以适应不同层次、不同类别客户的不同需求，优化金融企业客户群。

需求区别定价法的前提是：市场可以细分；区分后各市场的客户不会彼此让渡服务，竞争者也不会用低价促销手段拉走客户；不会导致客户反感；必须在一定的法律、法规框架之内；要考虑市场区分管理的成本在可以控制的幅度内。

客户需求区别可采用以下标准。

(1) 客户细分。针对不同职务、不同阶层、不同年龄、不同收入的客户，制定不同价格或在同一价格下给予不同服务。金融企业在定价中，一般对客户按照以下方式细分：①按经营风险划分，可分为高风险客户、中度风险客户、低风险客户；②按客户对金融产品或服务的依赖度划分，可分为高度依赖客户、中度依赖客户、低度依赖客户；③按客户对金融企业利润的贡献率划分，可分为高端客户、中端客户、低端客户三类；④依据与客户关系的稳固程度来定价，即关系定价法。

(2) 因地点而异。不同地点的市场，由于人们的生活习惯、生活条件不同，对金融产品需求有很大差异，金融产品价格应有所区别。

(3) 因时间而异。不同时间、不同季节中对产品的需求量不同，价格要进行相应调整。

(4) 因产品而异。不同类型的产品，客户需求有较大差异，定价要进行相应调整。

(三) 竞争导向定价法

竞争导向定价法，是指金融企业根据市场地位，以竞争者各方面之间的实力对比和竞争者的价格作为定价的主要依据，以竞争环境中的生存和发展为目标的定价方法。

1. 竞争性定价法

竞争性定价法是以主动竞争、价格差异为特征的定价方法，也称作差别定价法。该定价法属于主动定价方法，需要金融企业根据自身的特点制定出低于或高于竞争者的价格作为该产品的价格。具体方法为金融企业对市场上的竞争对手产品价格进行汇总，将本企业产品情况与竞争对手的产品情况进行对比，寻找造成价格差异的原因，根据本企业产品的优势、特色及本企业在市场中的定位来确定金融产品的价格。竞争性定价法具有较强的竞争力，是国际银行业广泛采用的贷款定价方法。

运用竞争性定价法的前提是：市场必须是可以细分的，而且各个细分市场表现出不同的需求程度；各个细分市场之间必须是相互分离的；在高价的细分市场中，竞争者不可能以低于企业的价格竞争；细分市场和控制市场的成本不得超过实行差别价格所得的额外收入；差别价格不会引起客户的厌恶和不满；差别价格战略的实施不违反法律规定。

竞争性定价法的形式为：产品价格同竞争对手的产品价格相同；低于竞争对手的价格，旨在维持或提高本企业产品的市场占有率；高于竞争对手的价格，即在竞争对手价格的基础上，提高本企业产品的价格水平，以高价格谋取高利润。竞争性定价法的具体定价方式如下。

(1) 客户细分定价。金融企业把同一种商品或服务按照不同的价格卖给不同的客户。按照客户细分进行的差别定价更多的不属于竞争导向定价，这种细分下的差别定价严格地说属于客户导向的定价范畴。

(2) 产品形式差别定价。金融企业按产品的不同种类、不同功能，制定不同的价格。如工商银行提供两种汇款方式：一是灵通卡汇款，手续费为汇款金额的 1%，最低汇款手续费为 1元，最高为 50 元；二是牡丹卡汇款，没有汇款的手续费。

(3) 形象差别定价。产品的形象差异化将有助于根据形象的不同制定不同的价格。通过不同形象的塑造，让客户感到不同细分市场上的商品实质存在差异。这种定价法也称为声望定价法。

(4) 地点差别定价。企业对处于不同位置或不同地点的产品和服务制定不同的价格，即使每个地点的产品或服务的成本是相同的。例如，银行对从网点和网络购买产品制定了不同的价格。

(5) 时间差别定价。价格随着季节、日期甚至钟点的变化而变化。例如，银行会在特定的日期推出一些优惠价格。

(6) 渠道差别定价。渠道差别定价，一方面可能是渠道让企业付出的成本更少，另一方面可能是企业希望增强某渠道的销售量。例如，某银行汇款手续费用的收取，如果选择快速汇款，最低手续费5元，超过1000元，按0.5%收取费用，适合1万元以内汇款金额。若是电子汇款，最低手续费10元，汇款手续费为汇款金额的1%，最高为50元，适合1万元以上汇款金额。若客户通过网络银行，则每笔汇款收费5元，跨行汇款收取10元。

2. 随行就市定价法

随行就市定价法又被称作通行价格法。采用这种定价方法的金融企业主要根据同类产品或服务在市场中的价格来定价。一般情况下，可跟随价格领导者或竞争对手定价，或者参考替代品价格定价。这种定价法是小银行普遍采用的一种定价方法。

随行就市定价法适用于以下情况：企业难以估算成本；竞争对手不确定；产品差异很小、同质化严重；市场竞争激烈、产品需求弹性小；企业希望得到一种公平的报酬和不愿打乱市场现有正常次序。

随行就市定价法是一种比较稳妥的定价方法，容易被客户接受；避免了产品价格过高而影响销量的损失和价格过低而降低应得利润的损失，能为企业带来适度利润；避免价格竞争，当一家金融企业进入新市场时，采用随行就市定价是较为稳妥的定价方法，避免了激烈的市场竞争，容易与同行业和平相处，减少风险。但是，随行就市定价法是偏防御性的定价方法，它在避免价格竞争的同时，也抛弃了价格这一竞争的利器，若竞争者突然降低其产品价格，企业的产品销售会陷入困境；长期对市场价格的追随不利于金融企业自身定价能力的培养。

(四) 综合定价法

综合定价法，是指金融企业根据自身的市场定位、目标市场的竞争情况、资金和管理成本、风险承受能力和产品调整的需要，综合利用各种定价法确定产品定价。

下面以贷款定价战略为例，讲解综合定价法。贷款的定价可以在成本加成的基础上，结合客户综合贡献和市场竞争因素进行调整。基本公式为

$$贷款价格=基本贷款利率+调整值=(资金成本+经营成本+风险成本+预期收益)+$$
$$(客户贡献调整值+市场调整值)$$

资金成本是指金融机构筹集资金和使用资金所付出的成本。经营成本是指金融机构为客户办理贷款所支付的非利息成本。风险成本是指贷款违约所带来的损失。预期收益是金融机构经营管理贷款希望取得的收益。客户贡献调整值是根据客户对金融机构的存款、贷款及中间业务等的贡献的基础确定的，是对基本贷款利率的调整。在对成本、风险、收益和客户都有所考虑后，还应该考虑市场和竞争者。因此，贷款价格还应加上市场调整值以确保贷款定价的市场竞争力。市场调整值是在对市场利率和同业报价进行分析后得出的，市场竞争调整值可能为正也可能为负。

贷款综合定价考虑了金融企业的筹资成本、经营成本、风险、利润目标，以及与客户的关系、市场情况等，精确量化了各因素对定价的影响，有利于金融企业信贷管理的精细化发展。特别是客户因素和市场因素的引入，将促使金融企业建立以市场为导向、以客户为中心的信贷管理体系。此方法还将促进信贷管理从定性分析和经验判断为主向注重技术运用和定量分析转变。

二、客观环境定价战略

金融企业在对金融产品定价时，除了考虑影响因素、定价方法，还要结合产品的特点、市场情况以及客户需求等客观环境，灵活运用定价战略，以提高金融产品在市场上的吸引力和竞争力。

知识链接 5-1

商业银行金融产品的基本定价方法

(一) 高额定价法

高额定价法，即将价格定得很高，以尽可能多地获取较高利润。这种定价法一般适用于高端客户所购买的高端产品，也可在新产品上市之初使用。

新产品上市，客户对其缺乏理性认识，利用较高价格可以提高身价，适应客户求新心理，有助于开拓高端客户市场；主动性大，产品进入成熟期后，价格可分阶段逐步下降，有利于吸引新的购买者；价格高可以限制需求量过快增加，使其与生产能力相适应。

运用该定价方法要满足的条件为：金融市场上有相当多客户对这种产品需求的价格弹性较低，较高的定价也可以吸引较多的客户；金融企业有较好的营销系统与较强的广告宣传能力，激发出人们购买本企业产品的欲望；产品最初的高价不会立即招来众多的竞争者。

由于金融业的服务特征，金融企业长期采用高额定价法是不切实际的，因为客户对金融产品需求的价格弹性比较高，金融产品同质性很大，竞争因素使得金融业务趋于获取平均利润。

(二) 低额定价法

低额定价法又被称为渗透战略，是以低价获取市场份额的战略。低价战略一方面可以促使薄利多销，另一方面对现有竞争产品带来冲击，阻止潜在竞争产品进入市场。低额定价法适用于经验效益高和价格敏感的市场。

金融产品，特别是基础类的金融产品，一般采用低额定价法。当引入新服务时，可采用低价策略。

实施该定价法的条件为：金融企业要有一定的实力，可以承受较低价格投入市场的风险，而不至于出现巨大亏损；金融企业要有足够的销售资源、分销渠道与推销能力，可以保持较高的服务质量；随着销售额的扩大，金融产品的生产与分销成本可以实现较大经济性；金融产品需求的价格弹性较大，即在产品导入阶段，如果采用高价战略不易打开销路；市场上存在一批愿意支付较高费用以首先获得产品的客户；在产品打入市场后很快就会形成较强的竞争力，使竞争者失去信心。

采用这种方法是以低价占领市场，当市场供给能力过盛时，常常会使成本高的竞争者处于不利地位。

(三) 产品组合定价法

产品组合定价法，是指金融企业把一系列产品或服务综合考虑，制定一个总的目标价格，对于单项服务或单个产品的单独成本与价格不太关注，甚至有些产品的价格可以低于成本，而通过那些成本低、收益高的产品或服务的收入补偿其亏损，从而达到各种组合产品在总体上获利的目标。产品组合定价有如下几种方法。

(1) 产品线定价法。金融企业针对不同的产品线，制定有差异的定价政策。

(2) 特色定价法。金融企业针对不同的服务环境和客户群体，提供有针对性的服务。

(3) 产品捆绑定价法。捆绑是指将产品组合在一起定价销售，该方法有利于新产品的接受和推广，帮助产品共享销售队伍、降低广告费用、降低销售成本、拓宽销售渠道。捆绑定价和销售的条件为：捆绑定价产品需要具备相当的市场竞争力，从而可与竞争产品进行价格差别竞争；捆绑定价产品之间需要一定的关联性，如产品在销售渠道等方面相近；捆绑定价产品之间要有相似的市场定位，即客户在职业、收入、社会地位等方面差别不大。

产品组合定价战略可理解为对同一客户提供的不同产品，部分采用"高价厚利"战略，部分采用"低价渗透"战略。采用这种战略，金融企业可以利用部分低廉价格的产品，吸引客户与他们建立起良好的关系，从而可以向他们推销边际收益较高的产品与服务，有利于提高金融企业的盈利能力，扩大金融企业在客户中的影响，增强金融企业的竞争力。

(四) 折扣定价法

折扣定价法，是金融企业在销售产品的过程中为了迎合客户满意度而少收取一部分利息或服务费用，从而降低客户的支出，提高金融产品竞争力从而扩大销量的战略。这种定价方法十分灵活，折扣形式也较为灵活多样，主要用于扩大市场份额，在推广新产品时使用。

金融企业在实际工作中，采取的折扣定价法包含如下几种形式。

(1) 现金折扣。金融企业对按约定期限或提前支付的客户给予一定的价格优惠，从而加速资金周转速度，尽早收回贷款。

(2) 数量折扣。金融企业按照业务量及金额的大小来制定价格，对购买本行产品达到规定数量或金额时给予客户一定优惠。

(3) 季节折扣。金融企业根据不同的季节制定不同的产品价格。

(4) 赠送礼品或免费试用。在促销产品时，金融企业给购买者赠送纪念品或提供免费试用等优惠条件。

三、生命周期定价战略

在金融产品生命周期的不同阶段，可采取不同的定价战略，具体内容如下。

(一) 产品导入期定价战略

1. 撇脂定价法

撇脂定价法，是指在产品上市之初，将价格定得较高，在短期内获取厚利，尽快收回投资。这种方法特别适用于有专利保护的新产品的定价。撇脂定价在实践中有两种方式：

(1) 快速撇脂战略，即高价格、高促销支出战略，以求迅速扩大销售量，取得较高的市场占有率。采取这种战略的条件，是处于导入期的产品，市场需求潜力大，客户接受新产品的能力较强，而产品面临较大竞争威胁时，企业可以采用此定价战略，通过制定高价，企业可以尽快回收成本。

(2) 缓慢撇脂战略，即高价格、低营销支出战略。这种战略在产品已经有一定知名度，潜在竞争威胁不大而市场规模又较小时使用。

2. 渗透定价法

在产品投放市场时，价格定得尽可能低一些，其目的是获得最高销售量和最大市场占有率。渗透定价法在实践中有两种方式：

(1) 快速渗透战略，即低价格、高营销支出战略。这种战略的目标是迅速占领市场，只有当市场的规模很大并且客户对价格十分敏感时，企业才能够采取这种低价战略。低价的同时加大营销支出的投入会给企业的生存和发展带来巨大的考验，而能够经受住这种考验的企业将最终获得持久的利润和市场主导地位。

(2) 缓慢渗透战略，即低价格、低营销支出战略。这种战略适用于市场容量很大、客户熟悉这种产品但对价格反应敏感，并且存在潜在竞争者的市场环境。

对于金融企业来说，在产品导入期是采取撇脂定价还是渗透定价，需要综合考虑市场需求、竞争、供给、市场潜力、价格弹性、产品特性、发展战略等多种因素。

(二) 产品成长期定价战略

在产品的成长阶段，价格制定应视导入期采用的是撇脂法还是渗透法而定。在适当的时机，可以采取降价战略，以激发那些对价格比较敏感的客户产生购买动机和采取购买行动。

(三) 产品成熟期定价战略

在产品成熟期，竞争非常激烈，金融企业的首要工作是降低产品定价，保证市场占有率，保持优势，获取利润。

(四) 产品衰退期定价战略

对于衰退期的产品，金融企业通常有以下几种战略可供选择。

(1) 继续战略，即继续沿用过去的战略，仍按原来的细分市场、使用相同的定价方式，直到这种产品完全退出市场为止。

(2) 集中战略，即把金融企业资源集中到最有利的细分市场和销售渠道上，从中获取利润。这样有利于缩短产品退出市场的时间，同时又能为金融企业创造更多的利润。

(3) 收缩战略，即大幅度降低促销水平，尽量减少销售和推销费用，以增加目前的利润。这样可能导致产品在市场上的衰退加速，但又能从忠实于这种产品的客户中得到利润。

(4) 放弃战略，即对于衰落比较迅速的产品，应该当机立断，放弃经营。可以采取完全放弃的形式，也可以采取逐步放弃的方式，使其所占用的资源逐步转向其他的产品。

第三节　金融产品价格调整战略

一、金融产品价格调整概述

(一) 金融产品价格调整的原因

金融产品基于以下因素进行价格调整。

1. 金融企业外部因素

金融企业外部因素主要包括：外部市场环境变化，如供求关系和市场竞争环境发生变化；国家有关法律法规的变动；金融企业业务经营过程中的风险状况。

2. 金融企业内部因素

金融企业内部因素主要包括：金融产品经营成本的改变；金融产品内涵的改变；金融企业经

营行为或产品营销目的的变化；市场竞争地位的变化。

(二) 金融产品价格调整内容

1. 主动调整

主动调整包括主动降价战略和主动提价战略。

(1) 主动降价。主动降价战略是指金融企业将原有产品的价格调低。

降价有时是企业的自主选择，有时是企业被迫做出的决策，原因主要有：市场竞争激烈，企业市场占有率的降低迫使企业降低价格来维持原有市场份额；市场资金供给过剩，企业又不能通过改良产品和加大促销来扩大销售；企业为了控制市场而发动降价；受环境因素影响主动降价，如宏观经济不景气，需求不振，企业若不降低产品价格有时会危及企业的生存。

主动降价的方式一是直接降价，即直接降低产品报价；二是间接降价，即企业保持价格目录表上的价格不变，但通过增加附加服务、赠送礼品等方式，在保持名义价格不变的前提下，降低产品的实际价格。

(2) 主动提价。主动提价是指将原有产品的价格提高。

主动提价的原因主要有：资金成本上涨，企业只能通过涨价来转嫁成本上涨给企业带来的压力，这也是企业提价的最主要原因，由于产品供不应求，企业必须通过提价来抑制部分需求，以缓解市场压力；政策影响，金融企业执行监管机构制定的金融定价。

主动提价的方式一是直接调高，即直接提高产品价格；二是间接调高，即企业保持名义价格不变，但通过减少服务内容等方式变相达到提价的目的。

2. 被动应对

被动应对，是指当竞争者调整价格时，金融企业被迫进行相应的价格调整，以保住市场份额和销量。竞争者调整价格，对企业来说是获取竞争者客户的机会。

金融企业在调价时应掌握竞争者调整价格的原因，是基于成本压力、产品性能，还是销售量变化。如果竞争者是因为成本的压力而调价，企业可考虑与竞争者同步调价以保证企业利润的实现。如果调价是因为产品性能的变化，企业需要研究竞争者产品发生了哪些变化，以便有针对性调价。如果竞争者单纯是因为销售量下降而调价，一般情况下，企业没有必要跟随调价。

(三) 金融产品价格调整形式

金融产品价格调整一般采用以下形式：调整价格；在合同上规定调整条款；采取不包括某些产品和服务定价战略；减少折扣；缩小优惠范围；改变或减少服务项目。

二、金融产品价格调整注意事项

1. 价格调整要符合国家法律法规的规定

随着金融自由化的推进，金融企业定价有了较大的自主权，但金融监管机构还是保留了相当程度的定价监管权。随着宏观环境变化及企业经营出现困难，监管部门、社会舆论对金融机构收费问题给予了高度关注，特别是基础类金融产品的定价调整，更是社会关注的重点，应慎重调价。产品定价问题处理不好，将严重损害金融机构的社会形象。

金融价格调整要避免出现欺骗性定价、价格联盟等违反法律法规的问题。

2. 研究金融产品价格变化后的市场反应

要研究客户对调价的反应、竞争者对企业调价的反应、企业对竞争者调价的反应。

(1) 客户对调价的反应。鉴于舆论氛围，客户情绪等因素影响，越来越多的客户在选择金融机构时，会从融资成本、服务质量、金融产品的促销，以及服务价格诸方面进行考虑，而价格因素则毫无疑问地成为其中最有诱惑力的因素。因此，对涉及居民的基本金融服务应执行低价政策，谨慎调价。

(2) 竞争者对企业调价的反应。竞争者尤其是市场领导者，对企业调价的反应。分析竞争者可能选择的反击措施，如维持价格不变，或降价、提价、推出新产品线等。

(3) 企业对竞争者调价的反应。对于同质产品市场，面对竞争者调价，企业可采取跟随降价或不降价的措施。对于异质产品市场，面对竞争者调价，企业选择余地较大，完全可以自主定价。

3. 减少金融产品价格调整的不良反应

(1) 降低金融产品价格变化对客户的不良影响。调价前充分考虑客户的承受能力，做好宣传解释工作。

(2) 降低金融产品价格变化对金融企业员工及竞争对手的影响。金融产品价格变化，会改变销售人员的销售习惯，加大金融产品营销难度。金融产品的价格变化，会引起金融企业的竞争对手的连锁反应。为此，价格调整不应过于频繁，以减轻企业营销的压力。同时，调整价格应兼顾竞争对手的利益，以获得竞争对手的理解和认同。

(3) 降低金融产品价格变化与传统习惯或客户心理、社会文化等之间的冲突。

思考练习题

1. 简述金融产品价格的构成。
2. 简述金融产品定价方法。
3. 简述金融产品的定价步骤。
4. 简述金融产品定价战略。
5. 简述金融产品价格调整内容。
6. 简述金融产品定价调整的注意事项。
7. 以某一银行信用卡为例，解析其定价战略。
8. 将某银行一款理财产品同其他银行的理财产品进行定价比较，分析其定价战略。

第六章　金融营销渠道战略

学习目标

- 了解金融营销渠道的概念、分类
- 重点掌握金融营销渠道战略设计内容
- 掌握金融营销渠道管理方法

第一节　金融营销渠道概述

一、金融营销渠道的内涵

金融企业作为提供金融产品和服务的商业性组织，其产品和服务的提供、业务的经营与管理是借助于金融渠道实现的，渠道的多少、完善程度及运营效率，体现了金融企业的市场竞争力，是金融企业核心竞争力的重要组成部分。

(一) 金融营销渠道的定义

金融营销渠道，是指金融产品/服务从金融企业转移到金融产品需求者(客户)手中所经历的整个通道。在产品/服务传递过程中，为满足目标市场客户的需求，金融企业利用渠道向客户提供相关服务。

(二) 金融渠道的特征

金融服务产品与一般的有形商品的最大不同是其无形性和高风险等特点，使得营销渠道有自己的鲜明特征。

(1) 营销渠道以直和短为主。金融企业产品的无形性，使得金融产品更多地借助有形展示来营销，客观要求金融企业的营销以直销为主，以便利有形展示，且为保证服务质量，营销渠道应尽量缩短。金融的直销方式主要有物理和虚拟两大类，前者就是广设分支网点，培训高素质客户经理，开展面对面产品销售和服务活动，后者是利用网络通信信息技术，进行远离经营现场的远程传送产品和服务。

(2) 营销渠道的双向性。营销渠道作为金融企业和客户联系的纽带，一方面将资金从金融企业提供给客户，同时又随时将客户的富余资金回流给金融企业。这种随时发生的双向流动的特点，增加了金融营销渠道的复杂性，对营销人员素质提出了更高的要求。

(3) 风险性。风险性对金融营销渠道结构的影响表现在两个方面，一是金融客户往往在金融服务的选择上比较谨慎，需要强有力的专业化推销和宣传，需要有广泛的客户基础和分销网络来降低运作风险；二是金融企业在授信过程中易出现信息不对称和风险控制难等问题，因此金融营销渠道受到金融监管部门的严格监管。

(三) 金融渠道的功能

(1) 达成交易。利用渠道完成交易，实现金融产品或服务的转移，这是最重要的功能。

(2) 信息收集。通过调研，收集与金融交易相关的信息，消除金融企业和客户之间的信息不对称，使信息在双方之间充分流动，从而促进交易；通过销售渠道的信息发现和收集机制，及时把握金融市场动态，控制金融市场风险，把营销的风险降到最低限度。

(3) 提供服务。金融渠道商通过渠道，向客户提供相关的金融服务，完成客户沟通和服务匹配等活动。利用销售渠道的独特优势，不断丰富渠道的金融服务内涵，增强渠道的服务功能，这是构筑金融企业营销优势的重要基础。

(4) 促销活动。金融企业借助金融渠道发送和传播有关金融促销信息，实施促销活动。

(5) 交易谈判。金融企业借助金融渠道商安排与客户接触，进行交易谈判，达成有关产品的价格和其他条件的销售协议。

(6) 承担风险。在执行渠道任务的过程中承担将金融产品及其服务向客户转移过程中的有关风险，如信用风险、交易风险、操作风险等。

(7) 提供融资。为促成交易的顺利展开，渠道商为交易双方提供信用或资金以方便交易。

(四) 金融渠道发展的趋势

金融渠道对于金融企业发展的意义重大。随着竞争环境和竞争对手的变化，金融企业需要随着时代的变化进行营销渠道的优化、转型和重组。

1. 渠道层次扁平化

随着市场竞争的加剧，信息技术的进步、管理水平的提高，传统的分销渠道向扁平化方向发展。

2. 渠道终端多元化

渠道终端是客户购买行为的实现地点，是渠道系统的最后一个环节。随着金融自由化的发展，金融渠道终端呈现多元化趋势，百货商店、连锁超市、连锁专营店、便利店、社区服务场所、网络商店均可成为提供金融服务的场景。随着信息技术、管理理念的发展，以及客户渠道需求的变化，将来还会出现更多新兴渠道业态。

3. 渠道网络化

随着科技的不断进步，从根本上改变了渠道结构、运行原理、交易模式、渠道成员构成等，出现渠道结构虚拟、渠道交易转型、信息中介功能强化等现象，渠道终端的客户权利得到极大的提升，客户的个性需求得到极大的满足，营造渠道"快车道"成为可能，网络渠道逐渐成为金融机构全力争夺的新兴战场。一方面丰富了客户办理业务的渠道，另一方面给金融机构带来了可观的中间业务收入。网络渠道交易的便利性，越来越成为客户选择金融机构的首要标准，特别是网络银行、手机银行的推广，更是赢得了一大批年轻客户的青睐。

4. 提升传统渠道

营业网点是金融机构传统的营销阵地，也是与客户直接接触的首要渠道，营业网点的整体形象、服务流程、客户信息的应用，以及产品的整合营销，对金融产品的成功营销起着关键作用。通过网点装修改造，打造舒适的营业环境，烘托出硬件的档次和水准；通过内部功能分区的重新设置，进一步保障客户的私密性并为提供营销、理财服务创造条件；通过业务流程优化，增强各岗位之间的协作能力，强化对于中高端客户的优质高效个性化服务。

5. 完善渠道网络

从节约成本的角度，将标准化的业务交由电子渠道来完成，提高其使用效率，实现集约化经营；传统的网点渠道，更多地倾向于办理复杂的高收益业务，以及开展对目标客户的"一对一营销"。

6. 渠道多功能性

具备多种功能的金融渠道，可增强企业的服务功能，能够让客户在任何一个分销渠道获得完整方便的服务，并且各种功能应用简便易学，操作指引清晰，便于客户的掌握与操作。

7. 加强渠道管理

通过建立完整的数据库管理系统，准确地评估分销渠道的效能，科学地进行成本收益分析，对不同层级的客户提供差异化服务，对中高端客户提供高价值的 VIP 服务，对大众客户提供高效快捷的自助服务。

二、金融营销渠道分类

(一) 按照中间商划分

金融营销渠道按照有无中间商，可分为直接渠道和间接渠道。

(1) 直接渠道，是指没有中间商参与，金融企业自己建立分销网点，直接向目标客户提供金融产品或服务的渠道类型(见图 6-1)。

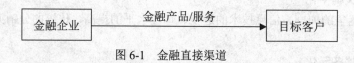

图 6-1　金融直接渠道

直接渠道具有运作简单、流通环节少、管理费用低等优点，符合金融产品统一性和经营安全性的要求。金融企业对直接营销渠道的控制力最强，通过直接渠道，直接与客户交流，提供便利快捷服务，便于沟通，易达成交易意向。但由于不可能在各个目标市场都设立分支机构，因此存在金融机构要承担全部市场风险的缺点，从而使金融产品的销售范围和经营规模受到一定程度的地域限制。

(2) 间接渠道，是指金融企业通过中间商将金融服务或服务产品提供给客户的渠道类型。最典型的形式是借助一些中间商或中间设备(如电子商务平台、网络银行等)来销售金融产品(见图 6-2)。

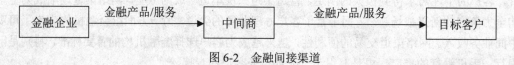

图 6-2　金融间接渠道

金融企业采用间接渠道，可减轻市场营销风险，节省分支机构的营业费用、市场推广费用和人力费用；金融企业采用间接营销渠道，可有效扩大金融产品流通范围，快速打开市场，提升金融企业对新市场的渗透力，以最快的时间提高市场占有率。但是金融企业不能对代理机构进行直接控制，较难管理，金融服务质量难以保证；金融企业增加代理费用。

(二) 按照信息技术划分

按照信息技术划分，金融营销渠道可分为传统渠道和新兴渠道。

(1) 传统渠道主要包括：银行金融企业，如专业银行、商业银行；非银行金融企业，如金融公司、信托公司、金融租赁公司、证券公司、城乡信用社、邮政储蓄机构、典当、财务公司、保险公司等金融企业。

(2) 新兴渠道主要包括：共生性渠道，如银证通、银基通、银保通等；终端渠道，如 ATM、POS；网络渠道，如网络银行、手机银行、微信银行、微博；基金的第三方销售机构等。

随着网络技术和经营理念的发展，新兴渠道将不断涌现。

(三) 按照产品线划分

按照产品线划分，金融营销渠道可分为综合性金融服务渠道和单一性金融服务渠道。

(1) 综合性金融服务渠道，如超级金融百货公司，能提供全面的金融服务。

(2) 单一性金融服务渠道，如自动柜员机和 ATM 等，只能提供部分有限的金融服务。

各种不同类型的分销渠道所提供的服务产品范围和种类的差别很大，如金融百货公司所提供的产品服务十分广泛，具有全面性、综合性，而自动柜员机主要是提供客户自动存取款的服务。

(四) 按照营业场所划分

按照营业场所划分，金融营销渠道可分为传统的营业网点和新兴网点。

(1) 传统的营业网点。传统的金融企业提供的服务，如存款、取款、贷款和支票账户等服务，是通过银行自设网点直接提供给客户的。

(2) 新兴网点。随着金融产品的创新和信息技术的发展，网点类型和功能持续丰富，取款服务可通过 ATM 机，转账支付可通过手机银行，耐用消费品信贷业务可通过中间商(如房地产公司、汽车销售商等)来完成，互联网金融的虚拟网点已经可以在相当程度上完成传统金融的服务，甚至更突破了时间和空间的限制，拥有效率和成本的优势。

(五) 按对网点的控制程度划分

按照网点的控制程度划分，金融营销渠道可分为直接网点和委托网点。

(1) 直接网点。金融企业直接设立的分支机构，受自己直接控制和管理。在条件可能的情况下，金融企业总是希望扩大自己的分销网点。

(2) 委托网点。委托网点包括代理网点、签约商户等。委托网点受托从事金融产品的销售和服务，金融企业并不直接参与管理这些网点，一般只是按合同的约定进行管理和控制，控制程度较弱。

(六) 按营业时间来划分

按营业时间划分，金融营销渠道可分为全天候服务、正常营业时间，以及非正常营业时间。

(1) 全天候服务，包括 ATM 和电话银行、网络银行、手机银行。

(2) 正常营业时间，传统的银行网点一周工作 5 天，一天工作 8 小时等。

(3) 非正常营业时间，有些银行在特定时间段延长了营业时间。

(七) 按销售人员划分

按销售人员划分，金融渠道分为职业代理人、特别顾问、有薪酬的代理人、银行雇员、代理机构和经纪公司及直销。

(八) 按银行的业务单位划分

按银行的业务单位划分，金融渠道分为柜面业务、理财专柜业务、网上银行、电话中心、企业(客户)业务、信贷、信用卡、顾问专家、第三方销售人员。

三、金融营销渠道分析

(一) 金融直接渠道的形式

金融营销的直接渠道，通过以下几种形式实现。

(1) 分支机构。金融企业在最方便客户的地方，通过设置经营分支机构和网点从事产品销售。例如，银行的分支行，这是最常见的分支机构形式，银行的批发与零售业务均可在此办理。

(2) 自助渠道。随着信息化技术的发展，金融企业广泛应用自助设备提供产品的销售等相关业务。例如，银行的自动柜员机(ATM 机)、自动存款机(ADM)、自动存折打印机和自动综合查询机等自助设备已经形成了相当的网络规模，功能也由初期的取款增加到存款、取款、转账、收费、贷款和广告宣传等几十种功能。

(3) 网络渠道。随着信息技术的广泛应用，网络渠道，如电话银行、手机银行、网络银行，正逐渐成为金融企业销售的主渠道之一。银行网络渠道功能日益完善，可以提供查询、业务咨询、转账、汇款、外汇业务、证券业务、在线支付、账户管理、代缴费用、个人质押贷款和个人理财等一系列功能。

(4) 面对面销售。银行客户经理、保险代理、股票经纪人是从事人员促销的直接销售组织。

(5) 直接邮寄销售。向潜在客户寄送有关产品或服务的目录、信函，或者采用发送邮件的方式进行营销。

(6) 电视直销。金融企业借助直销广告、家庭购物频道、视觉信息系统将产品或服务销售给客户。

(7) 信用卡网络。银行通过发行信用卡，向持有信用卡的客户提供金融服务，由此建立起信用卡营销网络，成为其产品的分销渠道。

(二) 金融间接渠道的形式

(1) 银行间接渠道。通过代理行、银行卡、计算机网络等途径把银行产品和服务提供给客户。银行利用间接渠道进行销售的金融产品主要是信用卡。

(2) 保险公司间接渠道。通过独立的保险经纪公司或经纪人完成向客户的推销活动，也可选择银行、证券、基金公司做自己的代理机构，联营开展营销活动。

(3) 证券基金间接渠道。通过中间商寻求二级市场投资业务，间接销售股票、债券、基金、信托等产品。基金公司的基金销售大都通过发展中间商的方式开发和服务于客户。

(4) 基金公司间接渠道。基金公司基金销售大都通过发展中间商的方式开发和服务于客户，包括银行、证券公司、保险公司、独立基金销售机构、第三方电子商务平台等。

(三) 金融组合渠道的形式

(1) 垂直型营销渠道组合，是指由银行、批发商和零售商组成，实行专业化管理和集中计划的营销网，按不同成员的实力与能量对比产生一个最终决策者，由它进行集中的管理与决策，以实现分销渠道的纵向联合，取得最佳的市场营销效果。这种模式是针对分销渠道的不足而提出来的。

(2) 水平型营销渠道组合，是指由同一层次的两个或多个相互无关联的营销组织，组成长期或短期的联合体开展营销活动。这种联合主要是从分销渠道的宽度上来考虑的，通过联合可降低各成员的经营风险，避免激烈竞争而导致的两败俱伤，并可充分利用各自资金、技术等方面的优势共同开发市场。

(3) 多渠道营销渠道组合，也称综合分销渠道组合，是指金融企业通过双重或多重营销渠道，将相同的金融产品打入各种市场。在这种组合中，金融企业拥有多种不同的分销渠道，而且对每种渠道拥有较大的控制权。

第二节　金融营销渠道战略设计

一、金融营销渠道设计

(一) 影响金融营销渠道设计的因素

金融营销渠道设计应统筹考虑业务属性、渠道响应速度、服务质量、可靠性和有效性、营销成本、渠道管理风险等因素。总结影响金融营销渠道设计的因素，主要包含如下几个。

1. 业务因素

(1) 产品特性。技术复杂的产品，信息要求、参与程度高的产品宜采用直接渠道，由专门的客户经理负责客户营销；而标准化的产品宜采用间接渠道。

(2) 需求特征。客户对信息的要求高，对服务过程具有较高参与度，对产品及服务的需求具有整体性，宜采取直接渠道；若情况相反，且客户需在一定时间和地点一次性购齐很多产品，宜采取间接渠道。

(3) 产品周期。当金融产品处于导入期和成长期时，可采用无差异性市场策略选择营销渠道来扩大市场占有率；当产品进入成熟期后，可改为差异性市场策略选择营销渠道以便开拓新市场，也可采用密集性市场策略选择营销渠道以保持原有的市场。

(4) 市场控制。间接渠道利于扩展市场，但不利于控制；直接渠道利于控制市场，但不利于扩展市场。

(5) 成本。营销渠道成本包括两个方面：一是营销渠道设计之初的研发成本，主要包括调研统计支出、电子平台开发费用等；二是营销渠道维护成本，主要包括对中间商业务过程中的补贴、作为合作代价提供给中间商的额外服务费用，以及电子平台的维护费用等。选择间接渠道，在初期，选择代理商成本较低，但会付出较高的代理费用，分享部分利润。后期渠道维护成本较高。选择直接渠道，公司自建销售渠道，初期需从零做起，困难大、成本高，之后随着销量的上升，渠道维护成本逐步下降。

(6) 客户特征。对目标客户的特性，如客户人数、客户规模、经营状况、资信水平、地理分布、购买频率、购买数量、客户对金融企业认同程度，以及不同促销方式的敏感性等做调研，以便合理选择分销渠道类型。一般而言，公司客户，尤其是大客户宜采用直接渠道，非核心业务可选择服务外包的形式通过代理机构来实现，个人客户，可以采用直接和间接并行的渠道，鼓励业务向间接渠道和网上渠道发展。

2. 技术因素

技术对分销系统提供强有力的保障。金融企业应综合考虑渠道的技术系统的软硬件的实用性和成本，结合可靠性、安全性、兼容性、便捷性等因素来设计渠道的技术系统。

3. 环境特性

环境特性主要指政治法律方面的因素、社会经济发展状况和金融企业及其产品的互补与竞争状况等，这些都是金融企业建立和管理营销渠道的最主要约束因素。例如，政府推行金融自由化政策，金融企业渠道选择就会多元化，反之，渠道就会单一化。

(二) 金融营销渠道设计的原则

金融产品营销渠道设计应以客户需求为导向，提高渠道效率，降低渠道费用，将产品尽快、尽早地送达目标市场，使客户在适当的地点、适当的时间以合理的价格得到满意的商品和服务，赢得竞争的时间和价格优势。金融营销渠道设计的原则具体如下。

(1) 安全性。安全性是金融企业渠道设计的首要原则，要确保营销渠道能安全地把金融企业的产品安全地送达目标市场的客户。

(2) 经济性。营销渠道要遵循成本最小化原则。渠道成本包括渠道开发成本、渠道维护成本。渠道成本与渠道成员的数量、效率、渠道的长度有密切关系，金融产品的特点与分销渠道设计特点也是影响渠道成本的客观因素。

(3) 一致性。营销渠道设计要与金融企业的经营目标相吻合，与金融企业的营销计划相适应。例如，银行想拥有较大的渠道控制权，就必须设计较短的渠道。

(4) 控制性。营销渠道设计要确保金融企业能有效地控制营销渠道，保证金融企业的营销渠道高效安全运转。

(5) 持续性。营销渠道一旦建成，改变需要花费大量的时间、资金和精力。营销渠道设计要有长远的目标，能适应不同时期的经济金融环境的变化，一旦建成就不要轻易改变，要确保在较长时期正常地连续运转。

(6) 覆盖性。营销渠道设计要考虑适度覆盖原则，能确保覆盖绝大部分的目标市场和客户。覆盖程度越高，企业的市场地位和竞争力也越有保障。但覆盖面过大也会造成费用增大、沟通与服务困难、不便于控制管理。

(7) 合作性。营销渠道设计要便于渠道成员合作，统筹设计渠道成员的权利和义务，既能有效激励渠道成员，又能解决渠道冲突。

(8) 便利性。营销渠道是信息流通和反馈的通道，要合理设计渠道的宽度、长度及信息沟通机制，便利渠道信息的联系，确保渠道信息的及时处理和反馈。

(三) 金融渠道战略选择

(1) 争先战略，是指优先发现新的渠道商机并进行渠道布局，以抢占特定区域或群体的市场。

(2) 追随战略，是指追随主要的竞争对手进行渠道布局。这样的渠道战略风险较小，但一味追随和模仿竞争对手的渠道布局，也容易丧失市场先机，不

拓展阅读 6-1

民生银行的社区
银行布局

利于企业的发展。

(3) 滞后战略。在渠道商机发现和布局上落后于主要的竞争对手。只有明确看到竞争对手的渠道战略取得成功，才会进行渠道的布局。这是保守的渠道战略，渠道风险较小，但是往往丧失了渠道先机，一般区域性小型金融企业会采取此项战略。

知识链接 6-1

(四) 金融营销渠道设计的内容

金融企业的各种营销渠道都有其优缺点和适用范围，金融企业应根据实际情况和影响渠道设计的因素来选择合适的营销渠道类型。随着时代的发展，越来越多的金融企业更侧重于在一个市场中同时使用两种或两种以上的渠道，并对至少一个渠道拥有较大控制权，以有效扩大市场面，提高竞争力。

保险公司各渠道
优劣势分析

1. 金融营销渠道的长度设计

金融营销渠道长度，即渠道的层次有多少，是指金融产品从金融企业到目标客户受益的转移过程中需要经过的环节。

金融企业应根据产品特性、企业特性、市场特性、客户需求、服务复杂性、服务范围等因素决定渠道长度。例如，就产品特性来看，技术和服务含量较大的金融产品，如资金拆借、保险等，适宜选择较短的渠道，以保证技术和服务有效、准确、全面地送达最终客户。就市场特性来看，消费者选择性不强但要求方便的产品，如国库券，适宜采用较长的渠道。

金融企业的产品和服务性质，决定了金融渠道长度不宜过长，以保证技术和服务有效、准确和全面地送达到目标客户。

2. 金融营销渠道的宽度设计

金融营销渠道的宽度，是指在特定渠道层次的中间商数量。渠道的宽度可以从两方面来理解：一是确定分支机构的数目；二是确定金融企业在每一层次中利用中间商销售该产品的数量。

在确定分支机构数目上，金融企业形成一套科学合理的网点选址评价指标，运用定性和定量结合的方式对网点选址进行综合评价，根据服务区域的不同设立不同功能、不同规模的服务网点，力求以较经济的物理分布辐射整个目标市场。

依据渠道战略，渠道宽度选择一般有独家分销、密集分销、选择性分销三种形式。独家分销，是指金融企业在一定地区、一定时间只设立一家分支机构或只选择一家中间商销售自己的产品，是最窄的渠道。采用这种战略，金融企业能在中间商的销售价格、促销活动、信用和各种服务方面有较强的控制力，有助于提高产品的形象。密集分销，是指金融企业在一个销售地区广泛设立分支机构或尽可能多地使用中间商销售自己的产品，以达到最大的市场覆盖率。适宜于一些可以大规模标准化销售、消费者选择性不强但能方便购买的金融产品，如银行的储蓄产品等。选择性分销，是指在特定地理范围内，企业选择设立有限的分支机构或有选择使用部分中间商经销其产品。采用这种战略，由于所选择的中间商较少，可使产品提供者有较强的渠道控制力，保证同一渠道内的成员加强协调和合作，避免资源的浪费和流通成本的增加，使产品提供者获得适当的市场覆盖面，确保产品和信息的流通能顺畅进行。

拓展阅读 6-2

随着科技进步，不断产生新兴的渠道终端业态，特别是电子渠道的发展，缩短了渠道长度，而渠道宽度随着网络基础设施的完善具备了无限制扩张的潜力，成为重要的新渠道。

基金销售的互联
网渠道迅速发展

(五) 金融营销渠道成员的权利和义务

(1) 营销渠道成员权利。渠道成员权利包括价格政策、销售条件、地区权利、双方应提供的特定服务。

(2) 营销渠道成员义务。渠道成员义务包括推销、网络支持、物流、售后服务。

(六) 渠道分销商的选择

1. 渠道分销商数量

渠道分销商数量取决于分销类型。通常，金融企业在选择分销方式时，其类型包含广泛分销、选择分销、独立分销三种。在这些分销类型中，广泛分销的分销商数量最多，独立分销的分销商数量最少，选择分销的分销商数量介于两者之间。

2. 渠道商选择标准

金融企业对渠道分销商的选择标准包括：分销商的规模与经营管理能力、代理产品性质、分销技术系统(稳定性、可靠性)、客户、成本、合作信用及声誉、分支机构覆盖范围、规模、连续性、成长性、盈利性、分销商的管理与文化特色特征等。

在确定分销商数量的过程中，必须对分销商进行综合评价，选择那些基本素质好、监管能力强、硬件条件好、资信水平高的企业作为分销商，以提升产品形象，增强产品宣传的可信度，不可为了盲目分销放松对分销商的筛选和监管。

二、传统金融渠道布局战略

客户选择金融企业的原因，按照权重排序依次是与金融企业的距离、与金融企业的关系、对特定金融服务的偏好。金融企业只有让目标市场客户在一定的时间和地点，便利地得到他们所需的金融产品和服务，才能实现金融企业的营销目标。因此，金融企业需要研究自身的渠道布局。

(一) 传统网点布局

1. 网点位置选择

金融企业的网点空间位置选择要满足以下要求。

(1) 便于客户方便快速找到。金融机构应在人口居住集中区、人流频繁闹市区和市内人口稠密地区设立网点就是适宜的选择。

(2) 便于主动寻找客户。金融机构应在大客户群集中的办公楼内设立分支机构、结算中心，或者定期上门，提供全套服务。

(3) 无空间限制交易。金融机构应该大力发展网络技术，打破空间限制，拓展服务空间。

2. 网点布局原则

(1) 整体布局原则。营业网点规划选址应建立在对规划单位整体分析的基础上，由规划单位分行(支行)统筹开展，同时紧跟城乡发展规划步伐，兼具前瞻性。

(2) 业务导向原则。网点的规划选址应坚持以客户为中心、以市场为导向，渠道建设服务于业务发展，网点类型由未来目标客户群的服务需求和业务特点决定。

(3) 市场需求原则。网点规划选址重点关注金融资源和金融服务需求集中地区，以确保能够支撑网点未来业务发展，同时要求竞争适度，对于网点布局过密的地区，重点调整现有网点布局结构，提高网点综合效益。

(4) 定量与定性相结合原则。网点规划选址时，既要依据规划单位宏观信息定性判断候选位置价值，又要运用投资度模型定量评估候选位置经济金融资源丰富程度，确定最适合的目标位置。

3. 网点布局规划

网点布局规划以区域经济理论为基础，通过综合分析经济金融资源分布、同业竞争态势及现有网点经营绩效，对网点布局现状进行诊断，提出具有针对性的改进措施，以提高网点网络与经济金融资源分布的匹配程度，满足同业竞争的需要，提升网点的竞争能力。

知识链接 6-2

金融机构在实地勘察并收集目标位置的相关信息后，应综合考虑规划区域内经济金融资源整体情况和同业竞争情况，依据目标位置周边居住人口、工作人口、同业网点、商业设施四大类数据，对目标位置周边微区域经济金融资源丰富程度进行评估，得到目标位置投资度分值，分值越高表示经济金融资源越丰富。结合实际物业条件，得出拟选网点的位置与类型评估结果。在对规划区域内分行现有网点网络进行分析的基础上，通过决策树逐一确定每个网点的规划调整意向，综合拟选网点评估结果，制定网点布局规划。

银行网点选择理论

4. 网点布局优化

金融机构应注意网点数，因为网点过多会造成覆盖区域重叠，造成过度竞争；而网点太少，又会造成这一区域业务的流失。因此，要通过调整网点数量，优化调配网络结构以获得最佳客户覆盖率，获取最大利润。

网络优化是以利润最大化为主要原则，通过对拟定区域的现实和将来的客户群和竞争对手研究分析，确定网点价值潜力和效用，通过对已有网点的合理并、改、撤或新增网点的整合，使单个网点效用最大化，使目标区域的网点网络从整体上实现利润最大化，具有较强综合竞争力的整体优势。

优化网点的关键因素包括：客户质量及其市场潜力；客户的利润贡献率；业务量、网点规模、设备配置；网点业务辐射范围；以经济发展状况和经营环境为依据，以客户群 95% 乐意接受的步行距离为标准测算；城区以储蓄为主的网点；县城以储蓄为主的网点；竞争对手。

优化网点的操作流程为：①建立网点经营环境，实时更新信息数据库。在地图上标明各网点和竞争对手所在位置；收集网点业务量和财务资料；收集客户和经营环境信息，探求客户贡献度。②竞争对手信息统计。统计信息包括网点名称、地点、业务辐射范围、营业场所面积、装修水平及特点、员工人数、业务种类及其产品明细、主要客户明细、拓展业务手段、管理特点、员工工作状态、客户评价。③分析上述资料，确定撤并、保留或增设网点。

5. 网点布局战略

(1) 差异化布局。不同金融企业的分支网点为不同类型的客户提供不同形式的服务。该布局战略类型具体包括：全方位型分支机构、专业性分支机构、"高净值"分支机构、法人分支机构。

(2) "轴心—轮辐"式布局。金融企业在核心分支机构提供全面服务，同时通过一些卫星分支机构，提供更为专业化的服务。"轴心—轮辐"结构使得分支机构布局合理化；将专业化的职员和昂贵的设备集中于有限几家关键分支机构，降低金融企业的成本支出；避免管理技术的重复；将事务处理职能集中于有限的分支机构中；同时实施产品和公关战略。

(3) 分区式布局。分区式布局是按规划的区域(业务/空间)设置相应的分支机构。例如，中国的很多银行是按行政区域进行机构布局，组织链条通常包括总行，省市一、二级分行，县级分行，分理处、储蓄所。

知识链接 6-3

传统银行网点现状

(4) 集中式布局。集中式渠道布局将金融机构的业务集中于某一种特定的客户群体。例如，位于大学周围的银行，为迎合学生的需求，往往提供特别促销，如寒暑假免费预订火车票，提供透支服务，学费的汇款、转账、查询服务等。

(二) 新网点主义

1. 新网点主义的内涵

传统金融分支机构网点是一种服务终端，用于交易处理，布局强调的是安全性，忽视对客户便利性的考虑。现代金融分支机构网点布局更重视客户的体验，强调布局的友好性和便利性。由此导致新网点主义的渠道战略的出现。

新网点主义指的是金融企业实施营业网点多渠道金融服务战略，提倡改变过去单一的面对面人工服务模式，整合多种现代化服务渠道，根据用户不同需求特点进行针对性服务，以便最大限度地提高金融服务效率和客户满意度。

2. 新网点主义渠道战略

新网点主义渠道设计围绕"以客户为中心"这一核心原则，从客户在网点的服务体验角度，进行功能分区的分析和设计。

(1) 网点功能分区设计理念。一是适应业务流程规划平面功能布局，即在模块化布局方式的基础上，适应客户办理业务的合理流程和路径，突出网点作为销售渠道的定位，实现对客户的有效分流、信息传递，以及网点资源的最优化利用。二是根据市场、客户信息和网点营业面积进行高、中、低效客户分区，更多资源配置向中高端客户服务区倾斜，并以现金区联动各理财室和客户服务室、现金区联动开放式柜台业务、开放式柜台业务联动客户服务室等。三是自助区与低效客户服务区相邻，且在低效客户区域不设过多的现金窗口，尽量少设休息等候椅，以更好地向自助区分流业务，并尽可能快地处理小额现金存取业务。四是设置咨询引导区，让大堂经理分流不同客户到相应服务功能区域办理业务，使客户逐步了解区域分布并形成习惯。

(2) 网点功能分区设计。一般情况下，全功能网点内部设置有咨询引导区、现金服务区、非现金服务区、自助服务区、客户休息等候区、贵宾服务区六个标准功能分区，如图6-3所示。

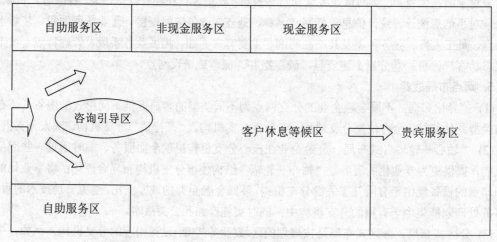

图 6-3　网点功能分区设计

咨询引导区：客户实现业务预处理的重要区域，是实施客户分流、服务分层的关键和起始点。采用开放式设计，大堂经理咨询台一般设置在营业网点入口处或客户进入网点视觉冲击最显耀的位置。

现金服务区：设置在自助服务区较近的区域，以便有效分流现金交易业务，减轻现金柜员压力。现金服务区不能留富余闲置窗口。

非现金服务区：一般设置在大堂经理和客户休息等候区的视线内。开放式柜台可以一字直线型排开，也可以呈弧线型或 L 形布局。非现金柜的设置应根据业务范围、业务量、人员分流、对公业务、授权，以及现金柜与非现金柜间的流程设计。

自助服务区：一般设置为客户进入网点的通道，或客户进入网点后首选交易的便利位置，以突出和方便客户首选自助交易渠道。

客户休息等候区：一般设置在现金服务区及非现金服务区之间，大堂经理视线范围之内，兼顾以上两个区域排队等候的客户，也可以在现金和非现金区附近分别设置等候。客户座椅面向营业窗口且相对摆放，以提高客户在等待过程中翻看宣传折页的频率并转移客户注意力，从而有效缓解客户长时间等候产生的急躁情绪；宣传展架摆放的宣传折页应以主推的一种产品或服务为主，并建议在普通客户区摆放贵宾卡宣传折页，挖掘客户的潜在需求，增大贵宾卡的发放量。

贵宾服务区：贵宾服务区要有私密性，一般设置在单独区域或单独楼层，在布局上相对独立，远离普通客户区。

(3) 网点分类管理。网点分类管理分为财富网点、精品网点、基础网点和自助网点四类。

财富网点：以服务高端客户为主，能够为客户提供个性化财富管理、贵宾理财等"一站式"综合金融服务的营业网点。功能定位为管理高端客户的客户关系，实现个人复杂产品销售，提供高质量差异化的服务。

精品网点：兼顾中、高端客户和一般客户，能够提供全功能交易和实现功能分区、服务分层的营业网点。功能定位为管理个人中端客户的客户关系，实现个人标准化产品销售，提供个人及对公交易服务。

基础网点：为普通客户提供基本交易服务，以服务一般客户和提供便民交易服务为主的营业网点。功能定位为保障性交易服务渠道，兼顾销售与客户挖掘。

自助网点：为客户提供 24 小时自助服务。网点的分类分级，功能定位为保障性交易服务渠道。

(4) 网点分级管理。针对不同类别的网点，采用差异化分级体系进行测评，通过量化盈利指标和客户结构、销售能力、分流效果、服务水平等指标考核，将现有网点按照分类分别评定等级。

(三) 网点渠道转型

网点渠道转型战略以网点标准化建设和经营模式整合为重点，调整网点职能定位，优化网点网络布局，提升网点品牌形象，增强网点销售服务和客户管理能力，推进网点业务和管理转型，实现网点功能由交易结算型向营销服务型转变，构建"网点分类、功能分区、业务分流、客户分层、产品分销"的零售网点服务体系，全面提升网点核心竞争力。

网点渠道转型，包括硬件转型和软件转型两个方面。

拓展阅读 6-3

招商银行的
"咖啡银行"

1. 网点渠道的硬件转型

网点硬转型，是指为适应市场竞争的需要，进一步提升网点的服务水平和营销能力，进行的相关网点规划布局、硬件设施方面的转型。

硬件转型关注的是网点的形象、标识与功能分区问题，即网点服务环境，是渠道转型的基础，包括网点的选址与分析、网点统一规范的形象建设、整洁美观优雅的服务环境、网点内部的科学合理化布局、整合优化的渠道配置、网点分类分级管理，以及各类服务设施的配备等。

网点功能分区是业务分流、服务分层的前提和基础，是渠道转型的必要条件，是实现客户差异化服务、提升客户体验和满意度的手段和措施。

2. 网点渠道的软件转型

在完善了网点的硬件条件以后，如何利用好网点，充分发挥最大的效能，才是最大的难题。金融机构只有努力发挥改造后网点分层分区的功能，落实网点营销岗位和人员配备，强化服务流程和营销技能培训，科学实施绩效考核，最大限度地发挥网点作为零售主渠道的作用，才能把网点运维好，实现网点价值创造力的提升，这样才能使硬件转型更好地为软件转型服务。

软件转型关注的是员工队伍建设、服务水平及服务营销流程，与客户的满意度与忠诚度直接相关，并最终影响和制约着网点的营销能力和市场竞争力，是渠道转型的核心和实质。软件转型包括服务转型、营销转型和管理转型。

(1) 服务转型。以客户为中心，优化服务流程，提升服务效率，建立标准化、高效率的作业流程，改善服务环境。

(2) 营销转型。实施"赢在大堂"战略，建立"全员识别推荐、专业营销"的机制，开展主动营销、联动营销、交叉营销和组合营销。

(3) 管理转型。按照不同类别网点的标准化流程设置岗位职责，建立网点绩效管理机制，开展网点文化导向，推行包括网点人员配置、提升营销技能、客户关系管理、网点现场管理四大措施。

三、新型金融营销渠道战略

(一) 新型金融信息技术渠道

1. 新型营销渠道概述

信息技术的兴起，加快了与金融融合的速度，催生了网络金融的新业态，创新出许多新型营销渠道，主要包括电话营销、网络营销、在线营销、数字营销、手机银行、交叉销售等。这些新型营销渠道的应用催生了更多的金融服务类型，丰富了金融营销手段，提高了金融服务的便利性，提升了金融服务效率、质量，增加了金融服务界面的友好性，提高了金融营销服务的成功率。

2. 新型渠道类型

(1) 服务自动化设施：①固定顺序型，如银行的自动门、气动传送系统；②变动顺序型，如自动柜员机、自动信用组合分析系统；③重复型，如电话应答机；④数字控制型；⑤智能型；⑥专家系统，如股票交易系统；⑦全自动化系统，如电子存款转账机。

(2) 网络服务设施，如网络银行、手机银行等。

3. 新型营销渠道特征

(1) 瞄准能力。金融企业借助大数据分析，可以对客户进行全景扫描，快速找寻目标客户，提供个性化服务。

(2) 交互性。交互性意味着金融企业借助信息平台，可以与潜在客户进行实时沟通，随时了解客户需求，以便提供针对性服务。

(3) 记忆。记忆是指金融企业利用信息手段收集和保存客户信息，利用信息分析定制客户的营销与服务方式。

(4) 控制。控制意味着客户掌握了信息的主动权，金融企业的中介地位弱化，控制客户信息的内容和顺序的能力受到限制。金融企业应以信息服务支持营销发展，创新传播渠道、工具和手段，加强关系营销，便利客户沟通。

(5) 获得能力。信息技术大大地提升了客户信息的获取能力。金融企业若无有效的信息制作和传播能力，就会在信息时代被边缘化，无法吸引客户。因此，围绕改善客户服务，加强信息开发，提升信息价值，以有效吸引客户注意力将成为金融企业的营销重点。

(6) 数字化。金融信息数字化是指金融服务/产品与数字融合的速度持续深化，金融企业应用数字化技术加快产品、服务与营销手段的融合，推出数字金融产品和服务，以满足数字化时代客户的需求。数字化能力提升了信息的便捷性，有助于金融业务的无形化、标准化。

4. 新型营销渠道优缺点

(1) 新型营销渠道的优势。信息技术使得"个性化""定制式"金融服务成为可能。通过大数据分析，可以了解客户的消费行为，实现一对一的服务，服务更加个性化、智能化。信息技术的发展打破了交易的时空限制，改变了传统的金融服务流程、竞争模式和营销模式，竞争焦点转向信息获取和处理能力上；服务覆盖面更加广阔，交易更加便利，拓展了业务范围，服务成本相对低廉，将会出现更多的服务方式、金融产品、营销渠道、促销手段。

(2) 新型营销渠道的劣势。新式销售渠道对信息和服务的要求较高，客观上要求金融企业加大信息技术投入，加强信息管理，保证业务交易和信息资料的安全。新型营销渠道通常不是面对面的交流，只是通过电话和网络沟通，服务感知质量难以控制。同时，由于信息的不对称，也为欺诈行为留下了空间。

(二) 网络银行渠道

1. 网络银行概述

网络银行，是银行为其客户提供服务的新手段，它以现有的银行业务为基础，利用信息技术为客户提供综合、统一、安全、实时的金融服务。

网络银行分为狭义网络银行和广义网络银行。狭义网络银行又称为纯网络银行，是指没有分支银行或自动柜员机，仅利用网络进行金融服务的金融企业。广义网络银行包括纯网络银行、电子分行和远程银行等。

2. 网络银行特征

(1) 成本低。网络银行是虚拟银行，没有分支机构，经营成本低廉，工作效率高。

(2) 服务便捷。借助互联网技术的优势，客户可以在任何时间、任何地点，以任何方式获得网络银行所提供的金融服务，突破了传统银行因上下班、节假日带来的时间限制、地域限制、银行网点柜台资源限制，以及相对烦琐的业务手续。

(3) 拓宽营销手段。网络营销的独特传播方式，决定了互联网金融可以便利实现多媒体营销、开放式营销、交互式营销、多维式营销等营销手段，可以提供高质量的个性化服务，提高了服务质量，增强了客户黏性。

总之，网络银行是银行业务开拓服务空间、增加金融服务、改善服务质量、提高银行效益，使银行业为社会发展带来新的生机和活力的重要途径。

3. 网络银行功能

网络银行不仅能够办理传统的银行业务，还开办了许多新型的金融业务，如表 6-1 所示。网络银行的具体功能包括：①访问功能；②展示功能；③综合功能，包括传统银行的各类服务；④超越地域限制功能，包括电子商务、在线支付等功能。

表 6-1　网络银行金融业务

服务类型	服务项目	具体业务
基础服务	银行电子化提供金融服务	银行零售业务电子化
		银行批发业务电子化
		银行同业清算转账电子化
	网上支付系统	
增值服务	在线多元化	各类信息
		在线交易
		新型服务
	品牌化	

(三) 电话银行渠道

1. 电话银行概述

电话银行，是指银行通过电话专线向客户提供金融服务的新型银行服务渠道。电话银行是在 20 世纪 70 年代由芬兰联合银行首先使用，此后电话银行发展迅速，与新兴的自助银行、PC 银行、网络银行形成的电子银行体系大大拓展了银行的服务空间、服务效率和服务质量，可以使客户随时随地享受银行服务。

2. 电话银行业务

电话银行，分为自动语音和人工座席两种服务，提供的业务范围包括：信息咨询、客户投诉、账户挂失、私人贷款、投资理财、理财顾问、投资策划、信用卡透支追收、账户余额/明细查询、账户处理、产品营销、客户关怀、机票销售、酒店预订等多项服务。

电话银行的服务分为呼入和呼出，呼入是由座席员为客户办理一些没有办法通过自动语音电话银行处理的业务或交易；呼出可以进行账款催收、客户关怀和销售产品。从趋势上讲，呼出服务将成为银行的一条重要销售渠道。

电话银行目前一般定位于客户服务中心，以及远程客户关系维护中心。从长远看，未来应该将呼入作为自动化的服务渠道，而将呼出作为一条主动的营销渠道，逐步实现由目前的成本中心向利润中心过渡。

(四) 手机银行渠道

1. 手机银行概述

手机银行，也可称为移动银行，是指银行利用移动通信网络及终端办理相关银行业务。

2. 手机银行业务

手机银行业务是结合了货币电子化与移动通信的崭新服务。手机银行业务不仅可以使人们在任何时间、任何地点处理多种金融业务，而且极大地丰富了银行服务的内涵，使银行能以便利、高效而又较为安全的方式为客户提供传统和创新的服务。

(五) 其他新型金融渠道

1. 短信银行

短信银行，是指客户通过编辑发送特定格式短信到银行的短信服务号码，银行按照客户指令，为客户办理相关业务，并将交易结果以短信方式通知客户的电子银行业务。

2. 自助银行

自助银行，主要包括在行式自助银行和离行式自助银行。在行式自助银行是银行网点内部设置的自助机器设备(ATM、自动存折打印机和自动综合查询机)，客户通过该设备自主完成金融交易和服务。离行式自助银行是指银行在远离银行营业机构的无人网点设置的自助机器设备 (存款机、取款机、现金循环机、综合查询机)，客户通过该设备完成金融交易和服务。目前，自助银行在现金存款和取款等方面，在很大程度上已经实现了对物理网点柜台的替代。

3. 电子邮件营销

电子邮件营销，是指金融机构利用电子邮件作为载体，发送金融促销信息，是金融企业开发和维护客户的重要渠道。金融企业通过电子邮件发送产品信息、营销广告，主要适用于对老客户的管理和维护，以提升老客户的满意度。

4. 微博营销

微博，是线下应用最广泛的社交软件之一。在微博中，用户可以通过添加好友、吸引粉丝等方式慢慢壮大交际圈。微博拥有海量的用户，可作为金融营销的重要平台。

金融企业可通过微博公众号与用户交流，在微博上定期发送广告文案推广金融产品，传递金融企业优惠活动和抽奖信息等，这些都是常用的微博营销手段。在发表微博时，金融企业应注意使内容更生动，讲究合理性、趣味性，能够吸引粉丝，避免引起客户的反感。要多交流沟通，经常举办各种活动，调动粉丝的积极性和活跃度。

此外，金融企业还可将官方微博与金融高管微博、企业员工微博、企业合作伙伴微博互动结合起来，以增加营销合力。

5. 微信营销

微信作为功能强大的网络媒体工具，可以打破时间和空间的限制，实现人员沟通、产品发布、业务交易等营销功能。

目前，微信营销的形势日益多样化。例如，微信朋友圈适用于个人开展熟人及朋友之间的点对点精准营销；微信公众平台适用于金融企业进行较为权威的产品发布及客户交流等活动。

(六) 银行、证券与保险交叉渠道营销

1. 银证通渠道

银证通，又称银券通业务或"存折炒股"业务，是指投资者直接利用在银行各网点开设的活期储蓄存款账户卡、折，通过银行的委托系统(如电话银行、银行柜台系统、银行网上交易系统)，或通过券商的委托系统(网上交易、电话委托、客户呼叫中心等)进行证券买卖的一种金融服务业务，是在银行与券商联网的基础上，个人股东投资者直接使用银行账户作为证券保证金账户，通过券商的交易系统进行证券买卖及清算的一项业务。

2. 银基通渠道

银基通，是指投资者直接利用在银行(如招商银行)各网点开设的活期储蓄存款账户卡、折下设的"基金理财专户"作为基金交易的保证金账户，通过银行网上、电话和柜面等渠道进行多种基金选择和交易的一种业务模式，是银行与基金管理公司合作推出的一种金融服务业务。

3. 银保通渠道

银保通，是专门针对银行保险代理业务而定制开发的一套保险代理业务处理系统。通过该系统实现银行、保险公司电子化数据交换，银行内部保险代理业务管理的网络化、电子化得以实现。

银保通渠道的功能包括保单处理、代理费结算、代理费分配、代收保费、产品管理、组织管理、系统设置。

四、渠道成员间的联合

1. 垂直联合

垂直联合就是金融企业与客户的联合。

就直接渠道而言，渠道成员之间的联合就是金融企业与用户的直接联合。对银行来说，网上银行、企业银行、银证通、银证转账等电子银行业务的建立与实施就需要银行与机构客户的密切合作。

就间接渠道而言，渠道成员的联合包含金融企业与中间商的联合。例如，基金公司为向机构客户和散户推出开放式基金而与银行的契约性合作，银行受托为其承销基金。

2. 水平联合

水平联合就是不同类别的金融企业，如银行、保险、证券、基金间的联合。

目前，水平联合已经成为一种趋势，在金融界，银行业、保险业、证券业、基金业之间，以及它们各自行业的企业之间，经常会合作共同推出某一金融产品和服务。例如，银行联合机构客户向消费者推出各种代理服务业务，如话费缴纳、工资领取等；银行与保险公司联合推出储保两便产品；保险公司与基金公司联合推出投资连接产品等。

3. 交叉营销

交叉营销，是指金融企业在现有客户资源的基础上，识别和发现客户的潜在需求，从而有针对性地销售或定制金融企业提供的其他金融产品和服务，即在客户已经购买了某公司 A 产品的同时鼓励其购买 B 产品。

交叉营销首先要识别交叉营销的机会，了解对客户实施交叉营销的可能性和可能需求，其次要通过渠道设施与客户数据的共享，便利交叉营销的实施，提高交叉营销的有效性。

交叉营销不仅通过对现有客户扩大销售来增加利润，还是提升企业形象、培育客户忠诚、保障企业可持续发展的重要战略。

五、渠道内部战略

(一) 视觉营销

1. 视觉营销战略概述

视觉营销，是指企业通过空间、平面、传媒、陈列、造型等一系列的视觉展现，向客户传达产品信息、服务理念和品牌文化，以达到促进产品销售、树立品牌形象的目的。

金融企业视觉营销的内涵有广义和狭义之分。广义的视觉营销立足整体服务氛围建设，内容涵盖广泛，包括整体 VI 规范、空间设计规范(服务硬件设备、功能分区等)、室内陈列设计、现场营销展示设计等。狭义的视觉营销主要针对营业网点内动态的陈列设计、即时性宣传展示设计，其主要目的在于对外的营销推广。

金融企业视觉营销是建立在营业网点内部的系统性的传播和体验设计，即统一的标准化的网点建设，关注的是网点形象的冲击力和功能分区的合理性，是"可视、可感觉的企业文化"，旨在为客户提供舒适的环境，吸引客户的眼球并得到客户的认同，这是渠道战略的基础和前提。

2. 视觉营销系统

金融企业视觉营销(视觉识别)分为两大类：第一大类是视觉营销的基本要素；第二大类是视觉营销的应用要素。

1) 金融企业视觉营销的基本要素

金融企业视觉营销的基本要素，是指以标志、标准字、标准色为核心展开的完整的、系统的视觉表达体系。

金融企业视觉营销的基本要素包括企业名称、企业标志、企业造型、标准字、标准色、象征图案、宣传口号等基本要素系统。

(1) 金融企业名称设计。企业名称与企业形象有着紧密的联系，要反映出企业的经营思想，体现企业理念；要有独特性，发音响亮并易识易读，注意谐音的含义，以避免引起不佳的联想。要简单、明快，同时还要兼顾国际性，适应外国人的发音，以避免外语中的错误联想。企业名称应与商标，尤其是与其代表的金融品牌相一致。企业名称的确定既要考虑传统性，又要具有时代特色。

(2) 金融企业标志。企业标志是特定企业的象征识别符号。企业标志的功能是传递企业信息，使公众由标志性的符号联想到企业的产品、服务，产生或者强化在其心目中的形象。金融企业标志是以文字、图案或者文字图案相结合的形式来传递金融企业的经营理念、企业文化、经营范围、企业规模、产品特性等要素，使社会公众识别和认同企业的视觉符号。

拓展阅读 6-4

中国银行标志含义

标志的设计不仅要具有强烈的视觉冲击力，而且要表达出独特的个性和时代感，必须广泛地适用于各种媒体、各种材料及各种用品的制作。

(3) 金融企业标准字。标准字指企业名称或品牌名称经过特殊设计而确定下来的规范化表达方式，是企业识别系统中的基本视觉要素之一。与企业标志一样，标准字的设计要有明确的说明性，直接传达金融企业、金融品牌的名称并强化金融形象和金融品牌诉求力。一般金融企业给人以大气的感受，标准字体应大而刚劲，给人以安全感和信任感。

知识链接 6-4

标准字设计程序

标准字种类很多，功能各异，如企业名称、产品名称、商店名称、活动名称、广告标题、电影名称、小说、杂志的标题文字等的设计均属于标准字。标准字分为企业标准字、品牌名称标准字、活动标准字三类。

(4) 金融企业标准色。企业标准色是企业选定的代表企业形象的色彩，在视觉识别符号中具有强烈的识别效应。标准色实际上是一种或多种颜色的搭配，与企业标志和标准字组合在一起使用。标准色广泛应用于企业的广告、包装、服饰等因素，通过人们对色彩的感觉传达刺激和心理反应，表现企业的经营理念、组织结构和经营内容等特质。

企业的色彩，不仅影响着视觉识别的传播，而且影响着社会心理认同。企业标准色的确定要根据企业行业的属性，突出企业与同行的差别，并创造出与众不同的色彩效果。一般金融企业具有庄重、肃穆的形象，选择标准色时应偏向选择表示沉稳的色彩更佳。

金融企业，尤其是银行已经开始注重色彩在塑造企业形象上的应用，将企业形象设计、人员服饰、环境设置，甚至是赠送的纪念品等都配以适合的且与品牌颜色相统一的色彩，增强金融企业品牌的感染力，给客户以有序、严谨和高度的信任感。

(5) 金融企业象征图案。企业象征图案是为了配合基本要素在各种媒体上广泛应用，而在内涵上要体现企业精神，引起衬托和强化金融企业形象的作用。通过象征图案的丰富造型，来补充标志符号建立的企业形象，使其意义更完整、更易识别、更具表现的幅度与深度。

(6) 金融企业吉祥物。企业吉祥物是以平易可爱的人物或拟人化形象来唤起社会大众的注意和好感。

(7) 金融企业宣传主题。金融企业提出的标语口号是企业理念的概括，是企业根据自身的营销活动或理念而研究出来的一种文字宣传标语。企业标语口号的确定要求文字简洁、朗朗上口。准确而响亮的企业标语口号在企业内部能激发职员为企业目标而努力，对外则能表达出企业发展的目标和方向，提高企业在公众心里的印象，其主要作用是对企业形象和企业产品形象的补充，以达到使社会大众在瞬间的视听中了解企业思想，并留下对企业或产品难以忘却的印象。

(8) 金融企业基本要素组合应用。组合应用即是对金融企业标志、标准字、标准色等基本要素组合起来进行运用。

2) 金融企业视觉识别应用要素

应用要素系统设计是对基本要素系统在各种媒体上的应用做出具体而明确的规定。当企业视觉识别最基本要素标志、标准字、标准色等被确定后，就要从事这些要素的精细化作业，开发各应用项目。

应用要素的内容非常广泛，包括企业根据视觉识别系统要求，在对外传播系统中统一规范的各种物品，包括产品造型、企业环境、办公用品(含名片、信封、信纸、稿纸、资料袋、文件夹、工作证、上岗证、请柬)、交通工具、公司旗帜、服装服饰(含胸章)、广告媒体(含条幅广告、户外导向牌)、招牌、包装系统(含资料袋、文件夹)、公务礼品(含专用台历、挂历、赠品等)、陈列展示，以及印刷出版物等应用系统。应用要素系统大致有如下内容。

(1) 金融企业广告宣传与设计。金融企业选择各种不同媒体的广告形式对外宣传，是一种长远、整体、宣传性极强的传播方式，可在短期内以最快的速度，在最广泛的范围中将企业信息传达出去，是现代企业传达信息的主要手段。

拓展阅读 6-5

平安保险广告创意

(2) 金融企业建筑设施。金融企业建筑设施分为外部建筑环境和内部建筑环境。外部建筑环境设计是金融形象在公共场合的视觉再现，是一种公开化、有特色的群体设计和标志着金融企业面貌特征系统。外部建筑环境设计包括建筑造型、旗帜、门面、招牌、路标指示牌、广告塔等。内部建筑环境是指企业的办公室、销售厅、会议室、休息室等内部环境形象。设计时把金融企业识别标志贯彻于企业室内环境之中，从根本上塑造、渲染、传播企业识别形象，并充分体现金融形象的统一性。内部建筑环境设计包括金融企业内部各部门标识、金融形象牌、吊旗、吊牌、POP 广告、货架标牌等。

(3) 金融企业办公事务用品。办公事务用品的设计制作应充分体现出强烈的统一性和规范化，表现出企业的精神。其设计方案应严格规定办公用品形式排列顺序，以标志图形安排、文字格式、色彩套数及所有尺寸为依据，以形成办公事务用品的严肃、完整、精确和统一规范的格式，给人一种全新的感受并表现出企业的风格。办公事务用品包括印有金融企业标志的信封、信纸、便笺、名片、徽章、工作证、请柬、文件夹、介绍信、账票、备忘录、资料袋、公文表格等。

(4) 金融企业员工装。金融企业整洁高雅的服装服饰统一设计，可以提高企业员工对企业的归属感、荣誉感和主人翁意识，改变员工的精神面貌，促进工作效率的提高，导致员工纪律的严明和对企业的责任心。设计应严格区分出工作范围、性质和特点，符合不同岗位的着装。员工装主要有经理制服、管理人员制服、员工制服、礼仪制服、文化衬衫、领带、工作帽、胸卡等。

(5) 金融企业交通工具。交通工具是一种流动性、公开化的金融企业形象传播方式，其多次地流动并给人瞬间的记忆，有意无意地建立起企业的形象。设计时应具体考虑它们的移动和快速流动的特点，要运用标准字和标准色来统一各种交通工具外观的设计效果。企业标识、标志和字体应醒目，色彩要强烈才能引起人们的注意，最大限度地发挥其流动广告的视觉效果。交通工具主要包括轿车、中巴、大巴、货车、工具车等。

(6) 金融企业陈列展示。陈列展示是金融企业营销活动中运用广告媒体，以突出金融业形象并对金融产品和服务或销售方式的传播活动。在设计时要突出陈列展示的整体感、顺序感和新颖感，以表现出企业的精神风貌。陈列展示主要包括橱窗展示、展览展示、货架商品展示、陈列商品展示等。

(7) 金融企业产品包装。产品包装起着保护、销售、传播金融企业形象的作用，代表着产品和服务的形象。系统化的包装设计具有强大的推销作用。成功的包装是最好、最便利的宣传，也是介绍企业和树立良好企业形象的途径。

(8) 金融企业礼品。礼品是以金融企业标识为导向，传播企业形象为目的，将形象组合表现在日常生活用品上。金融企业礼品是一种行之有效的广告形式，主要有印有金融企业标志的 T 恤衫、领带、领带夹、打火机、钥匙牌、雨伞、纪念章、礼品袋等。

(9) 金融企业的印刷出版物。出版物代表着金融企业的形象，直接与企业的关系者和社会大众见面。在设计时为取得良好的视觉效果，要充分体现出强烈的统一性和规范化，表现出企业的精神。编排要一致，固定印刷字体和排版格式，并将企业标志和标准字统一贯彻在整体设计风格中，造成一种统一的视觉形象来强化公众的印象。印刷出版物主要包括企业简介、商品说明书、产品简介、企业简报、年历等。

3. 视觉营销设计

(1) 色调递进。营造氛围时，大堂突出明亮的色调，并配以适当的产品宣传，营造出营销的氛围。而贵宾室追求温暖、柔和、私密、安静的空间效果。通过主色与辅助色的组合应用，并结合分区的平面布局，使空间色调由低端至高端分层次递进。

(2) 统一形象。所有营造氛围的元素均要以银行标识设计为基础，贯穿对内对外的所有视觉传达点，在整个营业厅营造统一的产品展示形象。

(3) 信息密集。营造氛围的目的是营销产品,要以适当的视听载体,包括走马灯、门楣、海报、折页、营销墙、液晶电视等向客户传递产品信息,使客户在营业厅停留期间被产品信息密集覆盖,从而促使客户的购买行为。

(二) 内部 POP 营销

1. POP 营销概述

POP 是 point of purchase 的缩写,意指"在购买场地所有能促进贩卖的广告""客户购买时点的广告""店头广告""卖点广告",是商业销售中的一种店头促销工具。POP 的主要形式包括户外招牌、展板、橱窗海报、店内台牌、价目表、吊旗、立体卡通模型等。

POP 的用途就是刺激引导消费和活跃卖场气氛。POP 常用于短期促销,表现形式夸张幽默,色彩强烈,能有效吸引客户的视点,唤起购买欲。POP 作为一种低价高效的广告方式已被广泛应用。

2. POP 的类型

(1) 店面 POP。店铺外面的设计,如招牌、橱窗、标识物等。它常常以商品实物或象征物传达企业的个性特色及季节感等。

(2) 地面 POP。利用店内的有效视觉空间,设置的商品陈列台、展示架、立体形象板、商品资料台等。它大致与客户视线水平,能快速吸引客户的注意力。

(3) 壁面 POP。利用墙壁、玻璃门窗、柜台等可应用的立面,粘贴商品海报、招贴传单等。以美化壁面、商品告知为主要功能,重视装饰效果和渲染气氛。

(4) 悬挂 POP。从天花板垂吊下来的展示,如商品标志旗、服务承诺语、吉祥物、吊旗等。要求它高度适中,从各个角度都能直接促使客户注意。

(5) 货架 POP。利用商品货架的有效空隙,设置小巧的 POP,如价目卡、商品宣传册、精致传单、小吉祥物等。这类信息需要近距离阅读,"强制"客户接收。

(6) 指示 POP。含有引发注意、指示方向、诱导等含义的视觉传达标志,如区隔商品销售域的指示牌,还有服务咨询台、导购图示、导购小姐等,以方便客户购买为主要目的。

(7) 视听 POP。在店内视野较为开阔领域放置电视录像或大型彩色屏幕,播放商品广告、店面形象广告、本店商品介绍等,或利用店内广播系统传达商品信息,以动态画面和听觉抓住客户的注意力。

3. POP 的设计

POP 设计相对比较简单,制成后有很大的视觉冲击力,能够达到商家预期的目的。

(1) POP 设计的原则:①单纯,形象和色彩必须简单明了(也就是简洁性);②统一,海报的造型与色彩必须和谐,要具有统一的协调效果;③均衡,整个画面需要具有魄力感与均衡效果;④突出销售重点,海报的构成要素必须化繁为简,尽量挑选重点来表现;⑤惊奇,海报无论在形式上或内容上都要出奇创新,具有强大的惊奇效果;⑥技能,海报设计需要有高水准的表现技巧,无论绘制或印刷都不可忽视技能性的表现。

(2) POP 设计的方法:POP 广告的制作方式、方法很多,材料种类不胜枚举,但以手绘 POP 最具机动性、经济性、亲和性。手绘 POP 容易引人注意、方便阅读,一看便知诉求重点,有美感、有个性、有效率,具有统一感和协调感。

(3) POP 制作的要点：①醒目，为了让 POP 醒目，应该从用纸的大小和颜色上想办法，以引起客户特别注意为佳。②大小适中，POP 的面积要与陈列品的大小、书写的内容相适应，重点宣传的商品，可以采用大型的 POP；放在货架上摆放的小型商品，制作的 POP 要小型化，不要将商品全部挡住为宜。③简洁，将想要宣传的内容全部准确地表达出来，应该尽量将商品的特点总结成条目，并且至多三条。POP 是吸引客户注意商品的手段，将商品的特点总结成条目，便于客户阅读，也就便于客户了解商品。④易懂，介绍商品的语言要让客户一目了然，不能含混晦涩。

(4) POP 的标示位置。①在眼睛的高度左右，能清楚辨读的位置；②标示的位置不应破坏商品的整体美，或妨碍商品的提放；③标示的位置与促销的商品，应配置在容易识别的位置；④有效地利用天花板的空间及梁柱面的位置；⑤利用手绘 POP，使陈列的死角复活。

六、金融渠道拓展战略

(一) 重组现有渠道战略

针对金融机构现有网点进行重组，改变网点千人一面、功能单一的局面，在层次性和综合化上对网点功能进行整合。例如，将一些有条件的大型网点办成个人金融理财中心，为客户提供全面智能化的理财服务。

(二) 新渠道建设

1. 拓展虚拟化、自助式渠道战略

推动电子银行、自助银行及 ATM 机、POS 系统等自助机具的发展和功能的创新，打破金融服务在时间上、地域上的限制，实现全天候、全方位、全过程的金融服务新模式。

2. 扩大金融服务和产品的代理分销渠道

银行应寻求更多的代理行，信用卡发卡行，寻找更多的特约商户。在这类渠道拓展中，遇到的最大难题是，代理人可能会代理几家金融企业的金融产品，质量控制和代理人推销产品的积极性成为一个重要的问题。

3. 并购

并购按照目标和行业可分为以下三种类型：

(1) 金融机构为了稳定代理机构成为自己忠实的分销渠道，并购各类代理机构，使其成为紧密型代理关系，只能经营本企业的产品和服务；

(2) 银行之间、保险公司之间、证券公司之间的并购，是扩大零售网络的主要手段，有助于增强银行实力，节省费用；

(3) 银行、保险公司和证券公司之间的并购，主要目的是扩大分销网络，借用对方的技能，扩大服务范围。

4. 战略联盟

金融企业在同业之间签署协议，采取联合、合作伙伴形式，达成战略联盟，既可以更好地发挥各家企业的业务优势与特长，又可以保持金融机构对各种客户各种需求的全方位满足，实现优势互补，从而达到双赢。

第三节　金融营销渠道管理

一、金融营销渠道的建设

(一) 金融营销渠道建设步骤

1. 选择渠道成员

金融企业在选择渠道分销商时，除了常规标准外，还要着重评价分销商的信用、声誉、企业文化与价值观、财务状况、管理能力及其连续性、销售能力与销售人员的素质等因素。

2. 构建共同远景目标

在渠道成员共同合作意愿的基础上发展双方的共同远景，为建立伙伴关系打好基础。

构建共同远景目标必须基于渠道成员的共同目标与价值观的结合，渠道成员应构建沟通机制，培养双方的共同语言，进而在企业发展规划、市场前景等方面达成共识，形成双方的共同长远目标。

3. 发展相互信任

发展相互信任的最有效方式是对关系进行投资，这种投资不仅可以发展和巩固双方之间的信任关系，而且还可以锁定对方。为建立并提升渠道成员的信任关系，选择渠道成员时，应注重考察渠道成员间的历史交易状况、行业信誉、企业规模等。

4. 制定双方合作协议

签署双方合作协议作为未来共同遵守的准则，明确双方的权利和义务、共享分配机制、决策和协调程序。

5. 渠道运营与维护

渠道投入运行后，要在运行中不断发现问题并及时协商解决，使渠道不断完善。

金融企业要健全以分销商为主体的客户关系管理系统，从信息提供、管理决策咨询、促销等方面对分销商进行帮助和服务，消除或减少合作中的障碍，培养分销商的忠诚，巩固伙伴关系。

6. 渠道成员培训

制定渠道成员的培训工程，通过培训，贯彻企业文化，分享渠道建设和管理经验，密切成员关系，提高渠道成员的整体素质，为渠道成员的深度整合创造条件。

(二) 金融渠道合作模式

1. 分销协议模式

分销协议模式是金融企业通过与渠道商签订分销协议，明确彼此权利和义务的分销模式。该模式属于彼此合作的初级阶段，合作关系十分松散，一般是短期化合作，需要双方定期签署合作协议。

拓展阅读 6-6

花旗和大都会人寿

2. 战略联盟模式

战略联盟模式是指两个或两个以上具有相似实力的金融企业，通过协议形成联系相对紧密的营销组织，实现市场和资源的共同分享，共同开发销售市场。

3. 合资公司模式

合资公司模式是金融企业分销合作的较高级阶段，是合作双方作为股东，依据自身的经营特点和优势劣势，签署资本合作协议，共同出资设立新的分销公司，实现业务、资源的共享，共同开拓市场。该模式能够同时利用双方的品牌和资源优势及强大的营销能力，实现了强强联合、利益共享。

4. 金融营销集团模式

金融营销集团是渠道建设的高级阶段，体现了营销金融一体化发展趋势。金融企业双方通过互相持股、兼并和收购或者由一方设立子公司等方式成立金融营销集团。金融营销集团具有其专属品牌、消费人群、市场渠道及技术支持等，能够很好地实现集团的目标。

(三) 金融渠道的管理战略

1. 信息交换战略

加强渠道成员间的信息交换，以期就整体金融形势和市场信息与渠道成员共享和讨论。

2. 建议战略

金融企业定期征求渠道成员的营销意见，同时给予渠道成员营销建议，以协调渠道政策立场。

3. 承诺战略

金融企业要按合同约定履行承诺，给予渠道成员奖励。这是一种直接的影响力，可有效提升渠道效率和竞争力，减少渠道冲突。

4. 威胁战略

金融企业对违反渠道规则的渠道成员给予惩罚，这是树立渠道权威、保障渠道效率的必备措施。

5. 法律战略

渠道成员应基于正式的合同规定建立彼此合作关系，共同遵守合作约定。

6. 请求战略

金融企业有权在没有任何奖赏或者惩罚的情况下要求渠道成员履行渠道义务。这种要求不带有任何威胁、承诺、法律因素。这种情况下，渠道成员遵循金融企业要求的激励来自其对渠道互惠关系的认同，认为遵循金融企业的意愿的收获超过其遵从意愿的成本。请求战略的合理运用会加强彼此的关系，促进相互信任和双方之间销售人员的认同。

(四) 金融直接渠道的管理制度

1. 金融直销渠道的管理

(1) 确定直销目标。金融企业直销的根本目标是销售规模和盈利。此外，发现客户、维护客户、密切客户关系也是直销的目标。

(2) 判别目标客户。直销应判别最可能购买、最愿意购买或者准备购买的客户和潜在消费者的各种特性。可通过近期购买、购买次数、购买金额等因素将客户进行排序，从中选择客户。最佳的目标客户应该是那些最近购买过的、经常购买的，以及花钱最多的客户。

(3) 设计直销信息。选择直销方式，包括直邮销售、网上销售、电话销售；设计直销的具体内容，包括产品名称、价格、性能、购买方式等。

(4) 衡量直销效果。衡量直销效果的内容包括：直销传播效果评价，评价产品或机构的知名度、客户对产品的了解程度、客户心理占有率等方面的内容；直销实际效果评价，对投入和产出进行比较，了解由此而带来的业务增长、盈利提高等情况；对效果不佳的直销活动，分析存在的原因，做出必要的调整。

2. 金融分支机构的管理

设立分支机构网络是商业银行最常用的分销战略。

(1) 在物理网点的选址上，商业银行应建立一套科学合理的评价指标，严格规范物理网点选址工作，力求实现网点最佳配置，发挥网点最大效益。

(2) 在分支机构服务定位上，商业银行不仅将分支机构作为处理客户交易的场所，而是要将分支机构变成商业银行的门户，成为商业银行向客户推出金融业务的第一接入点，成为与客户交流沟通的平台。

(3) 商业银行在金融分销的过程中要探索专业化的特色经营路径，鼓励各分支机构根据自身特点和服务区域内客户的业务特点选择主攻产业，以提高营销资源的运用效率和风险控制能力，打造金融专业银行的服务品牌。

知识链接 6-5

(3) 在运作过程中，分支机构要向总行反馈客户需求和市场信息，总行为分支机构提供业务指导和营销支持，达到集中操作、统一标准。

(4) 在网点的日常管理过程中，要注重导入 CIS，优化服务流程，加强服务质量的管理，提升客户的服务体验。

银行分支机构管理

(五) 金融间接渠道的管理制度

间接渠道管理主要涉及金融企业如何选择第三方中间商，并按规则进行有效管理。

1. 分销商管理

金融企业一般依据第三方中间商的规模、经营业绩、财务结构、分销技术、资信水平、成本、连续性、覆盖面、特色等确定金融分销商。

(1) 分销商激励。分销商作为金融企业的合作伙伴，可为金融企业的营销推广提供支持。分销商的作用体现为以下方面：①强制力量；②报酬力量；③法律力量；④专家力量；⑤相关力量。

(2) 评估与调整。按规定好的目标定期衡量中间商表现，若有问题，协助其解决，不称职的中间商及时调整，甚至改变整个分销系统。

(3) 冲突与解决。由于目标不一致或权责不明确，渠道中介会产生冲突，金融企业要妥善管理冲突。

2. 评估与调整

随着信息技术和电子商务的发展，带来了金融产品分销渠道的巨大发展机遇，第三方电子商务平台已成为金融产品的重要分销渠道之一，金融企业要着力打造网络金融，加强与电子商务平台的协作，加强平台的数据/流程整合，提高分销效率。

二、金融营销渠道的冲突

(一) 金融营销渠道冲突概述

1. 金融渠道冲突的定义

渠道冲突，是指在金融营销渠道中出现渠道成员为获取利益，从事某种伤害、威胁渠道运营或干扰目标的活动。

2. 金融渠道冲突的类型

按照金融渠道冲突产生的主体类型，渠道冲突分为水平渠道冲突和垂直渠道冲突。

(1) 水平渠道冲突主要是中间代理商之间的冲突，主要表现为窜货和恶性价格竞争、大客户争夺等。

(2) 垂直渠道冲突是金融企业与代理机构之间的冲突，主要表现为渠道费用、渠道权利、渠道授信、渠道控制等问题的冲突。

3. 金融渠道冲突的原因

(1) 渠道成员之间在目标、预期、价值观和对各自角色的认识等方面的差异。这方面的差异越大，渠道成员之间的冲突就越频繁、严重。

(2) 渠道沟通不畅。渠道成员之间、渠道上下游之间沟通机制不健全，或者沟通过程中存在干扰和噪声，导致沟通困难或沟通无效，从而引起误解，造成冲突。

(3) 渠道制度不当。由于渠道制度不完善，导致渠道成员之间因竞争失控导致渠道冲突。

4. 渠道冲突后果

按渠道冲突的性质划分，渠道冲突可分为功能性(或称建设性)渠道冲突和病态性(或称破坏性)渠道冲突。

(1) 功能性(或称建设性)渠道冲突。功能性渠道冲突属于渠道成员的正常竞争现象，通过渠道成员的适度竞争，可提升渠道效率，对渠道发展一般不会产生有害影响。

(2) 病态性(或称破坏性)渠道冲突。一旦渠道内的竞争超过安全边际，功能性冲突就激化为病态冲突。病态性冲突对渠道是具有破坏性的，渠道冲突解决不好，或者解决方式不当，不但会影响良好的合作关系，甚至导致冲突升级，威胁渠道的顺利运营，影响整个企业的经营业绩和客户满意度。

(二) 渠道冲突管理步骤

渠道冲突管理包括如下 6 个步骤。

(1) 分析渠道关系，识别冲突，设定冲突管理目标。

(2) 选择需要管理的冲突。这一阶段的工作是评估上一步骤中发现的各种形态的冲突，以便决定哪些冲突需要控制。

(3) 分析冲突。通过分析引发冲突的特点、原因、类型，为消除差异和解决冲突做好准备。

(4) 设计冲突管理方案。选择适宜的渠道冲突处理战略。

(5) 冲突管理方案的具体实施。

(6) 冲突管理效果的评估。

(三) 渠道冲突处理战略

依据合作性与武断性之间的不同组合，构成五种冲突处理战略，分别是回避型战略、迁就型战略、竞争型战略、妥协型战略和合作型战略，如图 6-4 所示。

1. 回避型战略

回避型战略的渠道成员通常会最小化与渠道伙伴的信息交流，避免对冲突的问题进行讨论。这种战略可以避免问题的扩大化，但是也容易忽略一些重要的争议，引起渠道伙伴的不满。退出渠道关系是这种战略的极端表现。

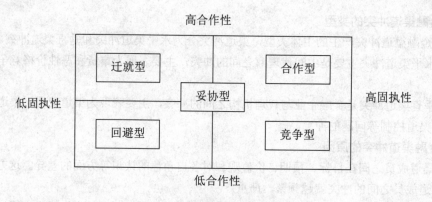

图 6-4 冲突处理战略类型

2. 迁就型战略

迁就型战略是对渠道成员利益的让渡，可以暂时掩盖冲突。但长时间对渠道成员的迁就，不利于渠道成员的公平，合作关系难以持久。

3. 竞争型战略

如果渠道成员在冲突中占据优势地位，就会采用竞争战略，以牺牲其他渠道成员的利益来达成自己的目标。这种战略会加剧冲突，而且容易造成渠道成员之间的不信任。

4. 妥协型战略

妥协型战略是寻求能使每一方渠道成员都能达到目标的解决方案。它通常用来处理一些小的冲突。

5. 合作型战略

合作型战略是一种"双赢"的冲突解决战略。与妥协型战略相比，合作解决问题是寻求扩大选择范围，而不是对固定资源或利益的划分。对于冲突管理而言，这是最成功的战略，也是使冲突产生建设性结果的战略。

(四) 渠道冲突管理措施

1. 渠道冲突控制

(1) 渠道成员。选择符合要求的渠道成员，通过签订渠道协议，确立渠道成员的共同目标、合作价值观、相关权利和义务，树立合作意识，消除潜在的可能冲突。

(2) 渠道调整。可以允许甚至鼓励渠道竞争，在渠道冲突激烈化之前采取协商和说服的措施加以控制，必要时通过渠道调整与重组来消除不可调和的渠道冲突。

(3) 渠道权力。运用权力(强制权力和非强制权力)，包括奖励权力、法定权力、专家权力等，强化渠道成员的约束，加强对渠道成员的管理。对于不受约束，且违背渠道纪律的渠道成员，应清出渠道体系。对于造成重大损失的渠道成员，可通过法律诉讼途径来解决渠道冲突。

2. 渠道合作管理

(1) 可采用联合促销、独家代理、信息共享、联合培训和地区保护等渠道合作形式，强化渠道成员的合作机制。

(2) 建立冲突预警系统。加强渠道成员间的信息交流和信息共享，构建组织间的人员交换机制，通过渠道成员之间的充分沟通，建立和维护彼此间的良好合作关系，减少冲突机会，弱化和降低冲突水平。

3. 渠道优化

对发生冲突的渠道重新评审，与标杆金融企业的渠道管理进行对标，进行差距分析，对涉及渠道权利、义务、价格等的渠道政策进行优化设计。

推行渠道扁平化战略，适当减少金融企业渠道的层次、增加渠道的宽度，优化营销渠道网络，以提升渠道响应速度。

三、金融营销渠道的激励

对中间商给予适当的激励，目的是促使双方友好合作，互惠互利，融洽感情。激励的方法主要包含如下几项。

(1) 合适的产品。给中间商提供适销对路的优质产品，这是对中间商最好的激励。

(2) 合理分配利润。给予中间商尽可能丰厚的利益分配，以提高其经销的积极性。

(3) 扶持中间商。协助中间商进行人员培训，提供金融服务咨询的支持，给予优惠的资金结算方式。

(4) 授予中间商独家经营权。指定中间商为独家经销商或独家代理商，以调动中间商的经营积极性。

(5) 对中间商提供促销支持。支持中间商开展促销活动，与中间商共同承担有关费用，如给中间商以广告津贴和推销津贴等，减轻中间商的负担， 或给成绩突出的中间商一定的资金奖励。

四、金融营销渠道的评价

金融营销渠道评价，是指对渠道进行定期评估，为渠道调整提供依据。在评价之前需要收集渠道服务能力、服务效率、营销规模、市场占有率、盈利状况、合作状况等信息。

1. 金融渠道评估

按以下原则进行金融营销渠道的评估。

(1) 便利性，渠道应便利客户购买。

(2) 低成本，渠道应降低成本，提升效率。

(3) 便捷性，渠道能对客户的需求做出快速反应。

(4) 互动性，渠道能方便客户与公司双向沟通。

知识链接 6-6

(5) 友好性，渠道能向客户提供优良的服务。

2. 金融渠道评级

依据评分结果，对渠道进行评估分级。一般金融渠道分为 5 级：

1 级为较差；2 级为一般；3 级为成长型；4 级为有价值；5 级为核心渠道。

银行渠道诊断

五、金融营销渠道的调整

在渠道建设和管理过程中，随着市场竞争状况、营销环境、企业资源的变化，金融企业要及时对渠道进行适应性调整，以适应市场的变化。

(一) 金融营销渠道转型

金融营销渠道转型的总体战略是，选择主导渠道，淘汰落后/低效渠道，积极培育新渠道，完善/优化渠道管理制度。

1. 渠道分层管理

低效客户对金融企业的需求基本以交易为主，期望交易业务快速处理；中高端客户对金融资产的保值增值有较高期望，对理财产品有相应需求，对金融企业提供服务的品质要求比较高。金融机构应根据客户金融资产水平的差异，进行分层管理，建成人工网点与自助服务、综合型网点与零售型网点相互协作、互为补充的网点网络，为客户提供全面、专业、便利、快捷的金融服务。

2. 功能转型

对营业网点进行区域划分和功能定位，全面实现网点由交易型向销售型转型。传统营业网点的功能主要是交易性功能，随着客户金融意识、投资意识和理财意识的不断提高，营业网点必须由交易功能转向交易功能与销售功能并重，把金融服务的交易场所变成金融产品及服务的销售场所，使营业网点能提供包括虚拟银行、柜面服务、专家理财等多种服务渠道，提供全面金融服务。

未来营业网点将定位于：高附加值产品的销售场所；差异化服务场所；客户关系管理中心；高端客户理财中心。

(二) 金融营销渠道优化

1. 营销渠道协同

综合金融控股集团，一般下属公司均配置各自独立的产品销售渠道。这些销售渠道均向各自的客户群销售产品，存在渠道重复建设、渠道布局不合理、渠道成本居高不下、渠道冲突等弊端。

一般情况下，不同渠道间的客户需求有重叠的地方，存在交叉购买的可行性。应构建销售渠道协同机制，加强渠道间的协同交流，建立相应的销售激励机制，统一支撑平台，进行客户整合和科学分类，促进交叉销售，以提升销售效率。

2. 渠道优化组合

在多渠道中，金融企业应选择最佳的渠道组合来将产品送达客户，并提供高质量的客户服务。金融企业可按以下步骤确定优化的渠道组合。

(1) 确定每个渠道成员的覆盖范围。根据公司战略、目标客户群人数、竞争对手渠道、收入水平，以及经济发展状况等确定每个渠道成员应覆盖的范围。

(2) 确定每一个渠道的获利水平。随着企业不断增加区域渠道成员数量，扩大渠道覆盖范围，渠道获利水平呈现规模获利递减趋势。

(3) 确定最优渠道数量。一般而言，渠道成本包括渠道进入成本与渠道维持成本。如果渠道成员数量过多所产生的平均获利水平小于渠道成本，企业应减少渠道成员数量，使渠道数量平均获利水平等于或者大于渠道成本；如果渠道成员数量过少所导致的平均获利水平大于渠道成本，企业应增加渠道成员数量，获得更多平均获利水平，直到渠道平均获利水平等于渠道成本。

(4) 调整渠道决策。以扩大渠道覆盖范围与减少渠道冲突为原则，调整现有渠道成员数量，保持最大获利水平。

以上述渠道战略为原则，确定减少或增加的渠道成员数量，再结合企业的战略、目标定位、竞争对手渠道、客户特征、客户关系、该渠道成员的获利发展水平、忠诚度，以及信誉度等综合考虑，进行渠道优化。

(三) 金融营销渠道整合

1. 金融营销渠道整合概述

金融营销渠道整合也称作整合营销，是通过对多个营销渠道的整合，以更好地发挥营销渠道效应，扩大销售覆盖面，实现销售利益最大化。

金融渠道整合的关键是要解决两个问题：一是健全渠道管理体制。通过建立一个职能清晰的团队，统一进行综合渠道管理，包括产品创新的管理、产品维护发布的管理、系统平台的维护、数据信息的管理、数据挖掘、渠道发展规划、客户营销、客户访问等，实现通道的最优化。二是建立一个统一的 IT 支持平台，对各渠道提供统一的应用和管理支持，通过这一平台，实现客户访问金融营销通道的最优化和访问客户信息和业务数据通道的最优化。

2. 金融营销渠道整合的目标

金融营销渠道整合的目标是使金融企业通过合适的渠道为客户提供适当的服务。

金融营销渠道整合要解决的关键问题就是客户访问金融企业通道的最优化及金融企业访问客户信息和业务数据通道的最优化。对于客户而言，渠道整合后，不论在任何时候采用任何渠道，均可以感受到相同质量的产品和服务，享受到整合后跨业务平台的新型产品和服务；既可以从任何渠道获得相同信息，又可以通过任何渠道找到自己的交易记录。对于金融企业而言，渠道整合后，可以实现客户、渠道、产品、服务之间更合理的布局，一个客户只有一套资料，金融企业可以实时地看到任何渠道中客户的需求、购买行为、与金融企业的业务交互往来，以及其他需要的数据，而且全部的信息在所有服务渠道中都可以共享。金融企业可以立即对每个客户的要求做出反应，在适当的时候将最合适的产品和服务通过适当的渠道提供给客户，并获得更多交叉销售的机会。

金融营销渠道整合的目标，如表 6-2 所示。

表 6-2　金融营销渠道整合的目标

需求	IT 能力	渠道整合内容
功能需求 • 客户跨渠道体验 • 客户单一视野，共享信息 • 支持市场营销及操作性客户关系管理 • 共享产品业务处理流程 • 跨渠道业务互动 • 在不同渠道同步快速推出新产品 **非功能需求** • 统一技术平台和技术标准 • 提高系统开发推广速度 • 降低总体维护复杂度 • 整合各独立渠道应用	• 共享渠道连接，集成管理客户端设备驱动、内容展示、存取控制和对话管理 • 同意安全认证 • 共享 CIF，集中存储客户的静态信息、账户信息、营销信息和评级信息 • 共享 CRM，支持交叉营销、附加销售、市场营销等 • 共享业务交易流程定制，复用交易应用逻辑，支持一次开发同时跨渠道发布 • 统一应用集成管理，支持与后台各个产品系统和周边系统的统一连接	• 渠道门户展现 • 安全管理 • 内容管理 • 业务逻辑管理 • 应用接口集成 • 操作型客户关系管理

3. 金融营销渠道整合的作用

(1) 支持客户关系管理，增进客户关系。独立运行的客户服务渠道，使金融企业无法了解客户的使用习惯和行为，渠道整合后的统一客户服务平台可以帮助企业收集并集中管理客户信息，包括何时去网点、使用的频率和地点、何时使用网络服务等。通过整合后各渠道的数据共享可以创建单一的客户资料视图，包括客户的人口统计资料、偏好、业务数据，以及对此客户带来的价值和风险评估结果，从而推出更多的客户理财和客户行为分析等应用，进一步促进客户关系管理的开展。

(2) 有利于新业务和新产品的快速投产和推广。各种服务渠道独立存在时，金融企业向客户推出新业务产品时，开发周期长，开发测试所涉及的系统多，网络连接复杂，科技人员工作量成倍增加，风险性很高，而单一的系统服务平台可以帮助金融企业的科技部门快速实现业务创新的要求，在某一渠道实现某一业务，其结果可以作用于其他所有渠道，数据可以在所有渠道间共享，从一个渠道流向另一个渠道，如需要完善产品，修改也只需在某一个渠道中进行。

(3) 为行业之间的电子渠道对接和业务合作提供技术保障。进行客户服务渠道整合，建立统一的服务平台，不仅可以推出跨业务平台、跨渠道的新型金融产品和服务，而且可以方便同业之间及与其他行业之间的电子渠道对接，从而通过跨行业的强强联合和优势互补，推出多样化、一体化的金融服务，增加交叉销售的机会，快速捕捉金融分业经营管制的放宽对金融企业带来的机会。

(4) 保证服务的同质性，提高客户满意度。多服务渠道的有机整合可以使客户根据自己的喜好选择不同的服务渠道，并且利用整合的多种渠道享受更加优质和个性化的服务，而且客户信息和业务情况可以在所有渠道上共享，所有渠道都将同样的产品信息传达给客户，从而提高客户的满意度。

(5) 降低成本，提高利润。渠道整合增加了产生利润的机会，通过扩展的业务和客户信息，金融企业可以通过客户关系管理工具更有效地满足客户需求，从而增加客户购买金融产品的数量，提高收入，降低基础设施投资和市场推广成本。建立公共客户信息数据库和面向所有客户应用的统一服务平台可以大规模地降低基础设施的支出成本，同时由于能够更好地了解客户需求，进行有针对性的产品开发，可以降低市场推广成本；由于不同渠道处理一笔交易的成本不同，如物理网点的成本非常高，网络银行成本相对较低，因此引导客户改变原有习惯，选择并引导客户使用网络银行，可以为银行节约大量的成本。

4. 金融营销渠道整合的原则

渠道整合是将金融企业所有的服务渠道作为一个系统，运用系统的理论和方法加以整合，使所有渠道之间实现互联互动、信息共享和交叉服务，以化解多渠道之间的各种矛盾，提高金融企业的核心能力和竞争优势。为确保渠道整合的有效性，金融企业应坚持以下原则。

(1) 分层设计、松散耦合原则。渠道整合逻辑框架要采用分层的体系结构，相邻层次之间是"数据耦合"关系，同层内部支持横向扩容。整个系统呈现松散耦合，同时实现系统的平滑升级扩容。

(2) 交易级复用原则。渠道整合要支持不同渠道间交易处理的共享，不同渠道支持的交易只要功能相同，就应当尽可能用同一个交易逻辑处理代码。

(3) 参数化配置原则，实现平台对交易流程、渠道控制、接口转换等的灵活配置管理，达到对多渠道、多业务进行融合的建设目标。

(4) 统一客户体验原则。渠道整合功能的差距要尽量小，相同功能的交易在各个渠道的处理方法和处理流程中要保持一致，使客户得到统一的服务体验。

(5) 客户化服务原则。金融机构通过渠道整合平台可以细分客户，实现服务定制功能。客户通过该平台可以定制自己的服务。统一客户服务体验是指客户只要选择了金融机构的服务，无论在何种渠道接受服务，其体验都是相同或相近的；而客户化服务是指客户在选择金融服务时，可以根据自己的喜好或习惯选择服务方式。

(6) 集中统一管理原则。渠道整合平台要在渠道、业务、接入方式、数据、运行维护、报表、安全等方面体现集中统一管理的理念。只有集中统一管理，才能在保留渠道个性化的基础上有效地进行共性渠道业务的融合、统一客户服务体验。

(7) 拓展性原则。整合后的渠道平台应具有良好的扩展性，能够满足所有渠道的接入。除了具备与主要业务系统连接的功能外，还应具备与 ECIF、银联、公积金等其他系统连接的功能。

(8) 成熟产品支持原则。为了保证平台的稳定性、高效性，应尽量选用具有良好成熟度的成型产品或组件作为平台组成部分，达到减少开发与维护成本的目的。

上述八项原则相辅相成，密切相关。只有系统结构分层，把一个交易的处理流程分为几段，才能把共有的交易处理流程片段提炼出来，形成一个各渠道共享的交易处理平台；而只有共享的交易处理平台，才能实现渠道功能的融合、统一客户体验及提供个性化服务。

5. 金融营销渠道整合战略

渠道整合，是指通过整合网站、经纪人、电视直销、营业网点、代理机构等渠道，向客户提供单一视野的产品接触与销售载体；在信息社会，线上线下融合(O2O)成为趋势，交易逐渐向线上迁移，应成为渠道整合的主流，通过线上和线下资源的整合，让互联网成为线下交易的前台。线上主要承担找寻客户、客户筛选服务、信息发布、交易、结算、沟通、交流等职能；线下主要承担联系老客户、开拓新客户、客户体验、情感沟通。渠道整合大致包括三个部分：数据整合、应用整合和流程整合。

知识链接 6-7

银行渠道整合
方案设计

(1) 数据整合，是指整合不同渠道共享相同的客户数据和业务数据。

(2) 应用整合，是指开发不同渠道共享的业务处理逻辑，以减少添加新渠道时交易开发的复杂性。

(3) 流程整合，是指通过不同渠道进行金融业务的交互处理，如通过电子邮件进行市场推广，通过互联网提交服务请求，通过呼叫中心进行客户服务和追踪等。

要实现渠道最优化的目标，真正发挥渠道整合的效应，金融企业不仅要进行简单的渠道接入的整合，还要实现业务数据和客户信息的统一处理，实现渠道之间相互的支持和配合。

思考练习题

一、简答题

1. 简述金融渠道的类型及作用。
2. 简述直接营销渠道的优劣势。
3. 简述间接营销渠道的优劣势。
4. 分析银行终端渠道战略。
5. 分析新型营销渠道的优劣势。
6. 简述金融有形展示的管理方法。
7. 简述金融渠道转型的途径和方法。
8. 分析互联网金融如何加强渠道建设。
9. 分析金融渠道冲突产生的原因，阐述金融营销渠道冲突的解决方法。
10. 阐述金融服务有形展示的管理方法。

二、案例分析题

1. 近年来，银行与保险、证券的合作成为趋势，彼此建立全面合作关系，可以促进共同发展，提升各自公司价值。对此，监管部门予以高度肯定。

问题：从渠道战略角度分析，双方如何进行渠道合作，并提出加强渠道管理的建议。

2. 表 6-3 统计了 3 家人寿保险公司的营销渠道。假如你作为保险公司的销售总监，会如何设计公司的营销渠道。

表 6-3　保险公司营销渠道

营销渠道	A 人寿	B 人寿	C 人寿
人员销售	◎	◎	◎
代理、经纪人公司	◎		◎
银行		◎	
人员促销	◎	◎	◎
平面广告	◎	◎	◎
印刷媒体	◎	◎	◎
报纸杂志	◎		
电子媒体广告			
商品广告			
形象广告			
互联网			
公司网站			
理财网站			
战略联盟			
商品说明会 内部员工/普通消费者	◎	◎	
直接邮寄		◎	

第七章　金融促销战略

学习目标

- 了解金融促销的作用
- 掌握广告的特点、种类及选择
- 了解营业推广工具，掌握行业推广设计
- 重点掌握人员促销和促销战略
- 掌握促销组合方案设计
- 掌握金融公关的工具、模式、手段、管理方法和战略

第一节　金融促销概述

一、金融促销的内涵

(一) 金融促销的定义

金融促销，是指金融企业将其产品和服务的性能、特征等及时向其客户或潜在客户进行宣传和说服，引起客户注意，激发客户购买和使用欲望的各种刺激手段和方法。

(二) 金融促销的目标

(1) 告知。告知是告诉潜在客户某种产品的存在，并让他们知道在什么地方、什么时候能得到该项产品，该项产品能为他们带来什么利益，以及如何使用产品等信息。

(2) 劝说。劝说是向客户说明应该购买和使用某项特定的产品或服务，而不是购买和使用同类型的或其他竞争者的产品或服务。

(3) 提示。提示的目的在于提醒客户牢记该产品或服务，并能反复购买或使用，以牢固占领市场。

(4) 激发。激发客户对某一新产品或服务的初始需求，或争取客户对某一竞争激烈、选择性较强的金融产品的选择性需求。

(5) 偏爱。在目标市场中营造企业经营和产品的独特风格和个性，树立良好的企业和产品形象。

(三) 金融促销的作用

(1) 提供信息。金融企业促销人员在推销产品的同时，注重收集市场动态和客户对产品的反应，及时反馈给企业，以便及时改进促销手段。

(2) 指导消费。金融促销人员在向客户推销产品时，结合客户的需求特点，提供有针对性的金融顾问服务。

(3) 刺激需求。综合运用促销手段，激发客户的购买欲望，扩大销售。

(4) 树立形象。促销手段，尤其是广告和公关手段的运用，让金融企业形象深入人心。

(5) 加强竞争。促销手段的综合运用可以强化竞争优势，提升金融企业的竞争力。

(四) 金融促销的方式

金融促销方式包括人员促销和非人员促销。其中，非人员促销方式包括广告、营业推广、公共关系等。主要的金融促销方式，如表 7-1 所示。

表 7-1　主要金融促销方式

促销方式	特点	优点	缺点
人员促销	针对性强、反应迅速、易激起客户兴趣	方法直接灵活，可随机应变，易激发兴趣，促成交易	接触面窄，费用大，占用人员多，优秀的推销人才较难寻找
广告	公开性，传递性，吸引性，渗透性，表现方式多样	接触面广，信息艺术化，能反复多次使用，形象生动，节省人力	说服力较小，难以促成及时购买
营业推广	灵活多样，容易吸引客户、激发兴趣，短期效果明显	吸引力较大、直观，能促成客户即时购买	费用较大，使用次数不宜过多，过多使用会引起客户关注度和兴趣的降低，易引起客户反感
公共关系	长期目标，间接性，持久性	影响面和覆盖面大，容易使客户信任，提高产品和服务的质量，改善形象	间接性强，见效较慢，自主性差，金融企业无法计划和控制

二、金融促销决策

(一) 判断目标受众

判断目标受众，此环节的主要工作包括：确定金融产品的目标受众；分析目标受众对企业或产品的熟悉程度；确定目标受众对金融企业或产品的喜欢程度。

(二) 决定促销目标

决定促销目标，即在备选的多项促销目标中，确定本次促销活动要达到的主要促销目标。

(三) 设计促销信息

促销信息是指企业或产品所做出的真实、客观的描述。有效的促销信息能够引起注意、唤起兴趣、激发需求、产生购买、树立形象。

(1) 内容。对产品及服务所做的具体介绍，如产品特点、服务方式、操作方式、基本功能、重要作用、带给客户的利益等。

(2) 结构。信息内容的次序安排，包括结论如何提出、产品优点如何阐述。

(3) 形式。内容的表现形式。

(4) 来源。来源要专业、可信。

(四) 决定促销组合

促销组合是指金融企业决定将人员促销、营业推广、广告和公共关系等各种促销手段在促销中的综合运用。金融企业要取得较好的促销效果，应对促销手段进行选择和搭配，合理分配促销预算，决定适当的促销组合(见表 7-2)。

表 7-2　促销组合要素

广告	人员促销	营业推广	公共关系
广播、电视、网络(含各类自媒体、社交网络)、报纸、杂志、邮寄、包装广告、产品说明书、招贴和传单、广告册与广告牌、产品陈列、标语和标准	促销介绍、推销会议、电话销售、推销员示范、展览和展销	竞赛、抽奖、彩票礼品和奖金、现场演示与表演、赠送样品、优惠与折扣	记者招待会、演讲、研讨会、年度报告会、各类庆典、捐赠

(五) 影响促销组合决策的因素

金融企业在安排和决定促销组合时，必须综合考虑自身财力大小、市场性质、产品性质及产品生命周期阶段、促销目标和促销战略等因素。

1. 促销目标

促销目标，是指金融企业组织促销活动所要达到的目的。

根据具体的促销目标，可选择合适的促销工具组合。例如，以提高知名度和塑造良好形象为主要目标时，应以公共关系和广告为主；以销售产品为主要目标时，公关是基础，广告是重点，人员促销是前提，营业推广是关键。

2. 市场特点

促销工具在不同类型的市场上所起作用是不同的，应综合考虑市场和促销工具的特点，选择合适的促销工具，以达到最佳促销效果。在诸多市场因素中，主要是市场规模与集中性、购买者类型、客户心理与行为和竞争对手的促销攻势对促销组合影响较大。

(1) 市场特点。不同的市场由于规模、类型、集中度、客户数量等不同，应采用不同促销组合。规模小且相对集中的市场，人员促销是重点。规模大、范围广且分散的市场，应多采用广告、公共关系和营业推广。从市场性质看，金融企业的个人金融业务，由于具有客户数量众多、分布广泛、缺乏专业知识、每次支付金额小、次数频繁、流动性强等特征，金融企业在个人金融市场推销金融零售业务时，促销手段应侧重广告，而对公司客户、同业客户、政府客户在内的公司金融业务，促销更多地使用人员促销和公共关系。

(2) 购买者类型。对个人家庭客户应以广告、公关促销为主，辅之以营业推广；对组织用户、集团消费应以人员促销为主，辅之以公共关系和广告；对中间商则宜以人员促销为主，并配合营业推广。

(3) 客户心理和行为。主要是分析客户处于购买决策的哪一阶段：①知晓阶段，广告与公共关系比营业推广和人员促销的作用大得多，应当作为促销组合重点选择，促销组合的次序是广告、营业推广、人员促销；②了解阶段，促销组合的次序是广告、人员促销；③信任阶段，人员促销是重点，促销组合的次序是人员促销、广告；④购买阶段，促销组合的次序是人员促销为主，营业推广为辅，广告可有可无；⑤再次购买，应以销售促进和人员促销为主，配合广告与公共关系。

(4) 竞争对手的促销攻势。根据自身与对手的实力分析和比较，选择针锋相对的促销方式或避其锋芒的促销组合。

3. 产品性质

由于产品性质的不同，客户及用户具有不同的购买行为和购买习惯，所采取的促销组合也会有所差异。

(1) 产品类型。不同属性的产品,购买者和购买目的往往不同,对不同性质的产品应采用不同的促销组合战略。金融产品具有无形性、风险性、资本属性等特性,促销难度大于产品促销,交易决策比较慎重,应以人员促销为主,配合公共关系和营业推广,广告相对使用较少;当产品或服务属于技术型,需要演示,必须符合客户的具体需求时,人员促销就显得尤其重要,金融企业中有许多综合性的产品或服务人员促销的成效显著。

(2) 产品生命周期阶段。导入期,促销目的是宣传介绍新产品,以使客户了解、认识新产品,产生购买欲望,这一时期促销组合以广告和公共关系为主,其次是人员促销和营业推广;成长期,广告和公共宣传可以继续加强,促销活动可以减少,因为这时所需的刺激较少;成熟期,竞争者增多,促销活动以增进购买兴趣与偏爱为目标,相对广告而言,营业推广逐渐起着重要作用,购买者已知道这一品牌,仅需要起提醒作用的广告;衰退期,广告仍保持在提醒作用的水平,公共宣传已经消退,销售人员对这一产品仅给予最低限度的关注,然而营业推广要继续加强。产品生命周期不同阶段的促销组合与目标重点,如表 7-3 所示。

表 7-3　产品生命周期不同阶段促销组合与目标重点

产品生命周期	促销目标重点	促销组合
介绍期	建立产品知晓度	各种介绍性广告、人员促销
成长期	提高产品的知名度	改变广告形式(如形象广告)
成熟期	增加产品的美誉度	全方位地促销
衰退期	维持信任、偏爱	营业推广为主,提醒广告,降价
整个周期阶段	消除客户的不满意感	不断改变广告内容,利用公共关系

(3) 产品价格。高端金融产品由于金额高,购买慎重,应以公共关系和人员促销为主;一般金融产品,以广告和销售促进为主。

(4) 促销费用。不同的促销方式,费用差异较大。如果企业资金充裕,就可以使用效率较高的广告;反之,就只能使用人员促销及招牌、海报等效率较差的促销手段。

知识链接 7-1

促销最优组合模型

除上述因素外,公司的营销风格、销售人员素质、整体发展战略、社会和竞争环境等不同程度地影响着促销组合的决策。总之,每一种促销工具都有可相互替代的性质,金融企业要全面考虑才能制定出有效的促销组合决策。

(六) 促销战略

金融促销战略,是指金融企业促销组合的运用战略。基本的促销战略,包含推动战略和拉引战略。

1. 推动战略

推动战略,是指金融企业不做广告,运用人员促销和各种营业推广手段把产品和服务推向目标市场。实行推动战略,要求促销人员针对不同产品、服务和不同对象采取不同的促销方法。

使用推动战略常见的方法有:①访问促销;②演示促销;③服务促销,即通过搞好售前、售中和售后服务促进产品和服务的销售;④网点促销,即在目标市场上设立分支机构或建立代理机构等,扩大产品和服务的销售。

2. 拉引战略

拉引战略，是指金融企业大量运用广告、公共关系等手段，激发现有的或潜在的客户对自己提供的产品和服务产生欲望和兴趣，最终产生或加速购买和使用行为。

使用拉引战略常见的方法有：①广告销售，目前金融企业新产品的推出都十分重视广告促销；②信誉促销，即金融企业通过创立名牌产品，提供优质服务等，树立良好信誉，创造最佳形象，以促使客户对自己产生偏好，对自己提供的产品和服务产生信任。

以上两种战略各有利弊，应根据实际情况，在运用时有所侧重并进行动态调整。

(七) 促销预算

(1) 量力而行法，即企业根据自身财力状况确定费用，缺点是易陷入销售不佳—财力有限—少做促销的不良循环。

(2) 效益比例法，即根据上年或当年预测销售额获利润按比例提取，弊端同前。

(3) 竞争比较法，即根据竞争对手促销支出情况确定促销费用，弊端是易忽视企业目标。

(4) 目标任务法，即根据企业的促销目标和任务确定预算。

(八) 促销实施与控制

促销实施与控制，是对促销过程进行监督、评估、指导和调整的过程，也是发现问题、解决问题的过程。金融企业要通过对促销效果的收集反馈来调整促销内容和促销组合，提高促销效果。

第二节　金融人员促销战略

一、人员促销概述

(一) 人员促销的含义

人员促销，是指金融企业员工以促成销售为目的，通过与客户面对面交谈的方式，说服和帮助客户购买金融产品和服务的过程。

由于金融产品和服务的复杂性和专业性，客户获得金融产品服务信息的最主要渠道是与客户经理的交流，所以人员促销成为金融营销的重要手段。

(二) 人员促销的目标

(1) 推介。促销人员通过向现实的和潜在的客户推介金融产品和服务信息，让客户了解金融产品和服务。

(2) 沟通。通过促销人员与客户保持密切联系，及时了解客户需求，与客户达成交易条件的磋商。

(3) 交易。通过促销完成产品或服务交易，这是人员促销的核心目标，为此要求促销人员必须具备较高的促销艺术，善于和客户打交道，解答客户的各种问题，促进产品和服务被优先购买，完成一笔交易。

(4) 开拓。通过具体的促销活动，维系老客户，挖掘新客户，开拓新市场，提高市场占有率。

(5) 协调。通过促销人员协调资金及其他金融产品和服务的供给与分配。

(6) 服务。促销人员向客户提供包括咨询、融资规划等全方位的服务,解答客户的疑问,解决客户的问题,密切与客户的联系。

(7) 塑造。借促销之机树立企业产品、服务、形象和促销人员素质。

(8) 调研。通过人员促销活动,了解市场动态,收集市场信息,了解客户的需要及其对企业和产品的认知情况,并及时反馈给决策部门。

(三) 人员促销的优缺点

1. 人员促销的优势

(1) 面对面接触。这是人员促销的最基本特点,也是与广告等其他促销工具的主要区别点。人员促销通过销售人员与客户的直接接触和面对面的交流,直接为客户提供交易信息,双方能够建立起直接的相互关系,可以加深双方的了解和信任。在较为融洽的气氛中,通过金融企业与客户的交流和观察,销售人员可以清楚地观察到客户的性格、态度、愿望、特征和需求等,掌握客户的性格和心理,能针对客户不同情况对信息内容的数量、质量、表述方式等进行选择性传播,随时调整宣传方式和劝说行为,有针对性地介绍金融产品的特点和功能。这是一种最灵活、最敏感的促销手段。

(2) 培养金融企业与客户的良好关系。促销人员通过对客户的热情接待和宣传,为客户提供个性化服务,能帮助客户解决问题、回答疑问,给客户传递"可信、专业、友好、诚恳、热情"的形象,有助于密切金融企业与客户的关系,加强客户对传播内容的接受效果,增强客户对金融企业的信任感,建立稳定的客户关系。

(3) 反馈信息。销售人员在与客户的直接沟通中,可及时、直观地了解客户的态度、意见、需求、愿望和偏好,掌握市场动态,收集市场情报及客户意见,并反馈这些市场信息,为金融机构调整经营决策提供有针对性的参考。

(4) 促进销售。与非人员的广告相比,人员促销会使客户感到难以拒绝,当促销人员已经相当详细地介绍某项产品或服务的优点时,客户会觉得应立刻购买,即便没有购买之后也会留意。

2. 人员促销的不足

(1) 如果金融企业的市场分散,或者市场范围比较广阔的情况下,会需要更多的促销人员,使促销成本大幅增高。

(2) 采用人员促销方式,对促销人员的素质要求较高,理想的促销人员难以寻找和获得。

(3) 若对促销人员的管理跟不上,则效率不高。

(四) 人员促销的类型

(1) 固定人员,包括店面人员、座席人员等。

(2) 流动人员,包括业务促销人员、客户经理、投资顾问、理财顾问、经纪人等。

(五) 人员促销的形式

(1) 网点促销(柜台促销、座席销售)。金融企业在营业网点设置专业咨询服务台,由网点的固定人员,如店面人员、座席人员向客户介绍金融产品与服务,可以更直接、具体、准确地传递信息。

(2) 流动促销(上门促销/入户促销)。金融企业派出促销人员、客户经理、投资顾问、纪经人,以产品顾问或专家身份,采用入户拜访的形式,以专门的知识当面向客户进行宣传、传递信息,或利用客户的朋友、家属、邻居,在日常交往中进行宣传、传递信息,后者的宣传更能使客户感到信息的真实性，效果更佳。

(3) 演示促销。金融企业在社区、商场、超市等派出促销人员，采取讲座、咨询、路演等形式，直接与客户接触，向客户推介金融产品与服务。

(4) 服务促销(会议促销)。金融企业主动参与各种社会活动，如研讨会、推介会等，向客户推介金融产品与服务。

(5) 远程促销。金融企业利用远程服务手段，如电话、网络等交流工具，向客户推介金融产品与服务。近年来，随着网络技术的发展，网络促销迅速崛起，成为重要的促销方式。

(六) 人员促销的流程

(1) 准备阶段。分析研究客户的信息资料，做到有的放矢。

(2) 决定促销组合。结合金融产品特点，运用促销组合，以各种方式展示、介绍产品。

(3) 客户拜访。访问客户，回答客户的提问，消除客户的疑虑，促进客户购买。

(4) 售后服务。追踪客户的售后反应，保持联系，提高重复购买率。

二、人员促销战略

1. 试探性战略

试探性战略(刺激—反应战略)，是指促销人员对客户了解不够充分的情况下，通过试探性的交流，掌握客户的需求信息，以便有针对性地运用促销手段。

2. 针对性战略

针对性战略(配方—成交战略)，是指在已基本掌握客户需求的状况下，有针对性地、积极主动地进行促销，引起客户的兴趣，投其所好，实现交易。

3. 诱导性战略

诱导性战略(诱发—满足战略)，是指通过充分展示金融产品在价格、服务等方面的优势及优惠，激发客户的购买欲望，说服客户购买的战略。此战略的关键在于促销人员要具备较高的促销能力，掌握合适的促销手段与方法。

三、人员促销设计

促销是一种综合性的营销活动，须从整体上制定促销方案，以便有效地实现企业预期的促销目标。

(一) 确定促销目标

金融企业要依据产品性质、销售状况、生命周期确定具体的促销目标。

促销目标要具体化，在产品导入市场的初期，促销目标主要是推介产品，增加客户对产品的认知；随着销售的推进，促销目标逐步转为以交易和服务为主。

(二) 选择人员促销方式

金融企业要综合考虑自身的类型及业务特点、促销的具体产品和服务、具体的促销目标和任务、目标受众的具体情况和潜在的客户需求、市场环境情况等因素，根据金融企业的具体情况确定人员促销方式。

(三) 确定促销人员规模

金融企业可依据企业规模和业务范围、企业市场范围和市场目标及战略、企业人员促销目标和任务、人员促销方式等因素，确定促销人员规模。

(四) 设计促销人员结构

(1) 按地区组成设计促销人员结构，即促销员专门负责特定地区的销售。

(2) 按产品或业务组成设计促销结构，即促销员负责特定产品或业务的销售。此模式适合业务范围广泛的企业，其优点在于能培养出产品或业务专家。

(3) 按客户组成设计促销人员结构，即促销人员针对特定客户组织销售。此模式适合潜在客户广泛、客户类型多样的情况，优点在于能造就各类客户专家。

(4) 复式促销结构。综合采用上述方式组成设计促销人员结构。

四、促销人员管理

金融企业要做好人员促销工作，应建立合理的促销人员管理制度、规范奖励制度。

(一) 促销人员基本素质

说服客户接受和购买金融产品和服务的促销人员要具备较高的素质。优秀的促销员应具备的基本素质包括：精力充沛、充满自信、勤奋，有一种将各种阻力或障碍看成挑战的心理状态。

作为金融促销人员，除了具备一般促销员应具备的品德素质、文化素质、沟通素质、心理素质外，还应具备较高的专业素质，应了解本企业的金融产品和服务项目，了解产品和服务的优点、特点，能针对客户不同的需要和动机，提供有针对性的咨询服务。

(二) 促销队伍管理

1. 促销人员的选拔

金融企业促销人员通过两种方式选拔：外部招聘、内部招聘。

2. 促销人员的培训

促销人员的培训内容，包括金融企业整体运作概况、业务知识、道德教育等。

培训方式可采用集中培训、考察学习、案例讨论、角色模拟等。

3. 人员促销考核激励机制

根据人员促销的工作特点建立科学的评估和考核制度，建立人员激励机制。除了有竞争力的报酬(固定工资、机动待遇、开支补贴和附加福利)，还可以给予升迁、奖励、分红、旅游、休假等激励，定期召开促销员会议，让促销员交流经验，相互促进，或是举办促销员竞赛等，使促销人员树立工作自豪感，能习惯性地赞美企业，自信地将金融产品推荐给他人。

4. 促销团队建设

促销团队形式包括客户经理作业小组、客户部门客户经理团队、客户服务小组、高级营销团队等。金融企业应加强促销团队建设，制定明确有效的促销人员管理制度，制定严格规范的促销人员考核体系，完善促销人员监控与激励机制，确定促销人员的报酬，合理配置客户资源，对促销人员适当授权。

(三) 人员促销技巧

促销必须设法使目标客户产生欲望，引发购买行为，需要促销人员具备较高的技巧。促销人员要树立营销成功的信心，加强信息的掌握和积累，注重仪表和服饰，注意言谈和风度，恪守信用，掌握提问、答复、倾听、叙述和说服的技巧，真心倾听客户的意见，真心维护客户利益。

第三节　金融广告促销战略

一、金融广告概述

(一) 金融广告的定义

金融广告，是指金融企业通过媒介把金融产品和服务信息传递给目标客户，可以起到让客户认知金融企业的产品或服务，并激发客户购买欲望的目的。金融广告作为一种非个人沟通方式，是金融企业借助媒体向社会公众告知信息的促销活动。

(二) 金融广告的特征

广告和其他促销手段相比，具有以下特点。

(1) 非人员性。广告促销与人员促销不同，它是通过非人员的方式传播信息，成本低。

(2) 广泛性。广告具有高度公开性，借助传媒工具，传播范围广泛，可迅速传播。

(3) 潜在性。广告是渗透性很强的媒体，借助重复的传播，不仅对预定的传播对象产生效果，而且会对潜在的受众产生较好的效果。

(4) 低成本性。广告可以透过较低的成本在更大的范围传播。

(5) 艺术性。广告制作注重艺术性，以生动的表现性来增强传播的效果。

(三) 金融广告的原则

有效的广告战略能够为金融企业树立一个强有力、全方位、多功能的服务提供者的形象，能激发客户对金融产品和服务的消费欲望，增强客户对金融企业良好形象的信任感。

(1) 使用明确的信息。金融企业广告宣传的最大难点在于要以简明的文字和图案，宣传所提供服务产品的领域、质量和深度。

(2) 强调服务利益。金融企业的广告应强调的是服务的自身利益而非服务的技术性细节，而且服务的利益应与客户利益满足相一致。

(3) 许诺可以实现的客户需求。广告内容中的许诺词语要务实，能够确实达到。

(4) 重视广告对员工的影响及其认可。广告只有先打动员工，并被员工所接受，才能激起员工提供良好服务的积极性。

(5) 争取维持客户的合作。

(6) 重视口头传播。金融企业在广告宣传中，能够激起和劝说对服务满意的客户向别人转告自己的感受。

(7) 宣传的连续性。通过连续性的宣传增强客户对企业形象的认知。

(8) 消除客户疑虑。通过广告宣传能达到消除客户疑虑、增强客户购买欲望的目的。

(四) 金融广告的目标

1. 一般目标

(1) 树立良好的企业形象,广告必须对金融企业进行从里到外的展现。

(2) 建立企业个性化特征。金融产品的无形性和易模仿性,需要通过广告协助企业建立一种优质的个性化特征来赢得客户。

(3) 增强客户对金融企业的认同感。金融企业以客户为导向进行外在形象宣传,以博得客户的认可。

(4) 指导员工更好地为客户服务。广告要表达和反映员工的观点和意愿,以客户和内部员工为诉求对象的金融广告可以实现员工和客户的互动,激发员工的主动性和团队精神,激发和指导员工更好地服务于客户。

(5) 协助营销人员顺利工作。金融广告能为营销人员和业务代表创造更为有利的营销环境。

2. 具体目标

具体的广告目标可归纳为介绍、说服、提醒。

(1) 介绍性广告。介绍性广告属于初始性广告或开拓性广告,它的作用在于提高客户的认识和企业或产品的知名度。金融广告诉求点在于突出金融产品的特色,带给客户的利益,以及金融企业对公众的承诺,广告的重点是提供有形的线索,使用明确的信息。

(2) 说服性广告。说服性广告以说服为目标,通过金融产品的持续传播,强化客户对产品的认知,说服客户做出购买决策,目的在于建立特定性的需要,即建立对本企业品牌的需要。说服的内容很广泛,如劝说客户接受促销员访问,正确认识产品的特色,以宣传产品优势和提供优惠的方式诱导客户购买,以宣传产品和服务特色的方式使客户建立品牌偏爱。这类广告可称为竞争性广告,广告重点是说服购买,要强调利益展示。

(3) 提醒性广告(巩固型广告)。在金融产品进入市场后,以提醒为目标,广告的诉求点在于提醒大众不要忘了金融企业及其产品。广告重点是建立口传沟通,解决购买后的疑虑,争取并维持客户的合作

(五) 金融广告分类

按广告覆盖面的大小划分:全国性广告、区域性广告、地方性广告。

按广告传播方式的不同划分:视听广告、印刷广告、户外广告、销售现场广告等。

按广告的直接目的不同划分:金融形象广告、金融产品广告和服务广告。

按广告内容划分:形象广告、产品广告和服务广告。

按广告作用划分:先导型广告、竞争性广告、巩固型广告。

按广告目标划分:机构广告、标志性广告。

二、金融广告战略

金融广告战略,是指金融企业与主流媒体进行全方位合作,在电视、电台、报纸、网络等资源上充分投入,扩大产品及品牌的影响力。金融广告战略由广告的传播对象、内容、时间、地点、媒体等部分组成。

(一) 金融广告媒体的类型

1. 大众主流媒体

大众主流媒体，是指拥有强大实力，被大众普遍认可，能够引领社会舆论并产生强大社会影响力的媒体。大众主流媒体包括电视、电台、报纸、广播、杂志、网络媒体等。

(1) 电视能将视觉形象与听觉形象相结合，有丰富多彩的表现手段，吸引力强，适合金融企业的形象塑造，通过生动的景物可以更好地说明金融产品的功能。但是电视广告的成本高、播放时间短，保存性差，对于市场细分性强的产品(如投资产品)不适宜采用。

(2) 广播的优点是快速及时，宣传成本低，人口覆盖面广，缺点是有声无形，稍纵即逝，无法存查，难以为抽象的金融服务提供直观而又引人入胜的宣传。

(3) 报纸是使用最早的大众广告媒体，优点是发行量大，读者广泛、稳定、覆盖面广，传播迅速，保存性好，缺点是不够迅速，注意度差，单调呆板。

(4) 杂志优点是针对性强，发行面广，图文并茂，便于保存，有固定的读者群，在杂志刊登广告可以做到精准投放，宣传效果较好，杂志的缺点是发行周期长，成本高，受阅读群规模的制约，传播范围有限。

(5) 随着网络的普及，网络媒体日益发达，网络媒体广告因表现手段生动，覆盖面广泛，传播手段多样，信息检索和保存手段齐备等优点，越来越受到金融企业的重视，成为金融广告的主流选择。

2. 印刷广告媒体

印刷广告媒体，是指金融机构运用纸质媒介来传播信息和扩大知名度，进行品牌产品推广的行为。印刷广告媒体包括销售媒体和邮寄媒体。

(1) 销售媒体，主要包括邮寄函件、产品介绍表、宣传单、海报、销售现场广告、赠品广告、促销活动广告等。

(2) 邮寄媒体，主要包括宣传小册子、服务指南、明信片、手册、电话簿、画册、火车时刻表、挂历等。

印刷广告媒体的内容详细，有较强的针对性，可对特定细分市场进行宣传。此外，在推出新产品的初期，纸质媒体广告能够防止大面积推广前招来模仿者，又可以让老客户首先了解新产品的信息，优先享用新产品。

3. 户外媒体

户外媒体，是指主要建筑物的楼顶和商业区的门前、路边等户外场地设置的发布广告的信息的媒介。户外媒体包括交通工具、灯箱、路牌、广告牌、海报、旗帜广告、车厢广告、气球广告、POP 广告等。

户外媒体醒目、美观、生动，接触面广，能对受众进行重复播放，可用于对金融企业名称、形象、服务内容的宣传。

广告媒体各有利弊，对金融产品而言，广告媒体可分为两个层次：高层次渠道和低层次渠道。高层次广告渠道主要包括电视、广播、报纸、广告牌、杂志、电影等；低层次广告渠道包括传单、手册、说明书和服务指南等。金融企业在选择使用媒体时要根据不同的产品情况和促销目的，尽量优化搭配。金融广告媒体的比较，如表 7-4 所示。

知识链接 7-2

银行常用业务
宣传媒介

表 7-4　金融广告媒体的比较

特征	视听广告 (电视)	印刷广告 (报纸、杂志)	户外广告 (海报)	邮寄册子 (宣传小册子)	互联网广告
覆盖面	广	广或小	非常广	有限	广
传播方式	主动	被动	被动	主动	主动
影响力	颜色、声音和动感产生强烈影响	表现力不足	强	不强	相当强
信息数量	少	可提供相当数量的信息	常常是没有解释的信息	提供足够的信息	提供足够多的信息
插入和取消的难易	容易	容易但需要时间来引起注意	需确定合适的空间	非常容易	非常容易
保留时间	非常短	持续时间长	短	持续时间长	长久
费用	昂贵	比电视便宜	便宜	贵(但有效率)	便宜

(二) 金融广告媒体的选择

金融企业应掌握各类媒体的特点与适应性，根据广告预算、宣传对象的特点与规模、广告目标等综合因素，选择适当的媒体，确定广告接触面、频率和效果。

1. 以扩大销售为目标

以扩大销售为目标，要求广告能缩短购买决策过程，促使目标客户立即做出购买决策、产生购买行为。

要达到这一目标，各种媒体的最佳选择顺序是：电视、广播、销售点广告、直邮、报纸、杂志。

2. 以增加市场占有率为目标

以增加市场占有率为目标，要求广告在吸引和争取新客户的同时，把竞争对手的客户也吸引到本企业来，提高市场占有率。

要达到这一目标，各种媒体的最佳选择顺序是：报纸、杂志、电视、广播。

3. 以创造形象为目标

从金融业竞争态势和业务发展看，形象广告是金融广告的重点，这就要求广告能促使目标客户或社会大众对金融企业及其提供的产品和服务产生好感，建立对金融企业及其提供的产品和服务的信任感。

要达到这一目标，各种媒体的最佳选择顺序是：报纸、户外广告、公共车辆广告、赞助社会活动的广告。

(三) 金融广告制作战略

1. 金融广告内容

广告内容，即为表达广告主题所确定的具体陈述内容。金融广告语言不同于一般性的说明文字，或是文学语言，它具备如下特性。

(1) 通俗性。要求金融广告创作做到易读、易记、易懂。多使用常用的、使用频率较高且时代感强的词语，多用短句，少用长句，语体风格尽量口语化。例如，中国银行的广告，用"选择中国银行，实现心中理想"就完整概括了中国银行的经营理念，听起来简单明了。

(2) 简明性。广告语言的简明性是广告主题的单一性所决定的。广告宣传要达到"告之"大众的效果，必须突出广告的主题，主题单一、集中才能使人过目不忘。

广告语言的简明性要求在文字上做到简洁，但"简洁"并不等同于"简单"，简洁的语言形式必须要蕴含广告所要表达主题的深刻内涵。

(3) 针对性。金融广告要针对金融服务的特点，抓住受众需求的特征。

(4) 韵律性。广告语言要能展现汉语的韵律美，可借鉴古典诗词来表现广告的美感，给客户以强烈的刺激和深刻的感受。金融广告，如能充分注意到结合产品自身所蕴含的文化内涵，将汉语的对称美形式运用到广告语言中，那么整个广告在宣传效果上将起到"事半功倍"的效果。

(5) 新奇性。广告语言要新奇，要具有个性，才能激发客户兴趣。

(6) 准确性。广告艺术强调情真、视真、言真，内容实在。金融广告对广告语言的准确性、真实性要求更高，不能片面地强调"新""最低价"等，而是应结合受众所需进行宣传。

拓展阅读 7-1

知名金融企业
广告词

2. 金融广告制作

(1) 金融广告主题。广告主题是指为达到广告目的所要表达的中心意图或意思。金融广告一般由主题、创意、语言文字、形象、衬托、音响六个要素组成。当然，不是所有金融广告一定要具备六项要素，只具备其中 1 至 2 项要素即可。

(2) 金融广告诉求。金融广告一般有两种诉求方式：理性诉求，强调金融产品的特点和利益，广告主题突出可证性、可信性、可比性；感性诉求，强调广告主题能给人带来的愉悦、幸福，强调广告的审美效果。

(3) 金融广告结构，即陈述广告具体内容的顺序。内容一般包含三个要点，即金融产品或服务给客户带来的利益、特色，以及购买承诺或保证。

(4) 金融广告创意。广告创意是指为表现广告主题而采用的情节、音乐、场面、图案。金融广告要用新颖、与众不同的方式来表达主题，创意要符合三方面的条件：一是要具有独创性和想象力；二是要切中主题；三是要易于理解。有些广告往往强调新奇独特和审美效果，但观众看过之后，却不理解是什么意思，这样的广告就是失败的。

(四) 金融广告传播战略

1. 广告市场战略

(1) 广告时间策划，即对广告推出时间、广告频率、广告时限、广告周期等时间因素的策划。

(2) 广告空间策划，即广告位置与范围的策划。一般来说，广告的覆盖面应与金融产品的销售区域范围相吻合。

(3) 区位战略，即决定金融广告要投放的区域。

(4) 受众战略，即确定受众群体。

(5) 竞争战略，即确定广告的竞争对手，以此来确定广告的诉求侧重点。

2. 广告媒体优化

(1) 网点传播媒体优化。结合金融企业营业网点的特点和媒体传播渠道的特点，综合考虑费用、媒体覆盖面、对目标客户的影响力、媒体特性与宣传内容的切合性等关键因素，对金融产品和服务的媒体传播渠道进行优化组合。

(2) 外部传播媒体优化。外部传播媒体应注重配置在覆盖面广的电视、户外广告、报刊等渠道，以及统一的短信息平台等媒体上。

(3) 强化品牌经营。重视产品功能升级，综合提升金融企业硬件软件环境，包括外观形象设计、停车场设置、室内装饰摆设、服务项目内容、售后服务等。提倡各服务网点在总公司统一功能布局的基础上，增添各自特色布置和增值服务项目，包括沙龙服务、理财服务、社会公益活动、特殊金融咨询服务等。

3. 金融广告运用战略

(1) 形象广告战略，即以塑造金融企业自身形象及其所提供的产品和服务的声誉作为广告目标的广告战略。这种战略不直接宣传介绍、促销产品和服务。

(2) 产品系列化广告战略，是指金融企业采用广告设计形式相对固定、广告内容不断变化的方式，向目标客户连续宣传本行产品的商标、品牌的一种广告战略。这种战略是从产品组合的角度考虑的。

(3) 促进需求广告战略，这是一种将广告宣传和直接销售同步进行的广告战略。

(4) 带动需求广告战略，这是一种在产品和服务投放市场(包括新产品的面市和现有产品投放新的目标市场)之前，进行广告宣传的一种广告战略。

4. 金融产品生命周期的广告战略

金融产品生命周期广告战略，如表 7-5 所示。

表 7-5　金融产品生命周期广告战略

产品生命周期广告战略	战略内容
投入期的广告战略	产品投入期的广告宣传重点是新产品的特征、功能、优越性、用途、使用方法等。投入期的广告预算应该大一些
成长期的广告战略	产品成长期的广告宣传重点是产品的独特之处及商标和品牌，努力促使客户购买、使用和继续购买使用
成熟期的广告战略	产品成熟期的广告宣传重点是劝说现有的客户继续购买、使用，说服潜在的客户购买、使用。这一时期的广告预算不宜过大，广告宣传的重点是产品的优惠价格及优质的售后服务
衰退期的广告战略	产品衰退期的广告宣传重点是商标、品牌和金融机构形象

5. 广告的传播整合战略

整合传播，是以客户为中心，综合、优化一切有效的传播要素和手段，塑造企业的整体形象，最大可能地实现营销目标。

对金融企业来说，整体形象在金融市场竞争中显得更为重要。金融产品和服务具有极强的同质性，很容易被模仿。在这种情况下，产品的附加因素，如企业信誉、实力和服务质量等客户心目中的企业形象因素就格外有分量。只有加大整体的形象宣传，通过各种营销手段让公众对企业有一个整体认知、产生认同和信任感，金融企业才能在激烈的竞争中立于不败之地。整合营销传播的主要目的，是将企业的各种要素整合提升为一个独具特色而又一以贯之的形象，使企业形象在客户心目中凸现、积累和沉淀，从而赢得公众的喜爱和信赖，在市场竞争中抢得制高点。传播整合战略的主要内容如下。

(1) 整合形象宣传和产品宣传，塑造金融企业的整体形象。在产品越来越趋于同质化的今天，金融企业在推出产品并保证产品的质量与功能的同时，须将产品与企业形象结合起来，并通过整合的传播方式，传递给客户，使客户对围绕产品的附加信息如企业形象、企业经营理念等产生认同、信赖，这样才能真正造就一个独特且牢不可破的品牌。

(2) 整合运用各种传播工具和方式，强化整体形象。金融营销传播须将各种传播工具和方式进行一元化整合，采取一个声音、一个面目的表现手法，使所有的传播信息均呈现一致的模样与个性，其目的在于建立强有力的整体形象。

(3) 建立与公众的双向沟通关系，以客户需要为导向加强营销策划。以客户为导向的整合营销传播要求金融企业在进行营销传播前，先要"注意客户"，而不是请客户注意，以公众及客户的需求为导向，充分做好对公众的调查研究，采取问卷调查或"一对一"的沟通方式进行调查，并以调查资料为依据，寻找出与公众的沟通诉求点，以此作为广告策划的切入点，要根据调查资料来研究公众是如何接收到传播信息和广告的，如何才能增加接触次数和传播效果等，以此来制订营销宣传计划。在宣传营销结束后，对宣传效果进行评估，为下次宣传策划提供科学依据。

(五) 金融广告效果评估

广告效果评估是指运用一定的方法，评价广告传播后所能带来的经济和社会效益等方面的效果。广告效果包括沟通效果和促销效果。

沟通效果是评估广告对消费者的知晓、认知、偏好所产生的影响的评价。

促销效果是评估广告对促销所产生的作用，一般分为广告前的分析和广告后的评估。广告促销效果评估方法，一般将广告费用的增量与销售额的增量进行比较，其公式为

$$广告促销效果 = (销售额增量/广告费增量) \times 100\%$$

第四节　金融营业推广战略

一、金融营业推广概述

金融营业推广，是指金融企业为刺激一定时间的市场需求，引起较强市场反应和购买欲望而采取的一系列优惠促销措施，也称为销售促进。营业推广具有如下几个特征：

非规则性和非周期性，即营业推广常用于一定时期里一定任务的短期的和额外的工作，表现为非规则性、非周期性使用；灵活多样性，是指营业推广工具繁多，可根据金融企业的不同产品和服务项目，以及不同的营销环境灵活地加以选择和运用；短期效益比较明显，广告和公共关系等促销手段要取得效益需要一个较长的周期，营业推广最适宜实现短期的具体目标，见效快，在短期内可刺激客户大量购买，能吸引潜在的客户。

(一) 金融营业推广的具体内容

1. 金融营业推广的对象

金融营业推广的对象，是金融企业的客户(潜在客户和现实客户、机构客户和个人客户)、金融企业产品及业务的渠道中间商，以及金融企业促销人员。

2. 金融营业推广的目标

(1) 对客户的促销目标。鼓励老客户持续扩大对老产品的购买，尝试了解新产品；介绍新客户，争取签约新客户。

(2) 对销售中间商的目标。鼓励推广新产品，增加产品销售，培养其忠诚度，吸引新的中间商。

(3) 对促销人员的目标。向促销人员提供恰当的激励措施，激励其工作热情，鼓励促销人员积极销售金融产品和服务，开拓新市场，寻找更多的潜在客户，增加金融产品和服务的销售额。

3. 金融营业推广的类型

(1) 按具体措施分类，分为免费类、优惠类、竞赛类、组合类。具体包括赠品或赠券、赠送样品、专有权利、配套优惠或免费服务、数量折扣、有奖销售等活动。

(2) 按实施对象分类，分为对客户的营业推广、对中间商的营业推广、对促销员的营业推广。对客户的营业推广，包括赠品、赠券或印花、价格折扣、服务促销、消费信贷等；对中间商的营业推广，包括批量折扣、现金折扣、经销津贴、代销等；对促销员的营业推广，包括红利提成、特别促销金、促销竞争等。

4. 金融营业推广的作用

金融企业在同业竞争中一般都设法避免进行直接的价格竞争，包括利率竞争和费用竞争，以免两败俱伤。营业推广作为一种非价格竞争手段，在金融界具有特殊的作用：

(1) 增进客户联系。营业推广必须与客户的实际需求相关联，应以激发客户使用某种产品和服务的兴趣为准。通过向客户提供某些额外利益(如赠品)，吸引新客户，报答忠于本企业的老客户。

(2) 短期促销效果明显。营业推广方式繁多，灵活多样，具有非规则性和非周期性，往往用于短期和额外的促销工作，其短期效果比较明显，可以补充和配合其他促销活动和手段。

5. 金融营业推广的局限性

营业推广长期效果不是太好，不可能建立品牌忠诚，不能拯救产品衰退，金融机构应该慎重选择与使用。

(二) 金融营业推广工具

营业推广在短期内能够起到促销作用，其工具丰富多样，金融企业可根据自身资金实力、竞争对手的状况，以及市场形势，慎重选择不同的工具，促进金融产品的销售，扩大市场份额。

1. 对企业客户的推广

(1) 赠品。赠品是为了鼓励购买某种金融产品而附赠的另一种产品。赠品是目前商业银行运用较多的营业推广工具，通常将印有金融企业名称的小礼品送给客户，包括日历、笔、钥匙链、购物袋、雨伞等。赠品的价值一般都较小，赠品的目的是增加特定区域的销售，介绍新产品。

(2) 样品。赠送样品，是将产品的一部分作为样品送给客户，这样做可以刺激客户的需要，增加销售。赠送样品的方式包括直接邮寄、上门赠送等。

(3) 配套免费服务。在金融竞争加剧的情况下，金融企业为招揽客户，会推出一些配套的免费服务。例如，在信用卡发行的促销活动中，可采取暂免收取信用卡年费的方式进行营业推广。

(4) POP 促销。POP (point of purchase)，意思是销售场所的广告，是广告形式中的一种。POP 促销，是指在金融机构的网点陈列招牌、海报、滚动字幕等，集中播放产品信息及营销活动介绍。

(5) 促销战略联盟。促销战略联盟是金融企业与中间商、工商企业开展的联营活动，共同向客户提供一揽子的优惠措施，以扩大各自产品的销售。例如，发卡银行为鼓励持卡人用信用卡消费，与航空公司联合推出"信用卡航空优惠计划"。采用战略联盟方式可以充分利用联盟对象现有的各种资源，有助于提高金融产品的竞争优势，保护市场份额，这也是关系营销的重要战略。

(6) 专有权力。对现有客户，特别是优质客户提供某种特殊的权益和便利。

(7) 其他促销手段。包括比赛、抽奖、游戏等。

2. 对中间商的推广

对中间商的推广，包括数量折扣、交易折扣、培训销售人员、物质奖励、精神鼓励、星级评定形式等。

3. 对促销人员的推广

对企业促销人员的推广，包括根据其销售的数量与质量，给予其一定的物质激励，如提成、奖励等；以及相应的精神鼓励，如星级人物评定等。

二、营业推广设计

(一) 营业推广工具的选择

由于促销的目标不同，可供选择的营业推广工具也不同，金融企业应综合考虑市场类型、促销目标、竞争条件与环境、促销预算分配，每一种促销手段的费用与效率等，选择适宜的营业推广工具。

(二) 营业推广方案设计

营业推广的规模要与促销任务相匹配。企业制定的营业推广方案，应对激励的大小、参与的条件、活动的期限、促销活动的预算等加以确定，选择费用有限而效率更高的营业推广方法。

(三) 营业推广的实施

拓展阅读 7-2

如果条件允许，促销方案在实施前，应进行实验，以明确促销手段的选择是否恰当，激励程度是否理想，传递方式是否有效等。当实验同预期相近时，便可进入实施阶段。

在实施中应密切注意市场反应，及时进行必要的促销范围、强度、频度和重点的调整，保证对方案实施的良好控制。在活动结束时，要对促销效果进行评估，以便今后再开展类似活动时加以改进和优化。

金融企业营业
推广方案

思考练习题

1. 什么是金融促销？
2. 促销有什么作用？
3. 促销的方式有哪些？它们优缺点分别是什么？
4. 分析产品生命周期的促销组合。
5. 什么是金融广告？它的特点是什么？

6. 有几种主要的金融广告媒体？它们的特点是什么？

7. 什么是人员促销？它的特点是什么？

8. 为银行一款理财产品设计营业推广方案。

9. 为银行一款理财产品设计广告营销方案。

10. 为银行一款理财产品设计人员促销方案。

第四篇
管理篇

第八章　金融营销管理

第一节　金融营销管理概述

一、金融营销管理的内涵

(一) 金融营销管理的定义

金融营销管理，是指金融企业对涉及与金融营销有关的各项活动从开始到结束的全过程进行有序管理和深度开发，包括营销的分析、计划、组织、实施、控制等密切相关的各项过程，核心是确保营销工作快速、有效、无误地完成。

(一) 金融营销管理的任务

金融营销管理的任务就是确保金融企业的营销活动能够按照确定的目标和战略得到有效的贯彻和实施。金融营销管理属于服务营销管理的范畴，更强调通过服务接触，向客户展示服务品质、树立服务形象。

金融营销管理的中心是客户。客户是金融营销管理活动的出发点和动力源泉，对客户需求进行认真分析研究，才能制定出与市场相符的营销战略，提供让客户满意的服务，最终实现金融营销目标。

二、金融营销管理的流程

金融营销过程是一个系统性、连续的过程，金融企业必须注意对营销过程的分析，通过金融营销过程的分析和诊断，优化金融营销过程。

金融营销活动主要经历分析、计划、组织、执行、评价和控制六个阶段。

(一) 分析金融营销活动

分析是金融营销管理的基础，金融企业通过对外界环境与自身条件的调查分析，了解自己的优劣势，分析客户和市场形势，识别、监视、研究竞争者，识别、捕捉营销机会，为营销决策提供参考。在分析的基础上，金融企业确定合适的营销目标、选择有利的目标市场，制订营销计划。

(二) 计划金融营销活动

营销计划是金融企业在某一特定时期为了实现战略目标而制定的有关金融营销方面的行动方案，是指挥、组织与监督金融企业开展营销活动的有效工具。营销计划的基本内容包括总任务、环境分析、预测前景、机会—威胁分析、确定目标、确定金融营销战略与行动方案、编制预算等。

(三) 组织金融营销活动

金融企业要根据营销计划组建相适应的营销机构，按照目标适应性、多功能性、高效性、低成本性、畅通性、灵活性的要求加以组建。

现代金融营销组织的模式多样，但无论是哪种模式，基本的职能部门都包含营销行政、市场调研、新产品开发、广告与促销、客户服务(或市场部、产品部、客户部)等机构。无论建立哪种金融营销组织模式，金融企业都必须充分考虑金融企业的规模、业务区域范围、产品和市场等因素，要建立精简高效、明确责权利、激励与约束机制，充分发挥每个营销机构及其人员的潜能，提高营销效率。

(四) 执行金融营销计划

执行阶段是依赖于金融营销组织对营销计划按照既定的营销目标与战略进行具体的营销活动的过程，是实现预期目标的关键所在，需要金融营销部门的工作人员及其他各部门之间进行密切配合，以提高营销活动的整体性与协调性。

在金融营销计划的执行过程中，要做到计划分解、职责明确、责权利相互统一，充分调动营销人员的积极性、主动性和创造性，增强营销人员的效益理念、竞争意识和危机感。

(五) 评价金融营销活动

金融企业应定期对各部门和人员执行计划的效果加以评价，即评估营销效益。一家金融企业或其中一个部门的营销效益可以从市场意识和客户观念、整体营销组织、营销信息、战略导向、工作效率等方面加以考核与评价。

金融营销活动的评价依赖于营销审计。营销审计就是通过对一家金融企业或是一个下属单位的有关问题进行全面的、系统的、独立的、定期的审核检查，以分析、确定问题的性质、范围和机会，提出控制和行动计划，提高金融企业业绩的活动过程。营销审计主要针对营销的宏观和微观环境、营销战略、营销组织(结构、功能、效率、部门之间关系)、营销制度(信息系统、计划系统、控制系统、科技开发与金融创新系统)、营销效率(利润率分析、成本效益分析)、营销功能(金融产品与服务、利率、市场份额占有、经营网络、促销活动与 CI 设计)、营销队伍及其活动等方面进行审计。

(六) 控制金融营销活动

营销控制是金融营销高效率、高效益运营的保障措施，是依据营销评价结果，对营销过程进行全程监控，并提出下一营销循环过程的改进方案。营销控制的关键在于推行全程控制，这是防范营销风险、提高营销资源配置效益的基础工作。

金融营销控制内容包括四个方面：一是年度计划控制，目的在于核实计划目标实现情况，具体包括信贷分析、市场份额分析、经营成本分析、财务分析、客户分析；二是盈利率控制，目的是查实金融企业何处盈利、何处亏损，主要通过对地区、金融产品与服务、客户群、经营渠道、信贷额度等的盈利情况进行控制；三是效率控制，通过对经营人员队伍、促销手段、资金分配、配合工作等的效率检查，以达到评价和提高营销费用开发效率和效果；四是战略控制，通过营销有效性评价、营销审计查实金融企业是否正在寻求最佳市场机会。

第二节　金融营销流程管理

一、金融营销流程管理概述

(一) 金融营销流程的内涵

1. 金融营销流程的定义

金融营销流程，是指金融营销活动从开始到结束的全过程，即金融产品从金融企业到客户的过程，包括金融企业从金融产品研发、销售、分销、促销和服务的整个流程。

金融营销流程是以市场为导向，以客户为中心，通过金融营销服务为客户创造价值的流程。

2. 金融营销流程的特点

(1) 时间性。金融营销服务活动是金融营销机构、营销人员、客户共同参与的营销过程，客户是营销服务体系的一个组成部分，营销人员要特别重视客户的时间意识和金融消费的实践特征，合理地分配营销的时间资源。

(2) 空间性。要特别注意营销过程应接近客户，突出便利性。

(3) 参与性。金融营销过程应尽量让客户参与进来。

3. 金融营销流程体系

按价值创造角度划分，金融营销流程可以细分为选择客户价值阶段、创造客户价值阶段和沟通价值阶段三大阶段。

(1) 选择客户价值阶段，即制定营销战略阶段，包含的营销流程为市场细分、客户细分和市场定位三个环节。

(2) 创造客户价值阶段，即制定营销战术阶段，包含的营销流程为产品开发、服务开发、定价和产品制造四个环节。

(3) 沟通价值阶段，即实施营销阶段，包含的营销流程为分销服务、人员促销和营业推广三个环节。最终获得客户对于金融产品与服务、营销人员、金融机构的信任、满意和忠诚，实现营销目标。

4. 金融营销流程的管理任务

(1) 金融营销过程分析。对各阶段和程序的独立性、正义性、衔接性、有效性，整个营销过程的完整性、统一性、系统性，整个营销过程和有关阶段所需资源的可靠性、充足性及其分配、利用的有效性等进行分析。

(2) 金融营销过程诊断。发现各种已经存在的问题与风险，以及各种可能诱发风险或问题的因素、动态或征兆；识别各种有利于金融企业发展的机会，以及可能导致这些机会的动因。

(3) 金融营销过程优化。不断总结金融营销实践经验、教训和借鉴、吸取其他企业的成功经验与失败教训，建立相应的金融营销管理体制与管理机制，使整个营销过程和系统能够自动地预警、防范、规避、化解各种风险；能够有效地发现、利用、创造各种营销机会，为企业开拓新的、更大的市场空间和盈利机会，保证整个营销过程有效地促进、实现企业发展战略目标。

(二) 金融营销流程再造概述

业务流程再造，是指对企业的业务流程做出根本性的重新思考和彻底的重新设计，以取得成本、质量、服务和速度等绩效指标的显著改善，使企业最大限度地适应以客户、竞争、变化为主要特征的现代企业经营环境。

1. 金融营销流程再造的内涵

金融营销流程再造，是指金融企业为了适应市场需要，以金融企业未来的经营目标和理想模式为出发点，以提高客户满意度为再造的中心，以业务流程改革为核心，充分应用信息技术，对金融营销过程和活动在进行合理化分析的基础上进行优化，建立合理有效的业务流程，以有效改善服务质量，以便能够动态适应金融环境变化和提高核心竞争力的一系列管理活动。

知识链接 8-1

银行再造

金融营销再造的重点是简化流程，精简组织，使组织结构更趋扁平化、更趋灵活化。一切以客户为中心，最大限度地方便客户，建立起与客户快速沟通的反馈机制和快速提出综合服务方案的问题解决机制，使企业能有效适应客户的需求，提高客户的服务感知能力，以获得利润最大化。

2. 金融流程再造的层次

金融营销流程再造是一个多层次的立体系统工程，由金融营销观念再造、金融营销流程再造和金融营销组织再造三个层次组成。

金融营销观念再造是前提，决定了相应的金融营销流程；金融营销流程再造是主导，从面向职能的金融营销向面向流程的金融营销转变是流程再造的宗旨；金融营销组织再造是保障，只有金融营销组织结构精干合理，部门间、营销渠道成员间建立有效的合作机制，金融营销流程才能够合理运作。

金融企业实施金融营销流程再造，除在金融企业内部理顺金融营销流程之外，更重要的是加强与投资者的关系建立与维护，建立从最终投资者开始到金融企业的一体化金融营销链条，利用网络信息技术，整合多方面的信息流，加强客户关系管理，实现整个金融营销流程的优化运作。

金融营销流程再造体系结构，如图 8-1 所示。

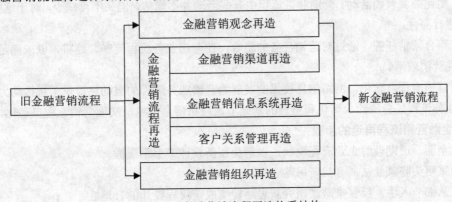

图 8-1　金融营销流程再造体系结构

3. 金融营销流程再造的目标

以流程再造为核心的变革，自始至终都体现着金融企业以客户为中心的理念，都是为更好地满足客户的理性及感性需求，进行的变动和改善。

(1) 重塑业务架构。按照以客户为中心的原则，重塑业务运营管理架构，建立面向市场、面向客户的市场营销体系、产品定价体系、制度流程体系和售后服务体系，为客户提供方便、快捷、优质的金融服务，全方位满足客户的金融需求。

(2) 挖掘客户需求。加强客户关系管理和客户需求特征分析，深层次挖掘客户需求，实现客户精准营销、分层服务和产品定制，努力延伸客户价值链条，建立完善的零售业务增值服务体系。

(3) 提升服务能力。以渠道转型为突破口，在完善物理渠道营销功能和客户分层服务体系的同时，不断充实和丰富电子渠道产品功能，发挥好电子渠道与物理渠道的协同和互补效应，有效提升全渠道的综合服务能力。

(4) 发挥物理网点作用。以营销服务能力建设的"软转型"为重点，加快推进渠道转型推广进度，充实大堂经理、理财经理和开放式柜台柜员等营销人员，增加网络服务展示区和多功能自助设备配置，推动文明标准服务的广泛导入与文化深植，有效发挥物理网点在客户服务和品牌传播中的窗口性作用。

(5) 提高电子渠道分销能力。加强电子服务渠道的推广，持续增加电子银行客户覆盖面，在保证安全性、稳定性的同时提高交易的便利性，增加功能，提高电子渠道对零售业务产品的分销能力。

(6) 完善一体化营销服务渠道体系。加快实施渠道整合集成，统一渠道部署和渠道管理，实现不同渠道间的资源共享、业务互动、产品互通，引导各类客户根据自己的需要选择服务渠道，逐步形成布局合理、通畅高效、成本集约、优势互补的一体化营销服务渠道体系。

4. 金融营销流程再造的方法

金融营销流程再造通常分两大类，即系统改造法和全新设计法。考虑到我国金融企业的实际情况和现有金融营销业务流程的特点，采用系统改造法对金融企业的现有金融营销业务流程进行再造更为稳妥。在对现有金融营销业务流程进行分析的基础上，针对存在问题，采用"清除、简化、整合、自动化"的再造方法对金融企业现有营销业务流程进行再造。

(1) 清除非增值的活动。现有金融营销业务中所有非增值的且又非必要活动都应该清除。

(2) 简化必要营销活动。营销业务流程中有些活动并不增值，但又不可缺少，对于这类活动，应尽量进行简化。

(3) 整合营销任务。通过对营销任务的整合，使营销业务流程流畅、连贯，以求满足客户要求，提高营销效率。

(4) 营销流程自动化。网络信息技术的发展为营销业务流程的自动化提供了直接动力，在做好营销业务流程任务清除、简化和整合的基础上，应用信息技术，实现营销流程自动化。

5. 金融营销流程再造的步骤

(1) 全面、透彻理解企业流程现状，以避免在新设计中重蹈覆辙。

(2) 采用头脑风暴法，寻找新思路。

(3) 从细节入手，反复推敲，研究新思路转变成新流程设计的合理性。

(4) 采用科学的方法检验新的流程设计。

(三) 金融营销流程再造战略

1. 以客户为中心的流程再造

以客户为中心的流程再造,是创建多样化的业务流程,以应付多样的客户需求。以客户为中心的流程再造的具体方法如下。

(1) 建立面向客户需求的、以细分市场为基础的组织架构,设立专家队伍对销售队伍进行专业支撑,建立专门的客户管理团队,设立品牌推广部门,建立跨产品系列的综合奖励制度。

(2) 从价值链分析入手,突出核心业务流程。企业根据客户价值贡献度重新改造业务流程,突出有利于形成核心竞争力的核心增值型业务流程,删除不能创造价值的流程,把一些低附加值的、不能体现领先优势的业务流程进行外包。

(3) 完善流程管理规范。选择金融机构的核心业务和管理流程,以及影响客户满意度和服务质量的"瓶颈流程"进行梳理优化,制定流程管理的制度规范,健全完善流程全生命周期管理的框架,形成流程持续改进、组织跟随调整、机制逐步完善、系统适应改造的流程建设长效机制。

(4) 构建大数据信息平台。整合各业务条线和管理信息系统对业务数据信息的需求,在生产系统数据抽取、转换和加工的基础上,建立独立的营销业务数据库,完善营销业务统计指标体系,开发面向多维度分析和多领域应用的统计分析系统,为客户营销、风险管理、资源配置和绩效考核等提供完整的管理信息和决策依据。在营销支持领域,整合各业务系统的客户信息、合约信息、交易信息,建立统一的客户信息视图和客户关系管理系统,构建客户价值贡献、行为特征和风险状况的分析模型,为客户分层管理、目标客户识别、产品市场定位和客户差异定价提供工具支持。在绩效考核领域,加快集中核算系统建设,完善业绩价值管理系统功能,实现部门、机构、岗位、产品等多维度的零售业务成本分摊和收入分成,以准确评价产品综合收益、客户综合贡献和客户经理营销业绩,为实施营销业务产品后评价、产品计价考核和客户经理营销考核提供系统支撑。

(5) 后台业务流程再造。后台服务主要有两种模式:一种是前台业务部门直接服务于客户,中后台部门为前台提供服务;另一种是后台直接对客户进行销售。随着技术的发展,不断放大后台的作用与功能是一种趋势。围绕以客户为中心的经济理念,理顺中后台与前台之间的关系,重新设计后台业务流程,将后台服务的模式从完全为前台业务部门服务,间接为客户服务的模式改变为大量后台直接对客户进行服务的模式。建立整体后台操作模式,实现后台操作集中化,将可以集中的业务交由后台集中批量处理,通过对各种单证、会计业务处理、汇出、汇入款处理实施规范化、标准化后台流水线作业和集中运作管理,前台员工可将更多时间和精力投入客户营销服务,从而节省人力和时间,降低运营成本,提高运营效率。

2. 金融营销组织的再造

金融营销组织再造的目的是能为客户提供高效周到的服务,节约客户的时间和精力,因此必须为客户提供一站式服务,建立以客户为中心的管理体制,向客户提供全面综合的金融服务。

(1) 推行扁平化组织结构。建立扁平化或中心辐射的组织结构,压缩管理环节,缩短管理半径,减少上下级之间信息的失真,变刚性组织为柔性组织,再造组织结构。

(2) 推行客户经理制,实现企业与客户之间的单点接触。客户经理制是金融企业培训和聘用一批专业的金融产品营销人员,通过他们向客户全面营销企业的金融产品和服务,全面负责客户的所有事务,形成介于企业内部业务、管

拓展阅读 8-1

花旗银行的
流程再造

理体系和客户之间的桥梁和纽带的制度。

3. 金融营销观念的再造

结合现代经济制度和金融机构发展的特点,营造以客户为中心的金融企业文化,即客户满意是金融机构一切活动的衡量标准。

二、金融服务过程管理

(一) 金融服务过程概述

金融营销管理正经历着从重视工具到重视过程的转变,过程管理是保证营销有序运作的重要保证。

金融服务过程,是指金融企业与服务生产、交易和消费有关的运作系统、运作流程、作业程序、操作方针、组织机制、人员处置的使用规则,对客户参与的规定,对客户的指导、活动的流程等。简言之,是与服务生产、交易和消费有关的程序、任务、日程、结构、活动和日常工作。

1. 金融服务过程的构成

从客户的视角,服务可以分为互动部分,以及不可见但能够感知到的支持部分。

(1) 服务过程的互动部分。互动部分包括由客户与一线服务员工构成的接触双方;有形资源设备,如银行的自动提款机或者银行大厅中的供客户休息用的沙发、饮水机等;系统与运作资源,如需要当场填制的银行账单或者是客户应遵守的服务规则等。在互动部分,客户是参与到服务过程中的一种资源,是服务系统中的一个组成部分。

(2) 服务过程的支持部分。服务的支持部分包括三个部分,即系统支持、管理支持、人员支持。

2. 金融服务传递

客户对服务质量的感知,尤其是对服务过程质量的感知,往往受到与服务提供者之间的互动——"服务接触"的影响。

服务接触指客户在服务的消费过程中的所有接触,包括人员、设施等。这些接触发生的时候,就是客户评估服务的特定时刻。服务传递在任何"接触"上的变化,都会令客户的服务感知发生变化,从而影响服务质量。

信息技术在金融业的广泛应用就是最好的例证。现代金融服务业是受信息技术进步影响最强烈的行业,信息技术不仅促使金融服务支持设施实现电子化,如无席位交易所、网络银行等,而且导致了作为金融服务载体的辅助性工具(金融工具)的电子化,如电子票据、货币。这些极大地改变了金融服务的传递方式和过程,并影响服务质量。网络技术在金融服务业的运用,打破了金融服务传递在时间、空间上的限制,增强了客户获取服务的可能性和便利性,大大降低了客户付出的实际成本。用电子化设备代替员工劳动,在服务传递趋向标准化的同时,将影响服务感知的员工方面的不可控因素降到了最低限度,有利于保持服务传递的稳定性和一致性;通信和信息处理技术,使得借助现有的金融服务分销网络,进行银行、证券、保险服务的交叉销售成为可能,通过交叉销售,金融企业在无须增加多少成本的前提下,能获得更多的收益,客户可以在同一时间、同一地点获得更多的服务选择,多样化的需求能更好地得到满足。

(二) 金融服务过程战略

1. 金融服务过程战略概述

服务过程战略是对服务过程的运营政策、服务程序、服务过程中的组织机制、客户指导、服务活动的流程等进行控制的战略。

由于服务存在不易标准化与规范化、服务质量不易稳定、客户不易认知服务、服务品牌较难树立、客户通常把服务交付系统感知成服务本身的一个部分等特征，使得对服务过程的控制成为金融服务营销的关键所在。

通过对服务过程要素的分析可以看出，对于客户而言，由于金融服务的互动部分及支持部分存在可视与不可视的差异，因此服务过程战略应采取不同的战略设计，考虑到所有能对客户的服务体验产生影响的关键点，包括运作政策、程序方法、辅助设备、客户参与程度，以及环境、设备、技术的有形展示等。

2. 服务过程战略设计内容

(1) 明确服务目的，识别服务过程。

(2) 明确服务对象，用蓝图方法设计服务过程。

(3) 明确服务过程中的可视线的位置，规范前台、后台员工的行为。

(4) 明确服务过程中的潜在失误点，对其加强管理。

(5) 合理规划关键性流程细节的完成时间。

(6) 在客户参与服务的过程中加入服务有形展示，以提高客户对服务质量的感知度和满意度。

3. 金融服务蓝图

服务蓝图是将金融服务过程以流程图的形式进行描述，从客户角度出发有效描述某一服务流程的可视技术，明确金融服务不同业务类型的过程，并对其进行分析，以加强对服务过程要素的控制管理，提高服务质量。

服务蓝图是由可视分界线区分前后台，详细显示作业细节、流程、潜在失误点、客户等待发生点、关键作业环节的服务流程，如图8-2所示。

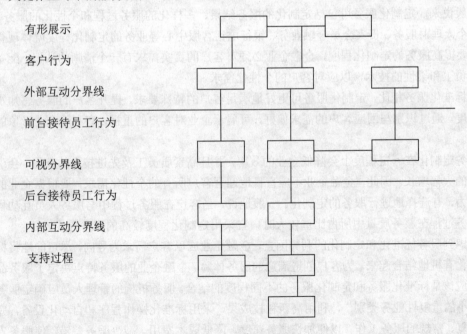

图8-2 金融服务蓝图

借助服务蓝图来诊断和设计金融企业服务营销过程，做法是先分解企业的服务系统和架构，画出从前台服务到后台服务的整体服务过程流程图，然后找出各个业务环节上对客户服务的接触点。借助服务蓝图这一工具，能让管理人员加深对整个服务过程的认识，发现潜在的失误点，采取预防措施来防止失误的产生，以此来保证有效的传递服务。

运用服务蓝图描述金融服务的过程如下：①了解客户金融服务中的参与过程，如根据蓝图跟踪客户行为，了解客户对金融服务的选择、客户参与服务的程度等；②了解服务员工的角色，关键点集中在可视分界线上下的行为，如服务过程的合理性和效率性，哪些员工在与客户接触及接触频率等；③了解服务过程因素的结合情况，纵向剖析服务蓝图，以便明确服务任务、在服务过程中起关键作用的服务员工及组织深处的内部行为与一线服务效果之间的联系。

4. 金融服务过程的标准化

标准化金融服务，是指在服务过程中使用流水作业法，用现代化设备和精心设计的服务操作体系取代或减少人工服务，体现出服务结果标准化、服务过程程序化、服务行为规范化。

采用标准化服务的目的是在限制客户对服务的选择范围的同时，减少服务人员与客户之间的相互交往程度，提高服务效率，为客户提供快速、可靠、方便、一致、高效、廉价的服务，使不同的客户享受到平等的待遇，减少客户感觉中的购买风险，提高客户的满意度。标准化要求服务人员严格遵守操作程序，以便加强服务质量控制，提高工作效率，降低成本费用。

采用标准化的服务方式无法同时满足不同客户的需求偏好，对于客户与服务人员之间互动性要求较低的服务，标准化服务比较有效，因为通常客户较重视这一类服务的结果而非过程。

5. 金融服务过程的定制化

定制化金融服务，是指企业根据客户的具体需要，由服务技能较高、服务知识比较丰富的服务人员为客户提供的多样化、人性化服务，以满足客户具体的、独特的需要和愿望。

一般说来，定制化服务可包括定制化的服务结果、多样化的服务过程和个性化的服务行为。例如，个人理财服务、贵宾会员金融业务、银行电话客服中心等业务的定制化程度就体现得比较突出。要提高服务的定制化程度，金融企业必须对客户的真实需求有一个清晰的认识，配备灵活应变的员工和柔性的技术，以应对客户的个性化需求。

与标准化服务相比，定制化服务可更好地满足客户的特殊要求，提升客户的服务感知水平和满意程度。通过识别与回应客户的需求偏好，可展示企业对客户的重视，有利于企业形象的树立与提升。

服务定制化在一定程度上会降低企业的效率，并且高素质员工及先进技术的获得，会引发服务成本的大幅增长。因此，金融企业不应盲目地迎合客户所有的个性化需求，要根据企业的实际服务能力，有选择地进行服务的定制化。一般地说，当客户在服务过程中与服务人员互动程度较高，服务过程在服务质量中所占比重较大时，宜采用定制化程度较高的服务方式。

考虑到服务标准化和定制化的利弊因素，金融企业应以客户需求为导向，尽可能地将标准化和定制化有机地结合起来，为客户创造满意的服务体验。金融企业的服务特点决定了服务品质的个性化应该是标准化服务和定制化服务的不同程度的结合。服务机构的管理人员应确定服务过程中"最小的重复性业务类别"，利用高新科技成果，采用标准化操作程序和自动化设备，完成简单、重复、常规的服务工作，以便加快服务速度，降低成本费用，减少服务差错，使服务人员有更多时间和精力，更灵活、更及时地处理非常规性、复杂程度较高、需频繁与客户互动的服务工作，以此提供给客户多样化、人性化的服务，提高其满意度。

6. 授予客户参与服务过程的控制权

服务的特征之一就是客户参与服务生产过程。每一"关键时刻"都涉及客户与服务提供者之间的交互作用。客户对服务接触控制的权力，与客户感觉到的购买风险呈反向关系，即客户的控制权越大，其感觉到的风险就越小，反之亦然。客户感觉到的购买风险越大，意味着服务过程和服务结果的不确定性越大，不利于客户对所购买的服务形成正确的感知。金融企业应采取措施，使客户更有效地控制服务过程和服务结果，信息技术是其中最主要，也是最常用的技术。

利用信息、技术，实现高度自动化服务(标准化服务)，可授予客户更大的控制权，使客户以服务生产的合作者身份，积极地参与服务过程。例如，24 小时自助银行服务，使客户获得服务生产授权，在不需与任何服务人员接触的情况下，可以完全控制服务的步骤和过程，服务结果几乎在客户的控制范围之内，这种稳定的、趋于一致的服务过程和结果，在无服务人员介入的情况下很容易让客户感到满意；借助互联网平台，客户有权在更大范围内寻求金融服务提供者，选择服务方式、服务过程，并在网上实时跟踪服务传递的信息以便控制服务结果。

不同的客户对服务的授权有不同的要求。那些对授权要求较高的客户，更乐于充当服务的合作生产者。金融企业应该根据客户不同的授权需要提供相应的服务(低授权服务或高授权服务)。客户作为服务过程积极的参与者承担新的、更具独立性的角色，必然需要"培训"，客观要求金融企业扮演好"教育"的角色，使客户具备基本服务生产的能力。例如，在 ATM 机上标识简洁、易懂的使用说明，在网页上清楚地标明使用相关金融应用软件的方法等。

(三) 金融服务流程管理

1. 金融服务流程评估与测试

(1) 确定流程绩效指标。流程绩效指标包括流程的效率及成本等指标。

(2) 流程评估。根据流程指标，确定拟测试的金融企业相关指标，并与"标杆"企业进行对比，以确定流程存在的问题，寻找改进的办法和途径。

2. 金融服务流程设计

下面以银行营业网点服务流程设计为例，阐述金融服务流程设计。

营业网点流程设计，主要涉及网点空间的合理布局、客户合理分流和业务办理顺序、促销手段的配置。

在网点入口需要设置一个引导台进行客户分流，简单的现金业务可以分流到自助设备。紧接着是大堂经理的接待，通过与客户简单的交谈，大堂经理应了解客户的需求并将其引导安排到合适的区域(高柜、低柜、财富中心、私人银行等)。在这个过程中，银行通过不同营销手段和不同营销宣传材料向客户进行主动营销。

银行对营业网点进行功能分区，增强虚拟渠道个性化营销和理财功能，以满足不同客户的不同需求。银行可设置七大功能区：

(1) 自助服务区，集中设立多种虚拟渠道，引导客户办理电子银行业务，减少客户等待时间；

(2) 咨询服务区，实现客户身份识别，为个性化服务提供基础，发掘潜在的营销机会；

(3) 宣传等候区，提供客户休闲、等待场所，运用多媒体方式宣传金融产品和服务；

(4) 高柜区，为客户提供标准化的、高效率的人工服务，协助其他功能区完成特定交易；

(5) 低柜区，为客户提供人性化、个性化的金融服务，向客户进行产品营销；

(6) 高端客户服务区，由专业的客户经理为金融资产达到一定标准(如 50万元以上)的客户提供以理财服务为主的一揽子金融服务；

(7) 贵宾客户服务区，由银行的资深专家为金融资产达到一定标准(如 500万元以上)的贵宾客户提供以投资理财服务为主的一揽子金融服务。

(四) 金融服务标准化设计

金融服务具有现场即时服务的特点，更强调瞬间感受，由于服务人员的差异性较大，单靠服务人员无法保障服务的一致性，影响客户的体验。金融企业应尽可能地把规范性的金融服务标准化，以促进服务质量的提高，提供长期稳定的服务。

金融服务标准化是在营销行为中进行标准作业程序导入，就是将细节进行细化和量化，是以统一描述组织内部相关事件标准的操作步骤、流程要点和要求，规范员工行为，指导全员工作的方法，目的是使用流程化的操作使不同员工处理相同事件时，能达到完全一致或相似的结果。

金融服务标准化设计包括以下内容：

(1) 服务程序流程化。改进服务流程，使服务程序标准化。

(2) 服务规范标准化。制定不同档次、不同质量的服务质量标准，包括服务的言行举止规范制度，满足不同层次客户的需求，稳定服务质量。

(3) 服务环境标准化。制定服务设施、服务环境、技术设施等标准，改善服务设施，美化服务环境，使客户在等待期间过得充实舒服，如设置座椅、放置书报杂志、张贴有关材料等，为客户等待和接受服务提供良好的条件，营造宾至如归的服务环境和气氛。

(五) 金融服务过程管理

1. 金融服务传递的客户管理

在金融服务接触过程中，客户是服务接触管理中最主要的因素。对于一些负面影响客户服务感知的问题，如客户等候的"排队"问题、服务态度恶劣问题，会给客户留下糟糕的印象，若处理不好会影响服务传递的效率和效果。因此，金融服务传递过程的设计，应将客户的舒适感、安全感、信任感，以及客户的整体感知作为主要考虑因素。

2. 金融服务传递的员工管理

在与客户高度互动的金融服务传递过程(如信息咨询、证券经纪)中，与客户接触的员工是影响客户服务感知的重要因素。

为改善金融服务传递，金融企业应重视员工的作用，把与客户接触的员工置于组织结构的顶端，组织中其他员工的职责是服务这些一线员工。由于中间管理环节的减少，客户与员工交流的信息会以最低的失真程度传递给管理决策层，使他们能准确地把握客户的真实需求，从而采取有针对性的决策；与客户接触的员工在得到培训、激励和计算机信息系统及时支持的前提下，获得一定程度的授权，能够在服务传递过程中管理服务接触，及时对客户的要求做出反馈，提高服务客户的能力。

拓展阅读 8-2

某保险公司柜面服务流程诊断

拓展阅读 8-3

人际交互体验标准

知识链接 8-2

服务标准制定 SMARTS 法

员工的言辞和行动被客户认为是服务组织的言辞和行动。常年完成同样的任务使得员工只重视服务接触的效率和有效性，千篇一律地对待客户，而不是把每一个客户看作一个具有个性的个体。在服务接触中要达到客户满意，除了服务技能、服务效率，客户对员工所表现出来的诸如友善、温暖、关怀和富有情感等人际交往技能也至关重要，金融企业应加强这些技能的培养，使组织的员工能够站在客户的角度进行服务接触。

3. 金融服务传递的服务培训

培训是强化服务接触管理的主要渠道，培训的内容包括客户需求的变化、新服务类型、服务技能等。

(六) 金融服务方式管理

1. 金融服务接触管理

服务接触，是客户与服务系统之间互动过程中的"真实瞬间"，是影响客户服务感知的直接来源。服务质量很大程度上取决于客户感知，客户感知又以服务接触能力为基础。客户对金融企业服务的印象和评价往往决定于某一个瞬间或服务过程中某一个非常具体的事件(服务人员的一句话、一个动作等)，这个过程也被称为服务交锋。

(1) 金融服务接触的类型。金融服务接触分为面对面的接触(营业网点服务、上门服务)、电话接触服务(热线)、远程服务接触(网络银行、手机银行、自动终端)等类型。

(2) 金融服务接触管理内容。服务接触管理是员工、客户、服务组织对服务接触中的关系进行管理。

2. 金融服务过程管理

根据客户参与程度，可以把服务过程大体分为基本不与客户发生接触的后台服务支持过程，以及直接与客户打交道的前台服务接触过程。前台服务接触过程是影响客户服务质量感知的主要来源，客户对服务质量问题的抱怨和不满主要集中在服务接触环节。相应的服务过程划分为三个区域：服务接触区域、内部支持区域和外部协调区域。具体管理措施如下。

(1) 将服务接触点进行分类，确定关键接触点。

(2) 通过内外部调研，寻找接触点的关键环节和核心需求，发现服务改进重点。

(3) 考虑关键环节和核心需求，提升客户体验，挖掘共性的服务行为。

(4) 制定接触点员工服务体系，建立服务标准、职业规划、员工激励机制、培训机制等制度规范，以达到控制服务质量波动，提高服务运作管理能力，提升客户满意的目的。

3. 金融服务现场管理

下面以银行网点为例，阐述现场管理的内容。

(1) 环境管理。积极推行以"整理、整顿、清扫、清洁、素养"为核心内容的环境管理模式，对网点门前、营业大堂、员工区域进行规范管理，科学摆放物品，提升网点营业环境的良好视觉形象。

整理，是将工作现场的任何物品分为有必要的和没有必要的，把没有必要的全部清除掉；整顿，是指物品科学摆放，取用快捷；清扫，即将工作场所内看得见和看不见的地方清扫干净，保持洁净，并明确责任，形成制度；清洁，即环境整洁，并实施定期检查；素养，即养成良好习惯，按规则做事，培养员工的积极主动意识。

(2) 人员管理。按照文明规范服务礼仪和各岗位服务标准，对员工服务过程中的仪容仪表、表情神态、沟通语言、接待礼仪等进行规范和监督。

(3) 营销管理。通过大堂人员主动迎接、问询客户，有效识别、捕捉客户信息，并将潜在客户及时推荐给个人客户经理或理财顾问，在网点负责人、大堂经理、个人客户经理、柜员间形成一条无缝连接的营销服务链，做到既分工又协作，共同营销和维护客户。

(4) 排队管理。当服务的容量不能满足服务的需求时，就会出现等待。等待是服务体验中的重要部分，等待时的感受直接影响客户对服务质量的感知。既然客户等待是难以避免的，必须对其进行有效的管理，确保在任何时间、任何地点、任何情况下都能使客户获得愉悦的服务体验。

具体可采用以下的排队管理措施：①确定可接受的等待时间。为了减少客户的焦急和不确定性，保证排队的公平，按先来先服务的原则，采用分业务顺序排号的办法，实时显示目前的服务排号，以便客户预测后续等待时间，方便客户根据个人时间灵活安排。②建立业务分流措施。通过加设临时柜台、增加员工、延长银行的下班时间等手段来灵活解决业务高峰客户排队时间长的问题；将现金业务和非现金业务分流，根据业务量对不同岗位进行适度调整，以减少排队时间；整合升级服务各环节业务流程，解决客户重复、交叉排队的现象。③让客户等待过程变得愉快。公布对客户的服务承诺，如限时服务等，当服务承诺不达标时，对客户予以一定补偿；向客户提供免费饮料；对营业场所进行设施改造，设置舒适座椅，提供娱乐项目，如电视、杂志、电子游戏机等，以缓解客户的烦躁情绪。此外，银行为解决服务供需的矛盾，还可推行使用自助设备，如自动取款机、电子银行等电子化渠道，让客户自行完成存取款、转账等金融服务，从而实现业务分流的目的。

第三节　金融营销组织管理

一、金融营销组织概述

从现代营销管理的广义角度，金融营销组织是指各类金融企业，如商业银行、保险公司、投资银行和其他金融服务公司等。从微观层面，金融营销组织是指金融企业内部涉及金融市场营销活动的各个部门、职位、结构。

(一) 金融营销组织的地位与体系

金融营销组织是金融营销管理的重要保证，主要功能是规划和执行金融营销活动，确保金融企业营销的稳定增长。金融营销组织是金融企业以市场为导向的全部营销活动的关键，是金融机构整体组织体系的核心部分。

金融营销组织一般分为两个部分：一是金融企业整个组织都要参与营销活动；二是以金融机构的营销部门(营业部)为主体的职能性营销组织。

金融营销组织要具有灵活性、适应性和系统性，根据营销环境和金融企业资源、目标、战略的变化进行灵活调整，金融企业内各职能部门要相互配合，整体协调，共同为实现金融企业目标、计划而努力。

(二) 金融营销组织的目标

1. 对金融市场需求做出快速反应

金融营销组织应该不断适应外部环境,对金融市场的变化做出积极反应。把握金融市场变化的途径是多种多样的,如金融营销研究部门、金融企业的销售人员,以及其他商业研究机构都能为金融企业提供各种金融市场信息。了解到金融市场信息后,金融企业的反应涉及整个金融营销活动,从新产品开发到价格确定都要做相应的调整。

2. 使金融营销效率最大化

金融企业内部存在着许多专业化部门,为避免这些部门间的矛盾和冲突,金融营销组织要充分发挥其协调和控制的职能,确定各自的权利和责任。

3. 代表并维护投资者利益

金融企业奉行市场营销观念,把投资者利益放在第一位。这项工作主要由金融营销组织承担。虽然有的金融企业利用市场营销研究人员的民意测验等来反映投资者的呼声,但仅此是不够的,必须在管理的最高层面上设置市场营销组织,以确保投资者的利益不受侵害。

金融营销组织的上述目标归根结底是帮助金融企业实现整个市场的营销任务,协调、指导金融企业获得最佳市场营销成果。

二、金融营销组织类型

(一) 职能型组织

职能型组织结构是按金融企业职能部门来设置的,这是最古老也是最常见的营销组织形式,一般适合规模较小的金融机构。它强调营销的各种职能,如销售、广告和研究等的重要性。下设的职能部门根据金融企业需要设置。金融营销职能型组织结构,如图 8-3 所示。

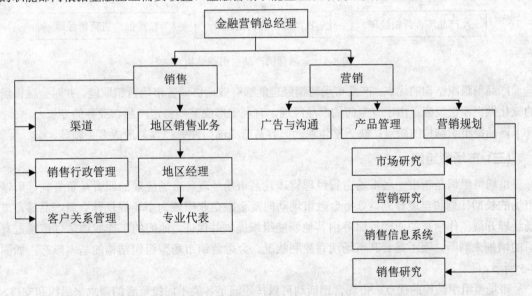

图 8-3 金融营销职能型组织结构

职能型组织结构的优点：简便易行，分工明确；当金融企业只有一种或很少几种产品，或者金融产品的市场营销方式大体相同时，这种组织结构比较有效。

职能型组织结构的缺点：分工过粗；没有人负完全的责任；随着金融产品品种的增多和市场的扩大，这种组织形式就会暴露出发展不平衡和难以协调的问题。

(二) 产品型组织

产品型组织是指在金融企业内部建立金融产品经理组织制度，以协调职能型组织中的部门冲突。在金融品差异很大、产品品种太多，以致按职能设置的金融营销组织无法处理的情况下，建立产品经理组织制度是适宜的。产品型组织的形式，是由一名产品市场营销经理负责，下设几个产品大类经理，产品大类经理之下再设几个具体的产品经理负责各类事务。该组织类型适用于市场地域和客户差异相对较小，而产品复杂的金融企业。金融营销产品型组织结构，如图8-4所示。

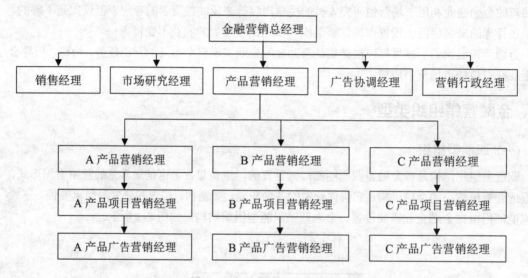

图 8-4　金融营销产品型组织结构

产品型组织结构的优点：产品市场营销经理能够有效地协调各市场营销职能，并对金融市场的变化做出积极反应；由于有专门的产品经理，有利于形成某些特定产品、业务的专长。

产品型组织结构的缺点：缺乏整体观念；容易造成部门冲突；容易造成多头领导。

(三) 市场型组织

市场型组织是指由一名市场主管经理管理几名市场经理，市场经理的职责是负责制订所辖市场的长期计划和年度计划，分析金融市场动向及金融企业应该为市场提供什么新产品等。市场经理开展工作所需的职能性服务由其他职能组织提供并保证，他们的工作成绩常以市场占有率的增加来判断，而不是看其市场现有盈利状况。金融营销市场型组织结构的基本形态，如图8-5所示。

市场型组织结构的优点：市场营销活动可以按照满足各类不同投资者的需求来组织和安排，有利于企业加强销售和开拓市场。

市场型组织结构的缺点：权责不清和多头领导，这与产品型组织很类似。

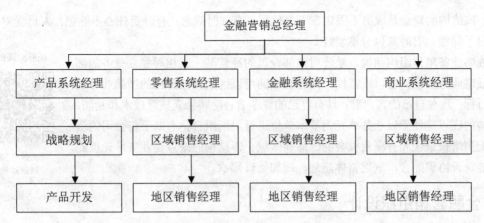

图 8-5 金融营销市场型组织结构

(四) 地理型组织

地理型组织，体现为金融企业在各地区设立分支机构，有利于集中开发各地区市场。它适用于产品种类和客户需求相对单一，业务的市场地域差异较大的金融机构。金融营销地理型组织是金融企业常见的组织类型，其结构如图 8-6 所示。

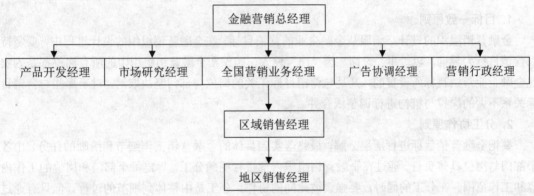

图 8-6 金融营销地理型组织结构

(五) 客户型组织

客户型组织结构，结合了地理型与产品型组织的优点，同时又克服了它们的缺陷，是金融组织结构的发展方向。

客户型组织结构的最大挑战在于如何在客户与产品线及地域之间取得协调。在解决这一矛盾的实践中，已经形成了几种管理模式。比较具有代表性的、采用得较为广泛的是花旗集团的矩阵制组织结构和荷兰银行的战略业务单位组织结构。

矩阵制组织结构，是专门由从事某项工作的工作小组形式发展而来的组织形式，是为了改进直线职能制横向联系差，缺乏弹性的缺点而形成的组织形式，它的特点表现在围绕某项专门任务成立跨职能部门的专门机构上，以协调有关部门的活动，保证任务的完成。该结构的优点是加强了横向联系，克服了职能部门相互脱节、各自为政的现象，专业人员和专用设备能得到充分利用；具有较大的机动性，任务完成，组织即解体，人力、物力有较高的利用率；各种专业人员同在一个组织共同工作一段时期，完成同一任务，为了一个目标互相帮助，相互激发，思路开阔，相得益彰。该结构的缺点是成员不固定在一个位置，有临时观念，有时责任心不够强，人员受双重领导，出了问题，有时难以分清责任。

战略业务单位组织结构，是公司内部设置的经营某一类相对独立业务的部门。战略业务单位具备以下特性：具有独立的可以区别其他部门的产品业务组合和目标；具有自己的客户群；具有自己的竞争者；能够独立核算成本和利润。该结构的优点是便于以业务单元为基本单位进行灵活组合，有助于将公司的资源分配到增长最快和有赢利机会的产品和区域。该结构的缺点是业务单元彼此间可能缺乏协调配合，缺乏整体规划，增加管理层次。

拓展阅读 8-4

荷兰银行 SBU
组织结构

三、金融营销组织设计

金融企业营销组织是企业组织体系中的重要组成部分。营销组织要直接面向市场，营销活动是开放性、前瞻性的活动，其组织运行基本上是在金融企业外部进行的，具有其特殊性和相对独立性。金融营销组织设计的优劣，不仅关系到金融企业的营销效率、管理成本，而且直接影响到金融企业的经济效益。

(一) 金融营销组织设计原则

1. 目标一致原则

金融营销组织的设计必须服从金融企业的营销目标。在金融营销组织的设计过程中，要坚持以营销目标为导向，以"事"设岗、因"岗"设人，确保在金融营销组织中的所有岗位都是为实现金融企业营销目标所设置的，凡是与营销目标无关的岗位与部门坚决取消，对于那些与营销目标关系不大的岗位与机构进行调整或合并。

2. 分工协作原则

要把金融营销目标进行层层分解，最终落实到具体的金融营销工作细节和清晰的任务，由各个部门与岗位具体负责。通过在金融营销组织内部进行明确分工，界定每个部门和岗位的工作内容和工作范围。在分工的同时，要强调彼此间的协作，分工是由整体到细节的过程，但只有通过相互间的协调与合作，才能使每个细节不至于孤立运行。通过分工协作，促使金融营销组织的高效运转，从而保证金融企业营销工作的有序推进。

3. 统一指挥原则

为了应对瞬息万变的金融市场，必须确保金融营销组织实行统一指挥，坚决消除有令不行、有禁不止的现象。统一指挥的原则要求设计金融营销组织结构时要使营销组织有系统的、连续的等级指挥体系，明确规定各级间的责权和指挥传达方式；每一层级实行领导负责制，并对有关情况进行上传下达；每级组织在某一方面只接受来自一个上级组织的领导和指挥；下级不能越级汇报，但可越级申诉；上级不能越级指挥，但可越级检查。

4. 权责对等原则

职责和职权两者是不可分割的，在设计金融营销组织结构时，既要明确规定各个岗位的职责范围，又要赋予其完成职责所必需的管理权限。只有职责，没有职权或权限太小，金融营销人员就没有履行职责或不能完全履行职责的能力；反之，只有职权而没有责任，或权力很大责任很小，就会使权力缺乏监督或造成滥用权力，从而产生乱指挥或无指挥现象。只有当职责与职权对等，才能最大限度地激励金融营销人员的积极性和创造性。

5. 集权与分权相结合原则

权力过于集中和过于分散，都不利于发挥整个营销组织的作用。为了避免权力的过于集中和过于分散，应坚持把集权和分权有机地结合起来，并把握好两者结合的度。一般而言，集权应以不妨碍基层人员积极性的发挥为限，分权应以不失去对下级的有效控制为限。

6. 循序渐进原则

任何一项改革都有可能涉及利益的重新调整，金融营销组织设计必须循序渐进，不能操之过急，使多数人的利益受到损失，引起金融营销组织的动荡。

7. 成本效益优化原则

营销服务体系的建设必须在费用最省的条件下进行，多利用现有的各种资源，在能够承受的范围内进行体系建设的资金投入，对于超过承受范围的投入可以采取分批分期的方式，投入之前进行初步的效益评估，按照重要程度以及效益产出的方式排序。

(二) 金融营销组织设计目标

1. 支撑金融企业发展战略的实现

金融企业营销组织的任务是为了实现金融企业的发展战略。必须围绕发展战略，分析金融企业所面临的经营目标，并将目标进行任务分解，通过金融营销组织的设计确保每一个任务能够落实到人，从最基础的工作上保证金融营销战略的完成，支撑金融企业发展战略的实现。

2. 建立现代金融营销制度

通过金融营销组织的设计，理顺金融企业营销程序，建立起营销战略制定、市场决策、定价管理、销售渠道设计、品牌管理、销售激励等一系列科学的金融营销制度。通过制度机制来完成金融营销工作，减少和避免个人的主观意识对营销工作的干扰，使营销决策更加科学、民主。

3. 提高金融企业营销管理水平

如果目前的金融营销组织对完成未来的经营任务存在风险，就必须调整改进现有的营销组织，目的是为了解决营销组织中不利于金融企业发展的问题，同时增加有利于未来发展的措施，通过提高金融企业营销管理水平，提升金融企业完成营销战略的能力。

4. 培养金融企业营销团队

通过金融营销组织设计和金融营销人员职业生涯设计，加大营销人员的培训，使每位营销人员都找到合适自己的职业发展方向，起到稳定金融营销团队的作用。通过外聘具有丰富金融营销经验的员工，带动和培养现有金融营销人员，打造一支适合金融企业未来发展的金融营销团队。

(三) 金融营销组织设计任务

(1) 有效地完成金融企业基本任务，即组织结构的稳定性原则。有效地整合组织资源，体现金融营销组织的理念，形成团结合作的营销组织，共同致力于金融企业整体目标的实现。

(2) 能够对外部环境中存在的重大威胁做出反应，控制好组织结构的惯性原则。

(3) 保持不断创新，即管理者的创新精神。通过金融营销组织的精心设计，形成合理的责权结构和内部良好的分工合作体系，通过制度化的设计构建持续创新机制。

(四) 金融营销组织体系

1. 金融营销组织体系类型

(1) 传统功能型金融营销组织。在传统组织体系中，按功能设置机构并进行职位排序，地位最高的是高管，一线员工在组织机构中缺乏重要性/影响力，客户的重要性不足以在组织机构图中画出，如图8-7所示。

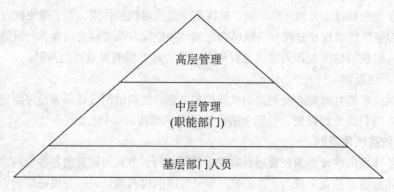

图8-7　传统金融营销组织示意图

(2) 客户导向营销组织。该组织是由客户驱动的，组织中最重要的是客户和为客户服务的一线营销人员，最后是管理人员，如图8-8所示。在这种组织形式中，分配体系应向一线员工倾斜，管理者应支持并帮助一线人员完成高质量的业务流程。

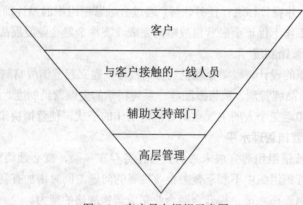

图8-8　客户导向组织示意图

鉴于客户在金融营销体系的地位日益上升，金融企业应建立以客户为中心的经营理念，营销机构设置应加快由传统功能型组织向客户导向型组织转变，为客户提供高效的服务。

2. 金融营销体系

(1) 动态战略规划系统。金融企业按照国家的经济政策、金融方针，结合各自的业务特点，对金融企业的所有营销业务做出总体、系统的战略规划与部署。

(2) 客户数据库处理系统。金融企业采集和积累客户信息，形成客户数据库，通过数据分析，全方位刻画客户特征。这一系统贯穿于金融营销全过程。

(3) 金融产品的研发系统。金融企业确定目标市场，并根据自身的实力进行市场定位以后，就需要设计开发金融产品，以满足目标市场客户的个性化和差异化需求，为客户提供全方位、多层次的全面服务。

(4) 客户服务系统。客户服务系统可细化为前台服务系统和后台服务系统。前台服务系统主要经营具有一定风险性的金融服务，可为金融企业带来主要收入；后台服务系统作为前台的支持和协助系统。在具体的营销实践中，前后台服务系统和其他服务系统应统一组织，协调一致，以客户服务为中心，以客户服务的综合满意度为标准，共同形成市场竞争合力。

3. 金融营销组织内部服务体系

金融营销服务体系应具备三项基本职能：客户营销、市场信息搜集与分析、客户服务。其中，营销与服务是营销组织的核心业务。

营销服务体系的基本组织结构，如图8-9所示。

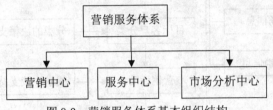

图8-9 营销服务体系基本组织结构

(1) 市场分析中心。市场分析是营销服务体系的中枢环节，分析范围包括客户市场、影响者市场等几大部分。

客户市场分析：负责定期分析客户的交易状况，对客户交易次数、平均交易规模、总交易量、利润额等各种指标进行加权打分；了解现有客户，下达具体的工作指导计划给非现场服务中心；对客户服务需求状况进行分类，并将结果通知服务中心；对潜在的需求状况进行分析，将结果通知营销中心；对客户状况提供预警信息，对存在流失危险的客户采取预防措施。

影响者市场分析：了解当前客户的市场影响范围，分析当前客户影响范围内的投资人潜力，了解当前客户能够影响的资金量大小，了解其他能够影响客户的力量及影响能力的大小。

市场分析中心的运行机制，如图8-10所示。

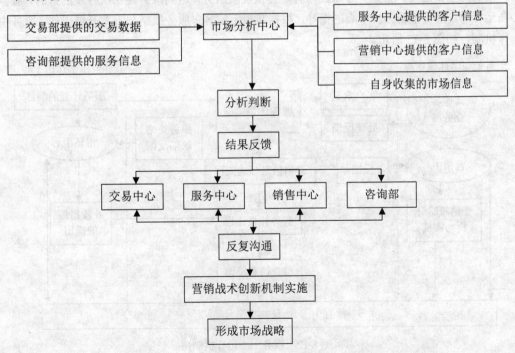

图8-10 市场分析中心运行机制图

(2) 营销中心。营销中心以主动式营销方式运作，通过获得客户信息进行目标明确的营销活动。其工作过程的基础是外部信息获取机制的充分完善，以及充分的决策支持。

营销中心的运行机制，如图 8-11 所示。

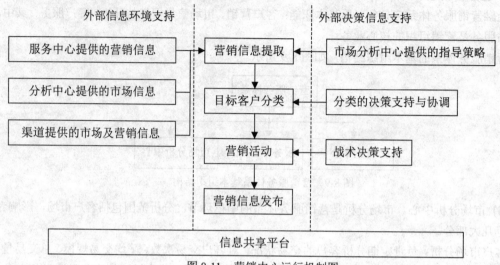

图 8-11　营销中心运行机制图

在营销中心进行营销活动时，服务中心会提供该客户以往的活动信息及背景资料，分析中心提供经分析后的指导战略，营销人员从而可以直接了解该客户的背景资料和潜在需求信息，从而为营销人员建立与客户之间的良好关系奠定基础。

(3) 服务中心。服务中心是营销服务体系中开展客户服务的部分，也是为营销中心提供潜在客户信息的重要途径，服务中心通过为客户提供优质服务，达到维护及二次开发的目的。服务中心在运行时，接受市场分析中心的指导，根据其拟定的客户服务战略与方案开展工作。服务中心运行机制，如图 8-12 所示。

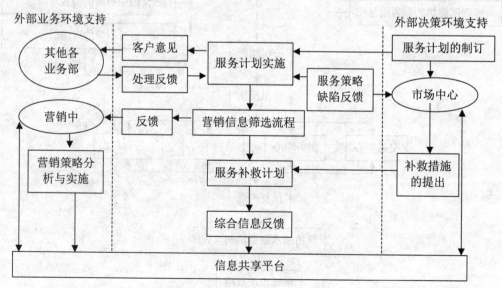

图 8-12　服务中心运行机制图

(4) 沟通机制设计。金融营销服务体系的实施需要与其他部门相互协调，也需要体系内部的紧密配合，做到最大限度的信息沟通，使各部门能够迅速把握业务动态。应建立两种沟通机制：建立信息通报制度，各部门定期(半天/天/周)公布本部门的最新业务动态，及时向信息需求方提供所需要的信息；建立数字化的信息共享平台，实现数据及信息的实时共享。

(五) 客户经理制

1. 客户经理制定义

客户经理制度是金融企业综合服务体系的核心，是以客户经理为核心，以客户关系管理为重点，以差别化服务为基础的一种营销管理模式。

客户经理是金融企业培训或聘用专业的从事客户关系管理和综合金融服务的营销人员。客户经理为实现金融企业经营目标，充分利用企业各种经营资源，运用市场营销手段，向客户营销金融产品和服务，为客户提供高质量、高效率、全方位的金融一体化服务，是金融企业与客户之间进行沟通交流的桥梁和纽带。

金融企业应制定适合营销人员管理和激励特点的考核激励管理体系和规章制度，以最大程度地鼓励客户经理人员努力拓展金融市场。

2. 客户经理职能

客户经理的职能主要有客户管理职能、金融产品营销职能、内部协调职能。

(1) 客户管理职能。一是现实客户管理，包括对客户进行分类管理，与过去按客户行业、性质等区分不同，主要是按照客户金融需求规模和对金融企业的贡献度区分，以便提供个性化的差别服务；客户动态管理，根据客户自身经营状况的变化，不断优化客户群；客户关系管理，是指客户经理对企业与客户关系所做的沟通、联系、协调等过程，是客户经理的主要工作职能，要求客户经理与其目标客户保持和发展良好的关系，了解和掌握客户主要经营目标，及时发现和满足客户需求，及时了解和反映客户意见和要求，并利用金融企业的经营资源和服务手段为客户提供全方位、全过程的服务。二是潜在客户市场管理，即积极开拓市场，包括随时搜集和掌握有关经济、金融政策的变化，以及对客户的影响；关注政府政策、措施；关注企业资本、经营重大隐患；把握机会，把潜在的客户转变为现实客户。三是客户需求管理，包括客户金融产品需求管理和客户金融服务需求管理。

(2) 金融产品营销职能。客户经理的主要职能就是推销金融产品，是金融营销的主要力量。

(3) 内部协调职能。客户经理要重点注意四个方面的协调：各业务部门之间的协调；前台临柜业务人员和二线管理与开发人员之间的协调；上下级部门的沟通与协调；经营资源分配的协调，包括时效、规模、方式等。协调的主要方式是客户中心小组。在客户经理制下，客户经理主要是通过"客户中心小组"开展工作，即客户经理根据客户需求，召集不同的产品专家组成客户小组，从客户角度出发为其设计产品组合，有时还有上级领导参加。在小组中，客户经理是协调人，其主要职能是确定目标、战略及客户需求；统筹资源；监督整个过程。

3. 客户经理素质

客户经理职能的全面性、高效性、专业性，对客户经理的素质提出了较高的要求：

(1) 要有较强的工作责任心和客户服务意识；

(2) 要掌握信贷业务、中间业务、国际业务等各类业务；

(3) 要熟悉法律知识、经济政策、规章制度等；

(4) 要具备全面的市场营销观念；

(5) 要具有公关协调能力和应变能力。

4. 客户经理制的理念

(1) 客户导向理念。重视客户、尊重客户是客户经理制度的核心理念。客户导向的理念经历了客户至上、客户第一、客户满意、增加客户价值四个发展阶段。在客户至上阶段，将客户放在金融组织体系和业务流程图的上方，体现了金融企业的服务姿态；在客户第一阶段，金融企业全体人员和全部行为都围绕客户，客户在金融企业工作日程表的前端，客户的事情是金融企业工作的重心；在客户满意阶段，强调不仅重视客户，把客户的需求和利益放在前面，而且要调动所有资源让客户感到满意，以客户的满意度作为评价工作的标尺；增加客户价值阶段是指通过向客户提供产品和服务，使客户价值增加，让客户享受增值服务，体会到物超所值，从金融企业角度来讲，就是通过提供高专业水准的服务，使客户资产价值增加，风险降低，运营效率提高，投资回报更多。

(2) 营销一体化理念。金融机构实行客户经理制度，要将各种营销资源进行整合，以满足各种营销活动的需要，实现营销的专业化。

(3) 核心客户综合开发理念。金融机构对创造主要利润的客户，给予高度重视和关注，为他们配备高等级、专业化的客户经理，最大限度地满足和开发这些核心客户所有的金融需求。

(4) 个性化产品和服务理念。客户经理不仅要能提供标准产品的销售，而且要具备根据客户需求进行特别定制服务。针对客户的具体情况，在金融产品和各种可以借助的外部资源中进行组合设计，以最大限度地为客户服务。

(5) 金融服务创新理念。客户经理是金融产品创新的主体，要及时将了解到的客户需求及市场需求的变化情况反馈到产品部门，联手进行产品创新设计。在向客户提供个性化服务时，客户经理进行产品组合设计本身也是一种创新。

(6) 深化金融服务技术内涵理念。客户经理提供的是专业服务，需要将自己的各种知识和技能进行综合运用，以取得客户的信赖。对客户进行调查和评价，提供客户服务方案设计，这些逐步深化的金融服务专业规范，就是客户经理不同于以往银行信贷人员的技术含量。

5. 客户经理制的作用

(1) 密切与客户联系。客户经理制将原来分散在各个分支机构和产品部门的营销资源进行集中和全面整合，站在全局和统一的高度进行营销资源的统筹规划和使用。客户经理作为金融企业客户服务的关键人物，肩负着管理客户、巩固银企关系、促进创新、控制风险等重要责任，对金融企业、客户双方负责并为双方创造商机，积极发掘、采集、评估并满足客户需求，为客户提供全方位、全过程、多功能、多层次的金融服务。

客户经理制改变金融企业过去等客上门的服务方式，有利于把握客户关系变化的趋势，加强客户关系管理；有利于把握客户需求，改进服务缺陷，提升金融企业的服务水平和质量；有利于培养一支具备现代市场营销理念，善于运用市场细分、目标客户管理等营销手段和技巧进行客户管理和金融产品营销的客户经理队伍，健全市场营销机制，强化营销功能。

(2) 防范金融风险和提升效益。客户经理应准确掌握市场和客户的变化，一旦出现业务机遇或市场风险，客户经理便能及时采取必要措施，有效地防范风险。客户经理与客户建立密切的联系，向客户全面营销金融企业的所有产品和服务，实现客户价值最大化的同时，也能实现金融企业自身效益的最大化。

6. 客户经理制的组织模式

客户经理制的组织模式，如图8-13所示。

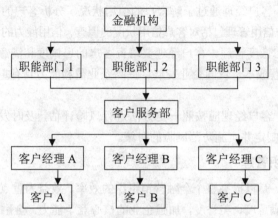

图8-13　客户经理制组织模式

客户经理制组织模式主要有市场型、客户部型、事业部型、区域型等多种，它们的组织方式、工作权限、权限范围划分、业绩考核也各不相同，具体比较如表8-1所示。

表8-1　客户经理制的组织模式

	市场型	客户部型	事业部型	区域型
组织方式	前台对外业务部分市场对象管理	各级客户经理部进行统一管理	专业部门管理	区域或基层部门统一管理
工作权限	一体化	一体化	专业为主、其他为辅	一体化
权限范围划分	承担联系客户的对外业务、分工明确	自行管理全部或特定客户对外所有业务，其他部门协助	对联系客户所有业务有处理权，专业为主，边界不清	在区域内自行管理客户所有业务，上级专业部门协助
业绩考核	按联系客户口径考核	按联系客户全口径考核	全面考核，但专业工作为主	按联系客户全口径考核

7. 客户经理考核、激励及约束机制

(1) 业绩考核。金融企业制定合理的业绩考核机制，对客户经理进行绩效考核，并借助激励机制对给企业带来明显盈利的客户经理以适当的激励。

(2) 激励与约束机制。考虑到客户经理的工作性质，要激励客户经理就要制定更大的激励措施。激励方式是多样的，包括工资、奖金、股权激励、职位晋升等。

客户经理的收入具有很大的不确定性，为避免参与人的逆向选择行为，金融企业要提高参与约束，以确保有足够多的高素质人才从事这一职业。

8. 客户经理的工作

(1) 客户的日常管理。客户日常管理包括：①对现实客户的管理，对客户进行动态管理，对客户变化及时采取有效措施，稳定客户，争取存款，保全信贷资产。对客户进行期望管理，金融机构主动采取一系列行动，以影响、改变并满足客户期望，达到使客户满意的目的。②对潜在客户的管理，客户经理要

知识链接 8-3

银行网点人员配置

加强与潜在客户的沟通，及时通报企业新业务、新服务，力争将市场中潜在的客户转为现实客户。③客户分类管理。金融企业要按照一定的标准将客户进行适当的分类，针对不同的客户实行不同的营销开发和管理战略，配合以不同的金融产品和服务，以最大限度地满足客户的不同需求。

(2) 客户信用管理。客户经理通过了解客户的信用状况，分析客户的信用能力，为金融机构授信决策提供依据。客户信用管理包括对客户信用状况的调查、信用能力的调查，以及信用分析等。

(3) 客户满意度及忠诚度管理。客户经理要培育客户的忠诚度和满意度，这对于降低金融企业经营成本、巩固企业发展、提高企业盈利能力具有重要的作用和意义。

知识链接 8-4

保险公司柜面人员
配置测算

(4) 客户风险管理。客户经理应按照一定方法进行风险评估，及时发现运营过程中的不确定性，制定并实施防范风险的对策。

(六) 金融营销组织管理

金融营销组织管理，是以提高整个金融营销组织的效率、效益为重点，全面塑造金融企业的整体形象，提高客户的满意度、美誉度，加强企业的核心竞争能力。金融营销组织管理的具体方法如下。

(1) 以最快的速度充分应用最先进的技术装备营销组织，尤其是要积极地利用计算机技术、信息技术、网络技术等，精心设计、构建金融机构的管理信息系统，使金融企业组织实现扁平化管理。

(2) 组织结构由金字塔型转化为后台型。金融企业以满意的一线员工展示企业良好形象，为客户提供满意的服务，创造竞争优势。

(3) 合理安排营销组织布局。重点选择黄金区域(资金、产业、商业、人流等密集区)布点。

(4) 有效地管理基层营销组织，分支机构经理面对未来发展要做好两个方面的工作：一是加强人力资源管理的机构活动；制定增进与客户关系的管理政策，提高服务质量、拓展业务。二是提高各级经理营销能力与决策能力(权威性)；提高营销组织在当地的市场份额、机构营利能力和当地社区知名度；加强营销组织的日常管理与控制；改善营销组织的营销氛围与环境；优化金融机构的布局；制订长期发展计划；进行营销研究和竞争对手分析。

(5) 管理营销组织。要明确管理目标；维护和提高员工的积极性和创造性；促进整个营销网络的协调；为基层员工发展提供培训机会；为客户提供更加便利的服务，创造更多的客户满意；节约成本等。

(6) 注重绩效评价。评价金融企业的管理业绩，常用投入、产出、个人服务品质等指标。

第四节　金融服务质量管理

一、金融服务质量概述

(一) 金融服务质量的定义

金融服务质量，是指金融企业在其全部营销服务过程中，服务工作能够满足被服务者需求的程度，是服务能够满足规定和潜在需求的特性和特征的总和，也是客户感知的反应。

狭义的服务质量，是指金融营销服务活动本身范围内相关的质量。本节阐述的是狭义概念的服务质量。

广义的服务质量，即营销质量，是指整个金融企业全部构成要素的质量，特别是营销服务支持系统的质量，如各职能专家与职能部门的有效支撑、计算机中心及其相关系统的有效运作、企业整体发展战略与营销战略的正确性等。

(二) 金融服务质量的特征

金融服务质量具备服务的安全性、适用性、有效性、一致性和经济性等一般特征。安全性是指客户对服务系统信赖的程度；适用性是指能根据客户不同的需求而调整服务；有效性是指服务能满足客户的需求；一致性是指服务应是整齐的、标准化的，不会因服务人员、场合或时间的不同而有差异；经济性是指能以合适的成本满足服务的需求。

美国学者帕拉苏拉曼等人将服务质量归纳为十个特征：可靠性、能力、响应性、礼貌、接近性、可信性、理解性、有形性、交流性和安全性。这十个特征又可归结成五个因素：有形性、移情性、响应性、可靠性和保证性。

(三) 金融服务质量的层次

(1) 核心层质量，是指金融客户最关注和印象深刻的服务质量，金融企业应重点关注。

(2) 实体层质量，是指金融企业实际达到的服务质量水准。

(3) 期望层质量，是指客户对金融企业期望达到的服务质量。金融企业的服务质量要达到或超过其期望的质量，客户才能满意。

(4) 附加层质量，是指金融企业在基本服务之外推出的附加服务所达到的质量水准。

(5) 创新层质量，是指金融企业推出的创新服务所展示的质量水准。

(6) 未来层质量，是指金融企业未来要推出的金融服务所要展示的质量水准。

(四) 金融服务质量的分类

(1) 按服务质量感受角度划分，服务质量可分为预期服务质量和感知服务质量。预期服务质量是客户对服务企业提供服务预期的满意度；感知服务质量是客户对服务企业所提供服务实际感知的水平。

(2) 按服务过程和结果划分，服务质量可分为服务结果质量和服务过程质量两部分。服务结果质量又称为技术质量，是指客户从服务中得到的实质内容，服务结果质量容易感知，可以通过比较客观标准来评价；服务过程质量又称为功能质量，是指服务传递的过程与服务提供方式，服务过程质量不仅与客户的个性特点、态度、知识、行为方式等因素有关，而且与服务时间、服务地点、服务人员的仪表仪态、服务态度、服务方法、服务程序、服务行为方式有关，难以用客观标准评价，客户常会采用主观方式来感知。

服务结果质量和服务过程质量，两者缺一不可，都会影响客户所感知到的服务质量。在很多情况下，过程质量对于客户服务质量的评价起到了决定性的作用，过程质量的高低取决于服务人员的服务意识与服务技能。

(3) 按服务组织中员工与客户之间的互动角度划分，服务质量可分为形象质量、物理质量和互动质量。形象质量是指金融企业在客户及社会公众心目中形成的总体印象；物理质量是指金融企业在服务过程中让客户感受到的质量，包括服务的态度、行为、服务的利益；互动质量是指客户在与服务人员接触中感受到的质量。

(4) 按服务业的一般属性划分，服务质量分为：内部质量，即使用者看不到的质量，是指服务设施的平时保养维护程度；硬件质量，指使用者看得见的质量，如服务场所室内外的装潢、照明度等；软件质量，是使用者看得见的软性质量，如广告、服务人员的服装等；即时反应，是指服务的敏捷度，如排队等候的时间、服务人员前来接待的时间、客户投诉的时间等；心理质量，指服务人员的服务态度。

知识链接 8-5

内部服务质量

(5) 从服务的标准角度划分，服务质量分为程序构面和友善构面。程序构面，指服务传递系统应有的属性，包括便利、预备、即时、有组织的流程、沟通、客户反馈、监督；友善构面，指服务人员与客户建立友善关系的能力，包括态度、说话的声调、肢体语言、叫出客户的名字、引导、建议性销售、解决问题等。

(6) 从影响客户满意度的角度，服务质量分为：当然质量，是指服务应当具备的质量。对这种质量特性，客户通常不做表述，因为他们假定这是服务必须提供的，这种属性即使实现的程度很充分也不会增加客户的满意；期望质量，是指客户对服务有具体要求的质量特性，该属性的实现程度与客户的满意程度同步增加；迷人质量，是指服务是出乎客户意料之外的，超越客户期望的，它能激起客户的购买欲望，并导致客户完全满意。

(五) 影响金融服务质量的因素

1. 金融服务自身的特点

金融服务自身的特点，具体包括：服务的无形性及其对有形性的依附性；服务的生产与消费的同时性；服务难以全部标准化的差异性；服务的即时性与易逝性等。

2. 客户因素

服务过程中的客户因素，具体包括：外在因素，包括文化背景、社会阶层、家庭、社会地位的角色；内在因素，包括心理动机、感觉、态度、信仰、个人的生命周期、地位、年龄、职业、生活方式、个性等；购买行为因素，包括记知能力与过程，消费意识、信息搜寻、消费知识、评价、参照分析、消费决策等。

3. 服务人员因素

服务人员因素，包括营销经理、业务员的素质、形象、能力、服务态度、服务技能、服务技术，以及服务承诺等。

知识链接 8-6

金融服务人员管理

4. 营销服务环境因素

营销服务环境因素，主要包括：环境条件是否清洁、舒适、友好，这些都能刺激人的感官因素；服务网点分布及内部空间布局和业务流程，重点考核金融服务的便利性、安全性及业务创新性等。

(六) 金融服务质量测量

由于服务的无形性，服务的质量无法像有形产品那样制定客观的质量检测标准，只能通过测量客户对服务的感知来表现。

1. 金融服务质量评价

金融服务质量是衡量金融企业感知服务水平满足或超过客户预期的能力，可通过客户感知质

量和预期服务质量的差异来衡量，即

$$服务质量(SQ)= 感知(P)-预期(E)$$

当 $P>E$ 时，客户的"感知"超过"预期"，能够感受到高质量的服务，客户获得较高的满意度；

当 $P=E$ 时，客户的"感知"等于"预期"，客户感到服务质量尚可；

当 $P<E$ 时，客户的"感知"低于"预期"，客户感到服务质量低下。

客户对服务质量的评价过程就是客户满意度形成的过程。服务质量，即感知的服务质量，就是客户的满意度。不同的客户对同样的服务表现会有不同的服务感知，从而形成不同的服务质量评价结果。即使客户对服务的感知相同，也会因为不同的服务预期而形成不一致的服务质量评价。因此，客户预期对客户感知服务品质的水平具有决定性的影响。金融企业可通过管理客户预期来提高客户感知服务质量。

2. 金融服务质量测量指标

客户感知服务质量可从可靠性、有形性、响应性、安全性和移情性五个维度进行评价。

(1) 可靠性。可靠性是指能够准确无误且可靠地完成所承诺的服务的能力。可靠性是五个属性的核心内容。许多以优质服务著称的金融机构都是通过"可靠"的服务来建立自己的声誉。可靠性实际上是要求金融机构避免在服务过程中出现差错。

(2) 有形性。有形性是指服务产品的"有形部分"，如各种营业物理设施、设备、员工仪表等；客户往往会从无形的服务中寻找这些有形体现来评价服务质量。例如，客户来银行办理结算业务，整洁、高雅的营业厅和漂亮、热情的服务人员不仅显示出银行的服务水准，而且客户自然会给予服务质量以较高的评价。

(3) 响应性。响应性是指企业随时准备愿意为客户提供快捷有效的服务。该指标说明了为客户提供及时周到服务的意愿，它说明金融企业员工是否真正把客户的利益放在第一位。若员工心系客户，尽可能地提高服务效率，缩短客户等候时间，无疑将大大提高客户的满意度。

(4) 安全性。安全性是指员工的友好态度与胜任能力，它能增强客户对企业服务质量的信心和安全感，当客户同一位知书达礼、业务素质高的员工打交道时，他会认为自己找对了服务机构，从而获得信心和安全感。

(5) 移情性。移情性是指金融企业给予客户真诚的关心和个性化服务，了解他们的实际需要，使整个服务过程富有"人情味"。

知识链接 8-7

服务质量模型

在上述五个维度中，对客户来说最重要的维度是可靠性，即公司是否能按照承诺来提供服务，并且在不同时间、不同地点，所提供的服务具有稳定性和一致性。

二、金融服务质量管理规划

(一) 金融服务质量管理概述

金融服务质量管理，是指金融企业对服务质量进行有效管控，使得客户感知质量达到或者超越客户预期服务质量的管理过程。

1. 服务质量观念

服务质量观念的具体原则包括：

(1) 客户决定质量。重视客户体验，以客户为关注焦点，以客户服务需求作为服务质量的出发点和立足点。

(2) 全员参与服务质量管控。将营销服务管理作为系统工程，保证各个部门、层次、机构、人员，以及其他资源的合理配置、有效协调。

(3) 管理者重视服务质量。管理者要确立在质量保证中的角色和目标设定，最高管理层直接负责服务质量的管理，推动制定服务标准、服务绩效监督制度；服务人员是真正的质量管理者，要加强员工培训，为服务人员提供资源，用团队的力量塑造服务品质。

(4) 强调过程控制。要对客户"全过程经历"负责，找到"关键质量点"强化管控。

(5) 持续改进。企业组织要保证长期不断的服务创新。

2. 服务定律

在充分了解目标市场与客户需要，以及通过对客户满意度进行系统调查、明确服务质量状况的基础上，确立客户满意战略。重点按照"五条服务定律"实行服务。

(1) 持久客户关系定律，是营销服务的总观点，必须发展和保持良好、持久的客户关系。

(2) 真实瞬间需求定律，即客户经理和一线员工准确地识别、分析营销服务的真实瞬间的客户需求、愿望及其突然变化，迅速做出反应，跳出固有的标准/制度，创造性地以客户满意的方式妥善处理客户关系。

(3) 过程质量控制定律，即一线人员必须对其提供服务全过程的质量实施控制，并在真实瞬间当场验证质量。

(4) 全面市场营销定律，即服务营销职能贯穿于整个企业组织之中，每个人都是营销者。

(5) 服务支持体系定律，即组织、技术、理论、各级管理者，以及所有利益相关者，共同构成营销服务的支持体系。

(二) 金融服务质量差距

1. 金融服务质量外部差距

金融服务质量外部差距，是指管理者将服务质量的评估及服务传送给客户的过程中，存在一系列关键性差距，每一差距的大小和方向都会影响服务质量。如果员工要让客户的需求得到满足，就必须缩小这些差距缺口。

金融企业服务质量管理可通过服务质量差距模型来体现(见图8-14)，它提供了客户满意度管理框架，可指导管理者了解客户的服务期望，发现引起质量问题的原因，寻找消除差距的措施。

金融服务质量差距体现在5个方面，管理金融服务质量就是控制导致金融服务失败的5个差距，改善金融服务质量。

差距 1：认识差距，是指客户期望的服务与企业对客户期望服务认知间的差距。

差距 2：标准差距，是指企业对客户期望服务认知与制定的服务质量规范之间的差距。

差距 3：传递差距，是指企业服务规范与实际提供给客户服务之间的差距。

差距 4：沟通差距，是指企业提供给客户的服务与企业对外承诺及外部沟通间的差距。

差距 5：总体差距，是指期望的服务与感知的服务之间的差距。

差距1~4项是与管理者相关的，差距5是与客户相关的。差距1到差距4导致了差距5的产生。

服务质量差距模型中的差距5就是服务质量，即感知的服务减去期望的服务所得到的差值，这一差距决定客户对服务质量评价的好坏和客户满意度水平的高低。

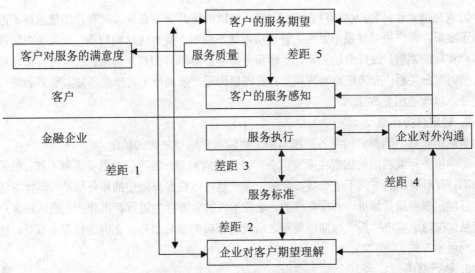

图 8-14 金融服务质量差距模型

2. 金融服务质量内部差距

内部金融服务质量，是指员工对服务提供者所提供的内部服务感到满意的程度。企业内成员扮演着两种角色：一方面把自己作为其他成员的客户；另一方面也把自己当作其他内部客户的供应者。员工在某种程度上也是客户，两者有一定的类似之处，客户购买产品、交换经济资源，而员工则是购买工作、交换人力资源。因此，可以把员工当作内部客户，把工作当作内部服务。内部服务质量有三个重要的差距(见图 8-15)：一是内部服务质量传递与内部服务质量标准之间的差距；二是员工期望与支持人员对员工期望的感知之间的差距；三是员工期望与内部服务质量感知之间的差距。

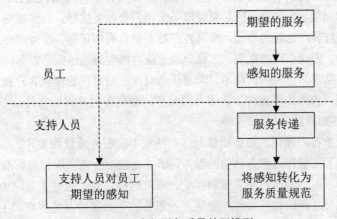

图 8-15 内部服务质量差距模型

内部服务质量差距，即员工期望与内部服务质量感知之间的差距，即

内部服务质量 = 内部客户感知的服务 - 内部客户期望的服务

(三) 金融服务质量差距控制

1. 了解服务期望

金融企业应了解客户期望与实际的客户期望之间的差距。

影响金融企业对客户(期望)了解的因素,包括市场调研不充分,对客户期望掌握不准;市场细分不准确;客户关系联系不紧密;管理层沟通不顺畅。要解决这些问题,金融企业应准确地了解客户实际的期望,做好市场调研,了解和分析客户对服务的真正需求;准确进行市场细分和定位;密切客户关系,准确把握客户期望;管理层沟通,鼓励员工将所感所知与管理者进行面对面的沟通,以改进服务方法。

2. 制定服务标准

金融企业要明确制定的服务标准与所了解的客户期望之间的差距。

影响服务标准制定的因素主要有服务标准的导向问题;领导层对服务重视不够;服务设计存在缺陷;有形展示的方式不适合等。金融企业应制定体现客户期望的服务标准,具体方法包括结合实际制定服务质量标准,对重复性的、非技术性的服务行为进行标准化;正确认知客户期望的可行性,在确定客户的需求与期望重点之后设置正确的服务目标;正确进行服务设计;选择适当的有形展示方式。

3. 执行服务

金融企业应了解执行服务时与制定的服务标准之间的差距。

影响服务标准执行的因素主要有服务人员素质和态度缺失;与参与服务过程的客户互动不够;对代理服务的中间商培训缺失,控制不够;服务的供求关系失衡,服务有效供应不足。金融企业应尽量使服务的执行达到制定的标准,具体措施包括加强员工培训,使员工在工作胜任性、相互之间的协作性方面得以提升;加强与客户的沟通和互动,增加对服务的认知和认同;建立有效的渠道监督控制体系;改善服务供求关系,增加服务的有效供给。

4. 管理对外的沟通活动

金融企业应清楚对客户的承诺与服务实绩之间的差距。

影响客户对服务的理解和服务质量期望的因素,主要有服务沟通欠整合;横向沟通不足;缺乏有效管理客户的期望。金融企业应尽量使服务承诺符合服务实绩,具体措施包括通过市场沟通活动,加强本企业与客户之间的沟通,增强客户对本企业的信任感,使客户充分理解他们在服务传递过程中的作用,形成正确的期望;加强金融企业内部沟通,包括广告部门和经营部门之间的沟通、营销部门和经营部门之间的沟通,沟通活动的目的是履行企业向客户做出的各种承诺;有效管理客户的期望,善用广告宣传,客观介绍服务,避免夸大其词地宣传,不要做出过度承诺。

5. 改善服务感知质量

金融企业要获悉客户预期的服务质量与客户感觉中的服务质量的差异。

客户的预期服务可能超过亲身体验的服务,即使金融企业完全履行高标准的服务,也可能因达不到客户的预期,而不为客户所喜爱和接受。应对这种差异,金融企业应加强横向信息流动,加强部门之间、人员之间的相互协作;避免企业服务的夸大宣传,使客户产生过高期望。

(四) 服务质量考核

按照 ISO 91000 质量认证体系,建立服务质量考评标准/指标体系,通过标准的确定保证优质服务的持续性。

根据客户对服务的要求、期望和与服务质量相关的影响因素,列出质量功能配置矩阵表,以实现客户全面满意为重点,实行金融营销服务全面质量管理(TQM),制定符合 ISO 90000 质量认证体系的金融企业服务质量评价指标体系,

知识链接 8-8

商业银行服务质量
考核指标体系

确定相关指标的权重，确立服务质量流程和标准。

(五) 金融服务质量管理措施

1. 制定服务标准

对服务质量管理的有效手段是制定服务的标准，使服务规范化。服务标准化、路径化和程序化程度越高，服务传递系统的不稳定性程度就越低。随着人们生活节奏的不断加快，为客户提供快捷、规范、高质量的服务，成为保留客户的关键所在，而高质量的服务也是金融企业差异化营销的最佳切入点。

金融企业将服务承诺转化为服务质量标准，服务质量标准必须能为所有员工理解，并能贯彻到企业为客户提供的服务工作中，分解为各种详细的要求。为此，要加强员工的服务标准和技能培训，让员工认同服务标准，克服服务的随意性，增强服务的自觉性，让服务更规范。

2. 评估服务质量

企业服务质量的高低是由客户感知服务质量的评估决定，评估企业服务质量应围绕客户这一中心，对客户期望和客户实际感受的服务质量进行调查了解。

知识链接 8-9

银行网点服务
质量评估

3. 修复服务缺陷

保证工作质量零缺陷，争取客户最大限度地满意，是金融企业服务质量管理的最终目标。任何企业在服务中都会出现服务缺陷，有些服务的失败和错误是由企业自身问题造成的，有些服务的失败和错误是由不可控因素或客户的原因造成的，这是由服务的差异性(由不同的人提供，不同的人消费，服务感知是有差异的)、服务质量的不可确定性(服务过程毫无担保和保证)、服务的不可分离性(客户加入到生产服务的过程中来)等特征决定的。当金融服务的失误导致客户产生不满和抱怨时，服务补救就显得必不可少了。如何修复服务缺陷是金融企业，尤其是与客户直接打交道的基层网点进行服务质量管理必须解决的问题。

服务补救战略就是从识别本企业的服务缺陷入手，圆满地解决客户投诉，并通过系统的学习以不断提高企业服务质量，从而达到提高客户的满意度和忠诚度的目的。金融企业应建立金融服务补救系统，一旦客户投诉应立即确定客户对服务失误的不同反应类型，查找服务失误的主要原因，研究服务补救面临的矛盾和问题，建立有效的服务补救系统，设计合理的服务保证条款，构建有效的服务反馈系统，努力把不满意的服务质量所造成的负面影响或损失降低到最小限度。补救措施应是积极地、主动地、全力以赴地解决所出现的问题，使客户不会再次失望，修复与客户的正常关系。

知识链接 8-10

补救服务的 4A
行动计划

第五节 金融客户关系管理

一、金融客户关系营销

(一) 金融客户关系营销的内涵

1. 金融客户关系的定义

金融客户关系是金融企业各种关系的核心和基础，是指金融企业满足客户需求所形成的社会关系，由客户、金融企业、客户市场(包括同业竞争、其他相关金融市场等)三方面组成。

2. 金融关系营销的定义

金融关系营销是指金融企业把营销活动看成一个企业与客户、供应商、分销商、竞争者、政府机构及其他公众发生互动作用的过程，以吸引和留住忠诚客户为目的，综合运用市场营销学、管理与商务沟通、信息管理、客户管理等多方面的理论、方法与技巧，把产品质量、为客户服务、营销活动和情感有机地结合起来，专注于发展、维护、增进与客户的信任关系，核心是建立和发展与公众的良好关系。

金融关系营销的目的就是建立和巩固客户关系，发展客户与金融企业及金融产品之间连续性的交往，以提高客户忠诚度和巩固市场，促进金融产品持续销售，实现金融企业利润最大化。

3. 金融客户关系营销的特点

(1) 相比传统的、强调一次销售和获取新客户的交易营销，关系营销更有利于营销的持续发展。二者的比较如表 8-2 所示。

表 8-2 交易营销与关系营销比较

交易营销	关系营销
专注一次营销	专注保留长期客户
产品特征取向	产品效益取向
时标短	时标长
不重视了解客户	特强调对客户服务
对客户有限的承诺	对客户很多的承诺
一般性接触客户	高度接触客户
只关注部分质量	关注所有方面的质量

(2) 关系营销的重点是在寻找、发现、选择、明确目标客户的基础上，通过发挥公共关系职能(如创造新闻、宣传/特别活动、社团关系、游说/演讲、企业形象、投资关系等)为主的多种方式方法，熟悉客户，与客户建立长期的、信任的、互利的、密切的关系，为客户提供其所需和所希望得到的一切，保证实现承诺，以达到营销目标。

(3) 关系营销强调动态营销与静态营销相结合，开创市场和分享市场相结合，以及关系促销和产品促销相结合。

(4) 关系营销突出两个方面：一是把客户看成独立的个体，根据每个客户的个性化需要，有针对性地提供个性化服务；二是抓好品牌管理，在客户心目中建立起一套与企业的产品/服务、企业形象相关的观念、态度和积极行为。

(5) 关系营销的一项典型业务是财务资金外包业务，即将一般的工商企业的财务业务承揽过来，让企业集中精力于主业。

(6) 关系营销的重要性在于它认识到争取新客户的成本远远高于保持老客户的成本。

4. 金融客户关系营销的意义

(1) 金融客户关系营销能给金融企业带来长期的财务利益。由于金融服务具有无形性、同质性、评价标准主观性等特点，因而"关系"对金融行业来说更加重要，关系营销能够将潜在的客户转化为现实的客户，降低客户开发和维护的成本，有助于金融企业的后续发展。

(2) 外部金融环境的变化推动了客户关系营销的发展。金融市场竞争日趋激烈，金融业由卖方市场转向买方市场，金融企业要在竞争中占据主动，应进行正确的市场定位，应通过金融创新不断满足客户在投资、避险、增值等方面的个性化需求，以保持与客户良好的长期合作关系。

(3) 金融企业的产品特点决定了客户关系营销的适用性。金融企业提供的产品有其独特性：一是金融产品同质性强，技术难度相对较低，同业之间极易模仿，单纯依靠产品开发确保市场份额困难较大；二是客户对金融产品需求的长期性、重复性，并且对资产、负债及中间业务等金融产品的需求具有相关性；三是金融产品无质性，它必须附着在一定员工的服务上。金融产品的这些特点就使得金融企业的市场营销更加注重客户关系的建立与维护。

(4) 客户关系营销为金融企业提供交叉销售的机会。传统营销往往仅注重战术营销，容易忽视影响长远和全局的战略营销，特别是不注意保护老客户对金融企业的忠诚，花费营销成本较高。客户关系营销注重金融企业和客户的双方利益，把忠诚的关系方或客户吸引到金融企业周围，鼓励企业长期购买本金融企业产品和服务。在与老客户的长期交往中，金融企业可以发现一些交叉销售的机会，向现有客户推销自己的新产品。事实证明，向老客户推销自己新产品的成功率远高于向新客户推销的成功率，且促销费用大大降低。

(二) 金融客户关系营销的种类

根据金融企业培养客户关系的联结方式不同，可将金融企业与客户之间的营销关系归纳为两种类型：财务层面营销、社交层面营销。

1. 财务层面的客户关系营销

财务层面的客户关系营销是较低层次的关系营销，是金融企业通过积极的财务激励政策留住客户。

随着金融企业营销观念从交易导向转变为以发展客户关系为中心，一些促使客户重复购买并保持客户忠诚的战略计划应运而生，其中具有代表性的是频繁市场营销计划。频繁市场营销计划，是指对那些频繁且稳定购买的客户给予财务奖励的营销计划。例如，由新加坡发展银行有限公司和高岛屋公司联合发起的忠诚营销计划，其智能卡的持有者能享受免费停车、送货服务、抽奖活动等一系列优惠，具体形式则取决于客户用智能卡购买商品的累积金额，希望通过这种方式与客户建立长期的关系。另一种常用形式是设立高度的客户满意目标来评价金融营销实施的绩效，如果客户对金融企业的产品或服务不满意，金融企业承诺将给予客户合理的价格赔偿。

2. 社交层面的客户关系营销

社交层面的客户关系营销，是指金融营销人员通过社会和人际联系，以及财务联系建立长期客户关系。与财务层次的营销相比，这种方法在向目标客户提供财务利益的同时，也增加了他们的社会利益。在这种情况下，与客户建立良好的社交关系比向客户提供价格刺激更重要。金融营销人员可以通过了解单个客户的需要和愿望，为他们提供服务，使服务更加个性化和人格化，来增加与客户的社会联系，减少客户转向竞争对手的可能性。

(三) 金融客户关系营销战略

关系营销战略的核心是借助有效的客户关系管理系统，通过吸引和保持客户，企业与客户建立长期、多重的服务关系，从而获得竞争优势。金融企业实行关系营销战略的具体做法如下。

1. 确定关系市场中的客户分类

金融企业建立客户的数据库，按客户的贡献度进行排序，确定有较大贡献度和有重点业务潜力的客户为主要关系市场客户。

2. 对不同类型的客户采用差异化战略

为每个主要客户选派精干的关系经理，明确关系经理的职责，每个关系经理制订长期和年度客户关系管理计划，与客户建立互惠互利，彼此充分了解和信任的合作关系。关系经理针对每个客户特殊的需求，直接反馈给金融企业内部各个部门，快速有效率地提供差异化的服务和产品给重点客户。这种关系管理的核心是通过金融企业内部各个环节的协调一致的运作，达到对客户信息集中收集、及时传达、迅速反馈，服务客户，使客户满意的目的。

3. 处理好与大市场的关系

金融企业要树立"大客户"和"大市场"的概念，不仅应把自己的客户，而且也应把存于其营销环境中与自己有重大利益制约关系的主体，如金融监管机构、同业、媒体、内部员工等都作为营销对象来对待，实施整体的营销战略。

4. 整合内部营销与外部营销

外部营销是企业对所传递服务或产品设定客户期望，并向客户做出承诺，内部营销是企业要保证员工有履行承诺的能力，保证员工能够按照外部营销做出的承诺提供服务或产品。内部营销是外部营销的基础和前提，外部营销是内部营销的指导，通过内外部营销的整合和互动，确保企业内部员工理解并支持外部营销活动及企业提供的产品或服务内容，营销活动才能顺利展开。

(四) 客户满意度与忠诚度的关系

一般而言，客户对某个金融产品或服务感到满意之后，就会产生一定程度的忠诚。因此，客户忠诚是建立在客户满意之上的，而客户是否满意则由金融企业提供的产品和服务的优势所决定。

客户满意度与客户忠诚度之间的层次关系，如图8-16所示。

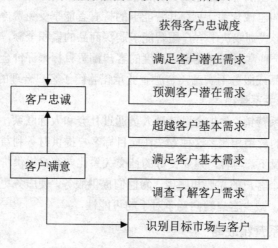

图8-16　客户满意度与忠诚度关系

由图8-16可知，从客户满意到客户忠诚之间存在着多个层次，客户对于产品和服务的需求也分为客户的基本需求和潜在需求两个不同的层面。金融企业要想让客户感到满意，首先要为客户提供能满足其基本期望的产品和服务,这样的满意会在一定程度上激发客户的忠诚度,但很少能够直接导致客户产生下一次的购买行为。而当金融企业所提供的产品和服务的质量水平能够满足客户的潜在需求时,便带给了客户意想不到的价值体验。不管是物质方面的还是精神方面的超预期满足,都能够给客户带来更多的惊喜和满足感,这种超出预期的满足感越强,对客户的吸引就越大,客户进行重复购买的概率也会越高。这一现象表明,客户在进行产品的购买、使用,以及相应的服务体验过程中的愉快经历会提高他们对该金融企业的忠诚度。由此看来,满足或超越客户的潜在需求是实现客户忠诚的重要条件。

(五) 客户满意度与客户价值的关系

客户价值包含两方面的含义:一是金融企业提供给客户的价值;二是客户的让渡价值。

金融企业提供给客户的价值及产品或服务的使用价值,表现为客户对金融产品的感知偏好,是客户的一种感知价值,其核心是感知利得与感知利失。客户利得和客户利失之间的差值被称为客户让渡价值,客户让渡价值决定了客户满意程度的大小。

客户让渡价值是指客户总价值与客户总成本之间的差额,在某种意义上,客户让渡价值等同于客户可感知的效果。客户价值决定了客户的满意程度,而客户的让渡价值又在一定意义上体现了客户在一次购买行为后的实际利益,它与客户满意度之间的关系可以通过图 8-17 表示。

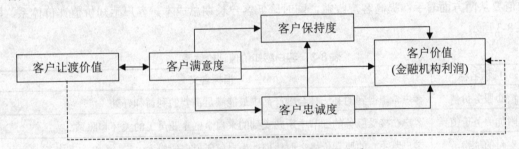

图 8-17　客户价值与客户满意度的关系

(六) 金融企业客户价值评价

金融企业对客户价值进行评价时,可以通过两个角度来认知:从客户角度进行的价值判断,即客户感知价值(customer perceived value,CPV);从金融企业角度进行的价值判断,即客户关系价值(customer relationship value,CRV)。

1. 客户感知价值

从客户的角度,客户价值体现为企业所提供的产品和服务为客户带来的价值,称作客户感知价值。客户会购买他感觉提供最多价值的产品或服务,所以金融企业经营成功的关键不是基于自身的价值判断,而是要发现、重视客户的价值判断,金融企业必须从客户的视角来分析自身的价值观,结合客户需求的状况,以更经济、更有效的方法为客户提供更有价值的金融产品和服务。因此,金融企业为客户设计、创造、提供价值时,应该从客户导向出发,把客户对价值的感知作为决定因素。

客户感知价值测定的常用指标有:客户在服务接触中感知的核心(产品)服务价值、附加服务价值、购买产品或服务所支付的价格,以及与金融企业关系发展中支付的额外成本。

客户感知价值可用下面的公式计算：

$$CPV=(核心服务+附加服务)/(价格+关系成本)$$

分子表示客户收益，它包括核心(产品)服务收益和附加服务收益。客户从某次金融交易的服务接触中对核心产品/服务的价值进行感知，如银行存款带来的利息收益，汇兑带来的资金转移收益等。客户从服务结果的角度来感知核心服务，而对附加服务的感知与服务情节有关，如客户在与银行员工接触的真实瞬间，所感受到的银行对客户的关怀、照顾和友善。附加服务还包括关系持续发展过程中的一些活动，如信息支持、社交性质的电话或是对服务失误的补救等。

分母包含两项，一项是价格因素，它是短期可见的成本；另外一项是关系成本，它是除价格之外客户所需付出的额外成本，是长期成本。价格和关系成本一起构成了关系发展过程中总的长期成本，如客户向商业银行申请贷款时，贷款经办人员在时间和精力方面的支出就是客户关系成本。

当 CPV>1，也就是客户收益大于客户长期总成本时，客户才愿意消费金融企业提供的产品或服务。相反，当CPV<1时，客户就会更换为其服务的金融企业。

向客户提供高感知价值的服务是非常重要的，它会直接影响客户的忠诚度。提高客户感知价值要从两方面着手：提高客户收益，同时降低客户长期总成本。客户感知价值评价体系，如表 8-3 所示。

表 8-3　客户感知价值评价体系

指标名称	指标含义
核心服务价值	客户希望得到的某一种金融产品中最能满足需要的利益和好处
附加服务价值	客户在接受服务的细节中所感受到的来自金融企业员工的关怀和照顾
支付的价格	客户所关心的要素价格，即他们认为自己所付出的成本
额外成本	除支付的价格以外的成本，包括直接关系成本、间接关系成本、心理成本

2. 客户关系价值

从企业的角度，客户价值是指由客户权益给企业带来的价值收益，称作客户关系价值。企业为价值感受主体，客户为价值感受客体。该客户价值衡量了客户对于企业的相对重要性，有利于企业在长期盈利最大化的目标下为客户提供产品、服务。

金融企业要想真正识别出有价值的客户，就必须摆脱以利润为中心的思想，以客户关系价值作为客户关系管理的核心，从满足客户的潜在需求出发，提高和维持客户对金融企业的忠诚度，最终实现金融企业的客户价值。

评价客户关系价值的指标有：预期客户消费该金融企业的金融产品或服务的概率、每期消费的金融产品或服务的数量、消费每单位金融产品或服务的税后利润、关系的持续期、客户的获取成本、客户的保有成本、与客户进一步发展关系的成本等。

客户关系价值评价体系，如表 8-4 所示。

表 8-4　客户关系价值评价体系

指标名称	指标含义
预期概率	预期客户消费该金融企业的金融产品或服务的概率
消费数量	每期消费的金融产品或服务的数量
税后利润	消费每单位金融产品或服务的税后利润
关系持续期	金融企业与客户的关系持续期
成本	包括客户的获取成本、保有成本，以及与客户进一步发展关系的成本

　　客户对金融企业的价值在不同的关系发展阶段是不同的，新客户对金融企业的贡献很小，甚至根本没有贡献，老客户会随着时间的增长而提高对金融企业的贡献水平。因此，把可预期的长期净利润的净现值计为某一客户或客户群与金融企业关系的终身价值，这一净现值的计算需要有三方面的变量：第一，从关系客户那里获得的现金流，即关系营销收入；第二，为获取、保持和发展金融企业与这些客户的关系所支出的现金流，即关系营销的成本(如处理客户抱怨、对客户的电子邮件和电话的及时回应、客户培训等活动的成本)；第三，关系的持续时间。

　　客户关系价值的具体计算公式为

$$CRV = \sum_{t=1}^{n} \frac{P_t Q_t \pi_t}{(1+i)^t} - \sum_{t=1}^{n} \frac{(D_t + R_t)}{(1+i)^t} - A_t$$

　　其中，P_t 为预期客户消费该金融企业产品或服务的概率；Q_t 为每期消费的金融产品或服务的价格；π_t 为消费每单位金融产品或服务的税后利润；D_t 为与客户进一步发展的成本；R_t 为客户保有成本；A 为客户获取成本；i 为贴现率。

　　通过上述公式可得出结论：如果从某位客户那里得到的现金流的预期净现值大于或等于获取成本，那么就投资去获取这位客户；获取成本是固定成本，在获取客户之后是不相关的，但是获取成本越高，就需要越长的客户持续期；对发展和保有客户进行投资，直到金融产品或服务的消费量、利润和关系持续期的改变引起的客户价值增加的边际值等于为此而支付的成本；可以通过交叉销售、提高金融产品或服务的边际利润、延长关系的持续期来增加客户价值。

知识链接 8-11

银行客户终身价值
评价指标

二、金融客户关系管理体系

(一) 客户关系管理概述

1. 客户关系管理定义

　　客户关系管理，是指企业以现代信息技术为手段，通过对客户信息的分析、挖掘，深入了解客户需求，发现客户交易规律和价值客户的构成规律，最终实现客户开发、客户维护、客户忠诚和客户价值提升的管理活动。

　　客户关系管理体现的是以客户为中心的管理理念，反映了企业从"以产品为中心"的模式向"以客户为中心"的管理模式的转移趋势，企业关注的焦点由提高内部效率向尊重外部客户转移。

　　金融企业间的竞争焦点在于客户，只有拥有高质量的客户，并与客户建立良好的关系，才能实现扩大市场份额的目标。通过客户关系管理，可以找出高价值的客户和潜在的客户，并通过人性化的关怀使他们同金融企业产生密切的关系。

2. 客户关系管理思想

客户及客户关系是企业发展最重要的资源之一，是企业维持可持续竞争优势的重要源泉。为企业带来利润的不是产品，而是客户，产品或服务只有被客户使用后，才能实现价值的让渡，从而实现企业和客户的各自目标。客户关系的维护贯穿了企业与客户接触的所有环节，包括客户从购买前、购买中、购买后的全部过程体验。客户关系维护不仅以满足客户需求为目的，而且要通过为客户提供扩展产品或服务，发现客户需求，实现客户满意。

客户关系管理的目标是通过长期的合作，实现客户价值与企业价值的相互统一，实现双赢的共同发展模式。客户关系的管理途径是建立客户与企业之间的学习型关系，通过与客户的沟通与交流，对客户知识的不断挖掘和应用，发现客户交易规律，指导企业营销活动。

知识链接 8-12

银行客户评价模型

3. 客户关系管理宗旨

客户关系管理的宗旨，是根据不同的客户提供个性化的服务。具体方法是通过客户信息分析，寻找到企业能够为其提供服务的客户，并根据客户贡献，将客户划分为不同类别，然后向各类别的客户提供个性化的产品和服务。

(二) 客户关系管理功能

1. 客户发现

通过各个部门、各种渠道采集客户信息；将更多的信息处理后输入到客户档案中。

客户档案一般包括以下内容：①客户原始记录，即有关客户的基础性资料，它往往也是金融企业获得的第一手资料，具体包括客户代码、名称、地址、邮政编码、联系人、电话号码、银行账号、存款种类、消费记录、付款信用记录等；②统计分析资料，主要是通过客户调查分析或向信息咨询业购买的第二手资料，包括客户对金融企业的态度和评价与存在问题、信用情况、与其他竞争者交易情况、需求特征和潜力等；③企业投入记录，主要是记录金融企业与客户进行联系的时间、地点、方式和费用开支、优惠的程度、提供服务的情况，以及为争取和保持每个客户所做的努力和付出的费用。

2. 客户分析

收集客户数据后，应进行数据分析，找出对金融企业最有价值和最有盈利潜力的客户群，分析客户的需求，以便为客户提供有效的金融服务。

3. 客户交往

金融企业需要和客户保持良好的接触，以了解客户不断变化的需求。企业不仅要了解客户过去的交易行为，而且还要能够预测客户未来的消费行为，分析客户的潜在需求，提供更有针对性的服务，从而更好地"留住"客户。

4. 客户价值实现

金融机构针对不同客户设计不同的产品和服务模式，适应客户的需求，以争取更多客户来购买产品和服务，以此实现客户价值。

(三) 客户关系管理内容

1. 发现并管理客户

客户关系管理，是指企业建立的一套完整的客户信息系统，通过对过程的管理，随时了解客户的状态。对客户的管理主要包括以下方面。

(1) 数据收集。获取、整理和管理从内部和外部获得的客户数据，如姓名、个人资料、爱好、交易记录及其他行为。把这些数据放入数据仓库，用数据仓库整合和管理这些互不关联的数据，以便进行分析，形成对特定客户的洞察。

(2) 数据分析。利用收集到的数据来探索客户的行为方式和预测与客户交往可能产生的盈利。

(3) 资源优化。面对大量的客户、产品和渠道的组合，帮助企业决定怎样以最佳的方式配置有限的可以用于客户活动的资源，以达到特定的预期目的。优化可以帮助市场营销人员确认目标客户，以及应该在他们身上投入的资源，对客户提供有差异的产品，以此来达到最佳的效果。

(4) 个性化。通过对客户资料的分析产生个性化的、"一对一"的交流。个性化的内容主要包括在与客户交往时掌握单个客户的信息和偏好，有针对性地提供实时的产品和服务的组合，指导客户服务人员与客户进行交流。非营销人员能够通过客户经理的客户关系管理记录了解到新老客户的一些情况和特点，从而使金融企业的前台和后台都能够吸引新客户和留住老客户，做到对客户的全面关心和服务。这种立体式的服务一旦形成服务体系，就容易得到客户的认同。

拓展阅读 8-5

澳大利亚国民
银行的客户发现

2. 提高客户满意度

客户满意度有两种含义：行为意义上的客户满意度和经济意义上的客户满意度。从行为角度来讲，满意度是客户经过长期沉淀而形成的情感诉求，它是客户在历次交易活动中状态的积累。从经济角度来讲，客户满意度显得更为重要，口碑曲线表明，当企业对客户服务处于一般水平时，客户的反应不大；一旦其服务质量提高或降低一定限度，客户的赞誉或抱怨将呈指数倍地增加。客户关系管理不断地对所有客户资料进行分析，可以有效地掌握口碑曲线的走向，为金融企业改进或加强客户服务提供充分的数据资料。

3. 对客户经理实施过程考核

客户关系管理把营销过程分成四个阶段：信息搜集阶段、方案设计阶段、业务交往阶段和跟踪阶段。这些阶段的工作可以量化在日、周、月中，以对客户经理的工作情况进行考核，并且根据量化的数据预测下个阶段的工作。

通过考核，可以实现对营销过程中每一个阶段工作的控制，能够区分客户经理各自的贡献度，可以对企业客户的营销做到整体优化，从而保证客户经理的流失不会造成客户的流失。

(四) 金融客户关系管理系统构建

1. 客户关系管理的类型

(1) 分析型客户关系管理。这种类型的管理方式适用于金融企业建立客户关系管理系统的初期。随着信息系统的建成和数据的增加，企业需要对客户数据进行管理和分析，并将分析结果用于指导实际的营销活动。

(2) 运营型客户关系管理。运营型客户关系管理系统可以使企业的业务流程化、销售自动化，整合前台与后台的运营系统，跟踪、分析市场导向，为金融企业的运营提供决策支持。

(3) 协作型客户关系管理。利用客户关系管理系统集成各种服务渠道，综合服务平台，金融企业可将客户的各种背景数据和动态数据收集整合在一起，同时将运营数据和外来的市场数据进行整合、变换，传送到数据仓库，以便为客户提供综合、全面、真实、可靠的信息。通过协作型客户关系管理系统能够全方位地为客户提供交互服务。

2. 客户关系管理系统的结构

金融企业的客户关系管理系统主要由 5 个功能系统组成。

(1) 决策系统。在企业总部(或分部)成立客户关系管理委员会，基本职责是制定金融企业的客户关系管理的指导性政策，负责组织推动客户关系管理的实施。

(2) 客户信息收集系统。建立统一的客户信息数据库，以客户为中心来集成信息。充分利用各种渠道收集客户信息。

(3) 客户信息分析系统。利用商业智能系统、数据挖潜功能，对客户信息数据进行分析、处理，包括对客户需求信息的分类整理，对客户交易行为的分析，客户对金融企业综合贡献度的评价等，充分地了解客户。

(4) 产品、服务开发系统。根据客户信息分析系统提供的分析结果，为客户开发适应其需求的产品和服务。特别是对综合贡献度高或有潜在价值的客户，要全面掌握好客户的需求和偏好，有针对性地选择、组合、开发金融产品和服务，提高客户的满意度。

(5) 产品、服务营销系统。由市场营销人员、客户经理综合客户信息分析的成果，有针对性地向客户推荐适合他们的金融产品和服务，通过加强与客户的交往，提高客户对金融企业的依赖度和忠诚度。

3. 客户关系管理规划

金融企业的客户管理规划的实施分为以下几个步骤。

(1) 信息收集阶段。收集客户关系管理系统构建所需的客户、系统及组织、流程等信息资料，为客户关系管理系统的规划和设计打下基础。

(2) 客户关系诊断阶段。该阶段的主要任务是：分析客户关系管理环境，借助分析工具与程序，分析客户、竞争对手和自身特点；分析和确立组织结构；通过对现有流程的分解和重组，重新构架业务流程链。

(3) 客户关系规划阶段。该阶段的主要任务是：建构客户关系管理远景，确定要达到的总目标和阶段目标，以及实施路线；运用客户分析工具(客户满意度、接触分析等)，设计和确定客户关系管理战略；分析客户服务过程，根据客户需求和业务基本流程单位的特性进行业务模块的整合，构建面向客户的敏捷的价值增值型业务流程。

(4) 客户关系管理系统设计阶段。该阶段金融企业应建立完整、及时、准确的客户服务循环体系，集成、优化业务流程，为客户提供高质量的服务。这一阶段的具体工作包括：构建客户服务体系，实现从以金融产品为中心，到以客户为中心的经营战略转变；构建交互管理系统，提供多元化的客户和企业互动方式；构建服务自动化和客户管理系统，提供客户支持、金融产品支持服务，实现目录管理、信息管理、知识管理功能；构建商业智能系统，包括客户信息管理，查询、统计，数据挖掘，数据仓库，辅助决策工具，数据分析等内容，实时把握客户趋势，及时满足客户需求；构建精确营销管理系统，具备市场分析、市场活动管理、市场资料管理等功能，实现个性化的精准营销；商业整合，实现核心系统整合、电子商务整合等功能。

(5) 客户关系管理系统实施阶段。客户关系管理系统涵盖金融企业的营销、客户服务、决策支持等多个领域，其实施不仅需要企业内多部门的协同作战，而且更需要企业高层领导的参与和支持。系统完成后，还要进行系统测试和人员培训，以确保系统顺利上线。

(6) 客户关系管理系统实施效果评估。系统实施后，需要对其效果进行评估。企业可以从以下方面来衡量：系统的实施是否帮助企业实现管理理念的转变；客户通过多种方式访问并进行业务往来是否畅通有序；与客户交往的员工是否都能了解客户关系，根据客户需求进行交易，了解如何对客户进行纵向和横向销售，并记录自己获得的客户信息；能否对市场活动进行规划和评估，并对整个活动进行全面透视和追踪；能否拥有对市场和销售活动的分析能力，能够从不同角度提供成本、利润、风险等信息，并对客户、产品、智能部门、地理区域等进行多维分析；是否增加了企业的利润，以及提高了客户的满意度。

4. 客户关系管理的注意事项

(1) 资源的整合。金融企业在应用客户关系管理系统的过程中，必须同时考虑将市场营销、IT 和人力资源三个方面进行有机整合。

(2) 确立"心理里程碑"。客户关系管理项目的实施可能会持续 2~3 年，金融企业应每过一段时间(如半年或一年)设立一些项目实施的里程碑，展示阶段性的成果。

(3) 单一客户视野。客户关系管理项目成功的关键，是金融企业必须实现单一客户视野，即保证同一个客户在该金融企业内部的信息一致。

(4) 信息集成。实施客户关系管理项目，需要在不同的渠道统一分享客户关系管理信息，如呼叫中心和互联网里的信息等，都能够被很好地集成在一起。

三、金融客户关系维护

(一) 客户关系维护概述

1. 客户关系维护的目的

(1) 从现有客户中获取更多市场份额。

(2) 减少销售成本。

(3) 赢得口碑宣传。

2. 客户关系维护的目标

(1) 留住老客户。金融企业采取措施留住客户，妥善处理客户流失。

(2) 提升客户价值。开发客户价值，实现客户价值提升。

(3) 开拓新客户。

(二) 客户关系维护技术

1. 销售自动化

功能：日历、活动管理、客户管理和机会管理、报告分析、预测、客户数据库和网络共享等。

作用：帮助企业吸引、留住并发展客户关系。

2. 联系管理

功能：维护客户数据库、显示更新的组织结构图、记录客户和潜在客户的信息。

作用：不仅可以追踪客户在哪儿，还可以知道客户是谁。

3. 线索管理

功能：跟踪客户账户历史，监管线索。

作用：拟订下一步行动规划，将机会转为交易。

(三) 客户关系维护管理

1. 加强客户日常联系

知识链接 8-13

金融企业要加强同客户的日常联系，沟通感情，密切合作。客户关系的维护方法如下。

(1) 完善客户沟通技术。借助信息技术，跟踪客户信息，深度挖掘客户需求，及时掌握客户变化，如表 8-5 所示。

客户活动组织

表 8-5　客户跟踪服务

内容	方式	注意事项
• 账户到期提醒，如存款到期、信用卡还款、贷款到期、逾期等 • 账户收益提醒 • 账户异动提醒，如基金净值异动、分红等 • 账户止盈、止损提醒	• 系统对客户账户到期情况进行提醒，客户经理应及时予以处理 • 短信或邮件提醒客户账户的相关情况，并给出下一步的相关建议 • 对于比较重要或突发的账户变动，应及时告之客户，并协助客户及时做出调整	• 客户经理在跟踪过程中，当客户出现亏损时，应提醒客户保持理性，并与其诚挚沟通，进一步协助其认识产品或组合的内容，提供积极有效的投资调整建议，与客户建立互动、信任的关系 • 应与客户事先约定可接受的最佳提示方式和合适的提示时间
	• 对于贵宾客户，要对其提供个性化的理财秘书式建议 • 客户购买产品的变动提醒	• 到期提醒是再销售及降低风险的绝佳机会，应注意把握
• 客户已购产品的相关市场信息和服务信息 • 客户感兴趣的其他产品和资讯信息	• 短信或邮件的方式发给客户 • 对于可能影响贵宾客户，特别是核心贵宾客户选择的重要信息，客户经理应及时通知客户	• 要事先请客户选择感兴趣的内容，以及其可以接受的方式和频率，以免让客户感到被打扰 • 若了解客户在其他机构购买的产品的到期时间，也需进行记录，到期提醒客户，进行替代产品销售，争取客户资产转移

知识链接 8-14

(2) 改进产品或客户服务过程。关注竞争对手的产品和服务状况，从中找出自身的不足和改进方向。

(3) 客户关怀管理。采取组织客户活动、为客户准备纪念品、经常拜访客户等措施，了解客户的真正需求。

银行客户关怀管理

2. 有效处理客户抱怨

客户抱怨可使金融企业认识到自身服务的不足。处理好客户抱怨可提升客户满意度、忠诚度，密切客户关系；若客户抱怨处理不当，会导致客户资源流失，影响金融企业形象。

面对客户的抱怨，要分析客户抱怨的原因，从金融服务的各方面、金融产品本身、金融内部流程、与其他金融企业的差距等因素中，分析客户抱怨产生的深层原因，采取补救措施进行改进，及时向客户致歉或反馈。客户投诉流程如图 8-18 所示。

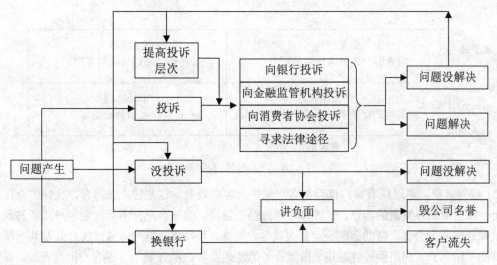

图 8-18　客户投诉流程

　　针对客户投诉，金融企业要建立投诉处理制度，加强对客户投诉的管理，建立并健全通畅、高效的客户投诉处理程序和渠道，对客户投诉进行信息统计和分析，有针对性地采取改进措施。同时，获得和保留客户反馈，为后续的服务改善奠定基础。客户投诉处理流程如图 8-19 所示。

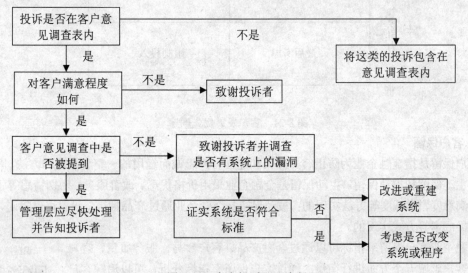

图 8-19　客户投诉处理流程

3. 客户延伸

　　金融企业可通过两种途径实现客户价值延伸：延伸产品，向老客户推荐新产品；延伸客户，由老客户引荐新客户。

　　(1) 延伸产品。延伸产品就是向同一客户提供多种金融产品和服务，尽可能多地增加业务合作点，以增强客户的忠诚度，增加客户依赖度，减少客户流失。延伸产品的前提条件是了解客户对曾购买的产品或服务没有强烈的不满或反感。

　　延伸产品通过产品配套、"加盟" 产品或服务 (如信用卡)、朋友圈"共享"产品或服务、交叉销售等方式实现，如图 8-20 所示。

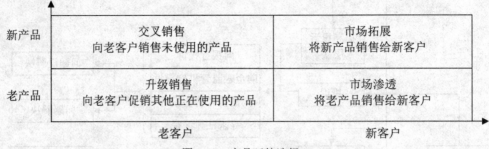

图 8-20　产品延伸选择

(2) 延伸客户。通过现有客户推荐新客户来扩大客户数量,这是建立在与客户良好的合作关系之上,以点带面开发新的客户。延伸客户通过两个途径:通过客户介绍同行业客户或者其商业合作伙伴开展业务合作,帮助金融企业扩大新客户群体、争夺优质客户;通过客户开发其下属企业及其上下游客户,利用供应链融资、国际业务等特色业务产品开展上下游客户批量开发,寻找新的利润增长点。客户发展的优先顺序如图 8-21 所示。

图 8-21　客户发展优先顺序

4. 客户保留

客户保留是指金融企业为防止客户流失和建立客户忠诚而运用的一整套战略和方法。客户保留分为主动保留和被动保留。主动保留是金融企业采用价格优惠、改善服务、密切情感等手段提升客户满意度、忠诚度等方法实现的;被动保留是金融企业通过产品捆绑、设置退出障碍、提高客户转换成本等方式实现的。

金融企业客户保留率指标可以通过金融产品、客户参与、服务质量、客户满意和客户忠诚五个方面进行衡量。通过客户保留率指标分析,可以追踪客户满意程度,反映客户的流失状况,掌握客户流失的原因。追踪客户流失原因,要理清客户流失是源于服务还是产品缺陷因素,还是竞争对手的争夺,以便制定有针对性的客户保留措施。

针对不同类型的客户(客户价值和动摇程度),金融企业可启动相应的客户挽留流程(见图 8-22)。对于核心客户,金融企业高管要亲自出面接触,与已流失的客户进行及时交流,倾听他们的意见,找出导致流失的因素,及时修补关系,提出切实可行的挽留措施。

知识链接 8-15

银行客户流失
原因及对策

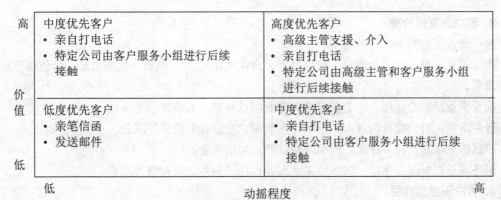

高	中度优先客户 • 亲自打电话 • 特定公司由客户服务小组进行后续接触	高度优先客户 • 高级主管支援、介入 • 亲自打电话 • 特定公司由高级主管和客户服务小组进行后续接触
价 值	低度优先客户 • 亲笔信函 • 发送邮件	中度优先客户 • 亲自打电话 • 特定公司由客户服务小组进行后续接触
低	低　　　　　动摇程度　　　　　高	

图 8-22　客户挽留优先次序

金融企业应构建客户联系机制，在互动中形成和加深与客户的关系。金融企业要构建机制化的联系制度，利用每一次与客户互动的机会，为客户持续提供优质的产品和服务，倾听客户的意见，关心客户的利益，持续改进客户服务，构建对老客户、核心客户定期交易优惠的回馈机制，形成良好愉快的合作关系。

5. 掌握客户转型

(1) 避免客户向"下"降级。通过产品和服务捆绑、重复营销、交叉营销等形式，向客户销售适宜的产品和服务，刺激客户购买欲望，以挖掘客户价值。

(2) 鼓励客户向"上"升级。可通过积分等措施，鼓励客户购买更多的金融产品和服务，实现客户价值的提升。

(3) 把脉客户的"感情纽带"。多渠道挖掘客户多样化需求，寻找客户服务痛点，开发贴近客户需求的产品和服务，密切和客户的情感沟通。

拓展阅读 8-6

中国人寿的附加值服务承诺

四、金融客户满意战略

(一) 客户满意概述

1. 客户满意的定义

客户满意，是指客户对企业的产品或服务的感知效果(或结果)达到期望值后，所形成的愉悦感觉状态，是客户认同、接受了企业的产品、服务和品牌。

随着企业或产品服务"客户满意"量的积累，意味着客户赋予该企业产品服务及品牌在一定程度上的忠诚和美誉，在当前金融市场竞争的环境下，要使金融企业在产品日益同质化的竞争格局中形成产品及服务优势，提高市场进入壁垒，应积极推行客户满意战略。

2. 客户满意的特征

(1) 主观性。客户的满意程度是建立在其对服务的体验之上，感受的对象是客观的，而结论是主观的。客户满意的程度与客户的自身条件，如知识和经验、收入状况、生活习惯、价值观念等有关，还与媒体传闻等有关。

(2) 层次性。处于不同层次需要的人对服务的评价标准不同。不同地区、不同阶层的人或同一个人在不同条件下对某种服务的评价可能不尽相同。

(3) 相对性。客户的满意或不满意是与自己的预期比较的结果。而客户的预期受口碑、过去的经验、自己的需要、信息的沟通等因素影响，不可能是一成不变的。

3. 客户满意的分类

客户满意可分为如下几种类型。

理念满意：对企业理念追求、精神境界、企业文化(信仰、准则、战略思想、价值观等)的认同和满意。

视觉满意：对企业标志、企业名称、营业网点环境、人员展示等满意。

行为满意：对企业行为规范、企业行为机制、企业行为模式等满意。

产品满意：对产品多样化、产品性能、产品功用满意。

服务满意：对服务保证、服务承诺、服务程序、服务失误补救等满意。

4. 客户满意的作用

(1) 客户满意是金融企业生存和发展的第一驱动力。在以客户为中心的管理时代，追求客户高满意度既是金融服务企业在高度竞争的市场环境下生存和发展的必然要求，又是企业经营管理的根本出发点和归宿。金融企业存在于社会的目的是为客户提供金融服务，能否为客户提供令他们满意的服务是验证金融服务企业能否存在的试金石。

(2) 客户满意是金融企业获取长期利润的最主要决定因素。客户满意的不同程度，会引发一连串不同的效应，如客户重复购买、转换服务提供者、口碑、与服务提供者保持长期关系等，最终这些都以利润的形式反映出来。如果客户感受到的金融服务达不到期望水平，客户感知的服务质量是不满意的，就会导致客户流失。当客户感受到的金融服务达到甚至超过其期望值时，客户对服务质量是满意的，通常愿意重复购买、乐于做正面的口碑宣传。持续满意的服务体验，会促使客户与目前的服务提供者保持长久的关系，发展成为忠诚客户，而企业从每一个客户赚到的利润与客户停留的时间成正比。

(二) 客户满意度评价

1. 客户满意度评价流程

金融企业客户满意度指标，是以客户为出发点的测评体系，用于测量客户对金融企业的满意程度。客户满意度评价流程主要包括以下几个环节。

(1) 建立客户满意指标体系。针对金融企业自身的工作流程、产品/服务特点、目标市场的特点等进行分解研究，找出客户与企业的接触点，识别使客户满意至关重要的关键因素，在此基础上建立客户满意度的评价指标体系。该过程通常需要进行定性研究(如深入访谈等)，并结合小样本的调查测试分析结果进行指标筛选，确定最终的客户满意指标体系及指标评分标准、权重。

(2) 数据收集。通过设计问卷进行客户调查(电话访问、入户访问等方式)获得客户的评估数据。满意度可采用 5 级、7 级或 10 级量级表的方式，让客户在各指标上对要调查的企业及其竞争对手进行评价，同时还要对企业的总体满意度进行评价。

(3) 数据处理及统计分析。获得上述数据之后，为消除指标间的差异，采用变量标准化法以使各指标之间具有可比性。

(4) 数据应用。运用重要性/绩效分析结果，可以确定被调查企业在市场的主要竞争者中目前所持有的竞争优势(即继续保持领域)、急需改进的关键领域、无关紧要领域和不占优势领域。

(5) 连续监测。由于市场环境在不断地变化，客户的要求也会逐渐提高，评价指标的重要程度也会因时间的不同而发生变化。由此，客户满意度评价指标体系也不是一成不变的，企业应随内外环境的变化对客户进行连续性的监测，以在不同时期都能跟上客户的要求并超越他们的期望。

2. 客户满意度评价体系

金融客户满意度评价体系具体包括以下指标。

(1) 产品和服务方面。产品指标包括金融产品的全面性与多样化、产品的实用性、收费的合理性、足够的信息披露，以及个性化的理财建议；服务指标包括系统的稳定性、服务的及时性、便捷性、服务功能的多样化等。

(2) 服务流程方面，包括对处理客户电话投诉的承诺、服务等待时间。

(3) 服务人员方面，包括服务态度满意度、工作效率、专业知识、员工礼貌、责任心、解决问题的能力及对投诉的处理等。

(4) 服务品牌与形象方面，包括金融企业本身的实力及企业关心和重视客户的程度。

(5) 服务设施、网点设置与分布方面，包括网点位置、软硬件设施、安全性、内部环境、等候时间、营业时间，以及服务指引等。

(6) 客户忠诚，主要包括客户是否会介绍自己的亲友来办理业务，客户是否同时也在其他金融企业办理业务及程度。

拓展阅读 8-7

花旗银行的
服务测量

拓展阅读 8-8

某银行的客户满意度
指标评价体系

3. 客户满意度调查

(1) 客户满意度调查的目的。第一，准确地获得客户信息。调查谁是客户、客户如何分类、怎样向客户提供服务、目标客户有哪些、竞争对手有哪些等，了解客户对金融产品和服务的要求和期望。第二，获得竞争信息。测定当前的客户满意水平，比较企业和主要竞争对手在满足客户要求和期望上的表现，了解竞争对手的客户的满意情况，了解公司在同行业中的竞争地位，发现竞争优势和不足；确定客户对产品和服务满意的关键因素，发现提升产品或服务的机会，建立改进产品或服务的优先顺序，从客户的意见和建议中寻找解决客户不满的办法，为管理者提供建议，为企业制定全面质量管理的标准服务，以便更加有效、和合理地利用资源提高客户满意度。

(2) 客户满意度调查步骤。客户满意度的调查要充分兼顾目前客户、过去客户、潜在客户的不同需求特点，设计有针对性的调查问卷。关键评价指标的确定是客户满意度调查的重点。

客户满意度调查通常委托专业咨询机构实施，一般分四个步骤：①内部诊断。通过与内部员工面谈的形式，掌握员工/管理者对客户满意的理解，从中寻找影响客户满意度的因素，并在企业内部进行客户满意度自评，为在客户层面进行大面积的调查提供测试指标。②客户前期测试。这是发现问题与机会的关键环节。一般是召开重要客户座谈会，询问影响他们对企业满意度的因素，以便修正调查指标。③开展客户的小样本调查。通过该项调查，确定具有代表性的指标，发掘更新有价值的指标，最终完成调查问卷所需指标的设计。④开展大规模的客户调查。以前三步所得的设计问卷定量测量客户的满意度，调查方式根据调查对象而定。

4. 客户满意度分析

金融企业在调查的基础上，进行客户满意度分析，提出客户满意指数测评报告。在报告中，要综合运用各种定性、定量分析方法，如人工智能分析、多元回归分析等，进行客户满意度的量化分析，明确客户的满意因素、客户的期望、目前服务的差距、在什么情况下客户才能满意等，以便更好地掌握客户的需求特征和期望。根据客户的期望，确定其与企业提供的服务之间的关系。

将本企业与竞争企业的满意度/重要性进行二维矩阵比较，识别出自身的竞争优势领域和相对落后领域，以及同竞争企业在客户满意度上的差距(见图 8-23)。据此，金融企业可以制定改进服务的重点和战略，同时对所提供的服务有所取舍，有利于金融企业集中资源，强化优势。

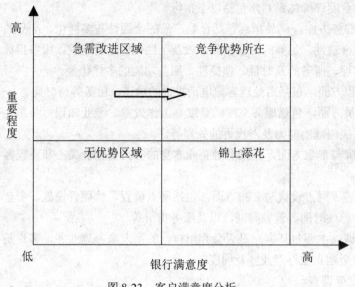

图 8-23　客户满意度分析

(三) 客户满意度战略制定

1. 服务营销定位战略

金融企业服务营销的目标是客户的满意程度。通过制定明确的市场定位，提供"个性化"的优质服务，以获得服务差异化的竞争优势，提高服务竞争力，进而获得客户的满意和忠诚。

金融企业制定市场定位战略，要以定位的差别化来设计服务的差异化，增加服务的感知性，让无形的服务"有形化"，使金融企业在目标客户心目中占有独特的、有价值的位置。

金融企业制定市场定位战略的方式为：明确与同业竞争者在服务上的差异点，选择最重要的服务差异点来进行市场定位。想方设法传送"定位"，即让客户感受到差异化的服务。客户只有切实感受到金融企业的服务特色，才能在心目中树立起独特的企业形象。通过人、物质环境、程序等环节传送"定位"。

2. 设计客户满意战略

考虑客户对服务质量的感知内涵，如客户需要的服务产品、客户如何得到服务产品等。金融企业应在客户满意度分析的基础上，通过研究客户对金融服务质量、产品质量、价格质量的感知，采取积极有效的步骤，提高客户满意度。

(1) 建立客户满意服务系统。从组织结构、服务流程、服务规范等各个方面确保客户服务质量，从组织上建立客户管理小组，负责组织协调工作，从规范上将客户满意服务系统形成手册，从流程上建立全过程的服务质量控制体系。

(2) 制定客户满意服务战略。通过对客户满意度进行分析，发现金融企业服务的优势与劣势，结合金融企业的市场机会与威胁分析，明确服务重心，减少服务盲点，有针对性地制定金融企业完善服务的营销战略与服务战略。

(3) 制定客户满意竞争战略。与主要竞争对手比较客户满意度差异，制定客户满意战略，并将客户满意管理整合纳入金融企业的整体战略之中，全面提升企业竞争力。

3. 制定客户满意战略

制定客户满意战略的核心，是不断增大和丰富客户价值，使客户完全满意。

(1) 持续改进服务流程和质量。根据满意度的影响因素，重新制定服务规范和服务流程，对薄弱环节进行持续改进，缩小与竞争对手或行业领导者在关键满意因素上的差距，寻找新的发展空间。

金融企业的服务应立足于提供高品质的服务，这种服务应是零缺点的服务。金融企业应就客户所关心、认为重要的服务部分提供明确的服务保证，向社会承诺服务标准，并积极创造条件兑现承诺，确保所提供的商品或服务达到乃至超过客户的心理标准，以拥有越来越多的忠实客户，从而取得市场竞争的主动权。

(2) 加强与客户的沟通，提高客户信任度。在为客户提供优质产品和服务的基础上，金融企业还应给予客户更多的关怀，在细节上让客户感受一种高品质的服务，让客户的满意度达到最高，最终让客户形成一种愉悦的感觉。

(3) 定制化服务。应针对不同客户需求的差异，设计个性化的金融产品和服务，满足客户个性化的需求，使客户产生了拥有量身定做的独一无二的产品的超值满意感。

(4) 合作提升客户满意度。通过资源的有效配置和流程的组织调度，为客户提供了更多、更具有吸引力的利益点，提升客户可感知利益，如为客户提供更多的服务便利，提供快速的服务，主动协助客户降低成本、提升收益等。

(四) 客户满意服务管理

1. "真实瞬间"服务

把握好服务的"关键时刻"，提升服务品质。在客户与服务提供者进行服务接触的"真实瞬间"，向客户提供的超出其期望并使其获得意外收获的服务，这种增值服务能使企业的整体服务明显区别于其他竞争对手，使客户对企业产生关注和偏爱，从而有助于实现客户保留和客户忠诚。

2. 客户心理管理

在客户购买、消费金融服务的过程中，客户的心理因素在很大程度上会影响客户对服务的感知，从而影响客户满意度。金融企业在为客户生产服务的同时，若能管理好客户心理，将有助于客户满意度的改善。

在客户的心理因素中，以客户的等待心理对服务感知的影响最明显、最常见。特别是在服务业中，当需求超过企业的供给能力，当难以预料客户要求服务的时间，当无法预料服务的持续时间时，"等待"现象就容易出现。客户存在以下等待的心理特点：静止的、空虚的等待比移动的、充实的等待显得更长；服务前的等待比"过程中"的等待显得要长得多；焦急与渴望使等待时间变得难以忍受；不确知的等待比确知的等待长；毫无解释的等待比得到解释的等待显得更长；不平等的等待比平等的等待长；孤独的等待比集体等待更难受。

金融企业在提高服务供给水平的同时，应按客户等待心理特点，对服务等待做改进，以缓减客户不良的心理反应。要把静止的、空虚的等待变为移动的、充实的等待，比如在客户等候时提供报纸或杂志以供阅览。把服务前的等待变为服务中的等待，如面对等待办理银行业务的客户，银行可先派工作人员告诉他们该如何填写相关凭证及表格，使他们感觉已处于服务过程中。当服务设备(如 ATM 机、电脑等)突然发生故障时，要告知客户确切的等候时间和等待的原因，使等候对客户来讲是确定的、可知的。对客户的焦虑，管理者要首先确定它们的来源，然后进行适当管理。

3. 补救服务管理

金融服务的生产与销售、消费同时发生，服务的质量无法进行有效控制，金融企业出现服务差错或失误是不可避免的。金融企业应制订"非常计划"，对可能发生的服务失败予以管理和控制，实行服务补救。

服务补救，是指企业为重新赢得因服务失败而已经失去的客户好感而做的努力。

(1) 服务补救原则。预防性原则，化解客户不满的最佳时机是在事前，以预防为主，补救为辅；及时性原则，进行服务补救的关键是快速反应，做出的反应越快，服务补救的效果可能会越好；区分不同客户的原则，挑剔型、抱怨型客户，对企业的任何补救服务都不满意，企业要坚持自己的原则，保持公正，以免引起其他客户的不满。

(2) 服务补救时机。并非所有的关键时刻都对客户满意同等重要，那些重要的关键时刻被称为关键事件，它们能显著地提高或降低客户对服务的感知，需要服务补救计划来弥补。金融企业所面临的挑战是如何确定最能影响客户满意度的关键时刻。当企业确定关键时刻之后，必须分析在特定的接触点上的所有可能差错的环节，准备进行补救或弥补。

(3) 服务补救的手段。给客户向企业投诉的机会。通过提供客户反馈卡、免费拨打投诉电话、投诉信箱、电子邮箱地址等方式，方便客户投诉；企业也可通过正式和非正式的调研，如专题座谈会、抽样调查，主动征求客户的意见。向前台服务人员授权即时实施服务补救，有权也有责任令客户满意的员工，能对服务过程中出现的服务问题做出立即的反应，或请求帮助，或采取补救措施，以安抚抱怨的客户，力争化解客户的不满情绪，杜绝负面口碑扩散。

(4) 服务补救的步骤。服务补救计划通常包括五个步骤：

① 道歉。服务补救开始于向客户道歉。道歉在一定意义上意味着企业承认自己的服务失败。只有企业接受了失败发生的客观事实，才能向其员工灌输向失望的客户致歉的必要性。此举动虽小，却能令客户深切地感受到他们对企业的价值，为重新赢得客户好感的后续工作铺平道路。

② 紧急复原。这是道歉的自然延伸，也是不满意客户期望的补救内容。客户希望知道企业将怎样取缔引起其不满的根源。"紧急"意味着行动迅速，"复原"意味着为纠正错误所做的努力。企业在实施紧急复原措施时，实际上是向客户表明企业对客户的抱怨非常重视，且客户满意对企业非常重要。

③ 移情。对客户表示理解和关注，是成功的服务补救所必需的。金融企业应对愤怒的客户表示理解，同情服务的不足给客户造成的影响。移情不仅仅意味简单地承认失败，还意味着努力地去理解为什么客户会对企业失望。移情的回报是令客户意识到企业实际上对他的困境也相当敏感。

④ 象征性赎罪。移情之后是以一种有形的方式对客户进行补偿，或许可把一个礼物当作象征性赎罪的形式。之所以称作象征性赎罪，是因为它不是向客户提供服务的替代品，而是告诉客户，企业愿意为他的失望和不满负责，愿意承担一定的损失。在采取这一步骤前，企业首先要确定客户接受象征性赎罪的临界，假如赎罪的成本对企业来说过高，则会对企业的底线有负面影响，若赎罪的支出过小，它的象征性价值又无从发挥。

⑤ 跟踪。通过对象征性赎罪是否被接受进行跟踪观察，企业可测量其对客户不满的缓解程度。如果跟踪显示企业的努力并未达到其设想的目标，服务补救程序则需要加入新的手段。跟踪有多种形式，视服务类型和服务补救的情境而定，可以是在象征性赎罪几小时之后的电话回访，是几天后的一封信或电子邮件，或是服务体验结束后的口头询问。跟踪使企业获得了一次对补救计划进行自我评价的机会，并能识别哪些环节仍需加以改进。

并非每一次的客户不满都需要全部的五个步骤来进行服务补救。金融企业应根据客户不满的程度，以及对企业的影响程度，确定具体的服务补救步骤。例如，当客户仅仅是对金融企业的某一具体服务环节感到有些失望(如等待时间过长)，通常只要成功地实施服务补救的前两个步骤，就有可能完成服务补救。当服务失败的结果对客户造成伤害时，往往需要全部服务补救的步骤。

五、金融客户忠诚度

(一) 客户忠诚度概述

1. 客户忠诚度定义

客户忠诚，是指客户对金融企业产品、服务、品牌产生了好感，形成了"依附性"偏好，进而重复购买某一种产品或服务的趋向。

2. 客户忠诚度特征

客户忠诚主要通过客户的情感忠诚、行为忠诚和意识忠诚表现出来。情感忠诚表现为客户对企业的理念、行为和视觉形象的高度认同和满意；行为忠诚表现为客户再次消费时对企业的产品和服务的重复购买行为；意识忠诚表现为客户做出的对企业的产品和服务的未来消费意向。

知识链接 8-16

商业银行忠诚
客户特征

3. 客户忠诚度分类

可以从态度和行为两个维度来划分金融企业的客户忠诚度，如图 8-24 所示。态度取向表现为对金融企业是否有好感、是否有情感上的偏爱；行为表现为是否与金融企业有业务合作，以及业务份额和重复购买程度是否较大。

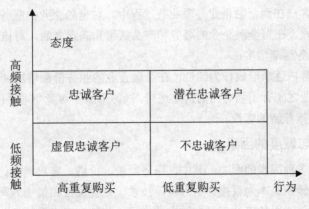

图 8-24 客户忠诚度分类

按此标准，金融企业的客户忠诚度可分为以下几类。

(1) 忠诚客户。对金融企业品牌十分认同，拥有较高的态度取向(觉得该金融企业比其他金融企业好，对该金融企业的产品和服务比较满意)，并且全部或大部分金融业务在该金融企业办理的客户。

(2) 潜在忠诚客户。对本金融企业具有较高的态度取向，但在本金融企业业务份额较少的客户。业务较少的主观因素，如客户的资产较少，所需的金融服务较少；客观因素，如客户所在地距离该金融企业的网点较远等。

(3) 虚假忠诚客户。对本金融企业具有较低的态度取向(并不觉得本金融企业比其他金融企业好，对本金融企业的产品和服务不是很满意)，但在本金融企业办理的金融业务较多的客户。

(4) 不忠诚客户。对本金融企业具有较低的态度取向，金融业务办理很少的客户，表明缺乏忠诚。

4. 客户忠诚的作用

(1) 提高金融企业效益。忠诚客户的数量决定了企业的生存与发展。忠诚的客户不仅能对金融企业产品和服务重复消费，降低营销成本，而且愿意为优质的产品和服务支付较高的价格，增加金融企业盈利能力，是企业获取利润和持续成长的基石。

(2) 增强金融企业抵御风险的能力。忠诚客户对金融企业有较高的信赖度，对金融企业产品价格上涨或服务变化有一定程度上的容忍度，提升了金融企业抵御竞争风险的能力。

(3) 提高金融企业竞争力。忠诚的客户，不仅为其他金融企业进入市场设置了现实壁垒，也为本企业进入新市场提供了扩张利器，金融企业可以通过捆绑销售、交叉销售等方式对忠诚客户推销本企业的其他服务或产品，或者与其他单位合作，代理销售其他单位产品以获取收益，增强金融企业市场竞争力。

作为服务业的金融企业，客户关系管理的战略应该主要在于维系现有客户，提高客户的满意度和忠诚度。

5. 客户忠诚形成过程

客户忠诚的形成，经历了认知、认可、产生偏好、忠诚四个阶段。

(1) 认知阶段。客户通过亲朋好友推荐或通过媒体对金融企业产生认知，或通过业务往来，体验金融企业的服务和产品。

(2) 认可阶段。客户在到金融企业办理业务过程中，对金融企业的服务和产品认可。

(3) 产生偏好阶段。在对金融企业的服务和产品认可和满意之后，对该金融企业逐渐产生偏好，在该行办理的业务逐渐增多。

(4) 忠诚阶段。客户逐渐形成行为惯性，在金融企业的业务份额增加，对金融企业产生情感上的依赖，与金融企业之间有了强有力的情感纽带，同时形成了对竞争对手(其他金融企业)的"免疫力"，还会向企业推荐新的客户。

(二) 影响客户忠诚度的因素

客户忠诚度受到多种因素的影响，其中，服务质量、价格、客户满意、客户信任、客户价值、转换成本为直接影响因素，技术、社会规范和情境为间接和调节因素，客户价值对服务忠诚度具有决定性作用。此外，客户忠诚还与客户关怀、客户满意、客户生命周期等密切相关。

知识链接 8-17

以交叉销售提高
客户忠诚度

1. 服务质量

服务质量因素是影响客户行为意向的决定性因素之一。优质的服务质量能够有效地提高客户的购买重复率，并使客户更愿意支付高于竞争对手的价格或在价格上涨的情况下继续保持对企业或产品品牌的忠诚度。

2. 客户信任

客户信任是指客户认为接受本企业的服务比接受竞争对手的服务更安全、更值得信赖。

信任主要取决于企业形象及客户过去接受服务的经历等。如果金融企业有良好的信誉和较大的规模，客户曾经与该金融企业打过多年的交道而且合作愉快，信任感就会产生。客户逐渐形成的信任感会使他们对该金融企业更加满意、更加忠诚；在企业产品或服务质量不是令客户十分满意的情况下，这种信任能够对客户关系的维持产生作用，缓冲客户满意度波动的影响。

3. 客户价值

客户价值对客户的重复购买行为有着直接的作用，进而加强了客户忠诚。

客户价值实际上是客户感知价值，即从客户的角度进行价值判断，它是客户在消费产品或服务时对服务、产品、信息、服务接触、服务补救和其他要素的一种自我评估过程。客户感知价值的核心是感知利得与感知利失之间的权衡，提升客户价值可以经由增加感知利得或减少感知利失来实现。金融企业的核心服务具有同质性，客户感知服务质量的提高只能从附加服务方面着手，通过附加服务的个性化、差异化将自己与竞争对手区别开来。

4. 价格

不同的客户对不同的价格敏感度不同。例如，小额存款客户对存款利率不太敏感；急需贷款的客户对贷款利率不太敏感；不常汇款的个人对汇款费率不敏感。

5. 客户满意

客户满意就是客户在需要得到满足以后的一种心理反应，是客户对金融产品或服务本身或其特性满足自己期望的一种评价。如果感知质量低于期望，客户就不会满意；如果感知质量与期望匹配，客户就会满意；如果感知质量超过期望，客户就会非常满意。

在金融服务行业，较高的客户满意度降低了客户转换行为的感知利益，从而引致较强的客户重复购买意向。然而，客户满意并不等同于客户忠诚，只有感知服务质量超出期望，给人以惊喜的满意等级才能产生忠诚。

6. 转换成本

转换成本是指客户转到其他金融企业所需付出的成本。当客户更换金融企业后，转换成本就产生了，转换成本包括服务的转换成本、产品的转换成本、感知的转换成本，具体包括办理开户手续、通知相关方账户变更等所需付出的成本；客户学习新金融企业的业务流程而付出的时间成本；新金融产品和服务可能无法满足客户自身特别需要等方面的成本。

构筑转换成本是增加客户忠诚度的通用战略。金融企业一般采用客户积分、客户俱乐部等方式来增加客户的转换成本。

7. 客户生命周期

客户生命周期是客户与企业维持关系的整个过程。将客户关系发展过程看作一个生命周期，分为三个阶段：初始阶段，客户还没有意识到企业的存在及其提供的服务，为潜在客户；购买过程，客户产生需求，意识到企业能满足其需求，产生购买；消费过程，客户进行消费，若客户实际感知绩效大于客户期望，则客户满意度上升，客户关系可能持续发展下去，出现下一个循环，反之，结束关系。

只有使潜在客户变为满意客户，非常满意客户，直至忠诚客户，并最大限度地保留这些忠诚客户，才可以不断延长客户整个生命周期，使客户与企业的关系不断持续下去，使企业获得最大的利润，同时从客户的角度讲，他们也愿意为企业提供适合自己的服务和产品承担合适的价格，由此建立一个比较稳定的"双赢"的关系。

8. 技术

金融企业的基本特征是服务人员与客户之间发生交互过程，即客户与服务员工的接触。随着技术，特别是信息技术在服务业中的广泛引入，技术改变了以往服务交互过程中"高接触、低技术"的模式，在服务交互过程中引入技术能产生定制化、灵活性、高效的服务补救和客户喜悦，创造客户满意，进而增加客户忠诚度。

客户可以通过多种技术工具(如电话、电子邮件、互联网)与金融公司和服务人员交互，便利了客户与公司及服务人员的沟通，提升了对客户的响应速度。

金融企业运用大数据技术，通过对客户消费数据的分析，使客户能够在准确的时间以准确的方式得到准确的服务，增强了服务的准确性和标准化程度，减少了服务人员在服务交互过程中的不确定性，增加了公司与客户双方对服务过程的控制能力。

9. 社会规范和情境因素

社会的行为规范和情境因素，通过强化或弱化态度因素影响客户的重复购买行为，它们被视为忠诚度的调节因素。

(三) 客户忠诚度管理

金融企业应以客户为中心，进行客户细分，找出能给金融企业带来不同等级利益的客户，从客户利益出发，为客户提高价值节省成本，让客户获得比较价值。然后进行差异性服务和管理，保持住忠诚客户，挖掘潜力客户，提供个性化客户关怀服务，增加客户满意，最终将有潜力的客户升级为忠诚客户，保留住已有的忠诚客户，不断延长客户的生命周期。

1. 树立客户导向理念

金融企业应在思想上认识提高客户忠诚度的重要性，支持并主动推动客户忠诚度提高，始终坚持"以客户为中心"的理念，重视客户关系管理。在金融产品的设计和提供服务的种类等方面应从客户角度而不是从金融企业角度来考虑问题，为客户提供度身定做的产品和服务，使整体服务过程充分体现真诚、友善、及时、周到、满足，进而提升客户忠诚度。金融企业在实际经营中要充分重视客户的意见，将客户的建议和意见视为提升客户满意度的推动力，实现金融企业与客户之间的互动联系，真正将"视客户为上帝"的口号落实到金融企业经营的每一个具体行动上。

2. 提升客户价值

在竞争的环境下，金融企业原有的竞争优势很容易被对手模仿。金融企业应以客户价值为中心，以提升客户忠诚为目标，从客户感知价值的视角了解客户的需求及其变化，以提高客户价值为基点来设计、定位产品，提供优良的服务，提高金融产品价值、服务价值、人员价值和形象价值等，建立客户对企业的忠诚。

提高金融产品价值的措施包括增加产品的延伸价值、为客户定制产品、

拓展阅读 8-9

招商银行信用卡
价值设计

为客户提供综合产品等。

提高服务价值措施包括由被动服务转向主动服务、由基础服务延伸到知识服务、由粗放化服务转变为精细化服务、由功能服务延伸到心理服务等，通过服务建立起双方相互信任的"伙伴"关系，实现互惠互利的双赢目标。

拓展阅读 8-10

某银行的精细化服务

提高人员价值，要利用内部营销吸引、保持和激励优秀员工，具体措施包括建立有效的内部激励机制、文化建设、建立双向式的沟通渠道等。

提高形象价值，金融企业要利用企业名称、标准字、标准色等宣传企业精神，利用传媒手段，不断提高客户知晓率，在公众心中树立"资本雄厚、实力稳固、值得信赖"的认同感，塑造核心业务的品牌形象，减少客户感知的风险。

金融企业应着眼于客户价值最大化来设计客户价值流程，变革阻碍客户价值传递的业务流程，致力于建立能便利、快捷传递客户价值的服务体系。例如，银行要鼓励员工快速有效地应付客户，并对此类行为进行奖励，就应追踪记录客户偏好数据，从与客户所有的接触点中寻找奖励点，鼓励员工密切与客户联系、建立客户忠诚计划等有助于发展客户价值的忠诚度战略。

3. 实施客户分类管理

构建和完善客户信息管理系统，及时了解包括客户基本情况、个人爱好、对金融产品的认知程度和需求状况、存款情况及享受金融服务情况等方面内容的客户信息，进行分类、组合及系统分析；针对不同层次客户的特点，提供个性化的服务，以留住客户，增加金融企业的利润；实施重点客户战略，着重提高重点客户的忠诚度。

4. 培养忠诚员工

金融服务的生产和消费是同时进行的，员工与客户在服务过程中互动性很强，员工的工作态度、工作质量直接影响着客户感知服务质量，很大程度上决定了客户对金融企业的满意度和忠诚度。

金融企业要提高客户的忠诚度，必须搞好内部营销，提高员工的忠诚度。金融企业要持续对员工进行业务技能训练和职业道德培训，通过业绩考核，激发员工的积极性。用情感管理影响员工，使员工同心协力，共同推动"外部营销"发展，更多地为企业创造价值、创造利润。

5. 提升服务质量

金融企业要制定客户服务方案，内容包括服务品种、服务方式、服务广度、服务深度、服务等级等。要丰富金融服务质量的内涵，优化服务细节，提高服务的主动性、便利性，优化服务态度与服务环境，提高业务处理效率，提高业务稳定性，提高业务创新能力，加强服务规范化建设，为客户提供高质量的服务。

与客户建立情感联系，在日常服务中要注意收集客户的意见和建议，时常召开客户见面会或联谊会，定期拜访重要客户，及时将新开发的金融产品和服务告知客户，把握每一次与客户接触的机会，在一点一滴上赢得并增强客户的满意度。

6. 制定适当价格战略

(1) 提高客户的转移成本，通过完善金融企业的各项服务，提高客户转移的有形或无形成本。

(2) 减少客户购买总成本。为客户节省成本不等于降低金融产品的价格，节省客户的时间成本或心理成本比单纯降低价格更能为客户带来价值。

节省客户的时间成本。金融企业可从两个方面做出努力：一是提供多元化的服务渠道。

客户可以非常便利地利用自助、电话、网络等电子设备办理大部分业务，使金融服务更加容易获得；二是减少客户在办理金融业务时的等待时间，除了柜台服务外，为忠诚客户专门开通"绿色通道"或"贵宾通道"，以降低忠诚客户的交易成本、减少等待时间，以及体力和精神上的消耗，使忠诚客户获得更多的社会利益。

节省客户的精力成本。金融产品的无形性，加大了客户对购买的风险感知。客户在购买金融产品时会有精力成本的支付，节省客户精力成本的途径：一方面要加强有形展示，树立金融企业良好的形象，降低客户感知的风险；另一方面要处理好对客户的承诺，对客户的承诺不是越多越好，而是要适当、适度，使得企业与客户双方能够正确地认知对方的优势，从而减少精力成本。

节省客户的经济成本。金融企业可以通过多种途径给予忠诚客户更多的利益酬谢，节省客户的经济成本。例如，通过关系定价来增加忠诚客户的财务利益，即金融企业可根据客户的忠诚度来制定客户购买金融产品的价格，使忠诚客户比普通客户享有更大的价格优惠，这种直接的利益酬谢有利于维持客户对金融企业的忠诚。

7. 重视客户生命周期

客户生命周期管理，不同阶段有不同的管理目标和侧重点，关键点是对客户关系所处阶段的判断和客户价值的准确评估，只有把握客户的需求和所处的生命周期阶段，准确认识客户的价值，才能针对性地提供不同产品和服务，实现客户价值最大化的管理目标。

(1) 客户获取阶段。由于客户和金融企业之间的服务关系初步建立，企业应尽可能获取客户的全方位资料，包括客户职业、学历、信用、年龄、资历、偏好、服务需求和业务量，此时金融机构需要投入一定的成本。

(2) 客户提升阶段。随着金融企业的服务力度逐步加强，不断运用产品组合刺激客户需求，客户对服务的要求进入增长阶段，业务量较快增长，使用产品和服务次数增加，客户对金融企业提出更多的服务需求。

(3) 客户成熟阶段。客户已经习惯于金融企业的产品和服务，客户业务量和产品需求逐渐达到稳定状态，对一个高效的客户生命周期管理体系而言，应快速推动客户达到这个阶段，并运用差异化服务等手段，培养客户的忠诚度，尽可能保持和延长这个阶段的时间周期，同时也要关注客户流失的风险。

(4) 客户衰退阶段。客户的业务量逐步下降，金融企业通过建立高危客户预警机制和高危客户挽留举措，及时发现客户业务行为状态的变化，努力延长客户生命周期。在这个阶段，金融企业应该更多地反省自身产品和服务的不足之处，考虑如何挽回客户的手段和战略，吸引高价值客户回流，重新开始新一轮的客户生命周期。

8. 建立客户忠诚计划

金融企业客户忠诚计划，是指通过维持客户关系和培养客户忠诚度而建立客户长期需求，并降低其品牌转换率的客户计划。核心内容是在分析竞争对手的基础上，在确定的成本内，向客户提供优惠方案，让客户认同企业的产品和服务"物有所值"。

通常的形式是给予老客户提供优惠计划，如购买产品的费用折扣、客户消费积分奖励、客户俱乐部活动、客户现金奖励等。

好的客户忠诚计划，核心并非是计划回报有多大的吸引力，而是通过客户忠诚计划确定客户取向，从而细分产品定位、寻求差异化经营、找准目标客户的价值取向和消费能力，培养企业的"忠诚客户群"，并寻找合适的触发点，进行交叉销售和向上销售。这就要求客户忠诚计划具备模块化、简单易行、开放性等特征。

第六节　金融营销风险管理

一、金融营销风险概述

(一) 金融营销风险的内涵

金融营销风险，是指金融企业在开展营销活动中，由于各种不确定的因素而导致营销活动的实际收益与预期收益发生偏离的可能性。

金融企业营销风险的风险主体为金融企业自身，风险大多来自于金融市场营销活动，风险形成因素即为不合规的金融营销行为，风险损失的最后体现为金融企业经济利益的下滑。

金融营销风险传播涉及三个层次的关系：金融营销风险因素、金融营销风险隐患与金融营销风险损失。金融营销风险因素是金融营销风险隐患与事件发生的基础条件与事态放大的必要条件。金融营销风险隐患是指直接由金融营销风险因素导致的、将潜在的风险因素转化为现实性的风险损失的传导。金融营销风险损失是指最终导致金融企业经济利益损失的风险事件。

以上三者间为层层包含与层层扩大的关系，金融营销风险形成原理如图 8-25 所示。

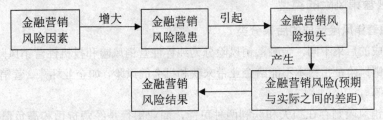

图 8-25　金融营销风险形成原理

金融营销风险的大小是决定金融营销风险实际发生概率大小与损失程度严重性的决定性因素。金融营销风险发生概率与损失严重程度关系，如图 8-26 所示。

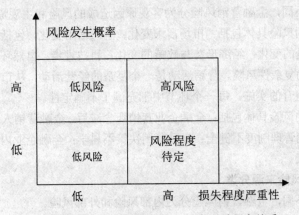

图 8-26　金融营销风险发生概率与损失严重程度关系

金融营销风险，无论发生概率低或者高，只要损失后果严重性小，均归纳为低风险，对于发生概率高的营销风险因素要加强控制，否则会影响金融企业的正常运作；发生概率高、损失严重性大的，可归纳为高风险，这类金融营销风险是重点防范的风险；对于发生概率低、但损失严重的风险，则要视各金融企业对风险控制态度的把握而定。

(二) 金融营销风险的特点

1. 客观性

金融营销风险是客观存在的，不以人的意志为转移。营销风险不能彻底消除，只能在一定范围内改变营销风险形成和发展的条件，降低营销风险事故发生的概率，减少损失程度。

2. 偶然性

从整个金融行业的角度来看，营销风险事故的发生是必然的，但对于特定的金融企业来说，营销风险事故的发生是偶然的，营销人员的失误和管理漏洞都可以引发风险，只有加强管理才能降低风险发生的概率和损失。

3. 可变性

由于风险因素的变化，风险也会随之发生变化，表现为风险量的增减和质的变化。

4. 投机性

金融企业的营销风险多是投机性风险。

5. 损失性

金融营销风险的最直接的表现形式为金融企业收益的下降或损失的增加。

(三) 金融营销风险的类型

1. 按金融营销风险造成的后果分类

按风险造成的后果不同，金融营销风险分为纯粹性营销风险和投机性营销风险。

纯粹性营销风险是指根本不能给企业带来获利机会的风险，如企业坏账、营销人员的意外死亡、财产被盗等。

投机性营销风险则存在损失和获利两种可能，商业银行是经营货币和高负债经营的特殊企业，靠信用生存和发展，靠风险收益来获取报酬的特殊性企业，因此必须善于处理投机性的营销风险。

2. 按金融营销风险成因分类

按风险的成因不同，金融营销风险分为客观原因造成的风险和主观原因造成的风险。

客观原因造成的风险具体包括：市场需求变化；客户信用变化，包括客户的道德风险和财务风险；竞争对手力量的变化；经济形势与政策的变化；科技进步；自然环境造成的风险，如各种天灾人祸；营销活动复杂性风险，营销活动是一个复杂的经营活动，从市场战略的制定到营销组合的确立，到营销组合的实施，每一个环节中都充满了不确定性。

主观原因造成的风险具体包括：金融企业营销观念滞后；金融营销人员缺乏风险识别能力和防范意识；金融营销管理制度不健全；金融营销决策不科学；金融企业内部信息不对称；内部人员的道德风险等因素。

3. 按金融营销风险来源分类

按风险的来源不同，金融营销风险分为内部风险和外部风险。

内部风险主要是指由于金融企业自身原因造成的营销风险，如银行没有设立有效的组织机构来管理和控制营销活动，营销活动没有规范的程序导致操作上的风险，没有优秀的文化来从根本上激励和约束员工的行为，员工工作疏忽或者故意采取一些不利于商业银行营销的行为。

拓展阅读 8-11

外部风险主要是指由营销环境变化，如市场、客户、竞争对手力量的变化引起的风险。

富国银行丑闻

4. 按金融营销风险的构成要素分类

按构成风险的要素不同，金融营销分为产品风险、定价风险、促销风险。

产品风险，是指金融产品在金融市场上处于不适销对路时的状态。产品风险包括：金融产品设计风险，指金融企业所设计的金融产品过时或者过于超前，不适应金融市场客户的需要；金融产品功能质量风险，指金融企业所销售的金融产品，功能质量不足或产品功能质量过剩，不能完全满足用户需求；金融产品入市时机选择风险，指金融产品进入市场的时间选择不当；金融产品市场定位风险，指金融产品的特色等与市场客户的要求不符。

定价风险，是指金融企业为产品所制定的价格不当导致市场竞争加剧，或用户利益受损，或企业利润受损的状态。定价风险包括：低价风险，是指将产品的价格定得较低，一方面使客户怀疑金融产品的质量，另一方面使金融企业营销活动中价格降低的空间缩小，销售难度增加；高价风险，是指金融企业将产品价格定得较高，招至市场竞争程度白炽化，使金融产品营销产生困难，使客户利益受损；价格变动风险，如由高价往低价变动、由低价往高价变动等，在实施价格变动时，若处置不当，往往会产生不利的局面，如降价行为会引发竞争对手的恶性价格战，提价会使客户转买其竞争对手产品进而导致客户流失等。

促销风险，是指金融企业在开展促销活动过程中，由于促销行为不当或干扰促销活动的不利因素的出现，而导致金融企业促销活动受阻、受损甚至失败的状态。促销风险包括：广告风险，指金融企业利用广告进行促销而没有达到预期效果；人员促销风险，是指由于主客观因素造成营销人员促销产品不成功的状态，包括营销人员知识、技巧、责任心等方面的不完备而呈现的各种状态；营业推广风险，指企业为在短期内招徕客户、刺激购买而采取促销措施，由于推广的内容、方式及时间选择不当，而未达到预期的效果；公共关系促销风险，金融企业开展公共关系，为自身树立良好的社会形象，但开展公共关系需要支付成本，如果该费用支出达不到预期的效果，则形成公共关系风险。

5. 按金融营销风险产生的来源分类

按风险产生的来源不同，金融营销风险分为市场风险、信用风险、技术风险、政策风险。

市场风险，是由于市场环境变化导致的营销风险。

信用风险，金融企业在促销宣传中，信息可能会存在片面性或夸大，造成资金与形象的损失。

技术风险，由于金融营销信息系统不完善所发生的风险。

政策风险，由于政策变动导致营销活动限制所发生的风险。

二、金融营销风险管理概述

(一) 金融营销风险管理的定义

金融营销风险管理，是指金融企业通过计划、组织和监督控制等管理活动，通过特定的程序和方法,用最小的成本把金融营销风险发生概率和损失减至最低程度,以保证企业的生存和发展。

(二) 金融营销风险管理的内容

(1) 树立正确的营销理念,消除营销观念落后的风险。

(2) 提升营销管理水平,降低营销决策风险。金融企业在制定营销战略和策略时,要选择适合企业的科学决策手段和方法,保证营销活动预期收益与风险相匹配。

(3) 加强外部环境监控,降低外部环境风险。随时了解外部环境的动态变化,适时调整企业营销策略,控制营销风险。金融企业对外部环境监控,一方面可以借助于传统的渠道、销售人员、内部员工、竞争对手等市场调研方式,另一方面利用信息技术手段加强对营销环境的监控力度,提高营销风险管理的效率,降低监控成本。

(4) 加强内部营销活动控制,降低内部营销风险。金融企业应该对营销活动流程的每个环节,参与活动的每个部门、人员进行实时动态的监控,及时发现并纠正偏差,降低内部营销风险的发生概率与损失。

(5) 建立风险预防与处理机制,降低风险损失。金融企业在加强对内部营销活动和外部环境监控的同时,要确立一套行之有效的风险预防与处理机制,及早发现风险隐患,采取防范措施,降低风险概率;风险事故发生后,能够利用风险处理机制系统有效地进行风险处理,最大程度地降低企业损失。

(6) 贯彻成本原则,提高风险管理效益。对营销风险预防与控制的代价一定要小于风险带来的损失,否则,营销风险的预警就失去了应有的意义。

(三) 金融营销风险管理方法

1. 营销风险回避

营销风险回避是以放弃或拒绝承担营销风险作为控制方法来回避损失发生的可能性。它在彻底消除风险损失的同时使获利的可能性降为零,它是风险管理技术中最简单也是最消极的一种方法。营销风险回避策略主要应用于以下情况:

(1) 当某项营销活动风险极大,企业确实无力防范和控制时,可以考虑放弃该方案;

(2) 当实现某种营销活动有许多种方案时,选择风险小的方案进行替代;

(3) 当实施某项营销活动的过程中遇到不可逾越的风险因素时,采取措施绕道行之、迂回包抄。

值得注意的是,在营销实践中,有些营销风险是无法回避的,有些营销风险采取回避手段是不经济的,有些营销风险回避可能带来新的营销风险的产生。

2. 营销风险控制

营销风险控制是企业通过降低营销风险发生概率和减少营销风险发生带来的损失,来达到控制营销风险目的的手段和方法。

营销风险控制分为风险发生前的风险预防和风险发生后的风险处理。风险发生前的风险预防主要是以控制发生概率为主,以减少营销风险发生带来的损失为辅;营销风险发生后主要以减少营销风险损失为主,并且要兼顾预防营销风险的扩散和斩断因营销风险发生而引起的连锁反应,如将营销风险单位进行隔离,使一个营销风险单位发生营销风险时,可以较容易地控制其影响范围,避免扩散到其他营销风险单位。

3. 营销风险转移

营销风险转移就是通过一定的方式将营销风险转嫁给其他的主体，以达到企业对风险的管理的目的。营销风险转移的方式有：保险转移和非保险转移。

(1) 保险转移。保险主要是对静态资产的保险，但大部分营销风险属于运作风险，属于不可保风险，因此保险不是营销风险的主要转移手段。

(2) 非保险转移。它是指企业通过合同或契约将风险发生可能带来的经济损失和法律责任等转嫁给非保险业的其他主体，以达到降低企业营销风险的发生概率和营销风险造成的损失的目的。主要方法有出售、转包、分包和租赁。

4. 营销风险自留

营销风险自留又称营销风险承担，是指金融企业以其内部的资源来弥补损失。营销风险自留是一种营销风险处理的财务型技术手段，当营销风险采取避免的手段不经济或不可能，又不能有效地预防且无处可以转移的情况下，企业只能采取风险自留的手段，从财务上做出安排，以备在损失发生后进行处理。

营销风险自留的主要方法有：将损失摊入经营成本、建立意外损失基金、借款来补偿营销风险的经济损失和自负额保险。

三、金融营销风险管理流程

(一) 金融营销风险识别

金融营销风险识别是一项具有持续性和系统性的工作，是指风险管理人员通过大量来源可靠的营销信息资料进行系统了解和分析，认清金融企业存在的各种营销风险因素，确定金融企业所面临的风险及其性质，把握其发展趋势。

营销风险识别过程包含感知风险、分析风险两个环节。

1. 感知营销风险

感知营销风险是指了解客观存在的各种营销风险。金融企业要发现其所面临的营销风险，关键在于寻找同金融营销相关联的两方面风险因素：一是金融企业营销活动，二是金融企业营销环境。金融企业要全面地发现它所面临的营销风险，主要从以下方面着手。

(1) 状态分析。宏观环境和微观环境的变化，会给金融企业的营销活动带来风险。对于宏观环境因素，要重点考虑对企业营销活动影响最直接的因素；对微观环境因素，要重点考虑企业与微观单位的联系特征，以及这些联系的稳定性和波动性。

金融机构的营销环境分析就是状态分析。状态分析真实准确地描绘出企业开展业务所处的环境，目的在于清楚地了解企业自身的优势和劣势，以便确定明确的目标。开展状态分析包括四个步骤：自我分析、宏观环境因素分析、微观环境因素分析、问题和机遇分析，具体内容见表 8-6。

表 8-6 金融企业状态分析表

状态分析	具体内容
自我分析	• 现有的营销战略和战术：产生的效果 • 市场份额和位置 • 财务状况

(续表)

状态分析	具体内容
宏观环境 因素分析	• 经济因素：通货膨胀、经济周期、就业趋势、零售和商业活动等影响 • 人口因素：人口规模、年龄分布、教育状况、多样性、收入和人口地理分布状况等趋势的影响 • 社会/文化因素：对目标市场的购买行为产生影响的客户价值观念和生活方式的变化 • 政治/法律因素：法律和法规的影响 • 技术因素：影响技术服务方式的技术进步 • 自然环境因素：影响金融市场和经营的生态及其他自然环境问题
微观环境 因素分析	• 客户：概况、需求、购买行为和对金融服务的态度 • 市场：市场(目前和未来)规模、成长性、地理分布及盈利性；潜在的目标细分市场概况；主要竞争对手的优势和弱点及市场份额的大小和趋势、竞争力比较；中介机构成本、可信度、有效性、执行计划能力等比较；识别对实现目标能力产生影响的事件及关注的问题
问题和机 遇的分析	需要解决的主要问题，需要抓住的机遇

(2) 组织图分析。组织图分析法适用于金融企业的风险识别，能够揭示企业关键人物对金融营销的影响。金融企业内部可以分成独立核算单位，营销组织结构，金融企业关键人物，通过组织图分析法可反映金融企业活动的性质和规模，以及企业存在的可能使营销风险恶化的问题。

(3) 流程图分析。流程图是对整个营销活动的高度抽象，生动地描述了整个营销活动开展的连续过程。通过流程图的分析，可以辨别出整个营销活动中的关键环节，找出每一个营销业务中可能存在的风险因素。金融企业营销活动的控制流程，如图 8-27 所示。

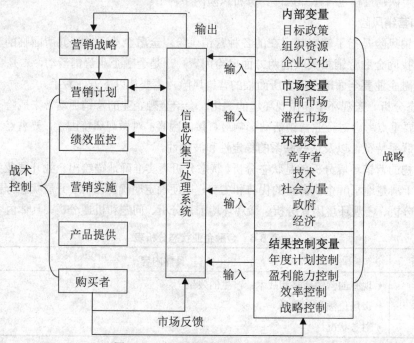

图 8-27　金融企业营销活动控制流程

(4) 风险分析调查表和营销风险分析问卷。营销风险分析表是通过调查来识别金融企业营销所面临的风险，如表 8-7 所示。

表 8-7 营销风险分析表

1	2		3	4		5	6			7	8
风险所在	损失时机		损失原因	可能损失额		损失估计可信度	损失频率估计			风险率	建议
环节	最有利	最不利		最大预期损失	最大可能损失		高	中	低		

2. 分析营销风险

分析营销风险是指分析引起风险事故的各种因素。为了认识金融企业所面临的风险，必须详细对引起营销风险事故的各种潜在因素进行研究，对各种已经感知出来的风险按照一定的规则加以系统化，然后对其分析。这对于营销风险衡量及进行营销风险管理决策尤为重要。

(1) 列出风险清单。风险管理人员在分析营销风险时，逐一列出金融企业面临的营销风险，并将这些风险与金融企业营销活动联系起来考察，以便发现各种潜在的风险因素。

对金融企业而言，所面临的营销风险主要有内部环境风险、外部环境风险、营销活动自身造成的风险，其中内部环境风险主要包括文化风险(是否有支持营销的文化环境、是否有营销组织结构、是否有合格的营销人员)；外部环境风险主要包括市场风险、竞争对手风险、客户资信风险、技术风险、行业风险、法律风险、国家风险等；营销活动自身造成的风险包括操作风险等。每一个具体的风险可以继续细分。

(2) 营销威胁分析。威胁分析是分析造成企业营销风险的各种原因，以及这些原因可能造成的结果及这些结果可能带来的损失。以某银行为例进行的营销威胁分析，如表 8-8 所示。

表 8-8 营销威胁分析

威胁	原因	结果	减轻风险的因素	风险损失	比重
市场占有率下降	价格偏高	失去部分客户	降低成本	30 万元	3%
	市场开拓能力不够	失去部分客户	加强市场开拓	50 万元	2%
	知名度不高	吸引不了新客户	塑造提升形象	100 万元	1%
	员工服务水平差	失去部分客户	实施满意服务	20 万元	1%
	客户对服务没有偏好	失去部分客户	实施品牌战略	20 万元	1%
	目标市场发生了变化	失去部分客户	加强市场调研	10 万元	2%

(二) 金融营销风险的度量

衡量金融营销风险的大小，关键在于估计损失频率、损失期望值和损失幅度。

1. 损失频率

损失频率是损失概率的估计值，在金融营销风险衡量中常通过对损失频率的计算来达到估计损失概率的目的。

2. 损失期望值

损失期望值表征某一时期的平均损失，可以通过损失数据的算术平均数来估计，如果已得到损失的概率分布，则可精确计算出来。损失期望值在保险经营中常用于制定纯费率，而在一般金融企业中，风险管理人员常用于拟定风险处理方案。

3. 损失幅度

风险管理人员根据金融企业自身的特点，用不同的方法来衡量损失幅度，最基本的是估测单一风险单位在每一事件发生下的最大可能损失和最大预期损失。

(三) 金融营销风险的评价

金融营销风险评价是对金融营销风险方案(手段)所进行的效益性、适用性的分析、检查及纠正。评价的方法有两种，即定性评价法和定量评价方法。

1. 金融营销风险定性评价法

定性评价法是通过观察和分析，借助于经验和判断能力进行评价的方法，定性评价方法不需要大量的统计资料和复杂的计算，成本低，操作简单，适用于对象不特别重要，或事故发生后不会产生严重后果的情况。

等级评价法的基本思路是从金融企业营销特点出发，根据金融企业过去的经验和对现状的分析判断，将金融营销人员、客户、金融产品情况、金融营销环境、金融营销规章制度五个基本要素列出全面的检查项目，并将每一检查项目分成优、良、中、劣四等，列出营销风险等级评价表，如表 8-9 所示。

表 8-9　营销风险等级评价表

营销活动因素	检查项目	优	良	中	劣
金融营销人员					
客户					
金融产品情况					
金融营销环境					
金融营销规章制度					

2. 营销风险的定量评价法

定量评价法根据已经获得的资料和数据，计算损失发生的概率及损失程度(损失期望值和损失幅度)这两个指标，从而确定营销风险的大小或高低。营销风险定量评价主要使用的工具有概率论和数理统计，如经验估计法、概率分析法等。定量评价法适用于风险较大的金融营销活动，能准确可靠地进行风险管理，实际中使用较多的是可靠性评价方法、营销风险综合评价法。

知识链接 8-18

营销人员营销
风险评价指标

可靠性营销风险评价法是以过去损失资料为依据，运用数学方法建立数学模型来进行评价，通过对风险率和安全指数进行比较，确定控制措施。

营销风险评价法是指综合考虑影响金融企业营销活动的所有因素，建立指标体系，用不同的指标来表征每一个因素，并用指标的得分来评价各个营销风险因素状况的方法。

(四) 金融营销风险的控制

金融营销风险控制，是指针对经过金融营销风险识别和金融营销风险衡量之后的金融营销风险问题采取行动或不采取行动，它是营销风险管理过程的一个关键性阶段。

金融营销风险处理的手段大体上可分为两类：控制型和财务型。控制型手段的重点在于改变引起营销风险事故和扩大损失的条件。财务型手段的核心是将消除和减少风险的代价均匀地分布在一定时期内，以减少因随机性巨大损失的发生而引起的财务危机的风险。

1. 对风险源的控制

控制的对象是各种风险源，金融企业营销活动引起风险的因素分为内部和外部两种，其中内部因素是可以控制的，通过人力资源管理和企业文化的建设来实现，外部因素是不能控制的，企业只能去适应，无法改变，但通过自身的努力也可以降低风险。具体的控制措施如表 8-10 所示。

表 8-10　营销风险种类及应对措施汇总表

	影响营销的具体因素	营销风险种类	具体的应对措施
内部因素	营销人员心理因素	营销人员心理风险	加强营销人员的选拔、培训、考核、激励等管理，建立支持营销的企业文化，确保其他营销资源能够得到
	营销人员道德因素	营销人员道德风险	
	营销人的能力	营销人员能力风险	
	营销队伍稳定与否	营销人员流动风险	
	企业文化是否支持营销	营销文化风险	
	其他营销资源是否得到	营销资源缺失风险	
外部因素	竞争者因素	竞争者风险	加强对竞争者的分析，采取正确的营销战略和营销战术，提高自己的竞争能力
	客户因素	客户风险	加强对客户的调查和分析
	汇率因素	汇率风险	做好汇率的预测工作
	利率因素	利率风险	做好利率的预测工作
	法律因素	法律风险	正确理解和运用有关法律
	技术因素	技术引起的风险	注意技术的引进和利用
	其他宏观因素(政治、经济、文化等)	其他宏观因素引起的风险	密切关注宏观因素的变化，采取对策

2. 对营销活动的控制

对营销活动的整体控制包括年度计划控制、盈利能力控制和效率控制，具体措施如表 8-11 所示。

表 8-11　营销活动总体控制的方法

控制类型	主要负责人	控制目的	控制方法
年度计划控制	高层和中层	检查计划目标是否实现	销售分析、市场份额分析、费用销售比率、财务分析、市场基础的评分卡分析
盈利能力控制	营销主管	检查公司哪些地方盈利和亏损	盈利情况：产品、地区、客户群、细分片、销售渠道、订单大小
效率控制	直线和职能管理当局、营销主管	评价和提高经费开支效率、营销开支效果	效率：销售队伍、广告、促销和分销

思考练习题

一、简答题

1. 阐述金融营销管理流程的内容。

2. 阐述金融营销组织的类型。

3. 设计金融企业满意度评价指标。

4. 如何确定服务接触点。

5. 阐述金融企业内部营销管理的具体措施。

6. 简述金融服务质量管理措施。

7. 阐述金融企业客户关系管理类型。

8. 阐述培养客户忠诚度的具体措施。

9. 诊断金融机构基层网点的功能，设计网点改造方案。

10. 针对网点的服务流程，提出优化方案。

11. 阐述金融机构营销风险控制措施。

12. 简述金融风险管理内容。

13. 结合某银行实际，设计银行服务质量评价指标。

二、案例分析题

1. 近年来，金融市场已经趋于饱和，银行对客户的争夺日趋白热化，请从产品捆绑角度提出银行培养忠诚客户的具体措施。

2. 现在高校大学生在校阶段普遍在银行开户，接受银行的服务，但毕业后，一般都很难维持同原有银行的客户关系。银行如何在学生毕业后仍能长期维持客户关系，请提出你的建议。

第五篇

实务篇

第九章 金融营销服务技能

学习目标

- 了解金融服务规范
- 了解金融营销服务流程和服务技巧
- 重点掌握金融客户开发技巧

第一节 金融营销人员素质与规范

一、金融营销人员素质

金融营销人员在一线直接面对客户，客户经理的素质决定了金融企业的服务质量。为了提升服务质量，必须对客户经理与客户沟通过程中涉及的营销技能加以规范、培训和有效训练。

(一) 客户经理的基本素质

客户经理的职责，可概括为客户分析、客户开发、客户维护。要想成为一个成功的金融企业客户经理，应具备以下素质：

(1) 专业知识，即具备从事金融营销所应具备的金融业务知识和营销知识。

知识链接 9-1

(2) 正确态度，对所从事的岗位、职责、角色有明确的认知。

(3) 服务技巧，掌握从事营销工作应必备的服务技能。

(4) 工作习惯，养成从事营销工作的良好习惯。

客户经理在具备上述基本素质的基础上，经过坚持不懈的训练和提升，才能逐步培养成为优秀的客户经理。

成功客户经理的
素质

(二) 客户经理自我管理

1. 行动管理

行动管理的宗旨是提高行动效率，具体可采用的措施包括：增加拜访次数，提高有效拜访率，清晰每次拜访的目的，实行线式拜访活动。

2. 流程管理

客户经理要掌握五大管理工具，具体包括：客户开发计划表、项目跟踪进展表、客户动态分类表、客户拜访表、项目得失分析表。

(三) 金融服务礼仪

礼仪是打开交际大门的钥匙、密切人际关系的纽带、追求事业成功的纽带。金融从业人员要通过有效的"印象管理"职业训练，养成良好的礼仪习惯，给客户留下良好的印象。

下面介绍一些常见的金融营销人员必备礼仪惯例。

1. 微笑礼仪

微笑是建立亲和力的有效手段，是社交场合中最有吸引力、最有价值的面部表情，传递了愉悦、友好、谦恭、和蔼的信息。

金融营销人员应保持开朗的心态，在为客户服务时应保持发自内心的微笑。微笑是指笑不露齿，嘴角两端略微提起的表情。

2. 眼神礼仪

金融营销人员在服务客户时，眼睛要认真地看着客户，使客户感受到服务人员在认证听取他的意见和要求。目光接触时，要平视对方，以示尊重。

切忌在别人讲话时闭眼，盯住对方某一部位不停地看，反复地打量别人，用眼角瞥人，频繁地眨眼看人，左顾右盼等，这些都是眼神接触中常见的错误。

知识链接 9-2

目光的含义

3. 仪表

(1) 头发。金融营销人员的头发应保持适当长度，整洁、干净，保持经常修剪，不宜涂抹过多的头油、发胶，不应有头皮屑等。男士不宜留长发，脑后的头发不得接触到衬衣的领口处，头发不得遮盖住耳朵，鬓角不要过长；女士的披肩发要整齐，不能凌乱，不要有怪异的发型和颜色，头发帘不要长过眉头，更不能挡住眼睛。

(2) 脸部。脸部应保持干净，注意鼻毛不要露在外面。男士最好不要留胡须；女士不宜化过浓的妆，特别是眉毛、嘴唇不要涂抹过于奇特的颜色。

(3) 口腔。应保持口气清新，牙缝不要有食物残渣。

(4) 指甲。不要留长指甲，女士不要涂抹颜色过于鲜艳的指甲油。

(5) 香水。香水味道不宜过浓，应以清淡的味道为主。

(6) 化妆。以淡妆为主，特征是简约、清丽、素雅，具有鲜明的立体感。

4. 服饰

金融营销人员的服装要求是规范、得体、正式、整洁、利落，符合商务定位和职业特征。配饰以少为佳，要注意搭配，尽量做到同质同色。

(1) 男士服饰。

西装：西装一定要笔挺，颜色以藏青、深蓝、灰色和米色为主，不要穿白色、红色、黑色(正式晚宴可穿黑西装)和绿色的西装。新西装袖口的标签要拆掉。一般穿西装只扣第一个扣子，如果是三个扣的西装，可以扣前两个扣子，坐下时应解扣，站起后应随手将扣系上。

裤子：裤子不得有褶，要有裤线，不要太短，应盖住鞋面。

领带：斜纹代表果断权威、稳重理性，适合谈判、主持会议、演讲的场合；圆点、方格代表中规中矩、按部就班，适合初次见面和见上司时使用；不规则图案代表活泼、有个性、创意和朝气，较随意，适合酒会、宴会时使用。若使用领带夹，应放置在领结下 3/5 处。

腰带：适宜选黑色皮腰带，腰带扣不要太花。注意腰带不能太旧。

鞋子：皮鞋应以深色为主，如黑色、棕色或灰色。鞋面应保持干净，鞋跟不要太高。

袜子：应穿深色质地好的袜子，如棕、深蓝、黑或灰色，不能穿白色袜子，也不要穿质薄透的袜子。

(2) 女士服饰。

衣服：女士服装选择比较多样，西装、裙装都可，总体应保持淡雅得体，不能过分华丽，也不能过于暴露。颜色搭配上不宜超过三种。

鞋子：鞋子应与服装相配，不要穿露脚趾的鞋；尽量不要穿凉鞋上班或是去商务场合；颜色不要过于鲜艳，鞋跟不要太高或太细或有破损，鞋面要干净，装饰物不宜过多。

袜子：必须穿袜子。高筒袜的上端应被裙子盖住。袜子质地、颜色要与裙子、鞋的颜色相配。不要穿带花、白色、红色或其他鲜艳的袜子。长筒袜不能有破损。

首饰：不宜佩戴过于抢眼的珠宝首饰；佩戴两种或两种以上的饰品时一定要"同质同色"；戒指不宜佩戴两个或两个以上。

5. 行为举止

金融营销人员在与人交谈时要时刻表示关注，肯定处微微点头；保持同他人 80~100cm 的距离。说话、交谈应经常与对方视线交流，每次 3~5 秒，语速要适中。手势明确、适度，指示物体时要并拢手指引导他人的目光。站立时，挺胸、抬头、收腹，手自然下垂，行走时身体略微前倾，视线注视前方，步伐沉稳。坐在办公桌前姿势应给人以精神饱满、积极的印象。

忌出现下列举止：视线游移或面无表情；大声笑闹或窃窃暗笑；精神萎靡不振；语速过快；手势过于夸张；用手指他人或做嘲弄、侮辱他人的手势；走路时后仰、摇晃、跳动或眼向下看；坐姿懒散、翘腿或抖动。

6. 体态

(1) 站姿。金融营销人员在站立时应抬头、挺胸、直腰、收腹，表现较好的精神面貌。

男士的基本站姿：身体立直，下颌微收，双目平视，两腿分开，两脚平行，宽不过肩，双手自然下垂贴近腿部或交叉于身后。

女士的基本站姿：身体立直，抬头、挺胸、收腹，下颌微收，双目平视，两脚呈"V"字形，膝和脚后跟尽量靠拢，两脚尖张开距离为两拳，双手自然放下或交叉。

(2) 坐姿。坐姿应保持端庄、稳重、大方。轻轻入座，至少坐满椅子的 2/3，后背轻靠椅背，双膝自然并拢(男性可略分开)。对坐谈话时，身体稍向前倾，表示尊重和谦虚。如果长时间端坐，可将两腿交叉重叠，但要注意将腿向回收。

入座时应在他人之后，在适当之处，从座位左侧，向周围人致意，以背部接近座椅；离座时先有表示，注意先后，起身缓慢，站好再走，从左侧离开。

男士坐姿：上体挺直、胸部挺起，两肩放松、脖子挺直，下颌微收，双目平视，两脚分开、不超肩宽、两脚平行，两手分别放在双膝上。

女士坐姿：可以两腿并拢，两脚同时向左侧或向右侧放，两手相叠后放在左腿或右腿上，也可以两腿并拢，两脚交叉，置于一侧，脚尖朝向地面。

(3) 行姿。行姿应从容、轻盈、稳重，方向明确，步幅适度，速度均匀，重心放准，身体协调，造型优美。

行走时，应双肩平稳，目光平视，下颌微收，面带微笑，手臂伸直放松，前后自然摆动，一般的行进速度是男士 108~110 步/分钟，女士为每分钟 118~120 步/分钟。陪同引导时，要注意客人的行进速度，及时地关照提醒。上下楼梯时，按"左上右下"顺序，礼让客户。进出电梯时，要牢记"先出后进"，要照顾好商务对象，要尊重周围的乘客，侧身而行。出入房门时，要先通报，为客人拉门。

不当行姿：横冲直撞、抢行、阻挡道路、不守秩序、蹦蹦跳跳、奔来跑去、步态不雅。

(4) 蹲姿。蹲下时，应一脚在前，一脚在后，两腿向下蹲，前脚全着地，小腿基本垂直于地面，后脚跟提起，脚掌着地，臀部向下。注意不要突然下蹲；不要在客人身边下蹲；不要毫无遮掩；不要蹲在椅子上；不要蹲着休息。

7. 见面礼仪

(1) 问候礼仪。问候时要热情大方，注视对方眼睛。握手时，双方的上身应微微向前倾斜，面带微笑，同时伸出右手和对方的右手相握，上下抖几下，眼睛平视对方眼睛，同时寒暄问候。伸手的先后顺序为贵宾先、长者先、主人先、女士先。通常由年长者、职位高者、上级先伸手发出握手信号，年轻者、职位低者、下级再伸出手与之呼应，平级男士和女士之间，一定要女士先伸出手，男士再握其手。握手力度应适中，不要刻意用力，也不要软弱无力，幅度适度不要握住不放，时间一般在3~5秒之间为宜。如戴有手套，一定要脱掉手套再与对方握手。初次见面握手不应握满全手，仅握手指部位即可。

(2) 介绍礼仪。介绍时，由职务低的人(或熟悉对方的人)来主持介绍；被介绍方如需要介绍的人多于两人时应从职务高者到职务低者介绍；作为第三方介绍另两个人相互认识应将职务低者介绍给高者、年轻者介绍给年长者、公司内人员介绍给公司外人员、男士介绍给女士。自我介绍时要大方得体。

(3) 交换名片礼仪。取名片时，名片应事先准备好，放在易取的地方，不要现从包、名片夹里取。递名片时，应站立，双手递送，让名片上自己的名字冲着对方；如果是中英文双面的，应将对方熟悉的语言那面向上。看名片时，拿到对方的名片后应认真阅读对方的姓名、职务、机构，再注视一下对方，以示尊重。放名片时，如同时收到多张名片，应将名片依次叠放在桌上，名片顶端冲着相应的人，字冲着自己。收名片时，可放在提包里或上衣口袋中。

(4) 会客入座。一般将上座礼让给客户和他人。上座为面对门的位置，如图9-1中所示的A座。

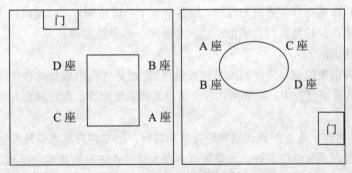

图9-1 会客座位顺序安排

8. 使用通信工具礼仪

接听电话时，要咬字准确，速度适中，态度平和，语句简短。电话接通后，要相互问好，自我介绍；通话内容要紧凑，主次分明，重复重点；对于反映的问题，要积极回应，做好电话记录，及时反馈结果。通话结束时要互相道别，轻轻挂上。

9. 出行礼仪

(1) 步行礼仪。走路时要昂首挺胸，尽量走直线，而不要左顾右盼。人行道的内侧是安全的位置，营销人员在陪同客人外出时，应将其让给客人行走，自己走在外侧。当走到车辆较多或人多处，营销人员应先走几步，同时提醒和引领，照顾客户。

(2) 乘车礼仪。与客人同车出行时，应首先为客人打开右侧后门，并以手挡住车门上框，同时提醒客人小心，待其坐好后再关门。

金融营销人员应了解乘车的次序，同时尊重客人习惯。一般情况下，司机后排右侧 A 座是上宾席，如图 9-2 所示。如果与客人同坐一辆车，座位由客人决定，待其坐定后，营销人员再任意选个空位坐下，抵达目的地后，应首先下车，绕过去为客户打开车门，并以手挡住车门上框，协助客户下车。

司机		副驾
后座 C	后座 B	后座 A

图 9-2　乘车的座位次序

(四) 金融服务技能

1. 金融服务规范

为提升客户服务满意度，金融企业应从服务礼仪、岗位职责、现场管理、服务流程、投诉处理、应急处理等模块规定服务固化标准动作。

在网点员工熟知服务标准后，各级检查人员可通过神秘客户和视频远程监控等方式，检查员工掌握情况，找出问题进行改进，提高精细化服务水平。金融企业要以差异化、超预期的服务体验目标培育人员，塑造良好的品牌形象。

2. 员工行为控制

在网点文明标准服务的基础上，金融企业还要制定科学的标准服务规范。例如，在客户前来咨询或办理业务时，现金柜员应站立相迎；及时确认客户需要办理的所有业务以提高效率；在办理业务前告知客户该笔业务需等待的时间，给客户一个心理预期，同时递出宣传折页；根据客户要求确认营销话术，及时将客户介绍给网点大堂经理、客户经理等。

3. 岗位联动机制

产品销售使营销渠道成员之间的关系越来越密切，销售过程中成员的合作成为市场制胜的关键性问题。在现场营销过程中，需要网点各个岗位之间紧密配合。营业网点人员岗位协作职责具体如下。

(1) 客户服务协作。大堂经理识别并迎接贵宾客户，根据客户需求引导其优先办理业务，将客户推荐至客户经理或理财经理处。大堂副理协助大堂经理进行解答客户疑问、安排休息等候、客户分流、客户教育等易于操作的现场服务工作。客户经理为贵宾客户提供投资建议、理财规划、产品推介等理财顾问服务，协调内部资源帮助客户完成业务处理，协同重要客户完成业务处理全过程。柜员为贵宾客户提供优质、快捷、一站式的业务处理服务，如营销中出现困难，可通过内部呼叫系统传递到大堂经理处，由大堂经理与柜员共同达成交易。柜员应积极识别贵宾客户和潜在贵宾客户，并将其引荐给大堂经理，由大堂经理做进一步识别和引导分流。

(2) 客户维护协作。客户维护需要团队协作完成。客户经理与贵宾客户建立一对一服务关系后，及时进行贵宾客户的升降级管理和维护；客户经理在日常工作中重点关注资产量大、产品销售机会多的重点贵宾客户，如在维护客户过程中出现困难，则应由理财经理为其提供智力支持；

网点负责人应协助客户经理管理与网点重要客户的客户关系，或者直接维护网点部分非常重要的客户；考虑贵宾客户群体量大，年节问候、生日祝福、新产品通知、账户到期提醒等维护内容应由分支行综合部门统一通过技术手段(短信、直邮、统一客服电话)完成。

(3) 管理人员营销。协同营销中强调企业内部所有人员均作为营销参与者。金融企业的管理人员虽然不直接面对客户，但是同样具有庞大的人脉资源网络。管理人员加入营销队伍，最大限度地扩大公司的客户群体。

4. 统一营销话术

网点人员在进行产品销售时，应使用统一的产品营销话术。在这些网点人员统一应用的话术中，将产品本身的特点、产品所具有的优点、产品能够给客户带来的利益有机地结合起来，按照一定的逻辑顺序加以阐述，配合现场演示和销售工具(如销售垫板等)，形成完整完善的营销话术。其要点是抓住客户本身所关心的利益点，然后投其所好，使我们诉求的利益与客户所需要的利益相吻合。

二、金融服务通用规范

(一) 服务态度规范

(1) 接待客户要主动热情、周到细致、态度谦虚、不卑不亢，做到微笑服务。

(2) 积极帮助客户排忧解难，对客户提出的业务需求，在政策和制度允许的范围内要尽量予以满足；如不能满足，要向客户解释清楚，并表示歉意。

(3) 与客户发生矛盾或受到委屈时，要沉着冷静，顾全大局，坚持文明服务，得理也要让人，讲究服务艺术和技巧，不与客户发生争辩、争吵。

(4) 认真对待客户提出的批评和建议，积极改进服务工作。

(5) 遇到停电或机器设备发生故障时，应及时告知客户，并耐心向客户做好解释工作，争取客户的理解。同时，为客户做好业务应急处理工作。

(6) 站立服务。

(二) 服务语言规范

(1) 讲普通话。

(2) 语言通俗易懂，不讲过多专业术语。

(3) 语言文明。在办理业务过程中，自觉地使用"请""您好""对不起""谢谢""再见"等文明用语，以及其他文明用语。

(4) 来有迎声。接待客户时，应先目视客户并说"您好"。

(5) 问有答声。对客户提出的问题，要实行首问负责制，认真、耐心地给予答复。遇到自己不熟悉的问题，不能简单地说"不知道"或不予解答，而是主动为客户提供具体的咨询途径。

(6) 主动询问。在客户未说出需求时，主动询问其是否需要帮助、需要何种帮助。

(7) 走有送声。在客户离开时，应目送顾客，并说"再见"。

(三) 接打电话规范

(1) 接听电话时，首先向对方问候"您好"。通话过程中，使用文明用语。通话完毕，要向对方客气道别。

(2) 拨打电话前，应对通话内容做好准备，电话拨通后要问候"您好"。通话过程中，使用文明用语。通话完毕，应道别"再见"或致谢"谢谢"，等对方挂断电话后再放下电话。

(3) 通话时，要避免语言冷漠、语气粗鲁和转接时大声喊叫等不文明言行。

(四) 服务仪表规范

(1) 一线员工以网点为单位统一着装。

(2) 员工上岗时必须佩戴工号牌。

(3) 员工不准染黑色以外的异色头发，不准留怪异发型。男员工不准留胡须，头发不得遮耳。女员工化妆不宜过浓，不准留长指甲或染指甲。员工可戴一枚戒指。女员工可戴一条项链，不准戴耳环。员工佩戴的饰物不宜夸张。

(4) 二线员工上岗时，男员工不得穿背心、汗衫、短裤、牛仔服、花衬衫；女员工不得穿背心、汗衫、短裤、超短裙、牛仔服、健美裤、紧身服、无袖服。员工不得不穿袜子上岗，不得穿拖鞋样式的凉鞋上岗，不得穿拖鞋上岗(机房除外)。

(5) 系统内领导、检查人员或二线其他人员进入营业间，着装要求比照二线员工执行，佩戴"检查员"牌(如着装与一线员工相同，可佩戴长条形工号胸牌)。

(6) 实习人员着装要求比照二线员工执行，佩戴"实习生"牌。

(五) 服务举止规范

(1) 员工要保持端正的站姿与坐姿。不得出现半躺半坐、前仰后躺、上歪下斜、趴在桌面、手插口袋和双腿过于分开、摇腿、颤抖，以及伸懒腰、抠鼻子、掏耳朵、咬指甲、剔牙、刮胡须等不文明举止。

(2) 员工上岗时要做到"三轻"。说话轻，即柜员与柜员之间，柜员与储户之间在业务往来，解答疑问时禁止大声交谈；走路轻，即要求员工走路时精神饱满，神态自然，禁止在营业场内小跑和散步；操作轻，员工在点钞、盖章、键盘输入、递存折等操作时，要做到轻、稳、准，禁止扔、摔、敲等现象发生。

(3) 员工在办理业务时，不得面对客户喝水。

(六) 服务礼仪规范

(1) 致意与问候。遇到客户时，目光应注视对方，面带微笑，向对方点头示意或问候。

(2) 会见与走访。员工会见客户前，要周密考虑话题，客户离开时应热情相送；送出门后，等客户走远，再轻轻关门。走访客户前应做好准备工作，把相关资料收集齐全；到达客户办公室或住所后，先自我介绍并说明来意，谈话内容要简洁，语气要真诚；会谈完毕时说"谢谢""再见"等文明用语。

(七) 服务纪律规范

(1) 严格遵守国家的金融法律、法规和有关方针政策。

(2) 所有营业网点的营业时间，以该营业网点对外公布的作息时间为准，不准随意更改，做到满时点服务；不准延迟开门和提前关门；不准擅自停止营业或缩短营业时间；不准迟到、早退或中途离岗。

(3) 上班时不准吃零食，不准串岗聊天，不准在客户面前议论内部事务，不准大声喧哗，不准办私事，不准打瞌睡，不准使用电脑、手机等电讯工具玩游戏，严禁酒后上岗。

(4) 不准在营业间内吸烟、吃饭、看书看报，不准带无关人员进入营业间内。

(5) 不准以任何方式和借口怠慢、顶撞、刁难客户，不准长时间接打私人电话，不得以任何理由与客户争辩、争吵，不准推诿、拖延或拒办业务。

(6) 不准利用工作之便，为单位或个人谋取私利，不准接受客户的酬金、礼品、有价证券，不准在上班时间参加与业务无关的活动。

(八) 服务技能规范

(1) 努力钻研业务。积极参加新业务、新知识培训，不断提高业务素质和工作效率。

(2) 熟练掌握业务技能。能独立办理本柜开办的各项业务，并能熟练、准确地处理客户提出的各种业务问题。

(3) 新入行员工必须经过业务培训，并经考试合格后方可上岗。

(4) 严格按照业务操作规程，为客户提供优质快捷的服务。

(5) 熟悉金融法规，强化法律意识、增强风险防范能力。

(6) 增强对各种票据及本、外币的防假反假识别能力，严堵各种假票据、假钞流通。

(九) 服务效率规范

(1) 做好班前准备工作。提前出库，备好现金和凭证，定格放置；提前准备好账、簿、证、卡和印章，并摆放有序；提前开机签到，保证机器正常运转；做好自动柜员机现金的放置，按时开机。自助服务设施出现故障时，应立即张贴告示并及时修复。

(2) 业务传递要定线，做到先外后内，先急后缓，防止线路不畅，延误业务办理。

(3) 遇到通信线路出现问题或中途传递不畅时，应及时与相关部门联系，同时告知客户。

(十) 服务质量规范

(1) 严格按照要求进行业务操作，做到点清、交清、逐笔清，为客户提供准确、快捷、优质、高效的服务。

(2) 打印存单(折)应到位、清晰，盖章应清晰、完整。对破损存折应主动更换。

(3) 严格执行各项业务规章制度，及时进行监督检查，出现差错及时查找和更正；确保账户、账款、账实、账据、账表、账证相符。

(4) 开展服务创新，根据客户需求提供特色服务，及时向客户宣传推介新的金融产品。

(十一) 服务环境规范

(1) 行徽、行所标牌、营业时间牌的规格、颜色、图案、字体等应符合总行规范标准，保持清洁美观。

(2) 营业场所装潢应规范、庄重、美观，柜台、业务标志牌布局合理，统一规范。

(3) 对外营业建筑、标识、设施和周围地面要及时清扫，保持整洁。

(4) 营业场所应及时清扫，保持整洁。

(5) 各种办公用品应定位摆放，整齐有序。

(6) 柜员使用的各种章戳应统一放置于章戳盒内，不得散放在柜台上面。

(7) 工号牌座牌、咨询服务座牌要面向客户，整齐摆放。

(8) 不对外服务的柜台，应摆放"对不起，本柜不对外服务"告示牌。

(9) 临柜人员因故离开柜台，应摆放"对不起，本柜暂不对外服务"告示牌。

(10) 节假日和中午休息期间，营业厅不对外服务部门，应在柜台上摆放"对不起，本柜不对外服务"告示牌。

(11) 需要在中途交接班而暂停对外服务的窗口，应公布交接班时间。

(12) 系统内检查人员进入营业间时，不得随意摆放提包等个人物品。

(13) 营业场所内不准放置杂物及停放各种车辆。

(14) 员工不得将衣物、包等物品搭挂在椅背或随意摆放在操作间内。

(十二) 服务设施规范

(1) 营业场所要为客户提供各项服务设施，大的营业场所应配置自助服务设施。

(2) 利率牌。公布的利率要符合人民银行规定。

(3) 告示牌张贴应规范，不得重叠。

(4) 时间牌。每个营业网点只准保留一个标准的对外时间牌。

(5) 意见簿(箱)保持整洁、防止缺页。对客户提出的意见和建议，要由营业网点负责人或业务部门负责人在三天之内给予回复。

(6) 验钞机。每天班前要通电检查是否完好。

(7) 配备桌椅、书写工具、老花镜等便民设施。

(8) 营业场所应设业务宣传栏、宣传折页架及单据填写范例。

(9) 营业场所应设咨询台(柜)，并安排人员受理咨询。

(10) 营业场所应设理财金账户专柜，并安排专人办理理财金业务。

(11) 业务量大的营业网点，应配置自动取款机等自助服务设备。

(12) 实行差别化服务的营业网点，可设特约客户接待室，向客户提供茶水、报刊、点钞机和其他必要的服务设施。

(13) 营业场所应对外公布服务监督电话和本支行服务监督电话。

三、金融营业网点服务流程

金融营业网点服务流程依次包括识别引导、接触营销、业务处理和关系维护四个核心环节，各环节间通过不断循环往复实现优质客户服务流程的持续运行。

知识链接 9-3

识别推荐话术

(一) 识别引导

识别引导环节涉及的岗位人员以大堂经理、现金柜员、非现金柜员为主；理财中心负责人、理财/营销经理为辅。

知识链接 9-4

大堂经理是客户进入银行最先接触到的人员，代表银行给客户的第一印象。大堂经的理服务原则是主动、真诚、热情、规范、到位。大堂经理要经常性巡视大堂；关注客户，对前来办理业务的客户热情招呼，主动服务；识别客户，进行客户分类，发现并识别优质客户；分流客户，按业务分流，协同现金/非现金柜员，分流引导普通/潜力客户，实现柜面、自助终端、电子银行等多渠道的综合运用；疏导客户，安抚和处理投诉。

消除客户不满
情绪的方法

识别引导的主要目标：对于优质客户，识别后推介引导到理财/营销经理或高校服务渠道上，进行专业、优先服务；对于潜力/普通客户，识别后分流引导到多种服务渠道上，在满足客户金融需求的同时，实现网点高效率运营。

识别引导流程注意事项：对所有进入理财中心的客户都应主动表示欢迎，切忌向普通客户展示客户服务差异性；高度重视任何客户的不满和投诉，并始终保持友好、亲切的服务态度。当优质客户离开时，应尽量抽出时间向客户道别；办理业务的客户数量过多时，向网点负责人请求增加人手帮助。

(二) 接触营销

接触营销环节涉及的岗位人员以理财/营销经理为主，非现金柜员为辅，网点其他人员配合。

接触营销的主要目标：通过客户与专业人员(客户经理等)的接触沟通，准确掌握、充分挖掘优质客户金融需求；提供专业理财策划服务，最大限度满足客户需求；实现各类理财投资产品、渠道产品的交叉销售。

(三) 业务处理

业务处理环节涉及的岗位人员以现金柜员、非现金柜员、营业经理为主，理财中心负责人监控支持。

业务处理的主要目标：为优质客户提供优先、优惠、舒适的贵宾服务体验，为每个客户提供安全准确、迅速及时的各项业务处理。

业务处理原则：①迅速，即做好客户分流和业务指导工作，为正在排队等候的客户提供相关业务表格填写示范样本，指导客户填写；引导优质客户去贵宾客户专属服务区接受专属优质服务。②专业，即熟悉各类金融产品，回答客户有关产品的提问时，不可做与产品风险不符的评述，应做出一定的风险提示。③安全，即保护客户账户、资金安全。

业务处理流程规范：①严禁大堂经理进行高柜和低柜业务操作，或超越权限办理非本职工作的业务，不得兼职营业经理、现金柜员、非现金柜员工作。②严禁大堂经理进入账务系统操作或办理任何核算业务。③严禁大堂经理在任一业务渠道为本人服务客户代办金融业务，或在营业网点为其他客户代办业务。④严禁大堂经理外出为客户办理存、取款业务。⑤严禁大堂经理为客户保管现金、存单(折)、卡、有价单证和贵重物品。⑥严禁大堂经理代替客户签字。⑦严禁大堂经理违反双人调查(贷前)、见客谈话等制度，或审查、审批任何个人贷款业务。⑧严禁大堂经理泄露个人客户信息，或违规调查、下载、保存、变更和删除个人客户信息，或将个人客户信息资料带离本行。⑨严禁大堂经理未按规定办理工作交接即换岗或离职，或已换岗的大堂经理一年内在原理财中心担任营业经理或理财中心负责人。

(四) 关系维护

关系维护环节涉及岗位人员以理财/营销经理为主，理财中心负责人为辅，其他人员配合。

关系维护环节主要目标：以主动、持续的客户维护，提高优质客户的满意度，创造客户需求，最大限度地创造和维护客户价值，提升客户忠诚度。

知识链接 9-5

识别优质客户的方法

情景模拟 9-1

柜员识别跟进
优质客户

知识链接 9-6

接触营销话术

四、金融营业网点服务规范

(一) 日常工作规范

(1) 保持理财中心环境清洁卫生。

(2) 物品的规范摆放和整理。大堂经理日常使用的各类文件、表格、名片等要整齐有序摆放，提倡采用大堂经理工作夹制度：班前准备时，大堂经理将客户经理名片、业务申请表、最新业务宣传单、自助设备使用指南、已识别优质客户信息记录表、投诉记录表放入工作夹内。

(3) 关注客户。接待客户时不要接听电话。尽量不干扰正在洽谈的客户经理与优质客户。

知识链接 9-7

大堂经理服务规范

(4) 塑造专业形象。大堂经理通过日常细节，培养专业化、规范化的工作习惯和作风，如谈吐大方、举止得体，以及使用带有金融机构标志的各类文具等。

(六) 礼仪规范

(1) 工作时着统一服装，佩戴统一的工号牌或胸卡。

(2) 精神饱满，面带微笑。

(3) 尽量做到向每一位到来的客户点头微笑致意，向每一位离开的客户道别。

(4) 使用文明用语，并注重语言技巧。

知识链接 9-8

金融柜面服务规范

第二节　金融客户开发技能

一、客户开发概述

(一) 客户开发流程

客户开发流程就是把潜在客户变成客户的过程，并通过服务使客户满意和忠诚，成为拥护者和合伙者。客户开发流程，如图 9-3 所示。

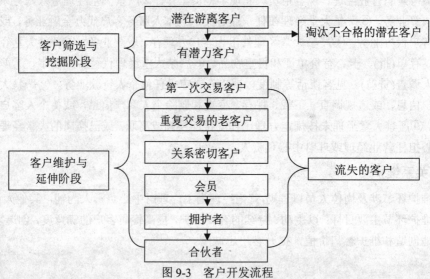

图 9-3　客户开发流程

在客户筛选与挖掘阶段，筛选出对金融企业最有价值的客户群，以最有效的方式获得客户；在客户维护与延伸阶段，制定保留客户的措施和方法，通过交叉销售等方式增加客户的忠诚度与贡献。

开发要针对客户类型的差异，制定个性化的客户开发方案。

(二) 客户开发原理

1. 客户开发原则

客户开发应遵循的原则为：以双方共赢为目标；尽早确定客户是否值得跟进；掌握洽谈节奏和主动权；第一时间了解客户需求；拟定切实可行的客户需求解决方案；有效的产品推荐，扬长避短；重点人物的强力公关；明确决策者和影响者；展示增值利益，影响客户的选择；了解竞争对手的信息(服务、产品、价格)；有效争取资源、整合资源。

2. 客户开发技术

客户开发技术被形象地概括为汉堡包技术，具体内容如下。

介绍：联络客户感情(上层)。

会谈：介绍、推荐投资产品或服务(中间的牛肉饼)。

成交：肯定客户提问的价值、答疑并要求订单(底层面包)。

3. 客户开发手段

客户开发手段可概括为：问题、聆听、观察。

(三) 客户筛选

1. 客户筛选流程

客户筛选流程，是指金融企业按照标准筛选出真正符合本企业发展目标的客户。客户筛选流程，如图 9-4 所示。

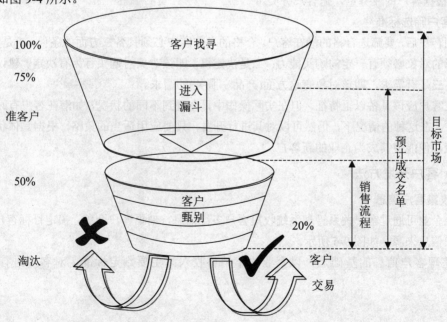

图 9-4 客户筛选流程

2．客户筛选方法

金融企业在筛选个人客户时主要关注以下特征：先进的经营理念、良好的财务指标、积极的进取精神、良好的沟通能力、良好的教育背景、良好的信用记录、无不良嗜好和犯罪记录。金融企业在筛选企业客户时更重视以下能力：盈利前景良好的客户、行业领先地位的客户、政府大力扶持的客户、诚信记录良好的客户、具有担保能力的客户、拥有专有技术的客户、发展空间广阔的客户。

金融企业客户筛选通用方法具体如下。

(1) 内部搜索法。利用内部业务数据库搜索客户；通过交叉销售开发客户。

(2) 人际连锁效应法。通过认识的人，如熟人、朋友等结识客户；通过生意往来、行业协会、展会、咨询机构、公关活动等场合介绍客户；通过产品服务和技术的支持人员介绍客户。

(3) 建立目标市场法。在锁定的目标市场，利用电话、信封、邮件等联系客户，或委托专业人士主动联系客户。

(4) 资料数据分析法。利用大数据技术，从媒体、网络中找寻客户，这是找寻客户时最便捷、最高效的方法。

(5) 陌生客户拜访法。通过与陌生人交流认识客户。

3．客户筛选程序

(1) 识别"金牌"客户。

(2) 本年度最想和哪些企业建立商业关系？列出这些企业。

(3) 去年有哪些大客户对产品或服务多次提出了抱怨？列出这些企业。

(4) 哪些客户今年的业务量超过去年？找出这些客户。

(5) 哪些业务量很少的客户，却与其他金融机构发生很多业务量？

(6) 根据客户的业务量，把客户分类。

4．客户筛选标准

找到客户后，要筛选合格的潜在客户。合格的潜在客户必须具备三方面的条件：一是购买力，即所选择的对象必须有一定的购买能力；二是决定权，即该对象对购买行为有决定、建议或反对的权力；三是有需求，即该对象有这方面(产品、服务)的需求。

潜在客户应该具备以上特征，但在实际操作中，会碰到不同的状况，如潜在客户有时欠缺了某一条件，在这种的情况下，仍然可以对其进行开发，只要应用适当的策略，根据具体状况采取具体对策，便能使其成为企业的新客户。

(四) 客户开发方法

1．收集客户信息

金融企业可通过客户关系管理系统收集客户多维信息，刻画客户全貌，锁定目标客户。金融企业客户信息来源，如图9-5所示。

在整理客户信息的基础上，以企业的年销售收入为主要判定标准，对客户进行细分和选择。

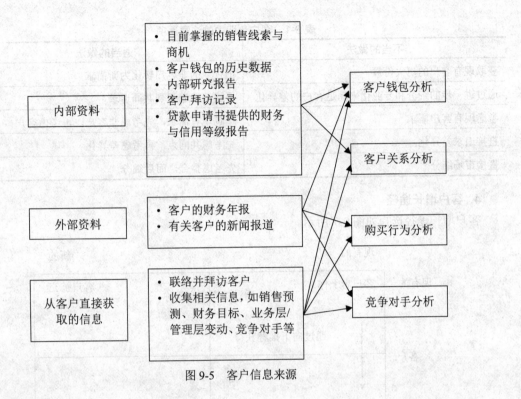

图 9-5　客户信息来源

2. 客户细分

金融企业将客户开发重点放在具有价值的客户身上,同时对潜在获利能力较高的客户加大营销力度。客户的细分方式可参照图 9-6 所示。

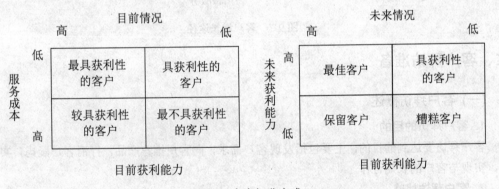

图 9-6　客户细分方式

3. 客户争取

客户争取过程就是把非客户转变成客户的过程。

非客户分为三个层次:第一层,即将转化的非客户,位于现有市场边缘,随时准备改变选择;第二层,拒绝性的非客户,心存疑惑,选择了金融企业的竞争对手;第三层,未经开发的非客户,处于遥远的其他市场。

金融企业在客户争取过程中的注意事项,如表 9-1 所示。

表 9-1 客户争取中的注意事项

不当的做法	适当的做法
获取现有客户的更大份额	把行业的非客户转化为新需求
通过进一步的细分和专业化来满足客户的差异化	寻找消费者强烈共同诉求
考虑现有客户需求	超越现有需求，先考虑非客户，再考虑客户
直接追求差异化	先考虑共同点，再考虑差异化
直接市场细分	先考虑整合，而后细分

4. 客户增长途径

客户增长途径选择如图 9-7 所示。

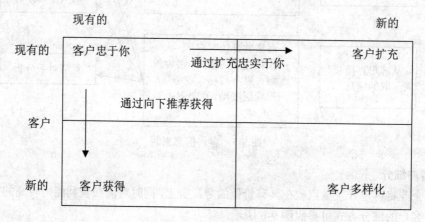

图 9-7 客户增长途径

二、客户拜访准备

(一) 客户拜访概述

1. 客户拜访的目的

客户拜访要达到的目的，主要包括发现客户需求，向客户推荐产品，打消客户疑虑，实现成交，实现与客户的长期合作。

2. 客户拜访战略

要达到上述目的，重点是建立信任的突破点选择。这涉及关键人物选择、取得人际信任方式的选择、产品卖点的选择等问题。

(1) 确定关键决策人物。关键决策人物涵盖了目标客户的实际控制人、企业经营者、部门管理者、决策参与者、有影响力的朋友等。

(2) 分析客户决策流程。详细了解客户的决策流程；制定关键决策人和影响人档案；明晰决策小组各成员的角色分工、工作态度及与我方的关系；洞察决策人在决策中的职能和权重。

3. **客户拜访形式**

客户拜访形式多样，主要包括电话约访、信函约访、闯访、当面拜访、聚会偶遇等。

4. **接近客户的方法**

(1) 爱好接近法，是指找到与客户共同的爱好，以此来接近客户的方法。该方法构建的关系前提是充分了解客户的爱好。采用爱好接近法与客户建立关系需要的时间较长，但一旦成功易建立稳固的关系。

(2) 朋友(介绍)接近法，是指通过朋友介绍接近客户的方法。该方法可以扩大交往面，为老客户提供优质的服务，但有可能出现客户虚于应付的情况，有些客户忌讳熟人的引荐。

(3) 礼物接近法，是指通过选择合适的礼物来接近客户的方法。该方法礼物选择是关键，礼物价值根据企业的承受能力和当地的经济发展水平决定。礼物一定要不落俗套，既不能有行贿嫌疑，又不能使客户觉得寒酸。礼物可以当面呈送，也可以委托礼仪公司代为投送。礼物送出后，应该在 3 天之内拜访客户。该方法的局限性是，客户可能会拒收，增加客户经理的经济负担。

(4) 侧面接近法，是指通过接触客户身边的人迂回接近客户的方法。该方法需有大量的信息支撑，需要投入大量的时间和精力，但一旦成功则收效将是长期而稳定的。

(5) 难题接近法，是指通过解决客户难题的方式接近客户的方法。客户在遇到难题时，是接近他的最好机会，但这具有偶然性\被动性，能否应用成功取决于客户经理的意识和判断能力。

(6) 产品接近法，是指通过赠送客户产品的方式接近客户的方法。这种方法最适合具有独到特点的产品，但对于难以携带的产品则很难应用。

(7) 策划接近法，是指通过精心策划活动(如客户联谊会)达到与客户接触的方法。此方法需要集体的配合协作，实施难度较大，准备时间较长。

(8) 咨询接近法，是指通过向客户咨询问题或回答客户咨询的问题来接近客户的方法。

(9) 社团开拓法，是指通过参加社团来接近客户的方法。

(10) 毛遂自荐法，是指直接拜访客户的方法。

(二) 会面准备

1. **了解客户**

拓展信息来源，对即将见面的客户进行调研；通过多渠道掌握客户、产品、竞争对手、公司及市场等信息，了解客户的需要和价值；确定金融企业能为客户带来的价值。

(1) 途径。通过同事、其他客户、上司、该客户的上下游客户、媒体信息、政府资料、圈内口碑等渠道了解客户信息。

(2) 内容。调研市场结构，了解客户的基本信息、产品信息、需求信息、财务信息、信用信息、购买行为、营销渠道等内容。

(3) 分析。分析客户的行业属性、竞争对手、客户特点、决策机制、关键人物、盈利能力、客户风险等内容。通过竞争对手了解客户的购买行为。

2. **心态准备**

良好的心态是成功的开始，当营销人员秉持积极的心态拜访客户时，也会把好的情绪传递给客户。客户经理对本单位的产品是否热情，很大程度上影响客户的态度。客户经理要对本单位的产品和服务保持着充分的自信，让客户不由自主地相信他们所推荐的产品是值得购买的。

拜访客户要过恐惧关、挫折关、人际关系关、自我管理关，要保持热情、信心、诚信、耐心、平和的心态。

3. 物品准备

拜访客户前，应将需要的物品准备妥当。拜访客户需要的物品，包括宣传资料、业务单证、促销物品、客户资料、融资/投资方案等。

4. 行动规划

拜访客户前，要进行整个行动的规划工作。行动规划，包括时间安排、阶段目标、资源配置、拜访细节、行程、预约时间、文案准备等。

拜访客户前的规划，如表9-2所示。

情景模拟 9-2

客户拜访行程安排

表9-2　客户拜访规划

项目	具体内容	
拜访达到的目的	收集信息、建立联系、了解客户需求、增进感情、达成初步合作意向、合作取得明显进步、商讨合作	
客户可能需要的服务		
金融企业准备提供的产品		
拟向目标客户介绍哪些情况，提供哪些宣传资料		
拜访开始的战略		
客户可能提出哪些问题及如何解答	可能提出的问题	回答
可能出现的异议及对策	可能出现的异议	对策

5. 形象设计

(1) 衣着打扮得体。衣着得体并非是要求所有的客户经理都穿着华丽。在选择服饰时，无论哪一种服饰，都必须整洁、干净，而且服饰的搭配必须和谐，以素色为主，千万不能太花哨。

(2) 举止大方，态度沉稳。这体现了客户经理的内在素质。客户经理的一举一动都会在客户心目中形成一个印象，这种印象最终会影响客户对金融产品及对金融企业整体印象的看法。

(3) 保持自信，不卑不亢。推销的过程有时候就像买卖双方在某些方面的较量，无论是客户经理还是客户，其实都能感受到这种力量。

可以运用以下方式让客户感受到你的自信：①在见客户之前要树立积极乐观的心态；②把与客户的沟通当成一次愉快的活动；③保持和缓的语速，不要急促不清；④谈话要清晰有力，在开口之前先组织好语言；⑤不要东张西望，也不要做小动作，要保持体态的端正，并且平和地直视对方。

6. 知识准备

(1) 在拜访客户前，预测可能遇到的一切情况，并对敏感话题提前做好准备。

(2) 知识，包括专业知识与非专业知识。要熟悉本单位的产品和服务流程，这是展开销售活动的基本条件。客户经理对本单位的现状、产品和服务分析得越全面和深入，表现就越镇定，给客户留下的印象就越专业和可靠。

(3) 将见面的目的写出来，将可能谈到的内容写出来，并进行思考与语言组织。必要时进行客户拜访细节的预习/演练，可请人扮演谈判对手，揭示和演绎"第一次陌生接触"。

7. 临行检查

临行前，再次查点所需物品，回顾一下拜访重点，明确拜访目的；要对拜访充满信心，对本企业的金融产品和服务充满信心。

三、客户预约技巧

(一) 预约方式

与客户预约的方式，主要有电话直接预约；邮寄、传真或电子邮件(微信等社交媒体)+电话预约；朋友介绍+电话预约；信函预约联系等。

(二) 预约步骤

1. 电话预约前准备

电话预约前先，准备好可能问题的简要答案；能够简单陈述打电话的原因；将要提出的问题排列好。

2. 电话预约流程

第一步：说明身份，向客户作自我介绍。

第二步：说明事宜，向客户说明预约目的。

第三步：克服异议，妥善处理客户预约拒绝。

第四步：约请面谈，获得客户见面承诺，确定见面时间和地点。

3. 电话预约通话注意的细节

电话预约应注意以下细节，拿起电话说"您好"；在谈话开始的时候，一定要先确定对方方便讲话；让客户知道你在干什么；千万记住电话约访的唯一目的是争取面谈机会，并无其他用意，切记不要在电话里开展销售；在向客户提出五次见面请求之前，千万不要轻易放弃；要善用"清清楚楚""明明白白""请你不要误会"等句子，说话注意简单明了；确认自己的拜访时间没有冲突，要事先计划好拜访线路，做出合理安排，以提高效率；最后确定时间地点并表示感谢。信守对通话方做出的承诺；如果不小心切断电话，应立即主动回拨电话；先让对方挂电话。

知识链接 9-9

信函预约

知识链接 9-10

电话预约流程与话术

知识链接 9-11

电话预约常见拒绝
与应对话术

四、客户拜访技巧

(一) 客户拜访目的

客户拜访目的，可概括为融洽关系、传递信息、建立联系、结识朋友、达成交易。

(二) 客户拜访程序

客户拜访的程序，如图 9-8 所示。

(1) 开场。要学会有效的开场技巧，为以后建立关系打下基础。

(2) 探测客户需求。通过交流和反复探寻，找到并强化客户的需求。

(3) 向客户介绍产品。依据掌握的客户需求，提供综合解决客户问题的方案。

(4) 处理客户拒绝和异议。妥善处理客户提出的各种异议和拒绝，给出解决问题的方法。

(5) 成交。建立关系，尽快促成交易。

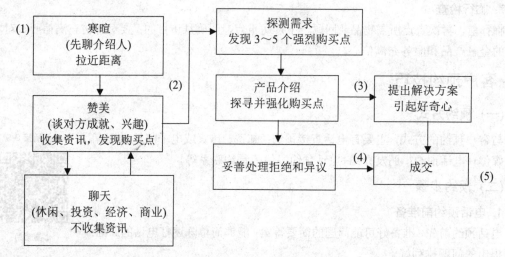

图 9-8　客户拜访程序

(三) 开场流程

1. 开场流程概述

拜访分初次拜访和再次拜访。初次拜访的程序为问候及自我介绍，概述利益，陈述本次拜访的目的，预约下次拜访时间。再次拜访的程序为问候客户，回顾上次拜访情况，强调本次拜访目的，预约下次拜访时间。

下面以初次拜访为例介绍开场流程。

(1) 开场白。问候客人，介绍姓名及公司，简单介绍拜访目的。作为一名优秀的销售人员，在初次拜访时，必须在 30 秒内做完公司及自我介绍，引起客户的兴趣，让客户愿意继续谈下去。销售人员要在最短的时间内让客户清楚三件事：我是谁？我代表哪家公司？我拜访客户的目的是什么？我公司的产品对客户有什么用途？

知识链接 9-12

有效开场白
话术解析

(2) 寒暄。在聊天开始，不要急于进入销售主题，应聊一些客户感兴趣的话题，或者赞美 顾客，使其放下戒备心理。

(3) 导入正题。说明你想在拜访中完成或达成的事项；陈述所售商品或服务对于客户的价值；询问是否接受，以有效地利用自己和客户的时间。客户经理在会谈时，要清晰表达自己的观点，学会锻炼自身的语言组织和表达能力，尽可能地用最清晰、简明的语言抓住客户的兴趣和注意力。

(4) 适时告别。每次拜访结束时要让客户做出某种承诺，为再次拜访做铺垫。业务成交或签订合同后，要在 10 分钟内找"借口"离开客户，防止客户签约后出现常见的"吃亏、后悔"情结，避免节外生枝。

2. 开场注意事项

要注重细节(仪容仪表、礼节礼仪)，给客人留下良好的第一印象；见客户时，衣着整洁；跟客户打招呼时，声音要洪亮自信；保持良好的心理承受能力(如何面对谢绝推销的告示牌)，用真诚去打动客户；表现出专业性，展现对客户的理解；准备带有企业特色的礼品送给客户。

学会营造良好的氛围，显示积极的态度，展示意图，说明来意，寻找共同点；建立良好的会谈气氛，抓住客户的兴趣和注意力，找到与客户接触的切入点，让客户切实感受到被重视。

设计一个吸引人的开场白，一段好的开场白能够起到的作用不仅仅是成功地向客户介绍自己以及自己要推销的产品，而且还能为后面的良好沟通奠定坚实的基础。

不要急于求成，一见面就迫不及待地向客户介绍产品，应提高观察力，抓住对方的心理活动，根据客户的个人特质和关系密切程度采用不同的寒暄内容。成功的客户经理往往先谈客户及客户感兴趣的问题及嗜好，以便营造一种良好的交谈气氛。这种融洽的氛围一旦建立，推销工作往往会取得意想不到的进展。

(四) 沟通的技巧

1. 有效沟通原则

(1) 准确传达信息，减少信息误判。

(2) 考虑对方感受；保持沟通弹性。

(3) 消除沟通障碍，包括主观障碍(性格、习惯等差异)、客观障碍(文化、知识等差异)。

2. 沟通方式

沟通方式包括语言沟通和非语言沟通。

(1) 语言沟通，是指以语词符号为载体实现的沟通，主要包括口头沟通、书面沟通和电子沟通等。语言沟通是营销人员的必备素质，金融营销人员要通过语音、语调、语速的合理运用，提高语言沟通能力。

(2) 非语言沟通作为语言沟通的辅助工具，通过声音、视觉、嗅觉、触觉、形体等多种渠道传递信息。

3. 沟通工具

沟通最常用的十大工具包括：知(知识)、礼(礼节)、勤(勤快)、谦(谦逊)、德(品德)、跟(跟随)、引(引导)、忍(忍让)、煽(煽情)、洁(简洁)。

4. 沟通注意事项

(1) 情绪控制。面对指责和抱怨，要保持冷静，让对方亮观点，消除对方的怨气，平静地给恶意中伤者以回击。

(2) 消除隔阂的沟通艺术。用间接的方式称赞对方，用行动表示沟通的愿望，帮助对方做一两件事，请对方帮助我们，用幽默转变人的情绪。

(3) 主动控制谈话方向；消除对方戒心；不要急于求成。

(4) 与客户交谈时多听，少说；多用乐观语调，少用悲观语调，想办法将自己的语言转变为激励客户的信号；多问；多用非语言的沟通。

(5) 与客户交流要学会综合运用目光、音量、语速、用词、肢体动作等手段，综合运用微笑、赞美、寒暄、倾听等技巧，学会选择合适的聊天话题，营造良好的交流气氛。

(五) 沟通话术

1. 寒暄的技巧

寒暄是通过简短的问候与应酬，使用双方的紧张情绪放松下来，能够活跃气氛，打破与客户的陌生感，解除客户的戒备心，还能建立认同感，密切与客户的关系。

寒暄的要领，是选择客户感兴趣的话题，自然切题，切入应自然得体，有效缩短双方的心理距离，建立认同感。寒暄时要诚恳、热情，双方应表现出对寒暄内容的勃勃兴致，构建和谐的交际气氛。

要学会营造气氛，营造气氛的方法一般有三种：时时赞美；聊聊家常；吃顿便饭。常见的聊天主题包括家常、时事、环境、交通、朋友介绍等话题，拉近彼此的距离。但是，要避免聊忌讳话题，如批评竞争对手、批评自家公司、批评其他公司或其他人。

常用的寒暄技巧包括：问，采用开放式发问或封闭式发问；听，聆听，倾听，点头微笑，目光交流；说，尽量多让客户说，获得更多的资讯。此外，寒暄要学会说五种话：说坦诚的话、说清晰的话、说简明的话、说准确的话、说幽默的话。

情景模拟 9-3

赞美练习

常见的寒暄问题包括：话太多，背离主题；心太急，急功近利；人太直，争执辩；寒暄不应生搬硬套，毫无感情地敷衍了事，更不能戏弄对方。

2. 赞美的技巧

赞美就是对客户的肯定、认同、欣赏。适当的赞美有助于强化彼此的沟通。赞美要发自内心，真心称赞对方的闪光点，如赞美对方的声音，赞美对方所服务的公司，赞美对方的专业能力；赞美要具体，可以间接赞美、赞美缺点中的优点、只赞美不建议，避免争议性话题。

知识链接 9-13

NLP 沟通模式

3. 倾听的技巧

倾听中应保持目光交流，配合点头、微笑、回应、做笔记、注视等动作呼应，对接简单语词，适时插话跟进，切忌打断别人。倾听时，要表现得积极、主动，甚至要学会聆听客户的抱怨和痛苦。

五、探测客户需求技巧

掌握客户需求是金融营销的基本功，要在透彻了解客户需求的基础上，开发需求，确立己方与竞争对手相比较而言的优势，确立有利于自己又有利于客户的"卖点"，引导需求，说服客户接受自己的销售方案，持续创造更多的新的需求。

客户不会轻易表露自己的需求，甚至有时也不完全了解自己的需求，需要客户经理针对客户的现状进行深入的需求分析。

(一) 客户需求类型

客户需求可进行多维度的划分。

(1) 从需求主体划分，可分为个人需求、企业内其他人需求、企业需求。

(2) 从需求的确定性划分，可分为隐含需求、明确需求、灰色需求。

(二) 探询客户需求的步骤

1. 规划需要获取的客户信息

金融营销人员与客户交谈时，应有目的性地获取客户的相关信息。因此，营销人员在会见客户前，可先规划要收集的信息，如表 9-3 和表 9-4 所示。

表 9-3　与客户交谈收集的信息

所需信息	如何收集信息
重点客户的名称	通过询问接待人员或秘书验证公司正确的名称
重点客户的正确头衔	透过电话来询问其他人员
重点客户的决策话语权	聊天和观察，以及询问其他人员
重点客户有何爱好和兴趣	聊天和观察，以及询问其他人员
重点客户的个人生活方式	聊天和观察，以及询问其他人员
重点客户的教育背景，在哪里长大	聊天和观察，以及询问其他人员
如果达成意向，它的决策流程是怎样的	聊天和观察，以及询问其他人员

表 9-4　客户情况明细表

客户名称：	
地址：	电话：
经办者姓名： 头衔： 个性： 爱好、兴趣：	
重点客户的来源：	
其他重要接待人员： 个性： 爱好、兴趣：	
秘书： 个性： 爱好、兴趣：	
部门负责人： 个性： 爱好、兴趣：	
其他影响者： 个性： 爱好、兴趣：	
该公司主营业务：	
在行业中的历史和地位：	
公司职员数量：	
业务范围：	
其他备注：	

2. 探索需求流程

提问者需通过积极的信息交流、有效倾听、适时沉默、明确提问等步骤(见图 9-9)，合理运用提问技巧，吸引客户注意力，将提问引向谈话的主要方向，进一步明确客户的需求和购买点。

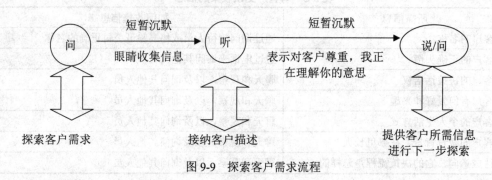

图 9-9 探索客户需求流程

3. 信息整理

通过反复探询，对获得的客户的需求信息进行归纳总结。

4. 结束谈话

如果谈话时间过长，可能会耽误客户的正常工作，甚至让客户产生厌烦情绪。因此，在收集到所需信息，了解客户的需求后，便可找机会离开。

(三) 探询客户需求方法

1. 询问了解法

发掘客户需求的最有效方式就是询问，即借助有效的提问，让客户说出心中的潜在需求。

2. 倾听了解法

倾听客户说的话，同时要以面部表情、肢体语言及言谈来回应对方，肯定客户的谈话价值，适时表达自己的意见，给客户充分的尊重、情感的关注和积极的回应。倾听需要听出客户言语中包含的两方面内容：听事实；听情感。

3. 观察了解法

通过对客户的全方位观察(客户的年龄、服饰、肢体语言等)和换位思考，预测客户需求。

4. 间接了解法

利用第三方渠道，如通过客户的上级机构、合作方、客户、员工等来收集资料。

(四) 探询提问技巧

1. 探询提问类型

(1) 开放式提问。开放式提问就是让客户自由地把自己的观点尽量都讲出来，以便获得足够的资料。开放式提问，一般情况下客户不能用"是"或"不是"来回答，而是需要根据问题做多方面的回答，答案没有一定的标准。开放式提问可以获取客户信任，对话气氛比较和谐，弊端是需要耗费更多的时间，与客户的过多交谈可能会使客户忘掉谈话的主要目的。

(2) 封闭式提问。封闭式提问针对特定的范围对目标客户进行询问，客户一般只能选择"是"或"否"，目的是帮助客户聚焦问题，获取客户的真实想法，需要提问者具有丰富的专业知识，弊端在于获得较少的资料，需要提问更多的问题，同时造成一种"负面"的气氛。

2. 探询提问具体形式

(1) 确认提问。证实已有信息的准确性，发现已有信息的不准确性；明确提问可以使对方能够简单地用"是"或"否"来回答，在展示产品和服务资料之前使用确认提问，寻找与准客户之间更多的共同点。

(2) 新资讯提问。更新信息，填补空白，获取客户需求中的一些图景。新资讯提问一般紧接着确认提问，当客户经理鼓励客户去发散思维、当得到一个对确认提问意想不到的回答、当发现遗漏了某些具体的信息时，赶快使用新资讯提问。

(3) 态度提问。探寻客户对某种事物的态度和为人处世的某些价值观。态度提问常用于启发客户进行感性或理性的讨论，当想得到客户对某一产品或服务的感觉，当想理解新资讯背后隐藏的东西时，可使用态度提问。

(4) 承诺提问。弄清楚客户处于决策中的哪一环，促使销售向更高层次迈进。当想知道销售已经进行到哪一步、当决定下一步还要干些什么的时候，使用承诺提问。承诺提问运用于拜访的结束阶段非常有效。承诺提问就像一个指南针，能使经纪人清楚目前的位置和下一步的"运动方向"。

客户经理通过四种提问方式的循环综合运用获取客户不断升级的承诺：同意见面、同意接受投资建议书、同意下一次具体讨论、同意开户、同意进行投资。

3. 探询提问技巧

探询提问一般采用漏斗式询问，由大到小依次展开。首先，采用开放式无指向提问，收集多而广泛的无偏见信息；其次，采用开放式有指向提问，收集多而指定的信息，将提问挖向深入；最后，采用封闭式提问，以确认对具体需求的理解程度。

知识链接 9-14

SPIN 提问技巧

在提问过程中，要温和、礼貌，尊重客户，不要与客户发生争论；问句要简单易懂，不要造成客户的混淆；不要问过于隐私的问题；不要问具有挑战性或是攻击性的问题；不要质疑客户的诚实度；不要把自己当成法官在问口供；不要将客户逼得太紧，给他一点时间的思考；不要给人咄咄逼人、非答不可的感觉；不要过于直接，让客户强烈感觉到"推销"的意味。

对客户的陈述要表示浓厚的兴趣，全神贯注地听；在恰当的时候，以反问确认和重复陈述的方式，明确客户的需求。

在探测客户需求的基础上，通过同客户多种形式的联系活动，深入挖掘客户没有满足和潜在的需求，适时创新金融产品或进行产品组合，引导客户需求。

六、向客户介绍产品技巧

(一) 产品介绍程序

向用户介绍产品时，应先介绍产品的功能、特点，再将本产品特点与消费者关注的利益点联系起来，最后解答一些技术问题与售后服务问题。产品介绍的具体程序如下。

(1) 综合陈述客户的需求(用客户的语言)。

(2) 陈述和客户需求相关的产品特性。

知识链接 9-15

产品推介的
FAB 法则

(3) 连接到这一特性的使用价值。

(4) 引申到对客户需求而言的利益。

(5) 重复步骤(2)(3)(4)，直至所有与客户需求有关的特性、使用价值和利益都陈述完毕。

(6) 总结产品服务/方案给客户带来的利益。

(二) 产品介绍技巧

1. 产品介绍战略

根据购买需求的不同，产品介绍分为如下两种战略。

(1) 解决问题战略，采用危机营销法，运用反面示例，以威胁手法促进客户购买。

(2) 实现快乐战略，采用心理催眠法，运用正面示例，利诱客户购买。

2. 产品介绍方法

常用的产品介绍方法，包括现场演示、项目计划书、看图说话、口谈/笔算、产品展示、多媒体展示、老客户证言、相册/图片、报刊/影视、试验试用。

产品介绍分为核心部分介绍和辅助部分介绍。核心部分介绍是向客户展示产品的利益，好处；辅助部分介绍主要用于答疑，回答客户的问题。产品介绍公式为

利益(介绍利益)+特色(强调特色)+费用(小费用，物超所值)+证明(辅以证明，促进成交)

知识链接 9-16
金融产品介绍

3. 产品介绍注意事项

介绍产品要设法让客户一起参与展示说明，让客户亲身体验产品性能，在轻松的交谈氛围里把产品推荐给客户，保持心态平和，语速平稳，仿佛在与对方聊天。

介绍产品要抓住卖点，详略分明。在有限的时间里，介绍要简短扼要，突出重点，深入客户的内心，介绍核心功能、主要特点及优势，并需要不断得到客户的反馈，同时留出一定时间用于解释客户的疑问。及时切入购买点和展示资料，凸显金融企业的信誉优势，动之以利。只要能够在前 30 秒内吸引客户的注意力，后续的销售过程就会变得轻松。

知识链接 9-17
产品介绍话术

话术运用准确、真实，防止误导，切忌夸大产品功效和优势，产品确实存在缺点的，不要隐瞒，要坦率承认。

从客户需求出发，善于利用客户的从众心理，制造热销气氛；多用展示资料、图片、语言、举例、比喻；多用数字、对比，化功能为利益。

知识链接 9-18
推荐产品时的
六大重点

七、处理客户异议技巧

(一) 客户异议概述

1. 客户异议的定义

异议，是指在营销过程中客户提出的不同意见或关心事项。提出异议表示客户可能希望了解更多的资讯，妥善处理客户异议可增强专业形象，并促成交易。

2. 异议分类

(1) 假的异议。假的分为三种情况：一般疑问，做好解释回答即可；习惯性异议，对任何情况都不相信；隐藏的异议，要弄清楚异议背后真正的原因。

(2) 真实的异议。这是令客户忧虑、困惑之处，必须正面回答。真实的异议可以进一步细分为：产品异议、规定异议、价格异议、服务异议等类型。

3. 产生异议的原因

决策前的犹豫心理；抗拒被推销心理；曾经与金融企业有过不愉快的交往经历；不明白或没有充分了解金融产品；对金融产品不感兴趣、不认同自己有投资需求等。

（二）异议处理概述

1. 异议处理流程

（1）暂停，以便稳定情绪和厘清思路。

（2）开放式提问，无指向，便于收集更多的信息。

（3）厘清问题，要对客户异议的主要观点进行重复，了解客户关注的问题所在，便于接下来处理客户异议。

（4）锁住问题，以便有针对性地处理。

（5）回答问题。

（6）运用"是……但是……"结构，在肯定客户异议合理部分的基础上，提出不同意见，进行耐心解释说服。

知识链接 9-19

异议处理流程

（7）检查满意度；检查异议处理流程，反思需要改进的环节和方法、策略。

（8）确定下一步行动。

2. 异议处理对策

（1）理解异议。遇到客户异议，要保持冷静的头脑，树立正确的态度。许多客户经理面对客户异议，容易产生恐惧感，急于证明客户的想法不对，结果导致争吵和交易失败。要客观诚恳地欢迎客户提出异议，重视客户的异议，不要夸大也不要缩小异议。成熟的营销人员在处理异议时，会站在客户的立场思考问题，对客户提出的异议表达关心、尊重，并能从异议中判断客户的需要、对金融产品接受的程度，以及其他更多的信息。

（2）处理情绪。当客户有防范心理，习惯性地拒绝时，要安抚客户情绪，在适当的情况下再行推销；当客户没有发现自己的需要时，要进行适度引导，并提供更多的购买信息；即使客户的异议没有理由，也要询问他的意见和聆听他的抱怨。

知识链接 9-20

异议回答练习

（3）处理异议。对于真正的异议，不应回避，应耐心倾听，认同客户的感受，对异议进行准确、耐心的回答和解释；当客户提及竞争对手散布的谣言时，要淡然处之，把话题转回拜访目的。如果客户所谈及话题属实，应当直面批评，以幽默话语化解尴尬局面。如果确属企业失误，应全力以赴解决问题，合理补偿损失，争取将异议变成卖点，增加营销成功几率。

3. 异议处理情形

处理客户异议包含四种情形，即提前处理、及时处理、推迟处理和不予处理。客户经理应该权衡各种因素，选择处理客户异议的最佳时机。

（1）提前处理。在客户异议尚未提出时就先解答，防患于未然。这是消除客户异议的最好方法。当客户经理觉察到客户会提出某种异议时，就先主动提出来并给予解释，这样可使客户经理争取主动，先发制人，避免因纠正客户看法或反驳客户的意见而引起客户的不快。

（2）及时处理。客户异议需要及时处理，这些异议大多是客户关心的重要事项，异议不解决销售谈判就无法继续，解决后客户可能会快速做出购买决策。

（3）推迟处理。有些异议需要客户经理延后回答，主要的情况有：①异议显得模棱两可、含糊其词、让人费解；②异议显然站不住脚，不攻自破；③异议不是三言两语可以解释的；④异议超过了销售人员的讨论范围和能力水平；⑤异议涉及较深的专业知识，解释不易为客户马上理解的；⑥异议背后明显另有原因，但还不清楚的；⑦超出权限或确实不确定的事情。急于回答客户这一类型的异议，显然是不明智的。

(4) 不予处理。有很多异议是不需要回答的，客户经理更不必因此与客户争执。不予处理的异议主要包括以下几种情况：①无法回答的奇谈怪论；②容易造成争论的话题；③废话、戏言；④异议具有不可辩驳的正确性；⑤明知故问的发难。

知识链接 9-21

异议处理话术

销售人员面对这些情况时，可采取以下小技巧：①用语气词"嗯、啊、哦"等带过；②装作没听见，按自己的思路说下去；③答非所问，悄悄转移话题；④小幽默一番，随后不了了之。

(三) 异议处理方法

(1) 附和法。先附和客户的异议，使客户感到自己受到尊重，然后再说出自己的意见。

(2) 肯定否定法。先对客户异议表示理解或认可，然后再委婉提出自己的看法，不动声色地说服客户，以达到实质否定客户异议的目的。

(3) 反问法。反对意见是有双重属性的，它既是交易的障碍，同时又是一次交易机会。可以将客户的反对意见，转化为肯定意见。应用这种技巧时一定要讲究礼仪，不能伤害客户的感情。此法通常不适用于与成交相关的或敏感性的反对意见。

(4) 故事举例法。通过举例方式来间接阐释或回答客户的异议。

(5) 转移法。通过转移客户关注焦点的方式来淡化处理客户的异议。

(6) 比较法。通过客户对不同金融企业异议的比较，来突出本企业的优势和特色。

(7) 解释法。先用委婉的语气把客户的反对意见重复一遍，或用自己的话复述一遍，待客户情绪稳定下来之后，再予以解释。

(8) 询问分解法。通过对客户异议的分解，探寻客户真正的异议，以便有针对性地处理。

(9) 补偿法。如果客户的反对意见的确切中产品或公司所提供的服务中的缺陷，明智的办法是利用产品的优点来补偿甚至抵消这些缺点，使客户的心理达到一定的平衡，有利于使客户做出购买决策。

情景模拟 9-4

异议及投诉处理

(10) 直接反驳法。当客户的异议明显错误或触及公司底线的时候，客户经理不能一味退让，要据理反驳。直接反驳要注意做到：态度友好，有据可依，事实胜于雄辩，反驳客户的依据应具有真实性和权威性，最好使用调研数据、行业观点、官方证明，摆出事实说服客户。

八、处理客户拒绝技巧

(一) 处理客户拒绝的步骤

1. 良好心态

拒绝是营销工作中必然会遇到的，客户经理应从处理客户的拒绝当中学习营销技能。

每一个客户都有拒绝的权利与情绪，客户经理应该对客户的拒绝表示理解，不要因拒绝而变得意志消沉。对客户的拒绝不应存在害怕的心理。客户经理要以谦逊有礼的态度对待客户的拒绝，从每次的拒绝中提高自己的承受力、汲取经验、找到快乐。

2. 分析拒绝

每一次客户的拒绝，都是一次促成交易的机会。

客户的拒绝不会没有任何原因，必须透过客户的拒绝去了解客户的真正想法。通过询问，客户经理能够了解客户拒绝的真实原因，是拒绝人、拒绝产品、拒绝推销方式，还是本能习惯性地拒绝一切推销，找到其中症结，结合产品与服务特点解除顾客心中疑虑，促成交易。

知识链接 9-22

客户拒绝类型

3. 坚持行动

面对客户的拒绝，不要轻易离开，通过聊天了解客户的需求，等待时机观察和收集信息，留下资料、名片、简短信函，请求客户再给些时间、给次机会。

即便被拒绝，也要保持礼貌，在离开前留给客户良好的印象。

4. 妥善处理

面对拒绝，要养成随机应变的习惯，调整推销战略，与客户协商新的解决方法。善用倾听，了解顾客的感受，避免给顾客"是"与"否"的选择，要给顾客"是"与"是"的选择。

客户经理应谨记：处理拒绝是为了促成交易，而不是为了赢得辩论。

(二) 客户拒绝处理策略

1. 客户拒绝处理方法

(1) 假处理。对于客户的一些推脱借口，可以口头承诺解决，不必真正处理。

(2) 间接否定法。以委婉的方式否定客户拒绝的理由。

(3) 询问法。询问能够达到客户服务要求的条件，以及拒绝的具体原因。

(4) 举例法。通过举例的方式回答客户的拒绝。

(5) 转移法。通过转移话题等方式回避客户的拒绝，以免引起争议。

(6) 直接否定法。对于客户一些无理要求，或者对企业的误解与中伤，可以直接予以否定。

2. 客户拒绝处理话术

知识链接 9-23

在应对客户拒绝时，运用的处理话术要遵循以下两个公式：

(1) 赞美认同＋反问＋回答。

(2) 赞美认同＋强化购买点＋去除疑惑点＋导入签约。

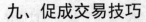

客户拒绝处理话术

九、促成交易技巧

(一) 促进成交信念

要树立坚定的成交信念：客户一定需要我的产品来解决他的问题；客户购买后一定对他自己有好处；销售的目的就是帮助客户得到他想要的；我若今天不成交就是在浪费客户的时间；我得到报酬是因为我提供了优质的产品和一流的服务；只有成交才能让我和客户都成为赢家。

(二) 促成交易战略

1. 主动进攻战略

让客户说出愿意购买的条件，如果客户开口说出自己期望的产品特征，就意味着已经突破了客户的心理防线。

客户经理应明确哪些产品符合客户要求，哪些客户要求难以实现，以能够实现的产品优势对客户进行劝说；淡化难以实现的客户要求；选择一款客户绝不会接受的天价产品进行对比，突出本产品的性价比。

2. 适度运用威胁战略

提醒客户可能产生隐患或者面临某种威胁，合理巧妙地暗示可以坚定客户购买产品或服务的决心。

客户经理可以巧妙地暗示客户，不及时购买此类产品或服务，可能丧失某些利益，或失去重要的保障；进行客观、实际的暗示，绝不用谎言欺骗客户。

3. 底线战略

考虑客户的接受范围，事先确定一个合理底线，尽可能坚持底线。

4. 退而求其次战略

可以在一些无伤大局的问题上做出适度让步，以尽快促成交易。

(三) 促成交易方法

(1) 开门见山法。直接向客户提出交易的请求，目的在于在最短时间内促成成交。该方法适合老客户，或客户对交易条件不再有异议的情况。

(2) 推定承诺法。假定客户已经接受了产品价格和相关条件，在同意购买的基础上，针对一些具体的成交问题，解释金融企业产品特色和服务承诺，以促使客户做出购买决定。

(3) 二择一法。客户经理提供两种可以选择的方案供客户选择。运用此方法时，关键是让客户做出一种肯定的回答，而不是有一个拒绝的机会。让客户选择时，尽量避免提出太多的方案，最好只有两项，最多不要超过三项，否则不能达到尽快成交的目的。

(4) 激将法。利用顾客的逆反心理，用语言刺激客户的自尊心，促使客户完成交易行为。这种方法对那些高傲孤僻、严肃拘谨、不擅人际交往、自尊心强的客户效果更佳。使用激将成交法要把握分寸。

(5) 回顾法。与客户一起回顾和总结以前交易给客户带来的利益和便利，以便激发客户的重复购买欲望。

(6) 故事法。利用客户的从众心理，与客户分享其他客户购买产品所带来的利益与便利，以便客户尽快做出购买决定。

(7) 劝说法。利用数据和例证劝说客户尽快做出成交决策。

(8) 利益引诱法。说明一旦成交能够给客户带来的利益，如费率优惠、优惠贷款等，以促使客户尽快做出成交决定。

(9) 数字法。用数字展示产品的功能，并与其他产品进行比较，以便客户做出购买决策。

(10) 威胁法。利用产品优惠活动即将到期等理由，让客户产生危机感，促使客户下定决心。

(11) 举例法。通过举证的方式，将本企业产品与其他企业产品进行对比，展示产品的性能和优点，进而强化客户对产品的购买信心，督促客户尽快签约。

(12) 试用订购法。对于犹豫型的客户，先不要给对方太大压力，可以建议对方先少量试用，使用后如果觉得效果不错的话，再进行第二次合作。

(13) 次要成交法。客户经理利用成交的小点来间接地促成交易的方法，即将客户的大要求划分为若干小的要求，向客户提出比较小的次要的成交请求，以消除客户对成交不确定性的疑惑。

(14) 正反对比法。通过列出不同产品正反方面的对比，来突出本产品的优势和特色，强化客户的购买信心。

(四) 促成交易技巧

1. 把握促成交易时机

签约时机可能出现在与客户接触整个流程中的任何一个环节，需要随时注意并细心地去体会。出现下列情况就是可能的成交机会，客户经理应抓住时机，争取快速成交。

(1) 客户表情变化，如沉默思考、翻阅资料和建议书、反对意见逐渐减少、对经纪人的敬业精神赞赏等。

(2) 客户询问，如询问投资的细节、各种交易方式的优劣，以及各服务项目的详细情况等。

(3) 客户对于讲解比较满意时(肢体语言的表达)。

(4) 客户了解他人购买情况时。

(5) 开始与第三人商议时。

(6) 客户对其他金融企业有不满时。

(7) 公司推出阶段性的优惠方案时。

2. 交易常犯错误

(1) 签约失败原因：①信心不足，总以为自己的产品(服务)不是最好的；②有歉疚感，不愿面对客户；③缺乏观察，总是感觉不到客户的真正需要；④担心失败，怕客户拒绝而不敢开口，一再错过签约机会；⑤过分展示，利益展示言过其实，让客户产生不信任感；⑥强力推销，销售过程表现得太强势，引起客户反感。

(2) 成交环节易犯错误：①时间拖延太长，客户的想法发生了变化；②过于程序化，让客户感觉没有人情味；③每次拜访都未采取促成动作；④总是重复老一套的方法，让客户感觉不到新的变化；⑤推销展示不充分，客户看不到产品的独到之处；⑥未能进行最后的促成冲刺，贻误战机；⑦成交后没有及时进行签约；⑧缺乏必要的实践演练，突发情况处理不当；⑨没有供客户选择的多种方法，让客户产生不便。

情景模拟 9-5

促成交易训练

3. 让客户产生购买动机

突出产品特色，提炼和明确独特卖点；突出项目团队的经验优势，增强客户对金融企业的信任感。

常见的促进成交技巧包括：认同客户；数字化；化反对问题为卖点；制造不安；假设同意；推销"今天买"；运用"感性诉求"；社会压力；运用惊叹号与问号；重复激发购买欲望；要求推荐与留下联络方式。

知识链接 9-24

促成交易常见话术

十、接近客户技巧

(一) 客户分类

根据性格不同，可以将客户分成盛气凌人、热情洋溢、精雕细琢、温文尔雅几种类型。不同类型的客户性格，其特点如图 9-10 所示。

知识链接 9-25

判断客户性格的方法

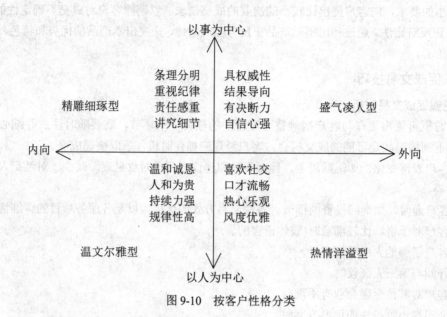

图 9-10　按客户性格分类

(二) 不同性格类型的接近战略

1. 盛气凌人型

(1) 心理特征。讨厌麻烦的事情，凭感觉来处理事情，快速下结论、快速行动；自信自满，反应快、理解快，不愿多听销售人员的意见；不愿受拘束，个性外向，精力充沛，很有魄力。

(2) 主要表现。时间管理观念强；会过滤电话及访客；无法忍受无所事事；外表干净，穿着合理，井然有序；注重利益，要求省钱多办事；傲慢、优越感很强；一般会提出很多条件，但被说服后会非常爽快地签约。

(3) 交谈注意事项。要有良好的心理承受能力；要自信，决不能示弱；表现出专业性；利用优势，突出对方的利益；不要表现出很强的推销态度；配合他的肢体语言；不要闲聊太多；不要用问话来回答问题。

(4) 接触过程中注意细节问题。利用资料或书面记录来明确地加以说明，拿出充分的证据，让客户在事实面前口服心服；用真诚去打动他，认真听取他的意见，态度谦和诚恳，有耐心，锲而不舍。

2. 热情洋溢型

(1) 心理特征。情绪稳定，脾气好，不会有过激行为；不想树敌，态度暧昧，特别是对于没有信心的事，表现更为明显；有时会做出与内心相违背的行为。

(2) 主要表现。友善而开放，很少过滤电话；办公室凌乱，很少追踪工作；会在办公室放家人的照片；爱谈论假期或喜好。

(3) 交谈注意事项。和客户保持一致的肢体语言，说话的速度，不要太快，可以适当进行身体接触，赞美他办公室的图画/相片/证书等，提供第三人的见证，倾听他真正的感觉与动机；快速进入销售主题。

3. 精雕细琢型

(1) 心理特征。我什么都知道；担心上当受骗；表现出优越感；打破砂锅问到底；不依赖任何人的看法；喜欢争辩，甚至是情感上的抵抗。

(2) 主要表现。和蔼可亲又谦虚保守；决策速度很慢；对时间掌握精确；重视细节，永远认为资讯不足；极端好奇，喜欢分析事物；喜欢整齐，有条理；喜欢坚持到底。

(3) 交谈注意事项。谈话时一定要保持双方视线的交替接触，并辅以一定的肢体语言，减少使用肢体语言的频率，声调要有变化，要有耐心，多听少说，讲话速度不要太快，措辞要小心；需要制定几种不同的业务备选方案；用客户喜欢的产品作为桥梁；服务制胜。

4. 温文尔雅型

(1) 心理特征。恪尽职守、稳定持久；善于倾听、为人低调；被人接受、生活稳定。

(2) 主要表现。态度温和，纪律性强；不愿冒险，含而不露；注重细节/程序/规定；常常是完美主义者。

(3) 交谈注意事项。不谈敏感话题、不说过激语言；多进行眼神交流，声调诚恳，态度专注；发掘客户过去决策的问题，一定要把过去决策中给客户带来的不安因素发掘出来；利用其他客户的满意度来强化客户的安全需要；认同他的谨慎；请他想象可能的最好与最差的结果，让他们明白两者之间的差距，有利于促进决策。

知识链接 9-26

客户销售路线

第三节　金融客户维护技能

一、客户投诉处理的技巧

(一) 客户投诉处理概述

1. 投诉处理人员基本素质

(1) 专业能力。业务知识面宽广，熟悉产品政策、系统流程、法律法规；具有分析能力，可承担投诉原因、客户需求的分析工作。

(2) 沟通能力。具有亲和力，诚恳、耐心、态度亲切、设身处地地听；善于沟通，有较强的语言表达能力。

(3) 心理素质。遇事不慌张，镇定；冷静思考，不被客户的情绪影响；掌控局势，分析利弊；应变能力强，随机应变。

2. 客户投诉的目的

(1) 情感诉求。此类投诉诉求包括发泄不满、被重视、被体谅。

(2) 解决问题的诉求。此类投诉希望能厘清真相，解决问题。

(3) 物质诉求。此类投诉的诉求就是经济补偿。

3. 客户投诉处理原则

(1) 尊重客户，立足事实。

(2) 善用资源。

(3) 正常服务。

(4) 完整处理。

(5) 化抱怨为机会，通过安抚和妥善处置，取得客户谅解。

(二) 客户投诉处理流程

1. 前期准备

(1) 心理准备。信心，处理投诉的人员要有自信，自信来源于自身的专业能力；心理预期，要先有一个预定目标，同时做好遇到困难的准备。

(2) 材料准备。了解基本信息，包括业务信息、客户信息；了解客户基本诉求，分析客户到底是哪种需求；制定预案，包括发生突发事件的处置和安抚。

2. 处理投诉

处理投诉的技巧，可以概括为听、想、说。具体阐述见下一节。

3. 后续处理

(1) 跟踪回访。及时跟进回访，掌握问题解决进度。回访的原则为日—周—月，指的是在处理完客户投诉后的第二天、第二周和第二个月，都要打电话向客户确认处理结果。

(2) 分析改进。建立投诉资料库，把客户投诉的全过程记录下来，分析产生的原因和存在的问题；建立投诉客户资料档案，着重进行关系修复；将客户需求中有关产品性能和政策性的部分及时报上级主管部门，并提出改进方案；对有关责任人进行处理，总结吸取教训，提出改进措施。

(3) 需求发掘。在客户投诉中发现需求。针对客户对产品和服务的投诉进行改进，突出产品优势，进行再次营销。

4. 特殊客户的处理

拓展阅读 9-1

要按投诉事件和客人身份的敏感性对客户投诉进行区分。将特殊客户请至专门区域，控制不良影响传播范围；安抚特殊客户情绪；及时将客户诉求转接给专门处理机构。注意：不要在没有安抚客户的情况下，就随口答复或直接转接。

投诉处理案例：耍猴

(三) 客户投诉处理技巧

1. 用心倾听(听)

倾听本身就是一种沟通，听得认真与否代表着对对方的重视程度，倾听者的态度将直接影响到讲述者的心情。因此，在倾听时要设身处地地听、专注地听，切忌选择性地听，随口应付，听而不闻。倾听时要适当回应，与客户保持眼神交流，适当记录，不要打断客户，以及做出不耐烦的动作。

认真仔细聆听客户的抱怨，让客户发泄、平复情绪，发现客户实质性需求，让客户感到被尊重。透过倾听，收集客户的资料、客户不满的原因、当前的诉求等信息。

2. 思考策略(想)

要区分客户的需求和要求。分析客户需求，以调整对策，确定方案；客户提出的要求很多时候是满足需求的一种手段，要创造性地帮助客户解决问题，满足需求，无法满足时要提供变通的方案。

3. 协商解决(说)

拓展阅读 9-2

(1) 表达歉意。不管这个问题是由谁引起的，投诉处理人员都要先向投诉的客户道歉；不管什么原因，一定要向客户当场表示对他的观念认同或部分认同；道歉的语言要真诚恳，客户的怨气会因你的真诚而减弱；不要跟客户争论对错，用平和的语调与投诉的客户交谈。

道歉的技巧

表示歉意，是对发生的事情和这件事的影响道歉，如"因为这事也给您增加了不少麻烦，我们向您表示真诚的歉意"。要把表示歉意的话和表示歉意的原因结合起来，才显得真诚。

(2) 表达服务意愿。要把乐意为客户服务的心情和要采取的服务措施表达出来，让客户明确了解到我们为他服务的动机和行动计划。

(3) 渐次退让。在提出解决方案时，不要一下说出底线。

(4) 承诺。如果能够马上解决的，应该立刻回复客户，典型的回复为："您的还款账号录入错误造成扣款失败，我马上为您修改，确保下次扣款成功。"如果不能马上解决，要向客户承诺明确的答复时间，典型回复为："您的问题我马上向上级反映，一小时后答复您，您看行吗？"

如果客户想要的，企业没有能力做到，考虑用其他方法代替，或让客户选择其他产品或服务。如果有两种以上解决问题的办法，选择其中的最佳解决办法。

拓展阅读 9-3

表达服务意愿的
技巧练习

情景模拟 9-6

典型投诉

二、客户关系维护技巧

(一) 客户关系维护的条件

(1) 需求是前提。要以满足客户需要为客户关系维护的基准。

(2) 信任是保障。缺乏彼此信任，客户关系无法保障。

(3) 利益是核心。要满足和维护客户的利益，客户关系才能持续维护。

(4) 公私均有顾。要维持同客户的长久关系，不仅要满足客户公司的利益，也要兼顾客户个人的利益。

(5) 满意才忠诚。只有客户满意度提升，才能形成牢固的客户关系。

(二) 客户关系维护的要素

(1) 亲近度。通过和客户的交往，消除陌生感，建立亲近感。

(2) 信任度。要取得客户信任，这是建立客户关系的前提和基础。

(3) 人情。要在与客户的交往中，建立个人友情。

拓展阅读 9-4

让客户欠下
你的人情

(三) 客户关系维护的技巧

(1) 建关系的技巧。"建"，从无到有建立与客户的关系。

(2) 做关系的技巧。"做"，提升客户关系的层级。

(3) 拉关系的技巧。"拉"，通过各种途径，拉近和客户的关系。

(4) 用关系的技巧。"用"，运用各种资源，密切和客户的关系。

(四) 客户关系维护的方法

(1) 与客户成为朋友。收集客户个人资料；寻找与客户的共同兴趣爱好；尝试进入客户的社交圈；给客户提供"服务热线"；安排定期的业绩回顾；顺便走访并告诉最新信息；通过附带赠品来刺激交易；为重要的客户提供折扣；遵守承诺；对于客户的推荐给予回馈。

拓展阅读 9-5

如何建立持续的
客情关系

（2）建立与客户的沟通体系。举办客户座谈会；建立定期拜访制度；在客户的特殊日子寄发纪念礼物；独立积分计划；联盟积分计划；联名卡和认同卡；建立会员俱乐部。

（3）培养客户消费习惯和偏好，使其形成对本企业产品和服务的依赖和偏好。

（4）建立战略联盟，具体方法包括：①与客户建立稳定的战略合作伙伴关系；②通过分析，确认关键人物与决策者，明确接触任务、拜访模式、关注焦点，以获得关键人物的支持，实现向最高决策者销售的目的；③确认分配给客户的资源，评估资源价值，进行有效的资源分配。

（5）成为顾问。顾问式销售是指销售人员以顾问的身份，站在专业的、客户利益角度，提供专业意见、解决方案及增值服务，协助客户对产品或服务做出正确的选择。顾问式营销使销售方式从以产品推荐为出发点的"说服购买型"逐步向以帮助客户解决问题为出发点的"咨询服务型"转化，销售的效果从达成单笔交易转化为促成一系列的交易。

思考练习题

一、简答题

1. 金融拜访的技术有哪些？

2. 与客户见面的技巧有哪些？请分别举例说明。

3. 客户有几种类型？不同类型客户的接触技巧有什么不同？

4. 不同客户的销售线路有什么不同？请分别举例说明。

5. 如何建立良好的第一印象？

6. 初次拜访客户要注意些什么？

7. 电话预访应注意些什么？

8. 考虑可能的客户拜访方式，设计相应的交谈战略。

9. 练习电话通话技巧，掌握哪些语言能满足通话对方的期待。

10. 请用 60 秒的时间(100 个字)，介绍一款金融企业的产品。回答以下三个问题：你在卖什么？跟别人有什么不同？为什么客户应接受你？请给客户一个购买本企业产品/服务的理由。

11. 练习不同情境的需求探寻方法和话术。

12. 找出三个最常见的对银行产品的反对意见，讨论解决方法和应对话术。

13. 假如你是客户经理，在拜访时看见"谢绝推销"提示，会如何处理此种情况？

14. 找一位朋友，让他扮演客户，你来做一次完整的产品解说，看看对方会不会被你说服，从而购买你的产品，并且请朋友对你的解说提出意见。然后，你们交换角色，你来扮演客户，体会客户在听产品解说时的心态和想法。

二、案例分析题

1. 某客户经理，长期与一位老客户联系，之前关系还不错，但是最近 3 个月，客户经理为客户推荐了 5 款产品，他都没有购买。后来通过了解，原来是此前客户信任客户经理，买了 200 万美金的 QDII 产品，结果亏损了 30%，因此失去了对客户经理的信任。

问题：如何重新赢得客户的信任？

2. 李小姐是 A 银行的一名普通柜员，中午轮到她值班，一名普通客户在等待 20 分钟以后被刚进来的一名 VIP 客户插队，心中已有不满。后来在办理业务的过程中，李小姐趁客户去大厅复印身份证的时间回到休息区吃饭，客户复印完身份证发现柜员不见了，非常生气，打电话到总行投诉。李小姐回来后发现客户正在打电话投诉，但又担心客户对她发火，于是现场没有做任何措施，客户打完电话以后就走了，李小姐通过和客户夫人沟通(客户夫人留下了联系方式)，得知客户的联系方式，然后打电话和客户道歉，没想到沟通后客户愈发气愤，并扬言"就算是你们支行行长上门道歉我也不撤诉。"而总行服务中心要求李小姐让客户在当天撤诉，不然将对支行进行扣分。

问题：李小姐此时该怎么做？

参考文献

1. 阎剑平. 服务营销[M]. 北京：中国纺织出版社，2004.

2. 李小丽，段晓华. 金融营销实务[M]. 天津：天津大学出版社，2012.

3. [美]菲利普·柯特勒. 营销新论[M]. 北京：中信出版社，2003.

4. 袁辉. 保险营销[M]. 武汉：武汉大学出版社，2004.

5. [美]艾沃森·艾尔林奇，杜克·范纳利. 金融服务营销手册[M]. 王国胜，缪成石，赵健明，译. 广州：广东经济出版社，2009.

6. [美]迈克尔·波特. 竞争优势[M]. 北京：华夏出版社，2001.

7. 沈蕾，邓丽梅. 金融服务营销[M]. 上海：上海财经大学出版社，2003.

8. [英]克里斯托弗，[英]佩恩，[澳]巴伦泰恩. 关系营销[M]. 北京：中国财政经济出版社，2005.

9. 林桦. 金融产品营销[M]. 北京：中国时代经济出版社，2002.

10. 万后芬. 金融营销学[M]. 北京：中国金融出版社，2004.

11. 雷扬. 客户服务管理[M]. 北京：电子工业出版社，2004.

12. 刘永章. 银行营销[M]. 上海：上海财经大学出版社，2001.

13. 叶伟春. 金融营销[M]. 北京：首都经济贸易大学出版社，2009.

14. 周建波，刘志梅. 金融服务营销学[M]. 北京：中国金融出版社，2004.

15. 郭庆国. 服务营销管理[M]. 北京：中国人民大学出版社，2005.

16. 徐晟. 金融企业营销理论与实务[M]. 北京：清华大学出版社，2008.

17. 陈祝平. 服务市场营销[M]. 大连：东北财经大学出版社，2001.

18. 伍晓曦，王丽芳. 组合营销战略与方法[M]. 广州：广东经济出版社，2004.

19. 彭雷清. 银行业市场营销[M]. 广州：广东经济出版社，2002.

20. 郭晓冰. 银行营销实战技巧[M]. 北京：清华大学出版社，2006.

21. 许建忠. 银行产品与服务定价方法[M]. 北京：经济科学出版社，2005.

22. 田晓军. 银行再造[M]. 上海：上海财经大学出版社，2002.

23. 马胜祥. 商业银行客户服务与管理[M]. 北京：经济管理出版社，2005.

24. 虞月君，李文，黄兴海. 国外商业银行零售业务经营战略[M]. 北京：中国金融出版社，2003.

25. 赵萍. 中国零售银行的理论与实践[M]. 北京：中国社会科学出版社，2006.

26. [英]蒂娜·哈里森. 金融服务营销[M]. 柯江华，译. 北京：机械工业出版社，2004.

27. [美]玛丽·安娜·佩苏略. 银行家市场营销[M]. 张云，何易，译. 北京：中国计划出版社，2001.

28. 胡春. 市场营销渠道管理[M]. 北京：清华大学出版社，2006.

29. [英]亚瑟·梅丹. 金融服务营销学[M]. 北京：中国金融出版社，2000.

30. 唐小飞，周晓明. 金融市场营销[M]. 北京：机械工业出版社，2010.

31. 郝渊晓. 商业银行营销管理学[M]. 北京：科学出版社，2004.

32. [美]雷蒙德·P. 菲斯克，史蒂芬 J. 格罗夫，乔比·约翰林. 互动服务营销[M]. 张金成，等，译. 北京：机械工业出版社，2001.

33. [美]汤姆·邓肯. 整合营销传播[M]. 北京：中国财政经济出版社，2003.

34. 聂叶. 银行再造：理论与实践[M]. 北京：中国金融出版社，2004.

35. [美]丹尼斯·J. 克希尔. 内部营销[M]. 北京：机械工业出版社，2000.

36. 许德昌. 服务营销管理[M]. 成都：西南财经大学出版社，2005.

37. 唐德才，钱敏. 营销创新[M]. 成都：东南大学出版社，2002.

38. 梁昭. 金融产品营销与管理[M]. 北京：中国人民大学出版社，2010.

39. [芬]克里斯廷·格罗鲁斯. 服务管理与营销——基于客户关系的管理战略[M]. 韩经纶，等，译. 北京：电子工业出版社，2002.

40. 吕庆华. 现代商学理论与营销管理[M]. 北京：华龄出版社，2006.

41. [美]瓦拉瑞尔·A. 泽丝曼尔，玛丽·乔·比特纳. 服务营销[M]. 北京：机械工业出版社，2004.

42. 赵辉. 商业银行市场营销战略[M]. 北京：中国金融出版社，2003.

43. 何冯虚. 金融营销[M]. 北京：电子工业出版社，2009.

44. 陆剑清. 金融营销管理[M]. 北京：立信会计出版社，2002.

45. 杨米沙. 金融营销[M]. 北京：中国人民大学出版社，2011.

46. [美]詹姆斯·赫斯克特，厄尔·萨塞，伦纳德·施莱辛格. 服务利润链[M]. 牛海鹏，等，译. 北京：华夏出版社，2001.

47. 刘志梅. 金融营销学[M]. 北京：高等教育出版社，2014.